Gustav Landauer

Nation, Krieg und Revolution

Ausgewählte Schriften. Band 4

Herausgegeben von Siegbert Wolf.
Mit Illustrationen von Uwe Rausch

Verlag Edition AV

Für Birgit

Gustav Landauer

Nation, Krieg und Revolution

Ausgewählte Schriften. Band 4

CIP-Titelaufnahme der deutschen Bibliothek:
Gustav Landauer, Ausgewählte Schriften.
Band 4: Nation, Krieg und Revolution
Herausgegeben und mit einer Einleitung, Zeittafel und einem
Namenregister versehen von Siegbert Wolf.
Illustrationen von Uwe Rausch

Auflage 1. Tsd., Lich/Hessen, Verlag Edition AV

ISBN 978-3-86841-046-4

1. Auflage 2011
© 2010 by Verlag Edition AV, Lich / Hessen

Alle Rechte vorbehalten!

Ohne ausdrückliche Genehmigung des Verlages ist es nicht gestattet, das Buch oder Teile daraus auf fotomechanischem Weg (Fotokopie, Mikrokopie usw.) zu vervielfältigen oder in elektronische Systeme einzuspeichern, zu verarbeiten oder zu verbreiten.
Mitglied in der *assoziation Linker Verlage* **(aLiVe)**

Satz: Andreas W. Hohmann
Druck: Leibi / Neu-Ulm
Umschlag: Uwe Rausch & Andreas W. Hohmann
Illustrationen: Uwe Rausch
Printed in Germany

ISBN 978-3-86841-046-4

INHALT

Einleitung von Siegbert Wolf
„[...] *ich bin ein Schuhmacher, der sich selbst am Weltuntergang nur beteiligt, nachdem er getreulich seine Schuhe fertiggemacht hat."*   9
Anmerkungen   42

WIDERSTREIT ZUR ‚DEUTSCHEN NATION'   71

Brief Gustav Landauers an Emanuel von Bodman vom 18.10.1912   73
Vorbemerkung   74
Brief Gustav Landauers an Max Nettlau vom 22.01.1913   75
Brief Gustav Landauers an Max Nettlau vom 28.01.1913   76
Brief Gustav Landauers an Heinrich Dehmel vom 16.10.1913   77
Zwischenbemerkung   78
Zum Problem der Nation. Brief an Herrn Professor Matthieu in Zürich   80
Petition für das Preußische Abgeordnetenhaus   89
Anmerkungen   103

HANDELN GEGEN DEN KRIEG   115

Abrüstung   117
Der Krieg   123
Und was kein Verstand der Verständigen sieht   128
Revolution, Nation und Krieg   129
Vom Krieg   133
Die Sozialdemokratie und der Krieg   150
Deutschland, Frankreich und der Krieg   153
Kriegsanstifter   164
Vorbemerkung   168
Der Kanzler des deutschen Volkes   169
Thesen zur Gründungstagung des „Forte-Kreises"   172
Ein Protest in Volksliedern   174
Der europäische Krieg   179
An Romain Rolland   182
Zum Gedächtnis   185
Brief Gustav Landauers an Hugo Warnstedt vom 04.11.1914   192

Gustav Landauer und Martin Buber an den Forte-Kreis	193
Vorbemerkung	195
Vorbemerkung	195
Aus unstillbarem Verlangen	196
Krieg und Bühne	201
Brief Gustav Landauers an Martin Buber vom 12.05.1916	203
Gründungsaufruf „Zentralstelle Völkerrecht"	207
Satzungsentwurf „Zentralstelle Völkerrecht", Ortgruppe Groß-Berlin	208
Stellungnahme	210
Wie's nach dem Krieg stehen wird	*211*
Anmerkungen	

SELBST WERDEN DURCH DIE REVOLUTION 237

Vorwort	239
Zur Frage der deutschen Verfassung und der Nationalversammlung	251
Die vereinigten Republiken Deutschlands und ihre Verfassung	254
Rechenschaftsbericht des „Zentralarbeiterrates" an die bayerischen Arbeiterräte	260
Gegen den alten Parlamentarismus, für das Rätesystem	271
Der Krieg und die Revolution	272
Vorwort zur zweiten Auflage des „Aufruf zum Sozialismus"	288
Anmerkung zu einer Rede Kurt Eisners über ‚Staat und Kunst'	296
Die Verbesserung der Lebensverhältnisse der Verarmten	297
Bayern und Preußen	298
Die Wählerei	299
Gedächtnisrede auf Kurt Eisner	302
Bildung des Aktionsausschusses: die Frage der Teilnahme des Revolutionären Arbeiterrates	308
Die Würde des souveränen Rätekongresses gebietet auch, dass dieser seinen eigenen Schutz organisiert	310
Von der Rätedemokratie und dem Weg der Revolution	311
Fragment der 1. Proklamation der Räterepublik	315
„An das Volk in Baiern!"	317
Vollmacht (I)	318
Vollmacht (II)	319

Hochschulrevolution	319
Zwei Welten	320
An die Herren Referenten und Mithilfsarbeiter im bisherigen Ministerium	323
Bereitschaft zur Mitarbeit an der zweiten Räterepublik	324
An den Aktionsausschuss	324
Entwurf zu einem Kulturprogramm	325
Kulturprogramm	327
Anmerkungen	*329*
HEDWIG LACHMANN	**349**
Wie Hedwig Lachmann starb	351
Anmerkungen	*362*
Zeittafel	364
Primär- und Sekundärbibliographie	373
Siglen und Abkürzungen	379
Anarchistische Zeitungen und Zeitschriften	379
Namenregister	380

Einleitung Band 4

„[...] ich bin ein Schuhmacher, der sich selbst am Weltuntergang
nur beteiligt, nachdem er getreulich seine Schuhe fertiggemacht hat."[1]

I.

Mit wachsendem Unbehagen kommentierte Gustav Landauer den militaristisch-expansiven Nationalismus Deutschlands in den Jahren unmittelbar vor dem Ersten Weltkrieg. Geradezu visionär schrieb er 1908: „Die gar nicht genug zu sagende Unbeliebtheit des Deutschen im Ausland kommt daher: Wir sind ein unberechenbares Volk, weil wir folgsam sind, weil wir nicht Volk, sondern Gefolge sind. Die Ausländer wissen, dass ein paar Millionen Deutsche bereit wären, sofort über sie herzufallen, wenn es einmal ein paar Regierenden belieben sollte, es zu befehlen. [...] Unsere Unfreiheit wirkt nach außen als Ungeschliffenheit, als Rohheit; wir machen den Eindruck eines tölpligen Riesenbengels, der nicht weiß, was er will, dieses Nichtwollen aber mit einer schweren Keule verteidigt und so als gewaltsam und angriffslustig erscheint."[2] Dieses reflektierte Selbstmisstrauen erklärt auch seine begründete Abwehr gegenüber dem sog. „nationalen Selbstbestimmungsrecht der Völker", das für ihn „nichts mit Sozialismus und Anarchismus" zu tun hatte.[3] Stattdessen entwickelte Landauer ein Nationenkonzept jenseits von Nationalstaatlichkeit, Nationalismus und Ethnizität.[4]

In seinem Essay „Das glückhafte Schiff"[5], das auf die gleichnamige Verserzählung des elsässischen Autors und Calvinisten Johann Baptist Fischart (1546-1591), „Das Glückhafft Schiff von Zürich"[6], Bezug nimmt, verdeutlichte Landauer am Beispiel der Städte Zürich und Straßburg, wie durch „Arbeit und hilfsbereite solidarische Nachbarschaft Kriege zwischen Staaten und kulturelle Konflikte"[7] vermieden werden könnten. Den Gedanken der auf Gleichberechtigung beruhenden gegenseitigen Hilfe leitete Landauer unmittelbar aus Fischarts Ausführungen ab. Er findet sich ebenfalls in der anarchistischen Bewegung, etwa bei Peter Kropotkin („Gegenseitige Hilfe in der Tier- und Menschenwelt") und Pierre-Joseph Proudhon (Mutualismus, Tauschbank) wieder. Bereits Fischart setzte Gleichheit und Solidarität minichten mit Homogenität und Gleichmacherei gleich. Daran knüpfte Landauer an: „Was man Nationen [...] nennt, beruht wohl von Hause aus am wenigsten auf Unterschieden in der Blutmischung, dem körperlichen Bau und den physiologischen Funktionen. Viel beträchtlicher ist die gemeinsame Sprach-, Sitten- und Geistesgemeinschaft. Völkervermischungen und Abstammungen kommen auch dazu; aber wie man nicht recht sagen kann, ob die Völker voneinander nehmen, weil sie verwandt sind, oder ob sie verwandt werden, weil sie lange voneinander genommen haben, so lässt sich meist nicht entscheiden, ob die nationale Zugehörigkeit von der leiblich-seelischen Ähnlichkeit kommt oder sie schafft. Das Wesentliche ist: Diese Ähnlichkeit, die Gleichheit im Ungleichen, diese verbindende Eigenschaft zwischen den Volksgenossen, dieser Gemeingeist, ist eine Tatsächlichkeit. Überseht sie nicht, ihr Freien und Sozialisten; der Sozialismus, Freiheit und Gerechtigkeit, ist nur zu schaffen zwischen den von alters Zusammengehörigen; und nicht abstrakt wird ein Sozialismus hergestellt werden, sondern in konkreter Mannigfaltigkeit je nach den Völkerharmonien. Und auch die Völkerverbrüderung ist nicht etwas, was auf einmal und verschwommen für die ganze Menschheit kommt, sondern was in der Bestimmung, die sich aus den Tatsachen im Raum und dem Geschehen der Zeit, aus Geographie und Geschichte ergibt, bunt und vielfältig zu schaffen ist."[8]

Landauer verband mit ‚Nation' vor allem Gesellschaft und Kultur, jenseits eines staatlichen Nationalismus. Staat und Nation blieben für ihn unverwechselbare Gegensätze: „Nation ist ja eben eine solche Gleichheit in den Individuen, ein Gefühl und eine Wirklichkeit, die sich in freiem Geiste zur Einheit und zum Bunde bringt. Jedwede Nation ist an-archisch, d.h. zwang-los; die Vorstellungen Nation und Zwang sind völlig unvereinbar. Nation ist das Beste, weil das einzige im öffentlichen Leben wirkliche Beispiel für das, was ich Geist nenne."[9] Primär sei nicht die Abstammung, sondern der „Gemeingeist" der entscheidende Gradmesser für Freiheit und Gemeinschaft. Staatliches Denken und Nationalismus haben in diesem Konzept keinen Raum. Daraus erklärt sich auch seine Kritik an den sog. ‚Staatssozialisten', denen er vorwarf, letztendlich primär die Interessen ‚ihres' Staates „auch nach außen" hin zu vertreten[10]. Den unabhängig denkenden und handelnden Sozialisten schrieb er ins Stammbuch: „Auch dem echten Sozialisten werden die Beziehungen zu den Tatsachen nicht fehlen; auch bei ihm und seiner Stellungnahme wird es einen Unterschied machen, ob er ein Deutscher oder ein Franzose ist. Handelt es sich zum Beispiel um die leidige Frage von Elsass-Lothringen, so werden beide wissen, dass es um Grenzländer mit gemischter Bevölkerung geht, um die zwei Staaten sich über ein Jahrtausend mit immer wechselnder Gruppierung gestritten haben; da sie, die echten Sozialisten, nun gar nicht mehr recht verstehen können, was das eigentlich heißt, dass Menschen zu einem Lande, das heißt zu einem Staate gehören, werden sie beide mit Großmut und also zur umgekehrten Entscheidung geneigt sein: Der französische Sozialist wird den ‚Besitz' der Länder den Deutschen gern gönnen, wenn es nur den Einwohnern gut geht und sie in Sprache und Sitte nicht gehindert werden; und der deutsche Sozialist wird keineswegs außer sich geraten, wenn Vorschläge erörtert werden, ob etwa in redlicher Verständigung der Frankfurter Vertrag [1871 - S.W.] zu ändern sei und Elsass-Lothringen wieder ein Teil Frankreichs werden könnte. Oder aber, nachdem sie sich etwa eine Zeitlang in Großmut überboten haben, vereinigen sie sich beide in der Erörterung des Vorschlags, die Grenzländer zu neutralisieren oder so etwa von Savoyen über die Schweiz weg bis zur Nordsee ein unabhängiges und neutrales Gebiet zu schaffen [...]."[11] Landauers diesbezügliche Haltung blieb eindeutig: der deutsch-französische ‚Zankapfel' Elsass-Lothringen sollte weder unter französische noch deutsche Verwaltungshoheit gestellt werden.

Gustav Landauer zielte auf eine definitive Trennung der Nationen vom Staat, da der Staat für ihn nichts anderes vorstellte als Zwangsstruktur und damit das Gegenteil von Geist, Freiheit, Bund und Vielfalt: „Volk [...] ist ein Mischgebilde aus Nationalität, staatlichen Grenzen und Wirtschafts- und Kultureinheit. Der Staat und seine Grenzen sind elende Zufallsprodukte der erbärmlichsten Erscheinungsformen so genannter Geschichte."[12] Während er Staat mit Gewalt, Künstlichkeit und Homogenität assoziierte, basierte für ihn ‚Volk' bzw. Gesellschaft auf Freiwilligkeit, Gegenseitigkeit und Vielfalt. Daraus erklärt sich, weshalb der von Landauer hochgeschätze Begriff des ‚Bundes', abgeleitet aus der Exoduserzählung der Hebräischen Bibel sowie aus den Pariser Sektionen während der Französischen Revolution von 1789, zum Verständnis seines kommunitären Anarchismus von erheblicher Bedeutung ist.[13] Jedem Volk „in seiner besonderen Nationalität (wie jeder Mensch in seiner Individualität)" schrieb er „ein besonderes Amt an der Menschheit"[14] zu, das auf einen Bund des Vielfältigen hinausläuft. Im offenen Brief „Zum Problem der Nation" an den religiösen Sozialisten Jean Matthieu (1874-1921) in Zürich[15] ist seine positive Beschreibung der Nation belegt: „Nation ist die besondere Art, in der in einer auf Grund gemeinsamer Geschichte [und Sprache - S.W.] zusammengehörigen Gemeinschaft das allgemein Menschliche und das individuell Einmalige sich ausdrücken. [...] Nation ist nichts

Absolutes, sondern eine vielfältige Relation."[16] Dieses zutiefst föderalistische und relationale Verständnis einer nichtnationalistischen, interkulturellen Nation stand im deutlichen Gegensatz „zum gemeinschafts- und abstammungsorientierten deutschen Ethnizismus wie auch zum westlichen Nationalstaat."[17]

II.

Aufgrund seiner umfassenden Analyse der wilhelminischen Gesellschaft zählte Gustav Landauer damals zu den fundiertesten und zugleich schärfsten Kritikern des staatlichen Gewaltmonopols und Militarismus. Ihm blieb nicht verborgen, welchen verheerenden Einfluss Militär und Militarismus nicht nur auf die Soldaten, sondern auf die gesamte Gesellschaft ausübten. Schon seit 1909 sah er den kommenden Krieg voraus. Vor allem in der von ihm herausgegebenen libertären Zeitschrift „Der Sozialist" (1909-1915) schlug er radikale, antimilitaristische Töne an[18] und veröffentlichte darüber hinaus kontinuierlich von ihm selbst übertragene Texte gegen den Krieg.[19]

Zum Zeitpunkt der zweiten Marokkokrise 1911, vor dem Hintergrund der Kolonisierung des afrikanischen Kontinents, ergänzte Landauer seinen ausformulierten kommunitären Anarchismus mit einer antimilitaristischen Botschaft: Um der Trias von Staat, Militär und Krieg entgegenzuwirken, erhob er die Forderung nach ‚aktivem Generalstreik' bereits angesichts konkreter Kriegsvorbereitungen der europäischen Staaten und nicht erst im Falle offener Kriegshandlungen: „Kriege gibt es nur, weil es Staaten gibt. Die armen, betörten Menschen glauben, es sei umgekehrt, und die Staaten mit ihrer Militärmacht seien nötig, weil sonst der Feind käme und das Volk unterjochte; jedes Volk hält sich für friedlich, weil es weiß, dass es friedlich ist; und hält den Nachbarn für kriegerisch, weil es die Regierung des Nachbarn für den Vertreter des Volksgeistes nimmt. Alle Regierungen sind am letzten Ende kriegerisch, weil ihre Aufgabe und ihr Beruf die Gewalt ist. Wer also den Frieden wahrhaft will, muss wissen, dass er vorerst in jedem Lande nur der Sprecher einer ganz kleinen Minderheit ist, und darf seine Entschließungen nicht von irgendwelchen politischen Parteien abhängig machen. Mag doch die törichte Welt sein wie sie will - wenn nur ich vor meinem Gewissen meine Pflicht tue."[20]

Im Rahmen des von ihm 1908 in Deutschland und der Schweiz gegründeten „Sozialistischen Bundes", mit dem eine kommunitäre Gesellschaft freier Individuen eingeübt werden sollte[21], hielt Landauer wiederholt öffentliche Versammlungen ab, auf denen er vor dem kommenden Krieg warnte und antimilitaristischen Widerstand einforderte.[22] Um den drohenden Krieg mittels eines politischen Generalstreiks zu verhindern, rief er zu einem „Freien Arbeitertag" auf.[23] Als Aufklärungsschrift diente seine Broschüre „Die Abschaffung des Krieges durch die Selbstbestimmung des Volkes. Fragen an die deutschen Arbeiter", die in einer Auflage von 100.000 Exemplaren verbreitet werden sollte.[24] Darin setzte sich Landauer nicht nur mit der sozialdemokratischen Missbilligung eines Generalstreiks zur Kriegsverhinderung auseinander, sondern begründete ausführlich die Notwendigkeit von Massenstreiks.[25] Seinen libertären, auf das Freiheitsbedürfnis der Menschen zielenden Voluntarismus stellte Landauer auch im Rahmen des antimilitaristischen Kampfes heraus und wandte sich zugleich gegen jeglichen fortschrittsgläubigen Geschichtsdeterminismus: „Wo es um das letzte Mittel zur Abwendung grässlicher Gefahr geht, da kann uns kein Gott und kein Marx bare Sicherheit auf den Tisch zählen. Innen müssen wir die Sicherheit haben [...]. Wir müssen den Willen haben, und wir müssen's versuchen."[26]

Landauers Antimilitarismus stand in der Tradition des anarchistischen Antikriegs- und Antiarmeekampfes.[27] Er fokussierte sich auf die Sozialethik Leo N. Tolstois (1828-1910)[28], auf die vom libertären Humanisten Étienne de La Boétie (1530-1563) geforderte Überwindung der „freiwilligen Knechtschaft"[29] sowie auf einen gewaltlosen Widerstand gegen Staat und Militär, etwa durch die Verweigerung jeglichen Kriegsdienstes.[30] Anstelle einer von der damaligen Sozialdemokratie forcierten allgemeinen Volksbewaffnung, eines ‚Volksheeres' auf der Grundlage allgemeiner Wehrpflicht zur effizienten Landesverteidigung[31], forderte er die endgültige Abschaffung aller Armeen. Im Kriegsfall sollten Boykott, Gehorsamsverweigerung, Desertation und Massenstreiks bzw. der Generalstreik das Schlimmste verhindern. Innerhalb des „Sozialistischen Bundes" (1908-1915) half vor allem die Münchner Gruppe „Tat" um Erich Mühsam (1878-1934) fahnenflüchtigen Wehrpflichtigen, etwa im schweizerischen Tessin (Ascona, Monte Verità), unterzutauchen.[32]

Dem libertären Militär- und Kriegsgegner Gustav Landauer blieb der unmittelbare Zusammenhang von antimilitaristischem Kampf gegen Militarismus und Krieg und sozialem Kampf zur Befreiung unterdrückter und benachteiligter Menschen nicht verborgen. Grundlegende Schritte auf dem Weg zu einer freien Gesellschaft sah er in der Verbindung seines antimilitaristischen Engagements mit den Bemühungen, etwa im Rahmen des „Sozialistischen Bundes", aus Kapitalismus, Staat und Großindustrialismus mittels des Einübens völlig neuer sozialer und persönlicher Arrangements im Umgang der Menschen untereinander auszutreten.

III.

Gustav Landauers Befürchtungen, dass die europäischen Mächte unfähig und nicht willens waren, ihre Interessenkonflikte diplomatisch zu lösen, und dass Hochrüstung und militärische Abschreckung die Kriegsgefahr beschleunigten, bewahrheiteten sich im Sommer 1914.[33] Vor allem das wilhelminische Deutschland, die „am meisten auf Gewalt und Disziplin beruhende Militärmacht Mitteleuropas"[34], steuerte planmäßig auf diese kriegerische Konfrontation zu. Erschüttert nahm er die nationalistische Kriegseuphorie in allen sozialen Schichten, vor allem in seinem persönlichen Freundes- und Bekanntenkreis, zur Kenntnis: „[...] nichts (nicht einmal die Feldpost) hat in diesem Krieg so kläglich versagt wie der deutsche Geist."[35] An einen „Freien Arbeitertag" im Rahmen eines antimilitaristischen Massenstreiks war jetzt nicht mehr zu denken.[36] Trotz drohender Zensur gegen den „Sozialist" veröffentlichte Landauer auch weiterhin Texte zum Thema „Frieden": z.B. Romain Rollands Friedensmanifest „An die Geistigen aller Nationen" (1914)[37] oder Pierre-Joseph Proudhons „Theorie der Friedensverträge" (1863)[38].

Besonders empörte sich Landauer über den freiwilligen Militärdienst deutscher Schriftsteller: „Ja, sie sind fast alle umgefallen, die Dichter und Denker! Dehmel fast am schlimmsten von allen".[39] Neben Richard Dehmel (1863-1920)[40] meinte er die Kriegspropagandisten Alfred Kerr (1867-1948), Hugo von Hofmannstal (1874-1929) und Gerhart Hauptmann (1862-1946): „Was das öffentliche Leben angeht, so ist es heutigentags schon darum kein wahres Leben, weil es nicht wahrhaft öffentlich ist [...] Von allen Völkern am kindlichsten stellt sich der Deutsche zum öffentlichen Leben: er ist jederzeit bereit ‚wir' zu sagen und sich schützend vor seine Machthaber zu stellen [...] Wegen dieses Geheimnisses, das über sein öffentliches Leben und Sterben verhängt ist, flüchtet sich ganz besonders der geistige Deutsche in das apokalyptische Nebelmeer unsäglich verworrener und verwirrender religiöser oder metaphysischer Allgemeinheiten, und so kann es kommen, dass ein von Haus aus gütig Fühlender die Sprache seiner Vernunft zum Allerbösesten und Anmaßendsten missbraucht."[41]

IV.

Auch der Forte-Kreis (1910-1915)[42] europäischer Intellektueller und Schriftsteller scheiterte zu Kriegsbeginn an seinen hehren Zielen einer Antikriegsmobilisierung und Überwindung nationalstaatlicher Egoismen. Zum inneren Kreis gehörten der schwedische Psychoanalytiker Poul Bjerre (1876-1964), der niederländische Sinologe Henri Borel (1869-1933), der niederländische Dichter und Sozialreformer Frederik van Eeden (1860-1932), der Kultur- und Religionsphilosoph Martin Buber (1878-1965), der expressionistische Dichter Theodor Däubler (1876-1934), der Berliner Privatgelehrte (und zeitweiliges Mitglied des „Sozialistischen Bundes") Erich Gutkind (1877-1965), der protestantische Theologe und preußische Staatsbeamte Florens Christian Rang (1864-1924) sowie Gustav Landauer. Zusammen mit Martin Buber engagierte er sich seit dem Frühjahr 1914 im Forte-Kreis. Alle deutschen Forte-Kreis-Mitglieder vertraten im Gegensatz zu den skandinavischen und holländischen Teilnehmern kriegsbejahende Ansichten - bis auf Landauer.[43] Auf dem offiziellen Gründungstreffen des Kreises in Potsdam vom 09. bis 12. Juni 1914[44] referierte Landauer seine sieben Thesen für einen übernationalen „Bund der Aufbruchsbereiten"[45]. Im Zentrum stand darin seine antipolitische Haltung: Was den „Bund der Aufbruchsbereiten" antreibe, sei „nicht: [...] Das Bestreben, die politische Herrschaft in den vorhandenen Staatsgebilden zu erobern", sondern „vielmehr: Der Wille, dem Geist ein Haus zu schaffen [...]"[46], damit, so schrieb Landauer an Frederik van Eeden wenige Wochen nach dieser Zusammenkunft, „einst die Menschheit eine Wirklichkeit werde [...]."[47] Bis zur Selbstauflösung des Forte-Kreises 1915 zeugt ein reger Briefwechsel vom Ringen Landauers, diese Intellektuellenassoziation trotz chauvinistischer Ansichten besonders seitens Florens Christian Rangs doch noch gemäß ihrer ursprünglichen Zielsetzung zu retten. Im November 1914 unternahmen Landauer und Buber hierzu einen letzten Versuch - jedoch vergeblich.[48] Zu weiteren Zusammenkünften kam es nicht mehr, beide zogen sich im Jahr darauf endgültig aus dieser Vereinigung zurück: „Nur wer entschlossen ist, diesen Weg zu gehen, nicht aber, nicht im geringsten den anderen Weg, der zu all dem Unheil geführt hat und den es zu verlassen gilt, nur der gehört dem Bunde an, zu dem ich aufrufe."[49] Anlässlich des 220. Geburtstages des Aufklärers und Wegbereiters der Französischen Revolution von 1789, Voltaire (1694-1778), veröffentlichte Landauer Anfang Dezember 1914 im „Sozialist" Auszüge aus einer Schrift des österreichischen Sozialphilosophen Josef Popper-Lynkeus (1838-1921) mit folgender Vorbemerkung: „[…] ein Jahr 1914 war […] noch nicht da, wo kleine Geister den schrecklichsten aller Kriege durch ein absonderliches Bardengebrüll verstärken wollen, wo der Hass sich der fratzenhaften Entstellung bedient, wo deutsche Schreiber sich nicht schämen, mitten im Krieg Nationen wie Frankreich und England zuzuschreien, sie hätten ihre geistige Rolle ausgespielt und würden zum alten Eisen der Geschichte geworfen, wo der Bombast wütet und aus den Kriegsmännern des Deutschen Reichs Sendboten des Himmelreichs macht. […] heute ist es Zeit, gegen Rausch und Raserei den Geist der Klarheit, der Nüchternheit, der Ironie anzurufen; heute ist es Zeit, gegen Überhebung, Vergesslichkeit und Kritiklosigkeit […] der Sauberkeit des Intellekts zu huldigen."[50]

Schließlich musste sich Gustav Landauer im Verlaufe der ersten Kriegsmonate eingestehen, dass sich sämtliche Hoffnungen auf einen kurzen Waffengang bzw. einen raschen Frieden als illusionär erwiesen. Der ‚europäische Krieg' entfachte „Riesenschlachten, die nach Raum und Zeit kein Ende nehmen wollen und die schließlich trotz allen weittragenden Waffen in Nahkämpfen mit dem Kolben, dem Revolver, der Handbombe, dem Säbel und den natürlichen Werkzeugen unseres Tierleibes schließen."[51] Gleichwohl versank Landauer nicht in Passivität und Resignation: „Letzter Krieg! Es ist der letzte Krieg, wenn die heimlich Wissenden öffentlich Sprechende und offen Bekennende und freiweg Beginnende werden."[52] So rief er dazu auf, öffentliche Gemeindetafeln einzurichten und in Not geratenen Menschen in Privatinitiative zu helfen[53]: „Von unten nach oben wie von oben nach unten sollen sich die Menschen verbrüdern."[54] Seine global-anarchistischen Erwartungen verbanden sich mit einer selbstbewussten Haltung an der Seite der Unterdrückten, Beleidigten, Ausgebeuteten und Ausgegrenzten. In Zeitschriften- und Zeitungsartikeln sowie mit Vorträgen[55] in der „Neuen Freien Volksbühne" (1914/15), „Freien Hochschule" (Berlin) (1915)[56], in Zürich (1915), im Berliner Frauenclub von 1900 (1916/17), im Berliner Jüdischen Volksheim (1916), im Schauspielhaus Düsseldorf (1916-1918), in Hellerau (1917), an den Städtischen Bühnen (1917)[57] und am Dr. Hoch'schen Konservatorium (1918)[58] in Frankfurt am Main gab er seinen libertär-antipolitischen Überzeugungen auch weiterhin Ausdruck.[59]

V.

Sogar innerhalb der anarchistischen Bewegung blieb die chauvinistische Welle der Kriegsbegeisterung nicht wirkungslos.[60] So gab Gustav Landauers Freund Erich Mühsam Anfang August 1914 unter der Überschrift „An die Leser des Kain"[61] ein Extrablatt heraus, in dem er die Einstellung seiner Zeitschrift für die Dauer des Krieges kundtat. In einem beigefügten Nachsatz vom 03. August d. J. sprach Mühsam von der Notwendigkeit, „die fremden Horden von unseren Kindern und Frauen, von unseren Städten und Äckern fernzuhalten."[62] Wegen dieser, die deutsche Hauptkriegsschuld leugnenden Haltung wurde er nicht nur vom Herausgeber der Zeitschrift „Die Aktion", Franz Pfemfert (1879-1954), sondern auch von Landauer zurechtgewiesen: „[...] ich kann es nicht gutheißen, dass von fremden Horden z. B. geredet wird, solange nicht die Möglichkeit besteht, alle Armeen, die in Feindesland hausen, so zu bezeichnen."[63] Mühsam, der sich der Widerwärtigkeit seiner patriotischen Äußerung rasch bewusst wurde[64], setzte sich von da an[65], gemeinsam mit Landauer, für einen „Frieden um jeden Preis so schnell wie möglich durch Aufstand in den Massen und Gehorsamsverweigerungen im Feld und in den Kasernen"[66] ein: „Es tut not einzusehen, dass der Kampf gegen den Krieg [...] verwandelt werden muss in einen Kampf für eine neue Organisation der Völker. Friede ist nicht Krieglosigkeit; Friede ist nicht eine bloße Negation; Friede ist die positive Organisation der Freiheit und Gerechtigkeit. Friede ist Aufbau des Sozialismus; billiger ist er nicht zu haben. Und unter Sozialismus wird etwas ganz anderes verstanden, als die Staatler und Regierer darunter verstehen: der Sozialismus wird eine neue Ordnung der Menschen sein; wird die Ordnung sein, die heute fehlt und statt derer wir die barbarische Unordnung der autoritären Gewalt mit periodischen Ausbrüchen der Kriegsentzündung haben."[67]

Dauerhafter Frieden konnte für Landauer mitnichten zwischen Staaten entstehen. Sein Engagement gegen den Krieg war zugleich ein „Kampf gegen den Staat; wer sich nur im Geringsten, sei es auch vom Standpunkt der Revolution aus, auf Staatspolitik einlässt, muss bei einer Kriegspartei stehen."[68] Dem autoritären Zweckverband des Staates setzte er den „Frieden der unstaatlich Geeinten [...] die Menschheitsbünde der sozialistischen Gemeinden, Landschaften und Gewerke"[69], also Gemeinden und Föderationen, entgegen. Und obwohl Gustav Landauer und seine Lebensgefährtin, die Lyrikerin und Übersetzerin Hedwig Lachmann (1865-1918), ihre kriegsablehnende

Einstellung selbst im Freundes- und Bekanntenkreis kaum vermitteln konnten, hielten sie dennoch an ihrer Haltung eines konsequenten Sich-Verweigerns gegenüber Machtpolitik, Militarismus, Staat und Kapitalismus fest und stellten sich selbstbewusst auf die Seite aller Opfer dieses Krieges.[70]

VI.

Nicht nur die nichtjüdische deutsche Bevölkerungsmehrheit, sondern auch die bedeutenden Organisationen des deutschen Judentums orientierten sich anfänglich pro-Krieg. Viele jüdische Deutsche erhofften sich damals ihre endgültige gesellschaftliche Anerkennung als deutsche StaatsbürgerInnen[71] - allerdings vergebens, wie die antisemitische Erhebung des preußischen Kriegsministeriums 1916 belegen sollte.[72]

Auch Gustav Landauers enger Freund, der Religionsphilosoph Martin Buber (1878-1965), begrüßte den Kriegsausbruch. Im Rahmen seines Konzeptes einer Renaissance des Judentums verkündete Buber seit 1914 „einen Heroismus, der dem Judentum eine neue innere Würde verleihen sollte."[73] Erst diese Zeit der schwersten Opfer und Prüfungen ermögliche „eine tiefe Selbstbesinnung und damit den Beginn einer wahrhaften Sammlung und Einigung."[74] Dieser Perspektive, den Krieg als förderlich für die jüdische Identitäts- und Gemeinschaftsfindung anzusehen, widersprach Landauer heftig. Krieg könne niemals ‚Geburtshelfer' einer ‚werdenden Menschheit' sein - auch nicht für das Judentum: „[...] es kommt darauf an, bei allem subjektiven Nationalismus des gebotenen Handelns, das objektive Denken nicht zu vergessen. Nie zu vergessen, dass, was die einen tun, auch die anderen nicht lassen [...] Nie Mob werden. Nie lynchen. [...] Handelt, ihr Menschen allesamt, handelt, wie ihr handeln müsst, aber denkt und fühlt, wie ihr *sollt*."[75] Nachdem Landauer Buber im Sommer 1915 besucht hatte, berichtete er Hedwig Lachmann von seinen Differenzen mit dem Freund: „Bei ihm ist es mir eigentlich rührend, wie ich früher ihm entgegen das Deutschtum vertreten musste, das er als etwas im Juden gar nicht Wesentliches betrachtete, und wie jetzt das Deutschtum gegen seinen Willen so empfindlich in ihm sich regt, dass er jede Unterscheidung zwischen den Taten und Sünden der einzelnen Regierungen verpönen möchte. Er liebt alles und erkennt es an, was, wie er es nennt, im Unbedingten wurzelt; er erkennt ganz und gar meine völlige Haltung gegen den Krieg an; aber er findet auch in der Einmütigkeit des deutschen Volkes, in der Todbereitschaft der jungen Generation ein solches Unbedingtes und verträgt da keinerlei Analyse und ist besonders verbittert, wenn einer von Massensuggestion spricht."[76]. Kritik übte Landauer des Weiteren an Bubers Prager Rede „Der Geist des Orients und das Judentum"[77] sowie an dessen Editorial „Die Losung" in der ersten Ausgabe der seit 1916 von ihm herausgegebenen Kulturzeitschrift „Der Jude".[78] Sein Schreiben an den Freund vom 12. Mai 1916 fasst nochmals die eigene Antikriegshaltung gegenüber dem „Kriegsbuber"[79] zusammen: „Schade um das jüdische Blut; jawohl; schade um jeden Tropfen Blut, der in diesem Kriege vergossen wird; schade um die Menschen; schade auch, dass Sie sich in diesen Krieg hineinverirrt haben."[80] Seine Pro-Kriegs-Haltung sowie eine Mystifizierung Deutschlands als ‚Erlösernation' hat Martin Buber später „bereut und aus seinen Veröffentlichungen gestrichen".[81] Obgleich Landauer Bubers anfängliche Haltung zum Ersten Weltkrieg scharf kritisierte, scheint die persönliche und intellektuelle Nähe der beiden Denker darunter nicht dauerhaft gelitten zu haben.

Auch mit seinem langjährigen väterlichen Freund, dem Sprachphilosophen und -kritiker Fritz Mauthner (1849-1923), ein nachhaltiger Verehrer des langjährigen deutschen Reichskanzlers Fürst Otto von Bismarck (1815-1898), sowie dessen Frau, der Ärztin und Schriftstellerin Hedwig Mauthner (Pseudonym: Harriet Straub) (1872-1945), stritt Gustav Landauer heftig über deren kriegshetzerischen Deutschnationalismus. Die Erschütterung der Freundschaft zwischen Landauer und Mauthner zu Kriegsbeginn war nachhaltiger als zwischen Buber und Landauer. Die Debatte kulminierte in dem Vorwurf Landauers, worin sich eigentlich die Bedeutung der Sprachkritik, zentrales Projekt Landauers und Mauthners über viele Jahre[82], in Mauthners kriegsverherrlichenden Haltung abbilde: „Ich zweifle an der Bedeutung Deines Werkes so wenig wie an mir selbst; aber dass Deine Erkenntnis in dieser Zeit der Prüfung sich nicht an Dir selbst bewährt hat, dass die ethischen Folgen Deiner Lehre so gering waren, [...] das wirft einen Schatten auf Deine Werke und veranlasst [...] eine Erklärung für den Widerspruch zu suchen."[83] Für Mauthner dagegen sollten Sprachkritik und Philosophie für die Dauer des Krieges verstummen - denken konnte er in dieser Zeit nur an Deutschland. Landauer fand „nicht die Spur eines Mitgehens mit der Politik und Aktion des Deutschen Reiches" in sich: „[...] dass ich das Menschengeschlecht in mir lebendig weiß, und nichts aufzugeben brauchte, sondern nur in meinem Wesen weiter wachse, das lässt mich wünschen, weiterzuleben."[84]

VII.

Gustav Landauers libertärer Antimilitarismus, der eng mit seiner vor dem Ersten Weltkrieg entwickelten Haltung zu Nation und Nationalismus zusammenhing, ließ ihn an die Seite der kleinen und neutralen Staaten (Belgien, Schweiz) rücken: „Die Trennung der Nation vom Staat, besser gesagt: das Ende des Staates und die Trennung der Wirtschaftsgemeinschaft von der Sprachgemeinschaft, die Bildung von Sprachkulturgruppen und Wirtschaftskulturgruppen, die sich unberührt kreuzen, aber nicht schneiden und nicht decken, ist die einzige Lösung."[85] Konsequent verteidigte er den eidgenössischen Schriftsteller Carl Spitteler (1845-1924), der auf der Neutralität der Schweiz beharrte, sowie den französischen Philosophen Henri Bergson (1859-1941) gegen Fritz Mauthners chauvinistische Anfeindungen[86]: „Denket, gedenket der Toten! Wisset und fühlet [...] dass die wahren Schlachten der Völker im Unsichtbaren geschlagen werden [...]; dass nicht Menschen gegen Menschen kämpfen, sondern Menschen gegen Gespenster; dass in ihnen nicht Massen gegen Massen fallen, sondern Einzelne gegen die Massen und für die Menschheit."[87] Verantwortlichkeiten für das Kriegsgeschehen bei allen Kriegsparteien zu benennen, kennzeichnete Landauers libertäre Grundhaltung: „Es gilt für die Einzelnen, gleichviel welche Stellung sie bekleiden, wie für die Nationen: keiner ist schuldig, alle sind schuldig. Alle, - auch wir sind schuldig. [...] Zu billig, zu billig, von den anderen, von den Völkern zu sagen: Sie haben Ohren und hören nicht; tiefer als es je geschehen ist, muss die Menschheit erschüttert werden. Nicht sagen: sie wollen nicht hören; nur sagen: wir haben allesamt noch nicht recht gesprochen; wir haben noch nicht recht getan. Wir alle nicht, von jeher."[88] Gleichwohl benannte Landauer vor allem Deutschlands Hauptkriegsschuld: „[...] ich bin keine Heuschrecke, die die eigene Schuld überspringen kann [...] Die Neutralität Belgiens haben wir gebrochen und nur so sind wir zur Verheerung Nordfrankreichs gekommen; [...] ich bin ein Deutscher, aber ich habe ein Menschheitsgewissen, kein deutsches; und lieber noch will ich mir Unrecht und Weh tun lassen, als dass ich es tue!"[89]

VIII.

Gustav Landauer bewahrte sich während des Ersten Weltkrieg sein antipolitisches Misstrauen gegenüber (Berufs-)Politikern, auch sozialdemokratischer Provenienz: „Es wird wohl so sein, dass ich im tiefsten Grunde an ein irgend gedeihliches Zusammenarbeiten mit Politikern nicht glauben kann; nicht einmal in diesem Augenblick. [...] Es entspricht meiner Natur, mich jetzt still zu halten und das, was getan werden kann, sehr individuell für mich zu tun; ich muss die Toten ihre Toten begraben lassen und kann zur Beendigung dieses Krieges oder zur Einwirkung auf seine Begleiterscheinungen nicht mit reuigen Sündern zusammengehen. [...] Eine Revolution kann nur gelingen, wenn sie positive, bestimmte Ziele hat, die in der Öffentlichkeit und in organisierten Gruppen erörtert und vorbereitet werden. Was in sechzig Jahren Sozialdemokratie versäumt und verpfuscht und untergraben worden ist, lässt sich nicht während eines Krieges aus dem Boden stampfen. [...] Keiner der Gegensätze, in die die sozialdem.[okratische] Partei zerfällt, geht uns etwas an: Wir sind in einer anderen Ebene als sie [...]. Neue oder gänzlich erschütterte Menschen müssen zu uns kommen; nicht wir zu den alten und halben. Dieses Gefühl, dass man uns jetzt braucht und dass nach dem Abwirtschaften aller Politiker die neue Parole gesucht wird, sollten wir uns in Reinheit wahren und alle unsere Kräfte auf unser Ganzes sammeln."[90]

Im März 1915 stellte Landauer seine seit Anfang 1909 herausgegebene libertäre Zeitschrift „Der Sozialist" ein; im gleichen Jahr erfolgte das Verbot seiner Hauptschrift „Aufruf zum Sozialismus".[91] Im April d. J. reiste Landauer für drei Wochen in die Schweiz. Am 24. April d. J. hielt er in Zürich eine Festrede zum 70. Geburtstag Carl Spittelers.[92] Vier Tage später, am 28. April, sprach er in Bern über „Das Amt der Schweiz an der Menschheit".[93] Damals schloss er Bekanntschaft mit den religiösen Sozialisten Leonhard Ragaz (1868-1945) und Jean Matthieu (1874-1921).[94] Im Mai d. J. schließlich wurde Landauer von den Militärbehörden gemustert und für dauernd wehruntauglich erklärt.[95] Was ihm während der Kriegsjahre blieb, waren seine Vorträge und Vortragszyklen etwa zur „Geschichte der Friedensbestrebungen von der Französischen Revolution bis zur Gegenwart" (1915)[96] sowie über die Dichtung Johann Wolfgang von Goethes (1749-1832), der Romantiker und des englischen Dramatikers William Shakespeare (1564-1616) (1916/17)[97] und vor allem seine globale Idee eines „Sozialistischen Bundes": „Ich sehe einen Bund im Entstehen und will sein Sichfinden fördern, der den Geist aktivieren will. Dieser Bund wächst aus der gesamten uns zugehörigen Menschheit heraus, ist mehr als ‚Europa'. Alle die haben sich von selbst aus ihm ausgeschlossen, die [in - S.W.] irgendwelchen politischen Hegemonie-Bestrebungen von Staaten eine auf den inneren Wert von Nationen bezogene metaphysische Deutung suchen, und auch die den ewigen

Krieg des Geistes parteiisch verengernd in den Krieg zwischen Staaten einschließen. Der Geist holt den Wesensgrund seines Krieges aus dem, was nicht ist und werden soll; der Ungeist, der heute herrscht, ist dagegen in der Vergangenheit verankert."[98]

Im Sommer 1916 erfolgte die Gründung der „Zentralstelle Völkerrecht"[99], getragen von der Deutschen Friedensgesellschaft und dem „Bund Neues Vaterland", in dem Landauer bereits mitarbeitete.[100] Der von Gustav Landauer und dem Historiker und Pazifisten Ludwig Quidde (1858-1941) gemeinsam formulierte Gründungsaufruf vom August d. J.[101] fokussierte auf einen Verständigungsfrieden unter allen Kriegsteilnehmern sowie auf einen überstaatlichen Völkerbund. Innerhalb der „Zentralstelle Völkerrecht" fungierte Landauer als Vorsitzender der Ortsgruppe Groß-Berlin, wo er eine Vortragsreihe für ihre MitgliederInnen organisierte.[102] Im Dezember 1916 schlug er in einem Schreiben an den amtierenden US-Präsidenten Thomas Woodrow Wilson (1856-1924) die Gründung eines Völkerbundes zur dauerhaften Friedenssicherung vor[103] - ein Anliegen, das sich in Wilsons Anfang 1918 veröffentlichtem 14-Punkte-Programm wieder findet.[104]

Auf Landauers antimilitaristisches Engagement während des Ersten Weltkriegs reagierte der wilhelminische Staat mit Observation und Postkontrolle. Bezeugt ist dies etwa durch den Musikpädagogen und Pianisten Leo Kestenberg (1882-1962): Dieser traf auf dem Rückweg von einer Arbeitsvisite beim Verleger Paul Cassirer (1871-1926) Anfang 1918 in der Schweiz in Frankfurt am Main mit Landauer zusammen, um sich mit ihm über die Edition einer Gesamtausgabe der Schriften des russischen Anarchisten Peter Kropotkin (1842-1921) zu beraten: „[...] wir glaubten - es war spät in der Nacht - in einem rückwärtigen Zimmer dieses Hotels [Hessischer Hof - S. W.] unbeobachtet und unbelauscht zu sein. Landauer stand damals schon lange unter polizeilicher Beobachtung. Erst nach Kriegsende erfuhr ich zufällig aus authentischer Quelle, dass unser damaliges nächtliches Gespräch mittels eines versteckten Mikrophons Wort für Wort aufgenommen war und dass auch ich seit dieser Zeit unter Postkontrolle stand, was ich natürlich nicht ahnte!"[105]

IX.

Zu Gustav Landauers akratischer Gemeinschaftskonzeption gehörten pädagogische und Bildungsfragen sowie praktische Ansätze zu einer libertären Erziehung.[106] Innerhalb des „Sozialistischen Bundes" etwa förderte er die Berliner Gruppe „Jugend". Außerdem plante er die Gründung einer genossenschaftlichen „Freie Schule" und bereitete eine ‚Jugendbeilage' des von ihm herausgegebenen „Sozialist" vor.[107] Der Ende des 19. Jahrhunderts erwachten Jugendbewegung mit ihrer „mehr oder weniger bewusste(n) Antihaltung gegen die Starrheit der Wilhelminischen Gesellschaft, gegen ‚Bürger- und Verbindungsmief', gegen die Erziehungsnormen der Welt der ‚Alten'"[108] fühlte sich Landauer eng verbunden. Dies galt vor allem für die freistudentische Jugendbewegung.[109] Als Teil der bürgerlichen Jugendbewegung orientierten sich die Freistudenten an der englischen Settlement-Bewegung, deren Impulse der „Aufbruch"-Kreis um Ernst Joël (1893-1929) während des Ersten Weltkriegs konkret aufgriff. Darüber hinaus pflegte Landauer Kontakte zu Angehörigen der jüdischen Jugendbewegung.[110] Während der ersten bayerischen Räterepublik im April 1919 knüpfte er, als Kulturminister („Volksbeauftragter für Volksaufklärung") verantwortlich für die Ausbildung in Schulen und Universitäten, an entsprechende Überlegungen aus der Zeit vor 1914 an.[111] Seine anarchistische Kulturkritik und Antipolitik wirkten auf Teile der deutschen Jugendbewegung, die seine Schriften diskutierte, und nahmen Einfluss auf die genossenschaftliche Siedlungsbewegung in Palästina sowie auf viele Kulturzionisten.[112]

Dass Gustav Landauers Publizistik vor allem seitens der freideutschen Jugendbewegung auf Interesse stieß, hing mit seiner freiheitlich-undogmatischen Haltung zusammen, wozu seine grundlegende Opposition zum Marxismus, dessen Schriften er hinreichend kannte, und zum Bolschewismus gehörte.[113] Helmut Tormin (1891-1951), der zum linken Flügel der ‚Freideutschen' zählte, bestätigt dies: „Dieses Buch [„Aufruf zum Sozialismus" - S.W.] steht - geistig gesehen - turmhoch über der übrigen deutschen sozialistischen Literatur. Es ist zugleich das Buch des *freideutschen* Sozialismus: gegen Marxismus, Materialismus, Zentralisierung, Staatssozialismus und *für* kommunistischen Siedlungssozialismus im Geiste der Brüderlichkeit."[114] Zentrale Bedeutung fiel auch Landauers Begriff des „Geistes" zu, dem er revolutionäre Kraft zuschrieb, ein Ethos, das auf Freiheit und Gleichheit bezogen ist sowie Umgestaltung und Gestaltungswille für eine freiheitliche Gesellschaft verkörpert. Teile der Jugend „akzeptierten ihn als eines ihrer Vorbilder und als einen, der Rat geben konnte in schwerer Zeit."[115] Auf dem ‚rechten' Flügel der Jugendbewegung allerdings war Landauer nicht wohlgelitten.[116]

Am 11./12. Oktober 1913 fand auf dem Hohen Meißner bei Kassel der „Erste Freideutsche Jugendtag" mit 3.000 TeilnehmerInnen aus ganz Deutschland statt. Dort schlossen sich die verschiedenen Fraktionen der bürgerlichen Jugendbewegung zusammen („Meißner-Formel") und opponierten gegen die im gleichen Jahr abgehaltene patriotisch-chauvinistische Jahrhundertfeier der ‚Völkerschlacht' bei Leipzig.[117] Organisatorischer Kopf und prominenter Teilnehmer war, neben Ernst Joël und Walter Benjamin (1892-1940)[118], der Reformpädagoge Gustav Wyneken (1875-1964), Mitbegründer und zeitweiliger Leiter der „Freien Schulgemeinde Wickersdorf".[119]

Auch Gustav Landauer hätte am „Hohe-Meißner-Treffen" teilgenommen, richtete sich sein kommunitärer Anarchismus besonders an der Jugend aus. Dass er dennoch nicht anreiste, hing mit der dortigen Präsenz antisemitischer Gruppierungen zusammen.[120] Hermann Popert (1871-1932), Leiter des „Deutschen Vortruppbundes", vertrat mit seinem Konzept von „Rassen-Hygiene" eindeutig Antijudaismus.[121] Der „Österreichische Wandervogel" nahm den NS-„Arierparagraphen" sogar vorweg - Juden als Mitglieder waren dort satzungsgemäß unerwünscht.[122] Und der 1912 gegründete judenfeindliche „Reichshammerbund" agierte innerhalb der Wandervogelbewegung ebenfalls in diesem Sinne.[123]

X.

Neben seinen Bemühungen zur Gründung sog. ‚Freier Schulen' galt Gustav Landauers Aufmerksamkeit einer radikalen Umgestaltung der Hochschulen. Seit Anfang der 1890er Jahre beschäftigten ihn wiederholt Überlegungen hinsichtlich einer „Volks-Universität".[124] Außer Landauers und Martin Bubers[125] Plänen für „Freie Hochschulen" existierten diesbezügliche Absichten noch seitens Ernst Joëls und seiner Schrift „Die Wartende Hochschule"[126] zur Schaffung einer (rein männlichen) Geist-Elite; der Schriftsteller Rudolf Leonhard (1889-1953) plädierte für eine „Sezessionsuniversität"[127] in Form einer unabhängigen „Freie Akademie" in einer mittelgroßen Universitätsstadt (etwa Heidelberg).

Landauer knüpfte an entsprechende Konzepte Martin Bubers für eine „jüdische Hochschule" aus den Jahren 1902/03[128] an: „Die Aufgabe scheint mir zu sein: freie Hochschulen zu gründen, für die Bildung des Charakters, des Denkens, des Herzens. Erfordert wird also: Freiheit von allen praktischen Rücksichten auf Karriere, Wohlgelittenheit, Wünsche des Staats und der Privilegierten, der Konfessionen."[129] Seine Kritik an den wilhelminischen Universitäten basierte auf eigenen schmerzlichen Erfahrungen: So war er 1893 wegen seiner anarchistischen Tätigkeit von sämtlichen preußischen Universitäten „mangels sittlicher Befähigung" relegiert worden. Ein 1895 unternommener Versuch, sich an der Freiburger Universität für ein Medizinstudium einzuschreiben, blieb aufgrund seines politischen Vorlebens erfolglos.[130]

Im Zuge der Debatte über eine „Freie Hochschule" entzündete sich eine Kontroverse an der Frage der Beteiligung von Frauen.[131] Für Gustav Landauer stand fest, dass Männer und Frauen dabei gleichermaßen anzusprechen seien. Während Rudolf Leonhard und Martin Buber an Landauers Seite rückten, konnten sich Ernst Joël und Hans Blüher (1888-1955), Autor antifeministischer und antisemitischer Schriften, die „Freie Hochschule" nur als Einrichtung eines Männerbundes[132] vorstellen. Blüher diskriminierte Frauen als ‚ungeistig', allein die männliche Gesellschaft sei zu intellektuellen Kulturleistungen fähig.[133]

In deutlicher Differenz etwa zu Hans Blüher schrieb Landauer am 03. März 1916 an seinen Freund Buber: „Ich mache der Richtung Blüher [...] keine Konzession, und die Frage, ob neben den wenigen Männern, die zum Geiste berufen sind, auch wenige Frauen berufen sind, ist für mich längst keine Frage; [...] Wer da zu Beginn beschließt, Frauen sollen zunächst nicht dabei sein, unternimmt etwas, woran ich mich nicht beteiligen würde. In diesem Augenblick, wo wir Männer die so gut wie alleinige Schuld tragen, dass die Menschheit von den Resten ihrer eigenen Vergangenheit belagert ist und keinen Ausweg des Geistes findet, sondern nur auf einen des Zufalls hofft, haben wir wahrscheinlich keinen Grund zur Überhebung und keinen, uns dem Versuche zu entziehen, erlesene Frauen auf dem Gebiet des Geistes auf uns wirken zu lassen und auf sie zu wirken."[134] Bereits einige Tage zuvor hatte Landauer Blüher wissen lassen: „Ich aber beurteile die Berufung von Mann und Frau nicht nach dem Durchschnitt, sondern nach den Gipfeln: und eigentlich beurteile ich die Frauen geistiger Art jenseits aller persönlichen Geschlechtswirkung nach dem, was sie mir geben. Nun, mir geben, um nur ein paar zu nennen, Sappho, Mechthild von Magdeburg, Rahel [Varnhagen - S.W.], Bettine [von Arnim - S.W.], Selma Lagerlöf, Ricarda Huch [...] der positiven Bereicherung die Fülle [...]."[135] Obwohl die Vorbereitungen zu einer Hochschulgründung in Heidelberg bis 1916 zwischen Gustav Landauer, Martin Buber und Ernst Joël, abgesehen vom Dissens bezüglich einer Frauenbeteiligung, weitgehend abgeschlossen werden konnten, kam das Projekt aufgrund der verschärften Kriegsverhältnisse nicht zustande.[136]

XI.

Das der Jugendbewegung angeschlossene erste Berliner Siedlungsheim in Charlottenburg war von Ernst Joël im Januar 1914 gegründet worden[137], konzipiert als Treffpunkt für „Studenten und Studentinnen, die im Arbeiterviertel Charlottenburgs in der Nachbarschaft soziale Arbeit tun (Volksbildung, Jugenderziehung, persönliche Fürsorge)."[138] Beteiligt daran war u.a. Walter Benjamin, der dem Kreis um die Zeitschrift „Anfang" angehörte.[139] Dort trafen sich neben Ernst Joël Gustav Landauer, Martin Buber, Hans Blüher, Kurt Hiller (1885-1972) und Rudolf Leonhard. Landauer, der wie Buber vor den Anhängern des Siedlungsheims vortrug[140], so im Juni 1915 über den US-amerikanischen Dichter Walt Whitman (1819-1892), fühlte sich im Kreis dieser jugendbewegten Intellektuellen ausgesprochen wohl: „Was den Kreis des ‚Aufbruchs' angeht, so stehe ich zu meiner herzlichen Freude in wahrer Kameradschaft mitten unter diesen jungen Leuten, unter denen treffliche sind."[141]

1915, mitten im Ersten Weltkrieg, wurde die Zeitschrift „Der Aufbruch. Monatsblätter aus der Jugendbewegung"[142] begründet. Diese von Ernst Joël verantwortete, kurzlebige Zeitung setzte sich mit hochschul- und kriegskritischen Artikeln für eine Erneuerung der Jugendbewegung ein. Der „Aufbruch"-Kreis, eine Gruppe pazifistisch-sozialistischer Kriegsgegner, wollte „den Klassencharakter der vorgefundenen Gesellschaft durch eine von einer jugendlichen Geist-Elite geführte(n) klassenlose(n) ‚Jugendkultur'-Gemeinschaft"[143] ersetzen und wirkte auf die Gründung einer neuen Hochschule zur geistigen Erneuerung der Universität hin. Tragender Mitarbeiter des „Aufbruchs" war u.a. Gustav Landauer, der wiederholt an Redaktionssitzungen teilnahm.[144] Dort publizierte er seine bedeutendsten Artikel jener Jahre: „Stelle Dich, Sozialist!"[145], „Vom Sozialismus und der Siedlung. Thesen zur Wirklichkeit und Verwirklichung"[146], „Zum Problem der Nation"[147] sowie seine Übersetzungen von Antikriegsgedichten Walt Whitmans.[148]

Als Ernst Joël seinen Artikel „Von deutschen Hochschulen"[149] veröffentlichte, provozierte dies seine Relegation von der Friedrich-Wilhelms-Universität Berlin und das Verbot des „Aufbruchs".[150] Darauf reagierte Gustav Landauer mit einer Denkschrift und beigefügter Petition an den Preußischen Landtag.[151] Dieses viel beachtete Schreiben wurde von 80 namhaften Persönlichkeiten mitgetragen. Mit vorsichtig-taktischen Formulierungen traf Landauer den Ton der zahlreichen Unterzeichner - Gelehrte, Politiker, Verleger, Journalisten und Schriftsteller.[152] Seine Solidaritätsaktion, die ihm Ernst Joël nie vergaß, hatte Erfolg und führte schließlich zur Rücknahme der Relegation: „Ich [...] freue mich dieses Anlasses, mich zu Landauer zu bekennen. Mein Verhältnis zu Landauer ist ein ehrfürchtiges, dankbares und treues. Seinem Wesen verbindet mich zu allermeist der Wunsch, ein würdiger Helfer seines Werkes zu werden."[153] Aufgrund von Landauers Petition konnte Joël 1917 wieder an die Berliner Universität zurückkehren. Nach Kriegsteilnahme und -gefangenschaft brach er mit seinem jugendbewegten, freistudentischen Engagement, hielt aber weiterhin die Verbindung zu Landauer und Buber[154] aufrecht. Für Joël war Landauer „*das* Leitbild seines Lebens"[155]. Seine tiefe Trauer nach dessen Ermordung im Mai 1919 lähmte ihn, etwas Schriftliches zu Landauers Gedächtnis zu verfassen: „Solange ich fühle", schrieb er an Martin Buber, „dass ich nicht *mehr* vermöchte als etwas zu schreiben, will ich still sein."[156]

XII.

Trotz des Weltkriegs hielt Landauer an seinem Vorhaben fest, den 1915 eingestellten „Sozialist" wieder aufleben zu lassen. Da er jedoch keinen Drucker fand, sein langjähriger Mitstreiter Max Müller kriegsverpflichtet war und ihm zudem nach Ernst Joëls Relegation von der Berliner Universität und dessen Weggang an die Heidelberger Hochschule ein unterstützender Kreis fehlte, verlief dieser Plan im Sand. Am 24. Dezember 1915 schrieb er diesbezüglich an Joël: „Was ist mit dem „Sozialist"? - Ich bin noch nie in einem solchen Schwanken gewesen, wie in diesen Wochen, aber ich bin jetzt beinahe entschlossen, die Herausgabe in diesem Zeitpunkt zu lassen: 1) Der Zustand Europas ist so geworden, dass ich nicht mehr schreiben kann, ohne beschlagnahmt zu werden. Es würde sich also nur um eine Nummer handeln [...] 2) [...] sehe ich zu deutlich, dass Sie der Mittelpunkt waren, der heterogene Elemente zu einem Kreis brachte. Das fehlt nun leider! - und die Aufbruchreste haben keinen Halt und keine Zusammenarbeit mehr. Es würde sich von selbst ergeben, dass ich Mittelpunkt würde; es ist mir aber gar nicht möglich. [...] - Der „Sozialist" als Ersatz des „Aufbruchs" wäre nicht die reine Fortführung seiner selbst; würde ich aber einfach den „Sozialist" fortführen, so wäre es nicht, was der Aufbruch-Kreis von mir erwarten dürfte. [...] Rahel [Varnhagen - S.W.], Bettine [von Arnim - S.W.], Sophie Germain, Selma Lagerlöf, Margarete Susman und viele andere Frauen sind Mitarbeiter des „Sozialist" gewesen und werden es sein; das heißt aber, Frauen sind für mich solche, die in meine Bünde des Geistes und des Aufbaus hineingehören [...] Was aber wäre die große heroische Ära der Rebellionsbewegung in Russland, die der Geschichte angehört, ohne die Frau, ohne die Studentin gewesen, ohne - das ist das Wesentliche - die Zusammenarbeit von Mann und Frau! [...] Ich wollte Ihnen nur zeigen, dass der ‚Sozialist' wirklich nur seine eigene Fortsetzung, aber nicht die Fortsetzung Ihres „Aufbruchs" sein kann."[157]

XIII.

Mitten im Ersten Weltkrieg unterstützte Gustav Landauer das von dem Medizinstudenten Siegfried Lehmann (alias Salomon Lehnert) (1892-1958), eine „Leitfigur der jüdischen Jugendbewegung in Deutschland"[158], im Berliner proletarischen „Scheunenviertel" eröffnete „Jüdische Volksheim" (1916-1929), in dem modernste Sozialarbeit in Richtung einer klassenlosen, egalitären Gesellschaft praktiziert wurde.[159] Lehmann, der enge Kontakte zur „Freien Studentenschaft" pflegte[160], gelangte als Mitarbeiter an dem von Ernst Joël geschaffenen Siedlungsheim Charlottenburg zur Gründung einer solchen Einrichtung für die jüdische ArbeiterInnenschaft in Berlin.[161] Das „Jüdische Volksheim" bot handwerkliche Ausbildung und Fortbildungen, besaß eine Tischlerwerkstatt, einen Kinderhort sowie eine Mütterberatung und stand ausdrücklich Mädchen und Jungen, Frauen und Männern offen. Anfang 1916 übermittelte Siegfried Lehmann an Martin Buber eine Zwischenbilanz der bis dato geleisteten Arbeit: „Wir verschickten einen *neuen* Aufruf, der in seiner letzten Forderung über das Wesen der englischen Settlements hinausgeht, indem er das Siedlungsheim *neben* seiner erzieherischen und sozialen Arbeit als das uns heute noch fehlende Zentrum jüdischen Geistes in Berlin ansieht. Es soll ein Sammelpunkt der vom Parteigetriebe unabhängigen jüdischen Intellektuellen werden [...] Es ist selbstverständlich, dass die Frauen weitaus überwiegen. [...] Wir beschäftigen uns mit der kulturellen und sozialen Lage der Ostjuden, mit hebräisch, jiddisch, Talmud etc. - Die technische Vorbereitung besteht darin, dass wir Helfer eine Fertigkeit lernen, in der wir später die jüd.-proletarische Jugend unterweisen können. Von dem Werte der Erziehung des jüdischen Proletariats zum Handwerk und Landwirtschaft überzeugt, beabsichtigen wir bei Eröffnung des Heimes Jugendwerkstätten (10-15 Jahre) ins Leben zu rufen. Wir treffen Vorbereitungen für die Einrichtung von Jugendtischlereien, Buchbindereien, Gärtnereien, Werkstätten für kunstgewerbliche Kinderarbeit und für eine Werkstatt für Metallarbeiten. [...] Neuen Antrieb und Liebe zu sozialer Arbeit wird die Beschäftigung mit dem Sozialismus unseren Helfern geben."[162]

Am 18. Mai 1916 hielt Landauer anlässlich der Einweihung des „Jüdischen Volksheims" vor 200 Gästen seinen Vortrag „Judentum und Sozialismus"[163] Mit dem „Volksheim" verband er eine „Erneuerung der Völker aus dem Geist der Gemeinde" jenseits von Staat und autoritär-etatistischem Sozialismus[164]. Am nächsten Tag berichtete er seiner ältesten Tochter Charlotte (1894-1927) voll des Lobes: „[...] Gestern ist das Jüdische Volksheim in der Dragonerstraße eröffnet worden, und ich habe da zur Eröffnung in einer in sich geschlossenen Form meinen Schlussvortrag über Sozialismus gehalten. Es war eine große Menge Menschen gekommen und in drei oder vier nicht zu großen Zimmern drängten sich an die 200 Menschen. Ein paar junge Leute haben da mit verhältnismäßig geringen Mitteln etwas ganz Reizendes geschaffen. Die Wohnung ist ganz entzückend ausgestattet, wohltuend, traulich und ernst zugleich. Es sollen da Studenten, Kaufleute, Arbeiter beiderlei Geschlechts zusammenkommen, zu belehrenden Gesprächen und Vorlesungen; Mütter werden beraten; ein Kinderhort ist da, und zwei Stuben werden als Werkstätten für Tischlerei usw. eingerichtet, was gerade für die Juden, die aus dem Osten kommen [...] sehr wertvoll ist. Ähnlich ist ja auch das Siedlungsheim in Charlottenburg [das aus dem „Aufbruch"-Kreis hervorging – S.W.]: aber das jüdische scheint mir gleich besser anzufangen und auch eine größere Notwendigkeit zu haben."[165]

Das „Jüdische Volksheim" war das erste und einzige seiner Art.[166] Beeinflusst von der angelsächsischen Settlement-Bewegung sowie den Ideen der revolutionären Intelligenz in Russland, ‚ins Volk zu gehen', beschränkte man sich keineswegs auf philanthropische Sozialarbeit, sondern „schuf den neuen Typus des tätigen Helfers, der in der Siedlung in der Mitte derer lebte, die seiner Hilfe bedürfen, der alle Entbehrungen und Schwierigkeiten auf sich nimmt, die dieses Leben – das Wohnen und Wirken im Volksheim – mit sich bringt."[167]

Das „Jüdische Volksheim" wuchs sich bis zu seiner Schließung im Jahre 1929 zu einer „Zufluchtsstätte für die Kinder und Jugendlichen

[...], die die engen dunklen Wohnungen des Scheunenviertels bevölkerten"[168] aus. Mit Festen und Ferienlagern sollte ein Gemeinschaftsgefühl sowie ein lebendiger „Austausch zwischen Ost und West"[169] erreicht werden. Über seine Vortragstätigkeit hinaus gehörte neben Martin Buber auch Gustav Landauer zum Freundeskreis des „Jüdischen Volksheims".[170] So hielt er dort im Frühjahr 1916 einen „Kursus über Sozialismus"[171]. Vor allem Landauers programmatischem „Aufruf zum Sozialismus" (1911) war es zu verdanken, dass die eher „unpolitische Bewegung nationaler, jüdischer Jugend [...] über das Jüdische hinaus"[172] Bestimmung fand. Seine Wirkung auf die ostjüdische Jugend wie auf die jüdische Jugendbewegung in Deutschland insgesamt kann nicht hoch genug veranschlagt werden.[173]

XIV.

Landauers kontinuierliches Interesse am Theater[174] ging zurück bis in die 1890er Jahre. Damals gehörte er zu den Gründern der Berliner „Neuen Freien Volksbühne" und nahm dort als langjähriges Mitglied im künstlerischen Beirat Einfluss auf die Programmplanung. Seine Kontakte zum 1905 eröffneten Düsseldorfer Schauspielhaus um Louise Dumont (1862-1932) und Gustav Lindemann (1872-1960) datieren auf das Jahr 1916, wo er am 29.10. d. J. seinen ersten Vortrag über „Goethe in seinem Verhältnis zu den Mächten der Zeit"[175] hielt - weitere folgten.[176] Im Oktober 1918 übernahm er dort dann die nach der Ära Hans Franck (1879-1964) freigewordene, dotierte Dramaturgenstelle und redigierte zugleich die Theaterzeitschrift „Masken".[177] Gemeinsam mit den Töchtern - seine zweite Frau Hedwig Lachmann war im Februar 1918 überraschend verstorben - plante er, vom schwäbischen Krumbach ins Rheinland nach (Düsseldorf-)Benrath[178] umzuziehen. Landauers erste Theaterprojekte als Dramaturg betrafen Georg Kaisers (1878-1945)[179] „Gas I" und „Die Perser" des griechischen Tragödiendichters Aischylos (525-456 v.u.Zt.).[180] Dass in dieser bewegten Zeit seine Hoffnung auf die bewusstseinsbildende Wirkung des Theaters ungebrochen blieb, beteuerte er Louise Dumont: „[...] käme es jetzt zum Versuch einer Gründung der Volksbühne, so müsste es im Zusammenhang mit dem neuen Geist in der Öffentlichkeit geschehen und die Bühne von der Seite des religiös vom Geiste erfassten und zusammengeschlossenen Volks genommen werden. Es wäre schon was für diese Zeit: das Prinzregententheater fürs Volk."[181]

Als dann die Revolution im November 1918 ihr Haupt erhob,

entschied sich Landauer für ein (anti-)politisches Engagement in München, ohne dass er seine dramaturgischen Aufgaben in Düsseldorf vernachlässigen wollte. Der geplante Umzug in ein Haus in (Düsseldorf-)Benrath kam jedoch aufgrund der Revolutionsereignisse nicht zustande. Zugleich versicherte er Louise Dumont und Gustav Lindemann seine Loyalität: „Nein, ich bin nicht zu schade fürs Theater; ich kenne keine solchen Trennungen; die Bühne hat in den Zeiten, die kommen, eine wundervolle Aufgabe. [...] Wir fliehen nicht von den Menschen zur Menschheit in die reine Kunst; wir wollen mit Menschen das Kunstwerk des guten Lebens aufbauen; und die Brücke zwischen dem *Bild* der Menschheit, wie es die Kunst aufbaut, und den wimmelnden Menschenhaufen, die Gestalt werden sollen, ist die *Bühne*, die zugleich Kunst und zugleich unmittelbaren Verkehr mit Menschen bietet. Sie kommen mehr von der Kunst her; ich komme mehr von der ‚Politik' und dem Sozialismus her; wir sind prädestiniert, in diesem Schicksalsmoment zusammenzuarbeiten [...] wir arbeiten ja für die kommende Generation."[182] Kunst, Literatur und Theater sollten eine Erschütterung der Menschen bewirken, um so zu einem Umbau individuellen und sozialen Lebens beizutragen: „Für mich ist das alles Ein Ding: Revolution - Freiheit - Sozialismus - Menschenwürde, im öffentlichen und gesellschaftlichen Leben - Erneuerung und Wiedergeburt - Kunst und Bühne."[183]

Zum 01. März 1919 endete Landauers Dramaturgenstellung am Düsseldorfer Schauspielhaus; die dort erscheinende Theaterzeitschrift „Masken" wollte er noch bis zum 01.07. d. J. redigieren.[184] Schließlich brach der Kontakt dorthin Anfang April 1919 ab.

XV.

Seit Mai 1917 lebte Gustav Landauer mit seiner Familie in Krumbach/Schwaben.[185] Keineswegs wollte er sich „die Sehnsucht nach dem Idyll gestatten [...] wir können dem Krieg nicht entgehen [...]"[186], doch gestalteten sich die Lebensverhältnisse dort erträglicher als in Berlin.[187] Als Hedwig Lachmann am 21. Februar 1918 an einer Lungenentzündung starb und auf dem jüdischen Friedhof in Krumbach beerdigt wurde, war Landauer am Boden zerstört; der wichtigste Mensch in seinem Leben war ihm jäh entrissen worden. Tiefe Trauer lähmte seinen Arbeitswillen, geplante Vorträge musste er zunächst absagen.[188] Hinzu kam eine gegen ihn behördlich verhängte Postsperre im April 1918.[189]

In Krumbach realisierte Landauer sein zweibändiges Shakespearebuch.[190] Außerdem beschäftigte er sich von neuem mit der Französischen Revolution von 1789.[191] Den Föderalismus, etwa in den Pariser Sektionen der 1790er Jahre, hob er gegenüber dem politischen Zentralismus der Jakobiner lobend hervor. Anhand einer kenntnisreich kommentierten Briefeedition dokumentierte er dieses bedeutende neuzeitliche Ereignis, indem er die maßgeblichen AktivistInnen ausführlich zu Wort kommen ließ. Anfang 1919 erschienen dann im Berliner Verlag von Paul Cassirer die zweite (Revolutions-)Ausgabe seines „Aufruf zum Sozialismus"[192] sowie der von Landauer noch eigenhändig redigierte Band „Rechenschaft"[193], der seine wichtigsten Essays unmittelbar vor bzw. während des Ersten Weltkriegs versammelte.

XVI.

Die Novemberrevolution 1918 wurde von Gustav Landauer begrüßt. Er hielt die Zeit für gekommen, „wo ich nicht mehr abseits bin, sondern mithelfen muss."[194] Kurt Eisner, erster Ministerpräsident der neuen bayerischen Republik, bat ihn, „durch rednerische Betätigung an der Umbildung der Seelen mit(zu)arbeiten."[195] In München wirkte Landauer als treibende Kraft in den bedeutenden Rätegremien[196]: im „Revolutionären Arbeiterrat", im Münchner Arbeiterrat, im bayerischen Zentralarbeiterrat (dem Zentralorgan der bayerischen Arbeiterräte), sowie im „Provisorischen Nationalrat Bayerns": „Ich glaube der Sache am besten zu nützen, wenn ich nicht hinten schiebe, sondern vorne führen helfe."[197] Trotz begründeter Zweifel an den Erfolgsaussichten dieser Revolution engagierte er sich für einen gesellschaftlichen Neuaufbau von unten nach oben, in Richtung Föderation und Dezentralisation, und warb für ein Rätesystem. Dabei zielte Landauer auf einen Bund autonomer, föderalistischer Republiken, basierend auf dezentralen Rätestrukturen[198]: „Ich bin in großer Freude, - wiewohl ich weiß, was nun kommt. Nun wird man mich brauchen, und vielleicht auch jetzt nicht auf mich hören."[199] Konsequent vertrat er seine föderalistischen Grundüberzeugungen: „Ich bin meiner Lebtage Föderalist gewesen [...]."[200] Landauers im November 1918 vorgelegte Schrift „Die vereinigten Republiken Deutschlands und ihre Verfassung"[201] gebührt der Rang eines libertären Gegenkonzeptes zum autoritären Etatismus der KPD. Die deutschen KommunistInnen benannte er als „pure Zentralisten", denen es „nur um die Macht geht"[202] und die sich „auf die Verwirklichung genauso wenig" verstehen „wie die

[...] Sozialdemokraten."²⁰³ Inhaltliche Differenzen mit Kurt Eisner hielten Gustav Landauer nicht davon ab, eng mit dem bayerischen Ministerpräsidenten zusammen zu arbeiten, stimmten beide doch darin überein, die Hegemonie Preußens so rasch wie möglich zu brechen: „Ich glaube keineswegs, dass wir um der Entente willen Berliner Zentralregierung und Nationalversammlung alten Wählerei- und Parteienstils brauchen. Wir brauchen korporatives Verfassungs- und Delegationswesen in den Einzelrepubliken [...] Preußen muss zerfallen; das alte Reich existiert nicht mehr; die Berliner Zentralregierung ist zu ignorieren."²⁰⁴ Den Wahlen zum bayerischen Landtag (12. Januar 1919) und zur Nationalversammlung (19. Januar d. J.) konnte Landauers nichts abgewinnen; er sprach von „alberner Wählerei, die eine Abdankung des Volkes und eine ekelhafte Herrschaft der Parteien ist."²⁰⁵ Dem stellte er „die korporative (also indirekte) und öffentliche Wahl, das fortwährende Einvernehmen, das imperative Mandat, die Möglichkeit sofortiger Abberufung des Delegierten, der nicht ‚Volksvertreter' ist, sondern Beauftragter einer permanent tagenden Korporation", entgegen.²⁰⁶

Trotz dieses hohen persönlichen Einsatzes wuchs seine Skepsis, ob die Revolution tatsächlich zu einer grundlegenden Erneuerung führen werde: „Die Revolution ist, auf allen Gebieten, total in den Sumpf gekommen"²⁰⁷, konstatierte er Anfang 1919 enttäuscht: „Schon bin ich wieder fast so einsam, wie vor der Revolution; am Werk sehe ich nur hilflose Verkehrtheit und Gemeinheit. [...] alle sehen sie nicht, dass der Sozialismus dem Gebot des Ewigen und zugleich der Not des Augenblicks genug tun muss; dass zu diesem ganz friedlichen Bau neuer Arbeit revolutionäre Energie und umfassendes Durchsetzen von einem Punkte aus ebenso not tut, wie tausendfach dezentralisiertes Beginnen im kleinen."²⁰⁸ Aufgrund dieser bitteren Erkenntnis, wonach für Selbstbestimmung und Selbstverwaltung, z.B. in Genossenschaften und Föderationen, bisher so wenig erreicht werden konnte, folgerte er: „[...] dass wir langsam und im Kleinen beginnen müssen. Die Revolution wird eine immerhin größere Schar Menschen zur Verwirklichung und zum Neubeginn bereit gemacht haben; das wird fast ihr einziges Resultat sein."²⁰⁹ Immerhin gelang es ihm in diesen bewegten Zeiten der deutschen Revolution 1918/19 von der Öffentlichkeit wahrgenommen zu werden. So hielt er am 16. Februar 1919 auf einer Demonstration vor einer vieltausendköpfigen Menge eine hochgeschätzte Rede über das Rätesystem und gegen die geplante Konstituierung des bayerischen Landtags.²¹⁰

Neben dem Rätegedanken verfolgte Landauer zugleich ‚seine' Siedlungsidee.[211] So äußerte er sich erfreut über die Kommune Blankenburg bei Donauwörth (1919/20)[212] und sprach sich Ende März 1919 auf einer Volksversammlung des „Revolutionären Arbeiterrates" über das von dem Nationalökonom Otto Neurath (1882-1945)[213] angekündigte, nicht zustande gekommene Siedlungsgroßprojekt aus.[214] Gerade jetzt sei es notwendig, die „Vorbereitungen zum Aufbau sozialistischer Siedlungen" voranzutreiben - „jetzt und künftig meine Hauptarbeit".[215]

Die Ermordung des bayerischen Ministerpräsidenten Kurt Eisner am 21. Februar 1919 durch den rechtsextremen Adligen Anton Graf von Arco auf Valley (1897-1945)[216], genau ein Jahr nach dem Tod seiner Frau Hedwig Lachmann, traf Landauer tief. Anlässlich der Beisetzungsfeierlichkeiten für Eisner am 26. Februar d. J., an der annähernd 100.000 Menschen teilnahmen, hielt Landauer auf dem Münchner Ostfriedhof eine beeindruckende Gedächtnisrede.[217] Ebenso sprach er am 04. März d. J. im Münchner Nationaltheater auf einer Kurt Eisner-Gedächtnisfeier.[218]

XVII.

Die Ermordung Eisners verhinderte die für den 21. Februar d. J. geplante Konstituierung des bayerischen Landtags. Stattdessen tagte in der Zeit vom 25. Februar bis zum 08. März 1919 in München der „Kongress der Arbeiter-, Bauern- und Soldatenräte"[219], an dem Landauer als Delegierter teilnahm. Die „zweite Revolution" in Bayern war damit eingeläutet. Der zeitgenössische Begriff der „zweiten Revolution" geht auf eine Rede Gustav Landauers anlässlich der Eröffnung des Rätekongresses zurück: „Vor allem muss es uns am Herzen liegen, die Reste, die noch von den alten Zuständen [...] da sind, radikal zu entfernen. Denn darüber dürfen wir uns keinem Zweifel hingeben, wir sind zumal seit Freitag, den 21. [Februar - S.W.], in der zweiten Revolution."[220] Neben einer Stärkung der Räte setzte sich Landauer für die „Sozialisierung", nicht Verstaatlichung, der Produktionsmittel sowie der Presse ein, letzteres um das Meinungsmonopol der rechten und konservativen Presse zu brechen.[221]

In den folgenden Wochen spitzte sich die politische Lage weiter zu: Schließlich führte der Beschluss der sozialdemokratischen bayerischen Regierung unter Johannes Hoffmann (1867-1930), den Landtag unmittelbar einzuberufen, Anfang April d. J. im Umkreis Landauers zu konkreten Vorbereitungen zur Proklamation der ersten bayerische Räterepublik am 7. April 1919, zugleich der Geburtstag Landauers.[222] Als oberstes Organ fungierte, neben den Volksbeauftragten, der „Revolutionäre Zentralrat Baierns" (ZR) unter dem Vorsitz des Lehrers Ernst Niekisch (1889-1967) (am 07./08. April d. J.) und seines Nachfolgers, des Schriftstellers und Vorsitzenden der Unabhängigen Sozialdemokratischen Partei Deutschlands (USPD) Münchens, Ernst Toller (1893-1939) (vom 08. bis zum 13. April d. J.). Zu den prominenten Mitgliedern des Revolutionären Zentralrates gehörte neben Erich Mühsam, Referent für Ungarn und Russland, und Otto Neurath als Leiter des Zentralwirtschaftsamtes auch Gustav Landauer. Er übernahm das Ressort eines „Volksbeauftragten für Volksaufklärung, Unterricht, Wissenschaft, Künste", sprich Kulturminister: „Lässt man mir ein paar Wochen Zeit, so hoffe ich, etwas zu leisten; aber leicht möglich, dass es nur ein paar Tage sind, und dann war es ein Traum."[223] Träger der ersten bayerischen Räterepublik, die im Wesentlichen auf Süd- und Altbayern beschränkt blieb, waren die Unabhängige Sozialdemokratische Partei Deutschlands (USPD), AnarchistInnen sowie Münchener Mehrheitssozialdemokraten; die KPD dagegen, die ein Rätesystem einzig nach russischem Vorbild favorisierte, diffamierte das Geschehen von Anfang an als „Scheinräterepublik".[224]

Am 08. April 1919 veröffentlichte der „Revolutionäre Zentralrat in der Räte-Republik Baiern" einen von Gustav Landauer, Ernst Niekisch, Fritz Soldmann (Inneres) und Dr. Franz Lipp (Äußeres) unterzeichneten Aufruf „An die Münchener Bevölkerung!": „Volksgenossen! Ihr wisst nicht, was Räte-Republik heißt. Ihr werdet sie jetzt an der Arbeit sehen. Die Räte-Republik bringt die neue Ordnung. Die Räte-Republik schützt die Schwachen, zu denen auch weite Kreise des Mittelstandes und der kleineren und mittleren Beamten gehören. **Niemand denkt daran, Eure Sparkassen-Guthaben anzutasten!** Für den Schutz der Stadt München wird ausgiebig gesorgt. **Wer plündert, wird erschossen!** Mit strengsten Strafen durch das Revolutionstribunal sofort abgeurteilt wird, der **gegenrevolutionäre Umtriebe** anzettelt, wer **Druckschriften** verbreitet, auf denen die für Abfassung und Druck Verantwortlichen sich nicht nennen, wer Gerüchte verbreitet, welche die öffentliche Sicherheit gefährden, wer zu einer Form des **Bürgerstreikes** auffordert und sich derart daran beteiligt, dass Gesundheit und Wohl der arbeitenden Bevölkerung bedroht sind. Wir haben den sicheren Nachweis, dass die massenhaft verbreiteten anonymen Flugblätter, in denen schamlos **Judenhetze** getrieben wird, und deren Ergebnis sein könnte und sein soll, dass es zu schweren Ausschreitungen gegen die jüdische Bevölkerung kommt, aus Norddeutschland hierher geschickt worden sind in der bewussten Absicht, hier in der Hauptstadt Baierns blutige Zusammenstöße und Zustände hervorzurufen, wie sie sich in Berlin durch die Schuld der dortigen Regierung abgespielt haben. Wir haben Frieden in der Bevölkerung und werden ihn behalten, wenn wir in unserer Arbeit für den Aufbau der neuen Gesellschaft nicht durch verantwortungslose Elemente gestört werden."[225]

Zu den vordringlichen Obliegenheiten der Räterevolutionäre gehörte die Versorgung der Bevölkerung, etwa mit Brennmaterialien. Dazu kam die Kontrolle des Bankwesens, die Bewaffnung der Arbeiterschaft bei gleichzeitiger Ablieferung aller Waffen seitens der bürgerlichen Bevölkerung; Kriegsgefangene wurden auf freien Fuß gesetzt, Wohnraum musste beschlagnahmt und an Bedürftige verteilt werden. Seit dem 11. April d. J. existierte ein Revolutionstribunal, das in München noch am gleichen Tag erstmals tagte - ohne dass strenge Urteile oder gar die Todesstrafe gefällt wurden.[226]

Um gegenrevolutionäre Attacken der bürgerlichen Presse zu unterbinden, wurde eine Vorzensur eingeführt.[227] Die Verantwortung dafür lag beim Schriftsteller Ret Marut/B. Traven (1882-1969), Herausgeber des „Ziegelbrenners" (1917-1921) und Presseleiter der Räterepublik. Marut, der eng mit Landauer kooperierte, agierte, anstatt reaktionäre Artikel zu unterdrücken, mit dem Mittel der Gegendarstellung, um auf diesem Weg revolutionären Argumenten Gehör zu verschaffen. Am 08. April 1919 wurde der von Ret Marut in Abstimmung mit Landauer ausgearbeitete Sozialisierungsplan der Presse verabschiedet[228]: „Wir brauchen ein völlig neues Zeitungswesen und ich würde keinerlei Gewalttat scheuen, um die alte Presse zu vernichten. Ich denke an das Inseratenmonopol für Staat und Gemeinde, de facto zunächst für die Arbeiter- und Soldatenräte."[229] Bereits in seiner mit anhaltendem Beifall aufgenommenen Rede am 30. Dezember 1918 vor dem Provisorischen Nationalrat Bayerns hatte Landauer die „Schaffung wahrer Preßfreiheit" gefordert: „Nieder mit diesem unerhörten Preßmonopol des Kapitalismus, der Reaktion, des Militarismus, der Gegenrevolution! [...] Preßfreiheit wäre, wenn jeder, der was zu sagen hat, wenn jeder, der im Ernste dieser Stunde das Recht hat, zum Volke zu sprechen, auch die Möglichkeit hätte, zum Volke zu reden."[230]

Ab 09. April 1919 fungierten die „Münchner Neuesten Nachrichten" (MNN) als Organ des Revolutionären Zentralrates der Münchner

Räterepublik und vertraten für wenige Tage libertäre Inhalte.[231] Hierzu ließ Landauer nachfolgende Erklärung abdrucken: „Die Redaktion der ‚M. N. N.' hat es abgelehnt, sich der Zensur der Presse-Abteilung des provisorischen revolutionären Zentralrates zu unterwerfen. Infolgedessen hat die Presse-Abteilung des provisorischen revolutionären Zentralrates von heute an die Redaktion der ‚M. N. N.' übernommen. Der provisorische Volksbeauftragte für Volksaufklärung Landauer."[232]

XVIII.

Als Gustav Landauer das Amt des Volksbeauftragten für Kultur und Volksaufklärung übernahm, konnte er auf sein detailliertes Konzept einer libertären Restrukturierung der Gesellschaft zurückgreifen, an dem er bereits viele Jahre gefeilt' hatte.[233] Im Zentrum standen hierbei öffentlich zu wählende Räte und ein föderalistischer, dezentralisierter Bund. Die direkte Demokratie sollte sich durch ein weit gefasstes Wahlrecht zu den Rätekörperschaften für fast alle erwachsenen Frauen und Männer auszeichnen: allen voran die ArbeiterInnen, zu denen er auch Hausfrauen, Kaufleute, Künstler und Schriftsteller, sogar Fabrikanten und Beamte zählte, aber keine Aktionäre, Spekulanten und Rentiers.[234] Konkrete Vorstellungen besaß Landauer auch über die notwendigen Restrukturierungsschritte: „Man muss überall zugleich ansetzen, das eine tun und das andere nicht lassen"[235]: bessere Bildung der Landbevölkerung durch die Einrichtung von öffentlichen Bibliotheken und Volkshochschulen, „durch Wanderredner, Vorleser und Wanderbühnen"[236], Aufteilung des Großgrundbesitzes für „Gemeindeland und neue Bauernsiedlungen aus früheren Industriearbeitern"[237] - und vor allem eine grundlegende „geistige Aufrüttelung [...] Der Kapitalismus darf nicht wieder funktionieren; er muss in den tatsächlichen Verhältnissen und in den Seelen ausgerottet werden."[238]

Schwerpunkte von Landauers Tätigkeit in der ersten, nur einwöchigen bayerischen Räterepublik betrafen das Schul- und Hochschulwesen sowie das Theater.[239] Im Rahmen der schulischen Ausbildung plante er die Einführung der polytechnischen Einheitsschule vom 7. bis zum 13. Lebensjahr, die Abschaffung der Prügelstrafe sowie die Förderung der Unterrichtsfächer Sport und Kunst. Die Einheitsschule, ausgestattet mit kompetenten Elternbeiräten, sollte in eine praktische Betätigung in Fortbildungseinrichtungen oder in Lebensgemeinschaften vom 13. bis zum 15. Lebensjahr in Handwerksbetrieben münden;

darauf folgte, je nach individueller Neigung, entweder eine Berufspraxis oder die Vorbereitung auf ein Hochschulstudium.

Unmittelbar nach seinem Amtsantritt als „Volksbeauftragter" führte Landauer Gespräche mit Schauspielern bzw. Mitgliedern des „Aktionsausschusses revolutionärer Künstler Münchens" (u.a. Georg Kaiser, Alfred Wolfenstein, Georg Schrimpf und Lessi Sachs), „ein Vollzugsorgan der Kulturpolitik Landauers"[240], über die Selbstverwaltung der Münchner Theater. Das Prinzregententheater in München sollte „als erstes wahres Theater des Volkes in Bayern" eröffnet werden.[241]

Für Gustav Landauer fokussierte sich die Universität vor allem auf eine „Gemeinschaft der Lernenden mit den Lehrenden".[242] Die ‚Hochschulrevolte' während der Revolutionszeit 1918/19, die mit der Gruppe sozialistischer Akademiker Münchens (GSAM)[243], dem Münchner Hochschulrat (MHR) und dem „Revolutionären Hochschulrat" (RHR) verbunden war, zielte als Gegenbewegung zu den Korporationen auf eine grundlegende Demokratisierung der Hochschule und weit reichende studentische Selbstverwaltung.[244] Anfang Dezember 1918 stellte die Hochschulkommission des bayerischen Zentralarbeiterrats, in der Gustav Landauer gemeinsam mit Ernst Toller wirkte, ihre Vorstellungen einer Reform der Mittel- und Hochschulen vor und lehnte sich eng an entsprechende programmatische Überlegungen der Gruppe sozialistischer Akademiker Münchens an.[245] Vorgesehen war eine Öffnung der Universitäten auch für bildungsfähige und -willige ArbeiterInnen.

Während der ersten bayerischen Räterepublik erhielt die Gruppe sozialistischer Akademiker Münchens von Gustav Landauer „für die Universität und TH München eine umfassende Vollmacht, [...] Universität und TH notfalls mit militärischer Gewalt zu besetzen und die Universität [...] sofort zu schließen."[246] Der „Revolutionäre Hochschulrat" sollte sowohl die Hochschulverwaltung übernehmen und einen „revolutionären Senat" einsetzen als auch in Zusammenarbeit mit dem Kulturminister und unter Einbeziehung der Fachkommissionen über Aufbau, Verfassung, Lehrstühle, Professoren- und Dozentenberufungen sowie über die Neuzulassung von Studierenden entscheiden. Landauer plante, die theologische und juristische Fakultät, mit Ausnahme der Fächer Geschichte und Philosophie, aufzulösen. Entstehen sollten eine eigene medizinische, philologische, philosophische sowie naturwissenschaftliche Fakultät. Gleichzeitig ließ Landauer den alten Lehrkörper und die Studentenschaft überprüfen - Rechtsextremismus wollte er nicht dulden. Konkret ging es ihm um eine geistige

Erneuerung des Lehrkörpers etwa durch die Berufung Fritz Mauthners und Martin Bubers, um die Mitbestimmung der Studierenden bei der Einstellung von Dozenten sowie die Entlassung von reaktionärem Lehrpersonal. Jedoch scheiterte diese erste Hochschulrevolution 1918/ 19 - ein Indiz dafür, weshalb einige Jahre später geistiges und soziales „Widerstandspotential gegen die nationalsozialistische ‚Erneuerung der Hochschule'"[247] fehlte.

XIX.

Gustav Landauers letzter öffentlicher Auftritt datiert vom 11. April 1919. Im Rahmen einer sich bis in die frühen Morgenstunden hinziehenden Versammlung von mehreren tausend Menschen im Münchner Hofbräuhaus wurde über die weitere revolutionäre Entwicklung debattiert - zugleich „die letzte große Diskussionsveranstaltung vor dem blutigen Ende der ersten bayerischen Räterepublik".[248] Neben Rednern aller linken Strömungen (MSPD, USPD, Revolutionärer Zentralrat, Anarchisten, KPD, USPD) rechtfertigte Landauer nochmals die Proklamation der Räterepublik: „Wir wussten, was die Stimmung in den Massen war, und wir konnten die Arbeiter nicht abstimmen lassen, ob wir Revolution machen sollen. Meine Geschichtskenntnis ist anders, die Revolutionen sind nicht im Blut geworden, aber im Blut getauft, und dies kann noch kommen."[249] Am nächsten Tag, dem 12. April, fand die letzte Sitzung des „Revolutionären Zentralrat Baierns" (ZR) vor dem Ende der ersten bayerischen Räterepublik statt, auf der Ernst Toller, Gustav Landauer und Erich Mühsam die bisherigen Ergebnisse der Räterepublik bewerteten und einen Ausblick vornahmen.[250] Landauer erklärte die Lage zwar für ernst, forderte aber dazu auf, nicht die Köpfe hängen zu lassen, sondern durch revolutionäre Taten bleibende Spuren in Bayern zu hinterlassen.[251]

Jäh beendete der gegenrevolutionäre, rechtssozialdemokratische Putsch der „Republikanischen Schutztruppe" am 13. April d. J. die erste bayerische Räterepublik. Anders als Erich Mühsam und Ernst Toller konnte Landauer durch rasches Untertauchen einer Verhaftung entgehen. Verzweifelt schrieb er: „Welche Arbeit! Welche Qual! Süd- und Westdeutschland sollen uns helfen! Das wäre Rettung fürs ganze Volk. Sonst ---?"[252] Ab 14. April d. J. folgte die zweite, kommunistische Räterepublik unter dem Münchner KPD-Vorsitzenden Eugen Leviné (1883-1919 hingerichtet); der „Revolutionäre Zentralrat" wurde durch die „Betriebs- und Soldatenräte" ersetzt.[253] Zunächst bot Landauer trotz Bedenken seine Hilfe an, zog allerdings dieses Angebot wenig später wieder zurück[254]. Bis zur Verhaftung am 01. Mai d. J. lebte er bei Else Eisner-Belli (1887-1940), der Witwe des ermordeten Ministerpräsidenten Kurt Eisner, im Münchner Vorort Großhadern.[255] Von dort aus fuhr er wiederholt „zu Beratungen mit Gleichgesinnten"[256] in die bayerische Metropole.

Gemeinsam mit dem Kulturbeauftragten der kommunistischen Räterepublik und damit Nachfolger Landauers im Amt des Kultusministers, Fidelis (d.i. Felix Boenheim) (1890-1960)[257], formulierte Gustav Landauer ab Mitte April d. J. ,sein' Kulturprogramm aus - zugleich seine „letzte Arbeit" (Fidelis). Beide kannten sich seit Februar d. J., und obwohl Fidelis als Kommunist und Anhänger Levinés die erste, libertäre Räterepublik ablehnte, war er zugleich ein „Verehrer Landauers"[258]. Fidelis veröffentlichte nach der Ermordung Landauers dessen Kulturprogramm, das von den Kommunisten allerdings abgelehnt wurde, und gab hierbei interessante Einblicke in die Zielsetzung und Kooperation dieser beiden Räterevolutionäre: „[...] ein praktisch durchführbares Programm wollten wir ausarbeiten, nicht der Organisation des Geistes neue Wege weisen. In wenigen Tagen mussten wir uns über die Grundfragen einigen. Wir taten es, indem ein jeder seine Bedenken auch bei nicht Unwichtigem zurückstellte. Mir erscheint es fast als das größte an Landauer, dass er, der an der Spitze stets marschierte, hier um die Fragen praktisch vorwärts zu bringen, zu Kompromissen bereit war, dass aus dem Dränger ein Mahner geworden war."[259]

Als Landauer am 01. Mai d. J. - München wurde durch Reichswehr- und Freikorpsverbände eingenommen - infolge einer Denunziation von gegenrevolutionären Regierungssoldaten in Hadern bei München verhaftet wurde, „schrieen die Leute Hurra, klatschten in die Hände und schwenkten Taschentücher. Die Menge schrie ‚Macht ihn hin, den Hund, den Juden, den Lump'."[260] Ihm blieben nur noch wenige Stunden zu leben. Am Morgen des 02. Mai ins Gefängnis Stadelheim verschleppt, misshandelte ihn dort die Soldateska bis in den Tod - ohne dass seine Mörder für ihre Tat jemals zur Rechenschaft gezogen wurden.[261] Der gegenrevolutionäre Terror obsiegte, mehrere hundert Menschen kamen dabei ums Leben. Führende Protagonisten der beiden Räterepubliken wurden hingerichtet (z. B. Eugen Leviné) oder zu hohen Gefängnisstrafen verurteilt (z. B. Erich Mühsam und Ernst Toller).[262] Nachrufend schrieb der libertäre Martin Buber-Schüler Hans Kohn (1891-1971) über Gustav Landauer: „Ob er hat sterben müssen? Ob er nicht, das Lügnerisch-Gemeine dieser ‚deutschen Revolution' […] erkennend, sich hätte zurückziehen müssen, um in reiner Stille sein Werk zu reifen […] Hätte er nicht an Folgendes denken müssen, an Verhängnis und menschliche Unreife? Ich glaube, all diese Fragen sind nicht nur nutzlos, sie sind unzweideutig zu verneinen. In dem Augenblick, wo die deutsche Revolution auch nur möglich schien […] musste er tätig mit dabei sein, führend, kämpfend, leidend und sterbend. Gewalt und Lärm, Schmutz und Zank verabscheuend und doch, im Namen dessen, das da größer ist als die Reinheit des Einzelnen, ihr hartes Joch auf sich nehmend. Weil er das getan hat […], grüßen wir in ihm den Heros, den Erfüller der Sehnsüchte Beethovenscher Symphonien."[263]

Im Frühjahr 2011, zur 100jährigen Wiederkehr des Erscheinens von Gustav Landauers „Aufruf zum Sozialismus"

Siegbert Wolf

Anmerkungen

* Bedanken möchte ich mich bei allen Personen und Archiven, die mir bei den Recherchen für den vorliegenden Band behilflich waren. Mein besonderer Dank gilt der Politologin und Kulturwissenschaftlerin Dr. Birgit Seemann (Fachhochschule Frankfurt am Main), Hedwig-Lachmann-Biographin, für ihre wertvollen Anregungen und Hinweise sowie dem Künstler Uwe Rausch für seine Illustrationen. Zu danken habe ich auch der Stiftung „Omina-Freundeshilfe", deren finanzielle Unterstützung mir umfangreiche Archivrecherchen ermöglichte.

[1] Brief Gustav Landauers an Wilhelm Schmidtbonn vom 04.11.1918. In: LBr II, S. 287. Schmidtbonn (ursprünglich: Wilhelm Schmidt) (1876–1952), Schriftsteller, war vor dem Ersten Weltkrieg einige Jahre als Dramaturg am Düsseldorfer Schauspielhaus tätig und Herausgeber der Theaterzeitschrift „Masken".

[2] Gustav Landauer, Verwirklichung heißt die Losung! In: Morgen (Berlin) 2 (1908), Nr. 50, 11.12.1908, S. 1643ff. [hier: S. 1645] Abgedruckt in: Gustav Landauer, Ausgewählte Schriften, Bd. 3.2: Antipolitik. Hrsg. von Siegbert Wolf. Lich/Hessen 2010, S. 136ff.

[3] Gustav Landauer, Die Erschießung des österreichischen Thronfolgers. Eine Betrachtung aus der Vogelperspektive. In: Der Sozialist [im Folgenden: Soz], 01.07.1914. Abgedruckt in: Gustav Landauer, Ausgewählte Schriften. Bd. 1: Internationalismus. Hrsg. von Siegbert Wolf. Lich/Hessen 2008, S. 152ff. [hier: S. 153]. Siehe auch: Gustav Landauer, Zu Max Nettlaus Aufsatz über den Balkankrieg. In: Soz, 15.02.1913 [nimmt bezug auf: Max Nettlau, Der Balkankrieg. In: Soz, 15.01.1913]: 1. Eine Zuschrift der Redaktion der tschechischen anarchistischen Zeitschrift „Zádruha" (Prag) vom 03.02.1913; 2. Antwort Max Nettlaus vom 09.02.1913; 3. Redaktion des „Sozialist": Darin forderte Landauer, sich „gegen die Existenz des habsburgisch-österreichischen Staatsgebildes, gegen jeden Staat und vor allem gegen die Befriedigung oder Verhinderung nationaler Bedürfnisse durch die Staatsgewalt" zu wenden.

[4] Thomas Keller, „Die Nation ist eine vielfältige Relation". Elsass-Lothringen im Blick der libertären Zeitschrift *Der Sozialist* (1909-1915). In: Michel Grunewald (Hrsg), Die Elsass-Lothringische Frage im Spiegel der Zeitschriften (1871-1914). Bern u.a. 1998, S. 249ff.

[5] In: Soz, 15.05.1912. Abgedruckt in: Bd. 3.1: Antipolitik der „Ausgewählten Schriften" Gustav Landauers. Hrsg. von Siegbert Wolf. Lich/Hessen 2010, S. 293ff.

[6] Straßburg 1576/77.

[7] Anm. 4, S. 258.

[8] Gustav Landauer, Das glückhafte Schiff. In: Soz, 15.05.1912. Abgedruckt in: Bd. 3.1: Antipolitik der „Ausgewählten Schriften" Gustav Landauers. Hrsg. von Siegbert Wolf. Lich/Hessen 2010, S. 293ff. [hier: S. 299]. Als Beispiel eines falschen Sozia-

listen nennt Landauer den französischen Syndikalisten Gustave Hervé (1871-1944), der sich vor Kriegsbeginn zum Nationalisten wandelte und die Region Lothringen für Frankreich proklamierte. (ebd.)

[9] Brief Gustav Landauers an Emanuel von Bodman vom 18.10.1912. In: LBr I, S. 423ff. [hier: S. 425]. Der an Landauers Anarchismus orientierte libertäre Historiker und Anarchosyndikalist Rudolf Rocker (1873-1958) entwickelte dieses Konzept in seiner Hauptschrift „Nationalismus und Kultur" (New York 1937; zuletzt: Münster 1999) weiter.

[10] Anm. 4, S. 261.

[11] Gustav Landauer, Deutschland, Frankreich und der Krieg. In: Soz, 01.03.1913 [Abdruck im vorliegenden Band]. Der im Mai 1871 in Frankfurt am Main unterzeichnete Friedensvertrag zwischen Frankreich und Deutschland beendete formell den Deutsch-Französischen Krieg.

[12] Gustav Landauer, Volk und Land. Dreißig sozialistische Thesen. In: Die Zukunft 15 (1907), Bd. 58, 12.01.1907, S. 56ff. Wieder abgedruckt in: Gustav Landauer, Ausgewählte Schriften, Bd. 3.1: Antipolitik. Hrsg. von Siegbert Wolf. Lich/Hessen 2010, S. 109ff. [hier: S. 112]

[13] Hierüber ausführlich: Bd. 2: Anarchismus u. Bd. 3.1 u. 3.2: Antipolitik der „Ausgewählten Schriften" Gustav Landauers. Hrsg. von Siegbert Wolf. Lich/Hessen 2009 u. 2010.

[14] Brief Gustav Landauers an Frederik van Eeden vom 18.08.1914. In: LBr II, S. 1.

[15] In: Der Aufbruch (Berlin) 1 (1915), Heft 2/3, S. 59ff. [Abdruck im vorliegenden Band]

[16] Ebd.

[17] Anm. 4, S. 274. Sein Freund Martin Buber (1878-1965) hat dieses libertär-föderalistische Modell, das sich jeglicher Monokulturalität widersetzt, in seinem binationalen Konzept weiterentwickelt.

[18] So beinhaltete „Der Sozialist" vom 01.12.1909 (Nr. 20) einen antimilitaristischen Schwerpunkt: „Leo Tolstois Rede gegen Krieg" als Leitartikel, Pierre-Joseph Proudhons „Die Grundursache des Krieges und sein Ende" (von Landauer ins Deutsche übersetzt) und Landauers „Zur Vorgeschichte von Tolstois Rede gegen den Krieg" [abgedruckt in Bd. 1: Internationalismus der „Ausgewählten Schriften" Gustav Landauers. Hrsg. von Siegbert Wolf. Lich/Hessen 2008, S. 176f.] Neben dem „Sozialist" veröffentlichte auch Franz Pfemfert (1879-1954) in seiner seit 1911 herausgegebenen Zeitschrift „Die Aktion" kriegsgegnerische Beiträge.

[19] Pierre-Joseph Proudhon, Die Grundursache des Krieges und sein Ende. Mit einer Vorbemerkung Gustav Landauers. In: Soz, 01.12.1909 [Auszug aus: ders., Krieg und Frieden. Untersuchungen über Prinzip und Verfassung des Völkerrechts (2 Bde, 1861)]; Fichte, Vom religiösen Menschen (mit einer „Zu Weihnachten" überschriebenen Vorbemerkung Landauers). In: Soz, 15.12.1911; Tolstois Rede gegen

den Krieg. Mit einer Vorbemerkung Gustav Landauers. In: Soz, 01.12.1909; Die zwei Seiten der Zivilisation. Ein deutsches Pamphletgedicht gegen den Krieg aus der Zeit der Französischen Revolution. Mit einer Vorbemerkung Gustav Landauers. In: Soz, 01.12.1912 [Landauer nimmt Johann Gottfried Seume (1763-1810) als Verfasser an]; Fichte 1813. In: Soz, Ostern 1913; Agrippa von Nettesheim, Von der Kriegskunst. In: Soz, 01.02.1914; Pierre-Joseph Proudhon, Theorie der Friedensverträge. In: Soz, 19.01., 01.02. u. 15.02.1915. Unmittelbar nach Kriegsbeginn veröffentlichte Landauer den von ihm zusammengestellten Auszug: „Bündiger Auszug aus „Fichtes Reden an die deutsche Nation" [1808], dem deutschen Volk, das jetzt schnell und kondensiert die Wahrheit braucht, im Jahre 1914 verordnet vom ‚Sozialistischen Bund'". In: Soz, 01.09.1914.

[20] Gustav Landauer, Deutschland, Frankreich und der Krieg. In: Soz, 01.03.1913 [Abdruck im vorliegenden Band]

[21] Darüber schwerpunktmäßig in Bd. 3.1 u. 3.2: Antipolitik der „Ausgewählten Schriften" Gustav Landauers. Hrsg. von Siegbert Wolf. Lich/Hessen 2010.

[22] An der wohl größten Veranstaltung mit Landauer als Referent, am 19. September 1911 in Berlin, nahmen ca. 700 Menschen teil. Landauer sprach damals über „Der Krieg - die Regierung - die Selbstbestimmung des Volkes". (Aufruf in: Soz, 15.09.1911, Bericht in: Soz, 01.10.1911)

[23] Gustav Landauer, Vom freien Arbeitertag. In: Soz, 01.10.1911. [abgedruckt in Bd. 3.1: Antipolitik der „Ausgewählten Schriften" Gustav Landauers. Hrsg. von Siegbert Wolf. Lich/Hessen 2010, S. 253ff.] Dezentrale Ausschüsse des „Sozialistischen Bundes" für den „Freien Arbeitertag" in Berlin und Leipzig sollten hierfür den Boden bereiten.

[24] Abgedruckt in Bd. 3.1: Antipolitik der „Ausgewählten Schriften" Gustav Landauers. Hrsg. von Siegbert Wolf. Lich/Hessen 2010, S. 265ff. 1911 beteiligte sich Augustin Souchy (1892-1984), Mitglied des „Sozialistischen Bundes", später führender Aktivist der anarchosyndikalistischen Freien Arbeiter-Union Deutschlands (FAUD), erstmals an einer „Volksinitiative [...] Die Aktion ging vom Sozialistischen Bund in Berlin aus. Wir verbreiteten eine Broschüre mit dem Titel „Abschaffung des Krieges durch Selbstbestimmung des Volkes". Geplant war ein deutscher Arbeitertag, auf welchem Aktionen gegen einen Krieg beschlossen werden sollten. Die Tagung konnte nicht stattfinden, denn bereits die Broschüre wurde polizeilich beschlagnahmt. Der Autor konnte nicht angeklagt werden, denn die Schrift war anonym erschienen. Erst 1919 wurde er der Öffentlichkeit bekannt. Es war [...] Gustav Landauer." (Gespräch mit Augustin Souchy, geführt von Adelbert Reif (1977). In: europäische ideen (Berlin). Hrsg. von Andreas W. Mytze, H. 39, 1978, S. 1ff. [hier: S. 16])

[25] Die Forderung eines „aktiven Generalstreiks" findet sich bereits im ersten, von Landauer verfassten Flugblatt des „Sozialistischen Bundes" (1908). [Abgedruckt in

Bd. 3.1: Antipolitik der „Ausgewählten Schriften" Gustav Landauers. Hrsg. von Siegbert Wolf. Lich/Hessen 2010, S. 130ff.]

[26] Gustav Landauer, Die Abschaffung des Krieges durch die Selbstbestimmung des Volkes. In: Gustav Landauer, Ausgewählte Schriften, Bd. 3.1: Antipolitik. Hrsg. von Siegbert Wolf. Lich/Hessen 2010, S. 265ff. [hier: 269f.]

[27] Ulrich Bröckling (Hrsg.), Nieder mit der Disziplin! Hoch die Rebellion! Anarchistische Soldaten-Agitation im Deutschen Kaiserreich. Berlin 1988.

[28] Edith Hanke, Prophet des Unmodernen. Leo N. Tolstoj als Kulturkritiker in der deutschen Diskussion der Jahrhundertwende. Tübingen 1993; Wolfgang Sandfuchs, Dichter - Moralist - Anarchist. Die deutsche Tolstojkritik 1880-1900. Stuttgart 1995. Im Rahmen der von Gustav Landauer und Lisa Frank - Lebensgefährtin des Schriftstellers Leonhard Frank (für Hinweise dazu danke ich dem Leonhard Frank-Forscher Michael Henke aus Berlin, dem Stadtarchiv München sowie dem Staatsarchiv München) - herausgegebenen „Schriften zur Volksaufklärung" (Nr. 1, München 1919) erschien „Leo Tolstoi: Patriotismus und Regierung". Trotz seiner Sympathien für Tolstois gewaltfreies Weltbild, übte Landauer Kritik an dessen rigoristischer, asketischer Entsagung. Globalratschlägen für die ganze Welt entgegnete er unzweideutig: „Es gibt kein unverbrüchliches ‚Du sollst' für einen freien Menschen!" (Gustav Landauer, Etwas über Moral. In: Soz, 05.08.1893 [Abgedruckt in Bd. 2: Anarchismus der „Ausgewählten Schriften" Gustav Landauers. Hrsg. von Siegbert Wolf. Lich/Hessen 2009, S. 37ff., hier: S. 40] Zur libertären Tolstoirezeption siehe auch: Max Nettlau, Geschichte der Anarchie, Bd. V: Anarchisten und Syndikalisten, Teil 1. Vaduz/Liechtenstein 1984, S. 435ff. (darin Nettlaus Kritik an Tolstoi). Siehe auch: Leo Tolstoi, Rede gegen den Krieg. [geschrieben für den Internationalen Friedenskongress in Stockholm (1910)] Erstmals Berlin [Dezember] 1909 (als 12-seitige Broschüre in einer Auflage von 5.000 Exemplaren)] Verlag des „Sozialist", Berlin SO 26, Fritz Flierl. Als Sonderdruck aus: Soz, 01.12.1909; dass. 11.-20.Tsd. Berlin 1913 und in: Soz, 01.01.1913 [samt Vorbemerkung Landauers]. Im Verlag des Bundes herrschaftsloser Sozialisten Mannheim erschien diese Schrift, ein Sonderabdruck aus dem „Sozialist" vom 01.12.1909, undatiert als 8-seitige Broschüre. Auch: Gustav Landauer, Zur Vorgeschichte von Tolstois Rede gegen den Krieg. In: Soz, 01.12.1909. Abgedruckt in: Gustav Landauer, Ausgewählte Schriften. Hrsg. von Siegbert Wolf. Bd. 1: Internationalismus. Lich/Hessen 2008, S. 176f.

[29] Étienne de La Boétie, Von der freiwilligen Knechtschaft. Übersetzt von Gustav Landauer. In: Soz, in sechs Folgen, 1910/11. Zuletzt hrsg. u. mit einem Vorwort von Ulrich Klemm. Mit einem Essay von Siegbert Wolf zu Gustav Landauers Boétie-Rezeption. Ffm 2009.

[30] Das kaiserliche Wehrpflichtgesetz sah eine zwei- (Infanterie) bzw. dreijährige Dienstzeit (Kavallerie, Artillerie und Marine) vor. Die Wehrpflicht begann mit vollendetem 17. Lebensjahr und dauerte bis zum vollendeten 45. Lebensjahr, danach

erfolgte die Überstellung in die Reserve, in die Landwehr und in den Landsturm.

[31] Hierzu: August Bebel, Nicht stehendes Heer, sondern Volkswehr! Stuttgart 1898.

[32] Franz Jung, Der Torpedokäfer. Neuwied u. Berlin 1972, S. 95. Der Schriftsteller Franz Jung (1888-1963) gehörte seit 1911 dem „Sozialistischen Bund" in München an. Auch Augustin Souchy (1892-1984), Berliner Mitglied des „Sozialistischen Bundes", ‚desertierte' kurz nach Kriegsbeginn. (ders., „Vorsicht: Anarchist!" Ein Leben für die Freiheit. Politische Erinnerungen. Darmstadt u. Neuwied 1977, S. 19 [weitere Aufll.]) Zu erwähnen ist auch der Anarchist Rudolf Oestreich (1878-1963), Metallarbeiter, Mitglied der „Anarchistischen Föderation Deutschlands" (AFD), der, um seiner Einberufung zum Militärdienst zu entgehen, Fahnenflucht in Richtung Frankreich beging. Unmittelbar vor dem Überschreiten der Grenze wurde er festgenommen und zu einem halben Jahr Einzelhaft verurteilt. (ders., Wegen Hochverrats im Zuchthaus. Berlin 1913). Zusätzlich wurde er wegen antimilitarischer Artikel im „Freien Arbeiter" (Berlin, 1904ff.) zu sechs Wochen Gefängnis, in einem Folgeverfahren wegen Hochverrats zu drei Jahren Zuchthaus und fünf Jahren Ehrverlust abgeurteilt: „Die Leistung des Fahneneides lehnte ich ab" (ebd. S. 1). Allgemein: Ulrich Bröckling (Hrsg), Nieder mit der Disziplin! Hoch die Rebellion! Anarchistische Soldaten-Agitation im Deutschen Kaiserreich. Berlin 1988; ders., Zwischen „Krieg dem Krieg!" und „Widerstrebt dem Übel nicht mit Gewalt!". Anarchistischer Antimilitarismus im Deutschen Kaiserreich vor 1914. In: Schwarzer Faden. Anarchistische Vierteljahresschrift (Grafenau) 18 (1997), Nr. 60, S. 52ff.; ders., Kriege gibt es nur, weil es Staaten gibt. Facetten anarchistischer Militärkritik 1849-1934. In: Ebd. 20 (1999), Nr. 69, S. 22ff [wieder abgedruckt in: Wolfram Wette (Hrsg.), Schule der Gewalt. Militarismus in Deutschland 1871 bis 1945. Berlin 2005, S. 111ff.]

[33] Zum Zeitpunkt des Kriegsbeginns besuchte Landauer seine Mutter Rosa (1845-1932) in Karlsruhe. Siehe auch den Brief Gustav Landauers an Ludwig Berndl vom 31.07.1914. In: LBr I, S. 459: „Wir brechen unsere Erholungsreise ab und reisen nach Hause. Es ist nichts mehr zu hoffen, und nichts zu fürchten; es ist da." Am 31.07.1914 erfolgten die deutschen Ultimaten an Frankreich und Russland sowie die Generalmobilmachung Österreich-Ungarns. Anfang August begann der Weltkrieg mit den Kriegserklärungen des Deutschen Reiches an Russland und Frankreich sowie dem Einmarsch deutscher Truppen ins neutrale Belgien.

[34] Gustav Landauer, Das glückhafte Schiff. In: Soz, 15.05.1912. Abgedruckt in: Bd. 3.1: Antipolitik der „Ausgewählten Schriften" Gustav Landauers. Hrsg. von Siegbert Wolf. Lich/Hessen 2010, S. 293ff.

[35] Brief Gustav Landauers an Fritz Mauthner vom 02.11.1914 (GLAA 95).

[36] Nach Kriegsbeginn kamen Gustav Landauer, Martin Buber (1878-1965) und der Schriftsteller Max Brod (1884-1968) in der Wohnung des Philosophen Max Scheler (1874-1928) in Berlin zusammen, um zu überlegen, wie man gegen den Krieg mo-

bilisieren könnte. Die Zusammenkunft verlief ergebnislos, weil Scheler den Kriegsausbruch verteidigte - eine Haltung, die er schon bald korrigieren sollte. (hierzu: Max Brod, Streitbares Leben. Autobiographie. München 1960, S. 145ff. [Brod lernte Landauer über die Schriftstellerin und Mäzenin Auguste Hauschner (1850-1924) kennen. (ebd. S. 145)]

[37] In: Soz, Dezember 1914.

[38] In: Soz, 19.01., 01.02. u. 15.02.1915.

[39] Brief Gustav Landauers an Hugo Warnstedt vom 04.11.1914. In: LBr II, S. 10ff. [hier: S. 11] [Abdruck im vorliegenden Band] Siehe auch: Richard Dehmel, Zwischen Volk und Menschheit. Kriegstagebuch. Berlin 1919. Über den Leipziger Anarchisten Hugo Warnstedt (1877-1947), siehe Bd. 2 u. 3 der „Ausgewählten Schriften" Gustav Landauers. Hrsg. von Siegbert Wolf. Lich/Hessen 2009 u. 2010. Warnstedt gab 1924 die „Leipziger Lerche. Überpolitische Zeitschrift für erwachende Menschen in Stadt und Land" heraus. In Nr. 1 vom April 1924 findet sich ein an Landauer erinnernder Appell Warnstedts: „Die deutschen Friedensfreunde und Sozialisten, vor allem die Arbeitermassen, müssen endlich begreifen lernen, was Gustav Landauer in seinem Artikel: Deutschland, Frankreich und der Krieg (Sozialist, 1. März 1913) [Abdruck im vorliegenden Band] schrieb: ‚Friede ist nicht Krieglosigkeit; Friede ist nicht eine bloße Negation; Friede ist eine positive Organisation der Freiheit und Gerechtigkeit; Friede ist Aufbau des Sozialismus! Billiger ist er nicht zu haben.' Weil dieser unantastbar aufrichtige anarchistische Sozialist vor dem Kriege von den politischen Sozialisten totgeschwiegen worden ist, konnte er in der Revolution von den Spartakisten beiseitegedrängt und schließlich von vertierten Menschen [...] totgeschlagen werden."

[40] Siehe auch den Brief Gustav Landauers an Eugen Diederichs vom 19.09.1917, in dem er Dehmels Beteiligung „an der Völkerverhetzung" im Ersten Weltkrieg hervorhob. (In: Eugen Diederichs, Selbstzeugnisse und Briefe von Zeitgenossen. Düsseldorf/Köln 1967, S. 245f.)

[41] Brief Gustav Landauers an Poul Bjerre vom 27.07.1915. In: LBr II, S. 54ff. [hier: S. 55f.]

[42] Christine Holste, Der Forte-Kreis (1910-1915). Rekonstruktion eines utopischen Versuchs. Stuttgart 1992; Richard Faber/Christine Holste (Hrsg.), Der Potsdamer Forte-Kreis. Eine utopische Intellektuellenassoziation zur europäischen Friedenssicherung. Würzburg 2001. Erich Gutkinds 1910 unter dem Pseudonym Volker veröffentlichtes Buch „Siderische Geburt. Seraphische Wanderung vom Tode der Welt zur Taufe der Tat" (Berlin: Karl Schnabel Verlag) ist gewissermaßen das erste Lebenszeichen des Forte-Kreises. Das erste Manifest dieses Kreises aus dem Jahr 1911 gegen die zunehmende Kriegsgefahr, verfasst von Frederik van Eeden und Erich Gutkind, bündelte die Diskussionen, an denen zuvor auch Gustav Landauer und Martin Buber teilgenommen hatten. (Frederik van Eeden und Volker [d.i.

Erich Gutkind], Welt-Eroberung durch Helden-Liebe - ein Aufruf zur Sammlung gerichtet an die „Königlichen des Geistes". Berlin, Leipzig 1911, S. 78ff.; Auszüge in: Soz, 01.09.1912). Siehe auch die Leo N. Tolstoi gewidmete Doppelnummer des „Sozialist" vom 15.12.1910, in der neben Landauer, van Eeden und E. G. [= Erich Gutkind] publizierten.

[43] Florens Christian Rang, [Zwei Briefe an F. van Eeden] In: Romain Rolland, Das Gewissen Europas. Tagebuch der Kriegsjahre 1914-1919. Bd. I, Juli 1914 bis November 1915. Hrsg. von Gerhard Schewe. Berlin (Ost), 2. Aufl. 1983, S. 196ff., 201ff.; siehe auch den Brief Rangs an Martin Buber vom 18.09. [Forts. 21.09.] 1914. In: BuBr I, S. 366ff.; Brief Gustav Landauers an Frederik van Eeden vom 09.10.1914. In: LBr II, S. 6.

[44] Von Frederik van Eeden, dem gewählten Vorsitzenden dieser Zusammenkunft, stammen Protokollnotizen unter dem Titel „Tagebuchblätter aus der Zeit in Potsdam 1914", die allen Teilnehmern zugänglich gemacht wurden. (GLAA 24, Typoskript von 18 maschr. Seiten in dt. Sprache, verfasst im Juni/Juli 1914) Martin Buber nahm in seinem Essay „Zwiesprache" (In: Die Kreatur 3 (1929/30), H. 3, S. 201ff.) bezug auf dieses Treffen. In: ders., Das dialogische Prinzip. Heidelberg 1984, 5., durchgesehene Auflage, S. 145f.; siehe auch Martin Bubers undatierten, 1930 publizierten Brief an Frederik van Eeden, in dem er sich an das Potsdamer-Treffen, jene „rückhaltlose Aussprache [...] zwischen acht Menschen so verschiedener Art", erinnerte. (BuBr II, S. 369f.)

[45] GLAA Nr. 24-26 [handschriftl. Fassung vom Juni 1914] Vorgetragen am 10.06.1914 in Potsdam. [Abdruck im vorliegenden Band]. An der Eröffnungssitzung (09.06. d. J.) hatte Landauer noch nicht teilgenommen. Am zweiten Sitzungstag waren auch Hedwig Lachmann und Lucia „Lucy" Gutkind anwesend. Auch Martin Buber legte im März 1914 ein Thesenpapier im Forte-Kreis vor (JNUL Jerusalem, Martin Buber-Archiv, Arc. Ms. Var. 350/46 [handschriftl. Vorentwurf]; Universität Amsterdam, Frederik van Eeden-Archiv, Nr. 16). Das für Herbst d. J. anvisierte Treffen im italienischen Forte dei Marmi scheiterte an den oben genannten Gründen.

[46] Ebd. [Abdruck im vorliegenden Band]

[47] Brief Gustav Landauers an Frederik van Eeden vom 18.08.1914. In: LBr II, S. 1.

[48] Gustav Landauer und Martin Buber an den Forte-Kreis [Ende November 1914]. GLAA 115-116. [Abdruck im vorliegenden Band]

[49] Brief Gustav Landauers an Poul Bjerre, E.[rnst] Norlind, Frederik van Eeden und Henri Borel vom 22.08.1915 (Zur Kenntnis mitgeteilt: Martin Buber. Bitte an van Eeden um Mitteilung an Romain Rolland). In: LBr II, S. 71ff. [hier: S. 82]; siehe auch das Schreiben Gustav Landauers an Poul Bjerre vom 27.07.1915. In: LBr II, S. 54ff.; Brief Martin Bubers an Frederik van Eeden vom 08.09.1915. In: BuBr I, S. 398; Brief Gustav Landauers an Walter Rathenau vom 13.09.1915. In: LBr II, S. 87f.

[50] In: Soz, 01.12.1914. Gemeint ist Poppers Schrift: „Das Recht zu leben und die

Pflicht zu sterben: Socialphilosophische Betrachtungen, anknüpfend an die Bedeutung Voltaire's für die neuere Zeit. Zu seinem 100. Todestag (30. Mai 1878)" (Leipzig 1878, weitere Aufll.)

[51] Gustav Landauer, Der europäische Krieg. In: Soz, 10.08.1914. [Abdruck im vorliegenden Band]

[52] Gustav Landauer, Aus unstillbarem Verlangen (1915) [Abdruck im vorliegenden Band]

[53] Gustav Landauer, Der europäische Krieg. In: Soz, 10.08.1914. [Abdruck im vorliegenden Band]

[54] Ebd.

[55] Zensurbedingt sprach er vor allem über literarische, historische und philosophische Themen.

[56] Sein Vortragszyklus stand unter dem Thema „Geschichte der Friedensbestrebungen von der Französischen Revolution bis zur Gegenwart". Die „Freie Hochschule" wurde Anfang 1902 eröffnet und vereinigte sich im Oktober 1915 mit der Humboldt-Akademie (seit 1879) zur neuen „Humboldt-Hochschule, Volkshochschule Groß-Berlin". Hierzu: Dietrich Urbach, Die Volkshochschule Groß-Berlin 1920 bis 1933. Stuttgart 1971, S. 12f.

[57] Am 13.10.1917 zum Thema: „Der Dramatiker Georg Kaiser" anlässlich der Uraufführung von Kaisers Lustspiel „Der Zentaur" (siehe: „Frankfurter Nachrichten", 13.10.1917; Postkarte Gustav Landauers an Fritz Mauthner vom 11.10.1917, GLAA 96).

[58] Am 17.04.1918 zum Thema: „Der Dichter und sein Amt" (Bericht in: Frankfurter Zeitung, 18.04.1918).

[59] Der Maler und Schriftsteller Ernst Norlind (1877-1952) lud Gustav Landauer Ende 1915 zu Vorträgen nach Schweden ein, die kriegsbedingt allerdings nicht zustande kamen. (Brief Gustav Landauers an Ernst Norlind vom 11.11.1915; LBr II, S. 101f.)

[60] Über Prokriegs- (Peter Kropotkin) und Antikriegsanarchisten (Errico Malaesta, Rudolf und Milly Rocker) siehe den Brief Gustav Landauers an Hugo Warnstedt vom 26.01.1915 (GLAA 146). Vor allem Peter Kropotkins (1842-1921) germanophobe und pro-alliierte Haltung löste innerhalb der internationalen anarchistischen Bewegungen Irritationen aus. Hierzu jüngst: „Die Tore der Freiheit öffnen" - Milly Witkop-Rocker (1877-1955), Anarchistin und Feministin. In: Werner Portmann/Siegbert Wolf, „Ja, ich kämpfte". Von ‚Luftmenschen', Kindern des Schtetls und der Revolution. Biographien radikaler Jüdinnen und Juden. Münster 2006, S. 249ff. [hier: S. 267ff.] Wie uneinig die anarchistische Bewegung in Deutschland bzw. Österreich war, zeigt sich darin, dass Landauers Antimilitarismus innerhalb der syndikalistischen „Freien Vereinigung deutscher Gewerkschaften" (Berlin) oder vom Kreis um die Zeitschrift „Erkenntnis und Befreiung" (Wien) mit Pierre Ramus (1882-1942) in Abrede gestellt wurde. Hierzu: Artur Streiter, Gustav Landauer und der Krieg. In:

contra. Anarchistische Zeitschrift (Wien) 1 (1930/31), No. 9-10, Januar 1931, S. 7ff. Darin bezeugte der an Landauer und Tolstoi orientierte libertäre Schriftsteller und Maler Artur Streiter (1905-1946) dessen konsequente Antikriegshaltung.

[61] In der Zeit von 1911 bis 1919, mit Ausnahme der Jahre des Ersten Weltkriegs, gab Erich Mühsam in München die anarchistische Monatsschrift (1918/19 als Wochenblatt) „Kain - Zeitschrift für Menschlichkeit" heraus. (Reprint: 3 Bde. Vaduz/Liechtenstein 1978).

[62] Brief Erich Mühsams an Karl Franz Kocmata und die Leser der „Ver!", Mitte August-September 1917. In: Erich Mühsam, In meiner Posaune muss ein Sandkorn sein. Briefe 1900-1934. 2 Bde. Hrsg. von Gerd W. Jungblut. Vaduz/Liechtenstein 1984, Bd. 1, S. 234ff.; Erich Mühsam, Aufklärung. In: Ver! 1 (1917), Nr. 4, 01.10.1917, S. 54ff. Auch in Mühsams Tagebuch finden sich russo- und frankophobe ‚Entgleisungen": besonders seine Einträge vom 3./4.08.1914. Abgedruckt in: Erich Mühsam, Tagebücher 1910-1924. Hrsg. von Chris Hirte. München 1994, S. 101ff.

[63] Brief Gustav Landauers an Erich Mühsam vom 30.12.1914. In: LBr II, S. 26ff. [hier: S. 28]

[64] Siehe Erich Mühsams Tagebuchaufzeichnungen vom 02.01.1915: „[...] Meine Erklärung an die ‚Kain'-Leser [von Anfang August 1914 - S.W.], hat ihm [Gustav Landauer - S.W.] nicht gefallen, und ich muss schon selbst gestehen, dass ich recht wünschte, den letzten nachträglich eingefügten Absatz darin nicht geschrieben zu haben" (Erich Mühsam, Tagebücher, S. 137). Und am 25.01.1915 vetraute er seinem Tagebuch an: „Meine Erklärung an den ‚Kain'-Leser ärgert mich ihres letzten, nachträglich angehängten Satzes wegen täglich mehr [...] Ich schäme mich meiner selbstischen Wallung [...]" (Ebd. S. 138f.).

[65] Nach einem Besuch bei Gustav Landauer und Hedwig Lachmann in Berlin-Hermsdorf am 06. August 1915 vertraute Mühsam seinem Tagebuch mit Eintrag vom 07.08.1915 an: „Wir stellten die erfreulichste Übereinstimmung in der ganzen Beurteilung der Vorgänge [gemeint ist der Weltkrieg - S.W.] fest." (Erich Mühsam, Tagebücher, S. 155) Bereits am 28.06.1915 notierte Erich Mühsam: „Der Mann, an dessen Seite ich gehöre, ist Gustav Landauer." (NL Mühsam) 1916/17 schrieb Erich Mühsam ein Buch über Krieg und Militarismus unter dem Titel „Abrechnung". In: Erich Mühsam, Streitschriften. Literarischer Nachlass. Hrsg. von Chris Hirte. Berlin 1984, S. 49ff. Landauer, der das Manuskript im Sommer 1917 las, fand darin „Ausgezeichnetes". (Brief Gustav Landauers an Erich Mühsam vom 31.08.1917, NL Mühsam)

[66] Erich Mühsam, Tagebucheintrag vom 12.08.1915 (NL Mühsam).

[67] Gustav Landauer, Deutschland, Frankreich und der Krieg. In: Soz, 01.03.1913. [Abdruck im folgenden Band]

[68] Gustav Landauer, Die Erschießung des österreichischen Thronfolgers. Eine Betrachtung aus der Vogelperspektive. In: Soz, 01.07.1914. Abgedruckt in: Gustav

Landauer, Ausgewählte Schriften. Bd. 1: Internationalismus. Hrsg. von Siegbert Wolf. Lich/Hessen 2008, S. 152ff. [hier: S. 154]

[69] Ebd. S. 154.

[70] Programmatisch findet sich diese Einstellung wieder in einem der anrührendsten Antikriegsgedichte überhaupt. Es stammt aus der Feder Hedwig Lachmanns: „Mit den Besiegten" (1915). In: Hedwig Lachmann, Gesammelte Gedichte. Eigenes und Nachdichtungen. Hrsg. von Gustav Landauer. Potsdam 1919, S. 98. Der Titel des Gedichts stammt von Landauer. Am 1. August 1915 (LBr II, S. 61f.) schrieb er seiner Frau voller Bewunderung: „Zu allererst von Deinem Gedicht. Ich finde es wunderschön und bin innig gerührt, dass gerade dieses Gefühl solange in Dir nach dem vollendeten Ausdruck suchte. Ich danke Dir, Hedwig, Frau, Jüdin, Meine." Und der befreundeten Schriftstellerin und Mäzenin Auguste Hauschner (1850-1924) teilte er am 04.10.1918 mit: „Das ‚geringste Volk', von dem das Gedicht spricht, sind nicht wir, werden es nie sein. Am meisten hat meine Frau dabei die Serben vor Augen gehabt, die jetzt wieder auferstehen." (LBr II, S. 272)

[71] In einem Aufruf des „Reichsvereins der Deutschen Juden" und der „Zionistischen Vereinigung für Deutschland" von Anfang August 1914, wurde erwartet, „dass unsere Jugend freudigen Herzens freiwillig zu den Fahnen eilt" und dass sich alle deutschen Juden „im Sinne des alten jüdischen Pflichtgebotes mit ganzem Herzen, mit ganzer Seele und ganzem Vermögen […] dem Dienste des Vaterlandes hingeben." Diesem Aufruf schlossen sich auch das Präsidium des Kartells Jüdischer Verbindungen und der Ausschuss der Jüdischen Turnerschaft an. (Jüdische Rundschau (Berlin), XIX (1914), Nr. 32, 07.08.1914/15. Ab 5674, S. 1) Und in der Zeitschrift „Im deutschen Reich" des Centralvereins deutscher Staatsbürger jüdischen Glaubens (Berlin), XX (1914), Nr. 9, September (Aufruf vom 01.08.1914) wurde ebenfalls Opferbereitschaft im „Dienst des Vaterlandes" gefordert.

[72] Jacob Rosenthal, „Die Ehre des jüdischen Soldaten". Die Judenzählung im Ersten Weltkrieg und ihre Folgen. Ffm/NewYork 2007.

[73] Ulrich Sieg, Jüdische Intellektuelle im Ersten Weltkrieg. Kriegserfahrungen, weltanschauliche Debatten und kulturelle Neuentwürfe. Berlin 2001, S. 139ff. [hier: S. 140]

[74] Martin Buber, Die Losung. In: Der Jude 1 (1916/17), H. 1, April 1916, S. 1ff. [= programmatischer Einleitungsartikel und zugleich Wiedergabe einer Rede Bubers zu Kriegsbeginn 1914]; ders., Die Tempelweihe (1914). In: ders., Die Jüdische Bewegung. Berlin 1916, S. 229-242; ders., Der Engel und die Weltherrschaft. Ein altjüdisches Märchen. Den Freunden im Feld gewidmet. In: Jüdische Rundschau XX (1915), Nr. 8, 19.02.1915, S. 62; ders., Die Juden als Volk des Orients (1915). In: ders., Vom Geist des Judentums. Reden und Geleitworte. Leipzig 1916, S. 9-48 [= Zwei Reden zur Kriegsverherrlichung im Geiste Fichtes]; ders., Bewegung. Aus dem Brief an einem Holländer (geschrieben Mitte September 1914). In: Der Neue Merkur 1

(1914/15), II. Bd, Oktober 1914-März 1915, S. 489ff. [gemeint ist der niederländische Pazifist Frederik van Eeden]; Brief Martin Bubers an Frederik van Eeden vom 16.10.1914. In: BuBr I, S. 373ff.; Martin Buber, Richtung soll kommen! In: Masken X (1914/15), 11, S. 173f.; grundlegend: Paul R. Mendes-Flohr, Von der Mystik zum Dialog. Martin Bubers geistige Entwicklung bis hin zu „Ich und Du". Ffm 1978.

[75] Gustav Landauer, Der europäische Krieg. In: Soz, 10.08.1914. [Abdruck im vorliegenden Band]

[76] Brief Gustav Landauers an Hedwig Lachmann vom 03.08.1915. In: LBr II, S. 63f.

[77] In: Vom Geist des Judentums. Leipzig 1916 u. in: ders., Der Jude und sein Judentum. Gesammelte Aufsätze und Reden. Mit einer Einleitung von Robert Weltsch. 2. durchgesehene u. um Register erweiterte Auflage. Gerlingen 1993, S. 45ff. Siehe auch die Notizen Landauers dazu. [Abdruck im vorliegenden Band]

[78] In: Der Jude 1 (1916/17), H. 1, April 1916, S. 1ff.

[79] Brief Gustav Landauers an Martin Buber vom 12.05.1916. In: BuBr I, S. 433ff. [hier: S. 433] [Abdruck im vorliegenden Band]

[80] In: BuBr I, S. 433ff. [hier: S. 437] [Abdruck im vorliegenden Band] Wie tragfähig die Freundschaft trotz des Disputes über den „Kriegsbuber" blieb, belegt eine Briefzeile Landauers an seine Frau Hedwig Lachmann vom 03.08.1915, in der er davon spricht, dass er trotz seiner deutlich formulierten Kritik an Bubers pro-Kriegshaltung, „gegen keinen so schonend und vertrauensvoll abwartend wie gegen ihn" ist. (LBr II, S. 63f.)

[81] Arndt Kremer, Unvereinbare Zwienatur(en)? Das Problem der Dualität bei Martin Buber und Gershom Scholem und ihre Einstellung zum Hebräischen und Deutschen bis 1918. In: Naharaim. Zeitschrift für deutsch-jüdische Literatur und Kulturgeschichte. Hrsg. vom Franz Rosenzweig Minerva Research Centre. The Hebrew University of Jerusalem, Vol. 2 (2008), No. 2, S. 236ff. [hier: S. 251] Die von Landauer in der Buber-Rede „Der Geist des Orients und das Judentum" (ebd.) kritisierten Passagen, hat Buber dann in der Neuauflage (München, Leipzig 1919) weitgehend weggelassen.

[82] Siehe hierzu den ausführlichen Briefwechsel zwischen Landauer und Mauthner (1890-1919) (GLAA 18, 89-96, 132-135); Gustav Landauer, Skepsis und Mystik. Versuche im Anschluss an Mauthners Sprachkritik. Berlin 1903. [weitere Aufll.]

[83] Brief Gustav Landauers an Fritz Mauthner vom 26.11.1915. (Leo Baeck Institute, New York, Slg. Landauer)

[84] Brief Gustav Landauers an Fritz Mauthner vom 02.11.1914 (GLAA 95).

[85] Brief Gustav Landauers an Max Nettlau vom 22.01.1913. In: LBr I, S. 429f. [hier: S. 429] [Abdruck im vorliegenden Band]

[86] Fritz Mauthner, Wer ist Henri Bergson? In: Berliner Tageblatt, 13.09.1914; ders., Die Philosophie und der Krieg. In: Ebd., 11.10.1914; ders., Die Moral im Kriegszustand. In: Ebd., 01.11.1914; ders., Unsere Dichter. In: Ebd. 14.03.1915 (über Carl

Spitteler); Gustav Landauer, An Romain Rolland. In: Die Schaubühne 10 (1914), Bd. 2, Nr. 38, 24.09.1914, S. 196ff. [Abdruck im vorliegenden Band]

[87] Gustav Landauer, Zum Gedächtnis. In: Soz, 20.10.1914. [Abdruck im vorliegenden Band]

[88] Gustav Landauer, Der europäische Krieg. In: Soz, 10.08.1914. [Abdruck im vorliegenden Band]

[89] Brief Gustav Landauers an Hugo Landauer vom 02.12.1918. In: LBr II, S. 327ff. [hier: S. 328f.]

[90] Brief Gustav Landauers an Erich Mühsam vom 16.06.1916. In: LBr II, S. 142ff. [hier: S. 143ff.] Zugleich bat er Mühsam, seine Worte nicht als Kritik an dessen „sehr löblichen Bestrebungen" (ebd.) aufzufassen. Wenige Monate zuvor äußerte sich Landauer ablehnend gegenüber sozialdemokratischen Politikern: „Ich schätze aber die speziell sozialdemokratischen Dinge nicht hoch ein. Die Leute, mit ganz geringen Ausnahmen, haben kein wirkliches Kulturgewissen; es dreht sich alles um die Macht in der Partei. Es ist ein Streit inferiorer Geister, unter denen keine überragende Natur ist, um das Erbe Bebels. […] Die besten sind auch diesmal die, die nicht berufsmäßig Politik treiben, die noch nicht verlernt haben, mit dem Herzen zu denken." (Brief Gustav Landauers an Erich Mühsam vom 29.03.1916. In: LBr II, S. 135f.)

[91] Brief Gustav Landauers an Erich Mühsam vom 23.05.1917 (NL Mühsam). Im Herbst 1918 berichtete Landauer von einer gestiegenen Nachfrage nach seinem „Aufruf zum Sozialismus": „Alle Welt sucht nach dem Sozialismus, der sich verwirklichen lässt, ohne die Freiheit anzutasten; nach dem Kultursozialismus, der nicht vom Klassenkampf, sondern von der Menschheit ausgeht […]". (Brief Gustav Landauers an Leo Kestenberg vom 16.10.1918. In: LBr II, S. 278f. [hier: S. 278]). Anfang 1919 erschien durch Vermittlung des in Berlin lebenden Musikpädagogen (u.a. von Landauers Tochter Gudula), Pianisten und Kriegsgegners Leo Kestenberg (1882-1962) im Verlag von Paul Cassirer (Berlin) die zweite (Revolutions-)Auflage seines „Aufruf zum Sozialismus".

[92] Mit dem Titel: „Vom Sinn deutschen Geistes. Dargetan an den Dichtungen Carl Spittelers".

[93] Vortragsnotizen in: GLAJ 18; abgedruckt in: Gustav Landauer, Ausgewählte Schriften, Bd. 1: Internationalismus. Hrsg. von Siegbert Wolf. Lich/Hessen 2008, S. 236f. Über seine Schweizreise berichtete er Fritz Mauthner am 04.05.1915 (GLAA 96). Verbindungen bestanden damals auch zum Züricher Rascher-Verlag. (Für Hinweise danke ich Frau Angelika Hugger, Handschriftenabteilung der Zentralbibliothek Zürich. Dort wird das Verlagsarchiv (Ms. Rascher 1ff.) aufbewahrt.)

[94] Leonhard Ragaz, Mein Weg. Eine Autobiographie. 2 Bde. Zürich 1952, hier: Bd. 2, S. 68; siehe auch: Gustav Landauer, Zum Problem der Nation. Brief an Herrn Professor Matthieu in Zürich. In: Der Aufbruch 1 (1915), Heft 2/3, S. 59ff. [Abdruck im vorliegenden Band]

[95] Brief Gustav Landauers an Ludwig Berndl vom 26.05.1915. In: LBr II, S. 44.
[96] Gehalten in der „Freien Hochschule" (Berlin) (GLAA 10).
[97] Etwa vor dem Berliner „Frauenclub von 1900".
[98] Brief Gustav Landauers an Walter Rathenau vom 13.09.1915. In: LBr II, S. 87f.
[99] Am 30.07.1916. Die Versammlung der „Zentralstelle Völkerrecht" Anfang Dezember 1916 in Frankfurt am Main gilt als „definitiver Gründungsakt". (Karl Holl, Ludwig Quidde (1858-1941). Eine Biografie. Düsseldorf 2007, S. 199).
[100] GLAA 52-53.
[101] Abdruck im vorliegenden Band. Siehe auch den Brief Gustav Landauers an Auguste Hauschner vom 07.09.1916. In: LBr II, S. 159ff.
[102] GLAA 53. Im Nachlass Landauers in Amsterdam findet sich ein handschriftlicher Entwurf von ihm für diese Vortragsreihe u.a. mit der Feministin und Publizistin Helene Stöcker (1869-1943), dem linksliberalen Publizisten und Politiker Hellmut von Gerlach (1866-1935) sowie Landauer selbst („Tolstois Menschheitsziele").
[103] Abgedruckt in: Bd. 1: Internationalismus der „Ausgewählten Schriften" Gustav Landauers. Hrsg. von Siegbert Wolf. Lich/Hessen 2008, S. 294ff.
[104] Rede Wilsons am 08.01.1918 vor dem US-Kongress. Punkt 14 sah die Gründung eines „allgemeinen Verbandes der Nationen" vor.
[105] Leo Kestenberg, Bewegte Zeiten. Musisch-musikantische Lebenserinnerungen. Wolfenbüttel/Zürich 1961, S. 38f.
[106] Brief Gustav Landauers an Hedwig Lachmann vom 07.04.1899 (GLAA 68). [üb. die Erziehung seiner erstgeborenen Tochter Charlotte (1894-1927)]
[107] Hierzu: Bd. 3.1: Antipolitik der „Ausgewählten Schriften" Gustav Landauers. Hrsg. von Siegbert Wolf. Lich/Hessen 2010 (samt Einleitung).
[108] Winfried Mogge, Wandervogel, Freideutsche Jugend und Bünde. Zum Jugendbild der bürgerlichen Jugendbewegung. In: Thomas Koebner u.a. (Hrsg.), „Mit uns zieht die neue Zeit". Der Mythos Jugend. Ffm 1985, S. 174ff. [hier: S. 176]; Dietmar Schenk, Die Freideutsche Jugend 1913-1919/20. Eine Jugendbewegung in Krieg, Revolution und Krise. Ffm 1990; Reinhard Preuß, Verlorene Söhne des Bürgertums. Linke Strömungen in der deutschen Jugendbewegung 1913-1919. Köln 1991.
[109] Siegbert Wolf, „...freie, rebellische Betätigung" - Gustav Landauer, Walter Benjamin und die Jugendbewegung. Vortrag, gehalten am 15.09.2006 in der Heussenstamm-Stiftung, Ffm (unveröffentl. Ms.); Irmtraud und Albrecht Götz von Olenhusen, Walter Benjamin, Gustav Wyneken und die Freistudenten vor dem Ersten Weltkrieg. In: Jahrbuch des Archivs der deutschen Jugendbewegung, Bd. 13/1981, S. 98ff.; Peter Dudek, Fetisch Jugend. Walter Benjamin und Siegfried Bernfeld - Jugendprotest am Vorabend des Ersten Weltkriegs. Bad Heilbrunn/Obb. 2002; Claudia Bruns, Politik des Eros. Der Männerbund in Wissenschaft, Politik und Jugendkultur (1880-1934). Köln 2008; Winfried Mogge, ‚Ihr Wandervögel in der Luft…' Fundstücke zur Wanderung eines romantischen Bildes und zur Selbstinszenierung einer Jugendbewegung. Würzburg 2009.

[110] Zu erinnern ist an den „Verband Jüdischer Jugendvereine Deutschlands" (VJJD) (1909) und den 1912 entstandenen „Jüdischen Wanderbund Blau-Weiß". (Jörg Hackeschmidt, Jüdische Orthodoxie und zionistische Jugendkultur im frühen zwanzigsten Jahrhundert. In: Andrea Schatz/Christian Wiese (Hrsg.), Janusfiguren. „Jüdische Heimstätte". Exil und Nation im deutschen Zionismus. Berlin 2006, S. 81ff.) Am 07. Februar 1912 hielt Landauer vor dem Zionistischen Verein West-Berlin einen Vortrag über „Judentum und Sozialismus" (GLAA 160). Eine Mitschrift ist abgedruckt in: Selbstwehr (Prag) 6 (1912), Nr. 7, 16.02.1912, S. 2 sowie im Landauer-Gedenkheft: Die Arbeit. Organ der zionistischen volkssozialistischen Partei Hapoël-Hazaïr 2 (1920), Juni, S. 50f.

[111] Siehe unten.

[112] Hinzuweisen ist auch auf Landauers Einfluss auf die Kommunen der Jugendbewegung nach dem Ersten Weltkrieg, auf die anarchistische und anarchosyndikalistische Jugendbewegung während der Weimarer Republik, auf die reformpädagogische Zeitschrift „Das werdende Zeitalter" (Dresden-Hellerau, 1922-1932) sowie auf die freideutsche Zeitschrift „Jungen Menschen" (Hannover/Hamburg,1920-1927).

[113] Gustav Landauer, Aufruf zum Sozialismus. Ein Vortrag. Berlin 1911. Zuletzt: Berlin 1998. Mit einem Nachwort von Siegbert Wolf.

[114] Helmut Tormin, Bücher über Sozialismus. In: Politischer Rundbrief (Berlin), Nr. 34, 1919, S. 124. Der „Politische Rundbrief" erschien seit 1918 als Sprachrohr des linken Flügels der freideutschen Bewegung.

[115] Walter Tormin, Ein Brief Gustav Landauers [vom 25.03.1919]. In: Internationale wissenschaftliche Korrespondenz zur Geschichte der deutschen Arbeiterbewegung (IWK) 23 (1987), September, H. 3, S. 376ff. [hier: S. 387].

[116] Der Redakteur des „Wandervogel", Walter Fischer, wertete die Zeitschrift „Aufbruch" und die darin abgedruckten Gedichte" Walt Whitmans, die Landauer übersetzt hatte, als nicht lesenswert ab. (In: Wandervogel, I, 1916, S. 30; Walter Laqueur, Die deutsche Jugendbewegung. Eine historische Studie. Köln 1978, S. 116) Der ebenfalls zum ‚rechten' Flügel der Jugendbewegung zu zählende Publizist Wilhelm Stapel (1882-1954) sprach mit antisemitischem Unterton von „geistigen Bocksprüngen" der Jugendbewegung, „von Dostojewskij über Tschuang-Tse, Graf Keyserling, Spengler, Buddha, Jesus, Landauer, Lenin und was sonst noch bei Literaturjuden zufällig gerade modern ist." (zit. aus: ebd. S. 137)

[117] Freideutsche Jugend, Zur Jahrhundertfeier auf dem Hohen Meißner 1913. Jena 1913; Winfried Mogge, Jürgen Reulecke (Hrsg.), Hoher Meißner 1913. Der Erste Freideutsche Jugendtag in Dokumenten, Deutungen und Bildern. Köln 1988; Gustav Wyneken, Zum Freideutschen Jugendtag. In: ders., Der Kampf für die Jugend. Gesammelte Aufsätze. Jena 1920, S. 107ff.; Aufruf und Festordnung des Freideutschen Jugendtages 1913 abgedruckt bei: Margarete Exler, Von der Jugendbewegung zu ärztlicher Drogenhilfe. Das Leben Ernst Joëls (1893-1929) im Umkreis von Benjamin, Landauer und Buber. Berlin 2005, S. 179ff.

[118] Walter Benjamin, Gesammelte Briefe. Bd. I: 1910-1918. Hrsg. von Christoph Gödde und Henri Lonitz. Ffm 1995, S. 173.

[119] Peter Dudek, „Versuchsacker für eine neue Jugend". Die Freie Schulgemeinde Wickersdorf 1906-1945. Bad Heilbrunn/Obb. 2009.

[120] Seine Nichtteilnahme begründete Landauer ausführlich in einem Brief an Heinrich Dehmel vom 16.10.1913. [Siehe Abdruck im vorliegenden Band] Ein ungezeichneter Beitrag über den Freideutschen Jugendtag aus dem „Vorwärts" vom 14.10.1913 gibt Landauers Einschätzung zu antisemitischen Ressentiments innerhalb der Jugendbewegung recht. Auch Walter Benjamin wies in seinem Bericht über das Hohe-Meißner-Treffen auf antisemitische Töne hin. (Ardor [Pseud.], Die Jugend schwieg. In: Die Aktion 3 (1913), 18.10.1913, Sp. 979ff.) Jugendgruppen des „Sozialistischen Bundes" exitierten zu diesem Zeitpunkt nicht mehr.

[121] Margarete Exler, Von der Jugendbewegung, S. 23.

[122] Andreas Winnecken, Ein Fall von Antisemitismus, S. 39f.

[123] Andreas Winnecken, Ein Fall von Antisemitismus, S. 39f., 45ff., 60, 62, 64, 71, 73, 92, 100f., 115f.; Jutta Hetkamp, Die jüdische Jugendbewegung in Deutschland von 1913-1933. 2 Bde. Münster, Hamburg 1994.

[124] Eintrag im Gefängnistagebuch vom 29.12.1893 (GLAA 71). In der von ihm 1896 mitbegründeten Berliner „Freien anarchistisch-sozialistischen Vereinigung" (siehe Bd. 2: Anarchismus der „Ausgewählten Schriften" Gustav Landauers. Hrsg. von Siegbert Wolf. Lich/Hessen 2009, S. 205ff., 261f.) findet sich diese Idee einer ‚Volksuniversität' ebenso wieder wie in Landauers zahlreichen Vortragsreihen über Literatur, Geschichte und Philosophie.

[125] Martin Buber [Mitarb. u.a.:], Eine Jüdische Hochschule (1902). In: Martin Buber Werkausgabe. Bd. 3: Frühe jüdische Schriften 1900-1922. Hrsg., eingeleitet u. kommentiert von Barbara Schäfer. Gütersloh 2007, S. 363ff.; ders., Ein geistiges Centrum (1902). In: ebd. S. 155ff.

[126] Ernst Joël, Die Wartende Hochschule. In: Die Wartende Hochschule. Akademische Kundgebungen von Ernst Joël und Erich Mohr. Jena 1916, S. 2ff. Wieder abgedruckt in: Margarete Exler, Von der Jugendbewegung, S. 209ff.; Ulrich Linse, Hochschulrevolution. Zur Ideologie und Praxis sozialistischer Studentengruppen während der Revolutionszeit 1918/19. In: Archiv für Sozialgeschichte 14/1974, S. 1ff. [hier: S. 23ff.]

[127] Rudolf Leonhard, Die Sezession der Universität. In: Das Ziel. Hrsg. von Kurt Hiller, Bd. 1, München 1916, S. 135ff.; auch: LBr II, S. 50, A 2.

[128] 1902 veröffentlichten Martin Buber, Chaim Weizmann (1874-1952) und Berthold Feiwel (1875-1937) im Jüdischen Verlag (Berlin) die Schrift „Eine jüdische Hochschule".

[129] Brief Gustav Landauers an Rudolf Leonhard vom 24.07.1915. In: LBr II, S. 50ff. [hier: S. 51]

[130] Vgl. hierzu das Ablehnungsschreiben der Freiburger Universität (GLAA 7); siehe auch den Brief Gustav Landauers an Hugo Landauer vom 29.03.1895 (GLAA 101).

[131] Stefanie Schüler-Springorum, Die ‚Mädelfrage'. Zu den Geschlechterbeziehungen in der deutsch-jüdischen Jugendbewegung. In: Marion Kaplan, Beate Meyer (Hrsg.), Jüdische Welten. Juden in Deutschland vom 18. Jahrhundert bis in die Gegenwart. Göttingen 2005, S. 136ff.

[132] Blüher interpretierte die Wandervogelbewegung als ein homoerotisches, männerbündisches Phänomen, wonach ältere Männer mittels homoerotischer Einstellung erzieherisch auf Knaben und Jünglinge einwirken sollten. Vor allem in seinen Schriften „Die deutsche Wandervogelbewegung als erotisches Phänomen" (1914) und „Die Rolle der Erotik in der männlichen Gesellschaft" (2 Bde, 1920) behauptete er, dass allein der Männerbund kulturfähig sei.

[133] Hans Blüher, Was ist Antifeminismus? In: Der Aufbruch, H. 2/3, August/September 1915, S. 39ff.; ders., Der bürgerliche und der geistige Antifeminismus. Tempelhof-Berlin 1916; Julius H. Schoeps, Sexualität, Erotik und Männerbund. Hans Blüher und die deutsche Jugendbewegung. In: Joachim H. Knoll, Julius H. Schoeps (Hrsg.), Typisch deutsch: Die Jugendbewegung. Beiträge zu einer Phänomengeschichte. Opladen 1988, S. 137ff.

[134] In: BuBr I, S. 419f.

[135] Brief Gustav Landauers an Hans Blüher vom 26.02.1916. In: LBr II, S. 129ff. [hier: S. 129f.]

[136] Ulrich Linse, Hochschulrevolution, S. 30.

[137] Ernst Joël, Brief an einen Freund. In: Der Aufbruch, H. 1, Juli 1915, S. 21ff.; Annoncen des Siedlungsheims Charlottenburg in: ebd. H. 1, Juli u. H. 2/3, August/September 1915.

[138] So die Anzeige des Siedlungsheims auf der Rückseite der ersten Ausgabe des „Aufbruch" vom Juli 1915. Leiterin war die mit Joël befreundete Wally Mewius.

[139] Walter Benjamin, Berliner Chronik. In: ders., Gesammelte Schriften. Bd. VI. Hrsg. von Rolf Tiedemann und Hermann Schweppenhäuser. Ffm 1977, 2. Auflage Ffm 1986, S. 465ff. Benjamin löste sich bei Kriegsbeginn, unmittelbar nach dem Freitod seines Freundes Christoph Friedrich „Fritz" Heinle (1894-1914), von der Jugendbewegung.

[140] Margarete Exler, Von der Jugendbewegung, S. 33, 50ff.

[141] Brief Gustav Landauers an Rudolf Leonhard vom 22.10.1915. In: LBr II, S. 100. Siehe auch: Hans Blüher, Werke und Tage. Geschichte eines Denkers. Heidelberg 1953, S. 393.

[142] Das erste Heft erschien im Juli d. J. Hierzu: Margarete Exler, Von der Jugendbewegung, S. 67ff. Ursprünglich sollte der Untertitel „Monatsblätter aus der sozialen Jugendbewegung" lauten. Lt. Eugene Lunn, Prophet of Community. The Romantic Socialism of Gustav Landauer. Berkeley 1973, hatte die Zeitschrift nie mehr als 450

Abonnenten. (S. 250); siehe auch den Brief Gustav Landauers an Hugo Warnstedt vom 18.11.1915. In: LBr II, S. 102ff.

[143] Ulrich Linse, Hochschulrevolution, S. 23.

[144] Margarete Exler, Von der Jugendbewegung, S. 73f.; Gershom Scholem, Walter Benjamin - die Geschichte einer Freundschaft. Ffm 1975, S. 22. Benjamin und Scholem waren sich einig in der Kritik am ersten Heft des „Aufbruch", dem sie trotz Kriegsgegnerschaft Tendenzlosigkeit vorwarfen. (ebd. S. 22)

[145] In: Der Aufbruch, H. 1, Juli 1915, S. 14ff. Wieder abgedruckt in Bd. 2: Anarchismus der „Ausgewählten Schriften" Gustav Landauers. Hrsg. von Siegbert Wolf. Lich/Hessen 2009, S. 289ff.

[146] In: Der Aufbruch, H. 4, Oktober 1915, S. 86ff. Wieder abgedruckt in Bd. 3.1: Antipolitik der „Ausgewählten Schriften" Gustav Landauers. Hrsg. von Siegbert Wolf. Lich/Hessen 2010, S. 346ff.

[147] Der Untertitel lautet: Brief an Herrn Professor Matthieu in Zürich. In: Der Aufbruch, H. 2/3, August/September 1915, S. 59ff. [Abdruck im vorliegenden Band]

[148] Abgedruckt in: Der Aufbruch, H. 2/3, August/September 1915. Unter dem Titel: Walt Whitman: Gedichte von Traum und Tat, in Landauers Übersetzung wiedergegeben: „Der mystische Trompeter" (S. 25ff.), „Helle Mitternacht" (S. 28f.), „Staub toter Soldaten" (S. 29f.) und „Jahre des Modernen" (S. 30f.)

[149] Abgedruckt in: Der Aufbruch, H. 2/3, August/September 1915, S. 44ff.

[150] Joëls Relegation ist dokumentiert bei Margarete Exler, Von der Jugendbewegung, S. 198ff. Exler hat darauf hingewiesen, dass hierbei auch Antisemitismus gegen Joël eine Rolle spielte. In seiner von ihm aufgezeichneten Befragung vor dem Universitätsrichter Ernst Wollenberg wurde Joël „nach der Nationalität sowohl seiner Eltern wie seiner Großeltern gefragt. Was meint diese Frage? Sie zielt doch wohl ab auf die Unterstellung, Joël stamme von polnischen oder russischen Juden ab, sei also gar kein richtiger Deutscher [...]" (ebd. S.66).

[151] Siehe Abdruck im vorliegenden Band.

[152] Siehe Abdruck im vorliegenden Band.

[153] Brief Ernst Joëls an den Universitätsrichter Ernst Wollenberg vom 15.09.1915. (Akten der Humboldt-Universität Berlin, Nr. 2685)

[154] Von 1915 bis 1928 stand Ernst Joël mit Martin Buber im Briefwechsel. Hierzu: Margarete Exler, Von der Jugendbewegung, S. 225ff., 265ff.

[155] Margarete Exler, Von der Jugendbewegung, S. 103.

[156] Brief Ernst Joëls an Martin Buber vom 01.07.1919. In: BuBr II, S. 50f. [hier: S. 50] Nachdem Joël 1920 sein Medizinstudium mit der Promotion in Berlin abgeschlossen hatte, arbeitete er am Moabiter Krankenhaus, schrieb medizinische Fachartikel, experimentierte mit Drogen, gründete die erste „Fürsorgestelle für Alkoholkranke und andere Giftsüchtige" in Berlin. 1929 nahm er sich das Leben.

[157] Brief Gustav Landauers an Ernst Joël vom 24.12.1915. In: LBr II, S. 112ff. [hier: S.

113ff.]; Brief Gustav Landauers an Hans Blüher vom 26.02.1915. In: LBr II, S. 129ff. Siehe auch meine Einleitung in Bd. 3.1: Antipolitik der „Ausgewählten Schriften" Gustav Landauers. Hrsg. von Siegbert Wolf. Lich/Hessen 2010, S. 21. Der „Wandervogel-Führer" Rudolf Hudemann (Leipzig) äußerte sich über das mögliche Erscheinen des „Sozialist": „Also jetzt werden wir [...] mit dem ‚Sozialist' beglückt werden! Gut, dass wir wissen, wer dort an der Arbeit ist." In: Wandervogelführerzeitung 4 (1915), Nr. 12, Dezember, S. 163. Diese judenfeindliche Reaktion kommentierte Landauer wie folgt: „Nichts Hässlicheres als Jugend, die nicht bloß beschränkt ist, sondern diese Beschränktheit in komisch autoritativer Form äußert." (Brief Gustav Landauers an Ernst Joël vom 24.12.1915. In: LBr II, S. 112ff. [hier: S. 112]

[158] Frank Pfeiffer, „Mir leben die Toten..." Gustav Landauers Programm des libertären Sozialismus. Hamburg 2005, S. 124.

[159] Barbara Schäfer, Das Jüdische Volksheim. In: Kalonymos. Beiträge zur deutschjüdischen Geschichte aus dem Salomon Ludwig Steinheim-Institut an der Universität Duisburg-Essen (Duisburg) 6 (2003), H. 3, S. 4ff.; dies., Berliner Zionistenkreise. Eine vereinsgeschichtliche Studie. Berlin 2003.

[160] Gershom Scholem, Von Berlin nach Jerusalem. Jugenderinnerungen. Erweiterte Fassung. Ffm 1994, S. 84.

[161] Salomon Lehnert (alias Siegfried Lehmann), Jüdische Volksarbeit. In: Der Jude I (1916), Nr. 2, Mai, S. 104ff.; siehe auch die Briefe Siegfried Lehmanns an Martin Buber vom 18.10.1915 und 19.02.1916. In: BuBr I, S. 401f. u. 417ff.; Barbara Schäfer, Berliner Zionistenkreise, S. 135ff.

[162] Brief Siegfried Lehmanns an Martin Buber vom 19.02.1916. In: BuBr I, S. 417ff. [hier: S. 418]; Siegfried Lehmann, Das Jüdische Volksheim. Erster Bericht Mai/ Dezember 1916. Berlin o. J.

[163] Eine Zusammenfassung dieser Rede erschien im Landauer-Gedenkheft: Die Arbeit. Organ der zionistischen volkssozialistischen Partei Hapoël-Hazaïr 2 (1920), Juni, S. 50ff.; siehe auch Siegfried Lehmanns Bericht: Gustav Landauer und das jüdische Volksheim. In: Ebd. S. 44ff.

[164] Ebd.

[165] Brief Gustav Landauers an Charlotte Landauer vom 19.05.1916. In: LBr II, S. 136f.

[166] Barbara Schäfer, Das Jüdische Volksheim, S. 7.

[167] S.[alomon] Adler-Rudel, Ostjuden in Deutschland 1880-1940. Zugleich eine Geschichte der Organisationen, die sie betreuten. Tübingen 1959, S. 53.

[168] Ebd. S. 54.

[169] Barbara Schäfer, Das Jüdische Volksheim, S. 4.

[170] Auch Franz Kafka (1883-1924) riet seiner damals in Berlin lebenden Verlobten Felice Bauer (1887-1960) am „Jüdischen Volksheim" mitzuwirken. (Brief Franz Kafkas an Felice Bauer vom 30.07.1916. In: Ders., Briefe an Felice. Ffm 1976, S. 673)

Felice Bauer leitete im „Jüdischen Volksheim" die „literarische Ausbildung einer Mädchengruppe." (Barbara Schäfer, Das Jüdische Volksheim, S. 5)

[171] Brief Siegfried Lehmanns an Martin Buber vom 19.02.1916. In: BuBr I, S. 417ff. [hier: S. 418]

[172] S.[alomon] Adler-Rudel, Ostjuden in Deutschland, S. 55.

[173] Der Soziologe Hermann Meier-Cronemeyer (1932-1995) würdigte Landauer und Buber sogar als die „Dioskuren der jüdischen Jugendbewegung". (ders., Jüdische Jugendbewegung. In: Germania Judaica VIII (1969), H. 1/2, S. 1ff. u. H. 3/4, S. 57ff. [hier: S. 15])

[174] Siehe hierzu Landauers „Anmerkung zu einer Rede Kurt Eisners über ‚Staat und Kunst'" [Abdruck im vorliegenden Band] Grundsätzlich über sein Kunst-, Literatur- und Theaterverständnis siehe Bd. 6 der „Ausgewählten Schriften" Gustav Landauers. Hrsg. von Siegbert Wolf (geplant für 2013).

[175] Inhaltliche Übereinstimmungen finden sich auch seinen Aufsatz „Goethes Politik. Eine Ankündigung". In: Masken 14 (1918/19), H. 9, S. 133ff.

[176] Am 07.01.1917 sprach er dort über Goethes „Faust" und „Wilhelm Meister", am 18.02.1917 über Goethes „West-östlicher Diwan" sowie über William Shakespeares Dramen am 04.11. („Troilus und Cressida"), 18.11. („Maß für Maß") u. 02.12.1917 („Coriolan"). 1918 referierte er im Düsseldorfer Schauspielhaus über Georg Kaiser (14.04.), August Strindberg (15.09.), Rabindranath Tagore (27.10.) und Leo N. Tolstoi (01.12.).

[177] Mitte Juli 1918 trafen die beiden Düsseldorfer Theaterleiter auf dem Feldberg im Schwarzwald mit Gustav Landauer zur Beratung der weiteren Programmplanung zusammen. (Brief Gustav Landauers an Auguste Hauschner vom 11.07.1918. In: Martin Beradt/Lotte Bloch-Zavřel (Hrsg.), Briefe an Auguste Hauschner. Berlin 1929, S. 163f.; Brief Gustav Landauers an Gustav Lindemann vom 13.10.1918. In: LBr II, S. 275f. Zur Mitarbeit an den „Masken" konnte Landauer seinen Freund Martin Buber gewinnen.

[178] 1929 eingemeindet.

[179] Über Landauers Beziehung zu Georg Kaiser siehe den für 2013 geplanten Band „Literatur" der „Ausgewählten Schriften" Gustav Landauers. Hrsg. von Siegbert Wolf. Während der ersten Münchner Räterepublik im April 1919 wirkte Kaiser im Künstlerrat mit. Am 11.04.1919 schrieb er: „[...] vom Kultusministerium in Bayern [d.h. von Landauer - S.W.] bin ich in den Rat für Theaterwesen berufen - ich will hier arbeiten, um die Kunst in Reinheit zu heben - Vorbild zu schaffen - ja zu sagen zu Erfüllungen, die meine Dichtungen vorbereiteten." (Unveröffentl. Brief zitiert aus: Heinrich Breloer, Georg Kaisers Drama „Die Koralle". Persönliche Erfahrung und ästhetische Abstraktion. Hamburg 1977, S. 130, Anm. 12)

[180] Brief Gustav Landauers an Gustav Lindemann und Louise Dumont-Lindemann vom 03.11.1918. In: LBr II, S. 286f. Vergeblich bemühte sich Landauer, Richard Beer-

Hofmanns biblisches Drama „Jaákobs Traum" (1918) (in: Ders., Gesammelte Werke. Ffm 1963, S. 16ff.) auf die Bühne des Düsseldorfer Schauspielhauses zu bringen.

[181] Brief Gustav Landauers an Louise Dumont vom 04.11.1918. In: LBr II, S. 289f.

[182] Brief Gustav Landauers an Louise Dumont vom 08.01.1919. In: LBr II, S. 351ff. [hier: S. 351f.]

[183] Ebd. S. 353.

[184] Brief Gustav Landauers an Adolf und Franziska Otto vom 24.03.1919. In: LBr II, S. 405f.

[185] Hedwig Lachmann hatte in Hürben(-Krumbach) ihre Kinder- und Jugendjahre verbracht. Dort hielt sich die Familie Landauer seit 1905 (außer 1915) jeweils im Sommer auf. (Brief Gustav Landauers an Auguste Hauschner vom 20.08.1917. In: LBr II, S. 187f.; Reinhard Jakob, Gustav Landauer und Krumbach im Spiegel von Brief- und Zeitungsnotizen. In: Krumbacher Heimatblätter 3/I 1988, S. 59ff.).

[186] Brief Gustav Landauers an Ludwig Berndl vom 16.08.1915. In: LBr II, S. 68ff. [hier: S. 68]

[187] An den vom Jenaer Verleger Eugen Diederichs (1867-1930) organisierten Kulturtagungen auf Burg Lauenstein in Thüringen vom 29. bis 31.05. und vom 29.09. bis 03.10.1917 nahm Gustav Landauer, trotz Einladung, nicht teil und begründete dies in einem Schreiben an Diederichs vom 19.09.1917 mit der Anwesenheit des kriegsbejahenden Richard Dehmel. (In: Eugen Diederichs, Selbstzeugnisse und Briefe von Zeitgenossen. Düsseldorf/Köln 1967, S. 245f.)

[188] Brief Gustav Landauers an Franziska Otto vom 06.03.1918. In: LBr II, S. 211ff. Am 08.03.1918 begann er ein Tagebuch zu schreiben. (GLAJ 152; Auszug in: Der junge Jude (Berlin) 2 (1929), H. 2, Juni, S. 49) Im April d. J. reiste er zu Vorträgen nach Düsseldorf und Frankfurt am Main. Im Sommer 1918 besuchte er seine Freunde Anna (1860-1943) und Hermann (1860-1928) Croissant-Rust in München sowie Fritz und Hedwig Mauthner am Bodensee.

[189] In der Zeit vom 05. bis zum 20. April 1918. Siehe hierzu die Briefe Gustav Landauers an Auguste Hauschner vom 08.04.1918 und an Fritz Mauthner vom 08.04.1918. In: LBr II, S. 222f. u. 223f. Nach dem 20. April erreichte Landauers Post wieder ihren gewohnten Zielort. (Brief Gustav Landauers an Carl Vogl vom 24.04.1918. In: LBr II, S. 228f.)

[190] Gustav Landauer, Shakespeare. Dargestellt in Vorträgen. Aus seinem Nachlass hrsg. von Martin Buber. Ffm 1920. Siehe auch den Brief Gustav Landauers an Martin Buber vom 17.06.1917. In: BuBr I, S. 500.

[191] Landauers „Briefe aus der Französischen Revolution" erschienen im Dezember 1918 (Ffm). Das Vorwort dazu verfasste er im Juni 1918 in Krumbach. (Siehe: Chaim Seeligmann, Gustav Landauer und die Französische Revolution. In: Aschkenas. Zeitschrift für Geschichte und Kultur der Juden 3 (1993), 1, S. 227ff.) Bereits in seiner Monographie „Die Revolution" (1907; zuletzt Münster 2003) finden sich aus-

führliche Betrachtungen über die Französische Revolution von 1789. Und 1911 hielt er in Berlin einen Vortragszyklus über Männer und Frauen in der Französischen Revolution von 1789. (Brief Gustav Landauers an Martin Buber vom 28.11.1911. In: BuBr I, S. 303f.)

[192] Verlagsanzeige im „Berliner Börsenblatt" vom 19.02.1919. Die dritte Auflage erschien ebenfalls bei Paul Cassirer (Berlin 1920). Zum Vorwort der 2. Auflage vom Januar 1919 siehe den Abdruck im vorliegenden Band.

[193] 2. Aufl. Köln 1924; Bremen o. J. u.d.T.: Rechenschaft. Aufsätze aus der Zeitschrift „Der Sozialist".

[194] Brief Gustav Landauers an Fritz Mauthner vom 11.11.1918 (GLAA 96). Siehe auch: Gustav Landauer, Briefe aus der deutschen Revolution. Hrsg. von Martin Buber In: Die Neue Rundschau (Berlin/Leipzig), XXXIV (1923), Zehntes u. Elftes Heft, Oktober u. November 1923, S. 900ff. u. 966ff. [Briefe, die Landauer in den letzten sieben Monaten seines Lebens an Freunde und Bekannte schrieb (Oktober 1918-April 1919)]

[195] Brief Kurt Eisners an Gustav Landauer vom 14.11.1918. In: LBr II, S. 296 A 1. Nicht bereit war Landauer, eine leitende Redakteursstelle bei der seit Dezember 1918 unter maßgeblicher Federführung Kurt Eisners erscheinenden „Neuen Zeitung" (1. Jg., 1918/19, Nr. 1, 20.12.1918) anzunehmen. (siehe hierzu den Brief an seine Tochter Charlotte Landauer vom 08.12.1918. In: LBr II, S. 332)

[196] Allgemein: Georg Köglmeier, Die zentralen Rätegremien in Bayern 1918/19. Legitimation, Organisation, Funktion. München 2001.

[197] Brief Gustav Landauers an Leo Kestenberg vom 22.11.1918. In: LBr II, S. 300f. [hier: S. 301]

[198] So sprach er am 04.12.1918 im Münchner Nationaltheater zum heimgekehrten Königlichen Bayerischen Infanterie-Leibregiment. (Brief Gustav Landauers an Charlotte und Brigitte Landauer vom 04.12.1918. In: LBr II, S. 330f.)

[199] Brief Gustav Landauers an Auguste Hauschner vom 11.11.1918. In: LBr II, S. 291f. [hier: S. 292]

[200] Brief Gustav Landauers an Leo Kestenberg vom 22.11.1918. In: LBr II, S. 300f. [hier: S. 300]

[201] Datiert vom 25.11.1918. In: Das Flugblatt. Hrsg. von Norbert Einstein. Ffm 1918, Heft 3. [Abdruck im vorliegenden Band] Über die Wirkung dieser Schrift schrieb der Schriftsteller Efraim Frisch (1873-1942) am 19.03.1919 an den Kollegen Hugo von Hofmannsthal (1874-1929): „Sind Sie in Berührung mit Gustav Landauer? Denn seine Flugschrift („Die vereinigten Republiken Deutschlands und ihre Verfassung" - S. W.) in die Hand zu bekommen, hat mich wirklich belebt. Vielleicht ist es Träumerei, Wagnis - ja, aber es ist das Einzige, das Einzige, dem das ermüdete Herz zufliegt [...]". (Max Kreutzberger, Hofmannsthal und Efraim Frisch - Zwölf Briefe 1910-1927. In: Hofmannsthal-Blätter, H. 5, Herbst 1970, S. 356ff. [hier: S. 360])

[202] Brief Gustav Landauers an Margarete Susman vom 13.12.1918. In: LBr II, S. 334ff. [hier: S. 336]

[203] Brief Gustav Landauers an Hugo Landauer vom 29.01.1919. In: LBr II, S. 368ff. [hier: S. 370] Trotz Distanz zur KPD plädierte Landauer dennoch für eine Einheit aller Linken: „Trotz allem und allem: gewinnen Sie", so seine Aufforderung an Kurt Eisner, „die Spartakus-Leute zurück; es sind führerlose oder übel missleitete Radikalinskis; aber *wir werden sie brauchen!*" (Brief vom 10.01.1919. In: LBr II, S. 354f. [hier: S. 355]

[204] Brief Gustav Landauers an Margarete Susman vom 23.11.1918. In: LBr II, S. 307ff. Der an Landauers Kulturanarchismus orientierte Historiker und Anarchosyndikalist Rudolf Rocker (1873-1958) schrieb 1919, dass der „Untergang des alten preußischen Staates der erste Schritt auf dem Wege" einer „neuen und freiheitlichen Entwicklung" sei. (Rudolf Rocker, Der Untergang Preußens - eine politische Notwendigkeit. In: Der freie Arbeiter (Berlin) 12 (1919), Nr. 2, April, S. 2ff.)

[205] Brief Gustav Landauers an Hugo Landauer vom 27.11.1918. In: LBr II, S. 316f. [hier: S. 316] Ohne den Wahlkampf ernst zu nehmen, sondern um „dabei manchem ein Licht auf(zu)stecken" (Brief Gustav Landauers an Franziska Otto [undatiert; Anfang Januar 1919]. In: LBr II, S. 350f.), kandidierte Landauer bei den bayerischen Landtagswahlen in Krumbach als Parteiloser auf der Liste der „Unabhängigen Sozialdemokratischen Partei Deutschlands" (USPD) und hielt vom 8. bis 10. Januar 1919 dort sowie in Thannhausen/Schwaben öffentliche Wahlveranstaltungen ab: u.a. in der Krumbacher Löwen-Halle (am 08.01.) gemeinsam mit der Frauenrechtlerin Anita Augspurg (1857-1943). Er erhielt lediglich knapp 100 Stimmen (= 0,5 %).

[206] Brief Gustav Landauers an Adolf Neumann vom 25.11.1918. In: LBr II, S. 315f.

[207] Brief Gustav Landauers an Georg Springer vom 25.01.1919. In: LBr II, S. 366ff. [hier: S. 366]

[208] Ebd. S. 367.

[209] Brief Gustav Landauers an Hugo Landauer vom 29.01.1919. In: LBr II, S. 368ff. [hier: S. 370]

[210] Brief Gustav Landauers an seine Töchter vom 17.02.1919. In: LBr II, S. 382f.

[211] Hierzu: Bd. 3.1 u. 3.2: Antipolitik der „Ausgewählten Schriften" Gustav Landauers. Hrsg. von Siegbert Wolf. Lich/Hessen 2010.

[212] Bief Gustav Landauers an Friedrich Bauermeister vom 17.03.1919. In: LBr II, S. 395.

[213] Während der ersten bayerischen Räterepublik wirkte Otto Neurath als Leiter des Zentralwirtschaftsamtes, verantwortlich für die ökonomische Sozialisierung Bayerns.

[214] Brief Gustav Landauers an Hugo Landauer vom 26.03.1919. In: LBr II, S. 408f.; Otto Neurath, Bayerische Sozialisierungserfahrungen. Wien 1920.

[215] Brief Gustav Landauers an Max Nettlau vom 05.01.1919. In: LBr II, S. 348ff. [hier:

S. 349] Zur Gründung anarchistischer Siedlungen favorisierte Landauer während der Revolution 1918/19 die direkte Besitznahme von Grund und Boden. (Erich Mühsam, Landauers ‚Aufruf zum Sozialismus'. In: Der freie Arbeiter 16 (1923), Nr. 28, Juli, S. 2)

[216] Über das Attentat und seine unmittelbaren Folgen: Friedrich Hitzer, Anton Graf Arco. Das Attentat auf Kurt Eisner und die Schüsse im Landtag. München 1988; Norman Dankerl, Alois Lindner. Das Leben eines bayerischen Abenteurers und Revolutionärs. Viechtach 2007. Der gelernte Metzger und Koch Alois Lindner (1887-[nach 1943]), Mitglied der USPD und des „Revolutionären Arbeiterrates" in München, stürzte unmittelbar nach dem Attentat auf Eisner in den bayerischen Landtag und verletzte den Innenminister Erhard Auer (1874-1945) schwer. Auch: Hermann Wilhelm, Dichter, Denker, Fememörder. Rechtsradikalismus und Antisemitismus in München von der Jahrhundertwende bis 1921. Berlin 1989.

[217] Abdruck im vorliegenden Band.

[218] Gustav Landauer an die Töchter vom 05.03.1919. In: LBr II, S. 388. Berichte in: Münchener Post, 05.03.1919; Bayerischer Staatsanzeiger (München), 06.03.1919.

[219] Stenographischer Bericht über die Verhandlungen des Kongresses der Arbeiter-, Bauern- und Soldatenräte vom 25. Februar bis 8. März 1919 in München. München 1919. Nachdrucke: Glashütten im Taunus 1974 u. Berlin o. J. (1978).

[220] Gustav Landauer, Die zweite Revolution. Rede vor dem Kongress der bayerischen Arbeiter-, Bauern- und Soldaten-Räte vom 25.02.1919. In: Stenographischer Bericht, S. 7ff.

[221] Am 25. und 31.03. d. J. sprach Landauer auf öffentlichen Versammlungen des „Revolutionären Arbeiterrates" in Großhadern und im Mathäserbräu (München) über „Die Revolution und die Verwirklichung des Sozialismus". (Brief Gustav Landauers an seine Töchter vom 26.03.1919. In: LBr II, S. 407f.)

[222] Erich Mühsam, Von Eisner bis Leviné. Die Entstehung und Niederlage der bayerischen Räterepublik. Persönlicher Rechenschaftsbericht über die Revolutionsereignisse in München vom 7. Nov.[ember] 1918 bis zum 13. April 1919 [verf. 1920]. Berlin-Britz 1929 [weitere Aufll.]. Gustav Landauer und Erich Mühsam waren am 04.04. d. J. vom „Münchner Arbeiterrat" beauftragt worden, ein Manifest zur Proklamierung der Räterepublik zu verfassen [Abdruck im vorliegenden Band]. Grundlegend: Michael Seligmann, Aufstand der Räte. Die erste bayerische Räterepublik vom 7. April 1919. 2 Bde. Grafenau-Döffingen 1989; auch: Rudolf Herz/Dirk Halfbrodt, Revolution und Fotografie. München 1918/19. Berlin 1988.

[223] Postkarte Gustav Landauers an Fritz Mauthner vom 07.04.1919 (mit Fotografie Landauers) (GLAA 96).

[224] Münchner Rote Fahne. Hrsg. von der KPD (Spartakusbund), Landesverband Bayern, 07.04.1919.

[225] Neues Münchner Tagblatt, 09.04.1919 [Markierungen im Originaltext]. Auch die

„Ortsgruppe München des Zentralvereins deutscher Staatsbürger jüdischen Glaubens" wandte sich in einem Flugblatt gegen Antisemitismus, distanzierte sich aber gleichzeitig von den jüdischen Räterevolutionären (Neue Zeitung, München, 11.04.1919).

[226] Zweifellos gehörte Landauer zu denjenigen AnarchistInnen, die personenverletzende Gewalt prinzipiell ablehnten. Im konkreten revolutionären Alltag allerdings agierte er dynamischer: „Das Problem der Gewalt macht mir nicht viel zu schaffen; blutige gebrauche ich keine; und das andere ist Notwehr gegen Gewalt." (Brief Gustav Landauers an Ludwig Berndl vom 14.03.1919. In: LBr II, S. 394f. [hier: S. 394]; auch: Gustav Landauer, Antwort auf einen kritischen Brief. In: Soz, 01.12.1912 [abgedruckt in: Gustav Landauer, Ausgewählte Schriften, Bd. 3.1: Antipolitik. Hrsg. von Siegbert Wolf. Lich/Hessen 2010, S. 313ff.]) Landauer war nicht so naiv anzunehmen, dass eine Revolution stets gewaltlos verlaufen könnte. So forderte er in seiner ersten Reaktion nach der Ermordung Kurt Eisners in einem Antrag an den Zentralrat der bayerischen Räte vom 23.02.1919 angesichts der Gefahr der Gegenrevolution die Festnahme von Geiseln, die Besetzung der Hochschulen und die Durchsuchung der Studierenden nach Waffen. Siehe auch die Rede Landauers am 06.03. d. J. vor dem Kongress der bayerischen Arbeiter-, Bauern- und Soldatenräte, wo er sich entgegen der Mehrheit dafür aussprach, die festgenommenen Geiseln solange nicht freizulassen, bis nicht alle Hintermänner der Bluttat an Eisner gefasst sind. (Stenographischer Berichte, S. 127ff.; hierzu auch: Oskar Maria Graf, Wir sind Gefangene. Ein Bekenntnis aus diesem Jahrzehnt. München 1927; Werkausgabe. Hrsg. von Wilfried F. Schoeller, Bd. 1. Ffm 1983, S. 432)

[227] Ret Marut, während der ersten bayerischen Räterepublik Mitglied des Propagandausschusses bzw. der Aufklärungskommission, erarbeitete einen Plan zur Sozialisierung der Presse. In: Münchner Neueste Nachrichten vom 10.04.1919. Daran wirkte auch der Schriftsteller Oskar Maria Graf (1894-1967) mit.

[228] Sitzung der Pressesozialisierungskommission vom 08.04.1919 (Bayerisches Hauptstaatsarchiv München: Akten des Staatsministeriums für Handel, Zentralwirtschaftsamt, Sozialisierung der Presse, 1919, MH 13909).

[229] Brief Gustav Landauers an Martin Buber vom 15.11.1918. In: LBr II, S. 298f.

[230] Verhandlungen des provisorischen Nationalrats des Volksstaates Bayern im Jahre 1918/19. Stenographische Berichte Nr. 1 bis 10. 1. Sitzung vom 08.11.1918 bis 10. Sitzung am 04.01.1919. München 1919, S. 199.

[231] Verantwortliche Redaktion im April 1919: Titus Tautz (geb. 1899), Publizist, Mitglied des Münchener Arbeiterrates und des Aktionsausschusses revolutionärer Künstler in München. Siehe auch: Ders., Die Kunst und das Proletariat. In: Münchner Neueste Nachrichten vom 09.04.1919.

[232] Münchner Neueste Nachrichten vom 09.04.1919.

[233] Hierzu grundlegend die Bände 3.1 u. 3.2: Antipolitik der „Ausgewählten Schriften" Gustav Landauers. Hrsg. von Siegbert Wolf. Lich/Hessen 2010.

[234] Gustav Landauer, Die vereinigten Republiken Deutschlands und ihre Verfassung [Abdruck im vorliegenden Band]
[235] Brief Gustav Landauers an Hugo Landauer vom 19.03.1919. In: LBr II, S. 398ff. [hier: S. 399]
[236] Ebd.
[237] Ebd.
[238] Ebd.
[239] Siehe auch: Gustav Landauer, Das Fertige im Unterricht. [undatiert]: „Das Gegenteil ist zwar oft behauptet worden, aber in der Tat hat die Schule wie sie ist, keineswegs das Ziel, vor allem anderen das Kind in der Ausbildung seines Geistes und seines Körpers zu unterstützen: sie misst vielmehr den ‚Wahrheiten', die sie lehrt, eine überwiegende Bedeutung bei und scheint anzunehmen, dass diese Wahrheiten einen beträchtlichen inneren Wert hätten. [...] Der Pädagoge unterlässt es, dem Kind den komplizierten Zusammenhang der Dinge aufzuzeigen. Er denkt nicht daran, ihm zu lehren, dass es keine fixe und fertige Methode gibt [...]". (GLAJ 153)
[240] Justin Hoffmann, Der Aktionsausschuss revolutionärer Künstler Münchens. In: Dirk Halfbrodt/Wolfgang Kehr (Hrsg), München 1919. Bildende Kunst/Fotografie der Revolutions- und Rätezeit. München 1979, S. 21ff. [hier: S. 23]
[241] So die Erklärung des „Aktionsausschusses revolutionärer Künstler" am 10.04.1919. In: Münchner Neueste Nachrichten, 10.04.1919. Gemäß einer Vollmacht Landauers schloss der „Aktionsausschuss" die revolutionsfeindliche Akademie der Bildenden Künste München.
[242] Brief Gustav Landauers an Rudolf Leonhard vom 28.07.1915. In: LBr II, S. 59ff. [hier: S. 60]
[243] Zu deren Programm siehe Ulrich Linse, Hochschulrevolution, S. 58ff.; ders., Die Entschiedene Jugend 1919-1921. Deutschlands erste revolutionäre Schüler- und Studentenbewegung. Ffm 1981.
[244] Zu erwähnen ist die in den 1890er Jahren entstandene „Freie Studentenschaft" (auch: Freistudentenschaft) und deren Dachverband „Freie Deutsche Studentenschaft" (1900). Daneben gab es noch die sozialistischen Akademiker um die gleichnamige Zeitung in Berlin, in der auch Landauer publizierte. Hierzu: Barbara Voigt, „Der sozialistische Akademiker. Organ der sozialistischen Studirenden und Studirten deutscher Zunge", 1895/96. In: Wissenschaftliche Zeitschrift der Humboldt-Universität zu Berlin. R. Ges.-Wiss. 38 (1989), 6, S. 631ff. „Der sozialistische Akademiker" erschien zwei Jahre lang und wurde dann unter dem Namen „Der sozialistische Student" 1897/98 als Beilage der „Sozialistischen Monatshefte" weitergeführt.
[245] Verhandlungen des provisorischen Nationalrates des Volksstaates Bayern im Jahre 1918/19. Stenographischer Bericht, Beilage 3 (= Stenographischer Bericht über die Verhandlungen der bayerischen Arbeiterräte am 9. und 10.12.1919). München 1919, S. 137ff.; Unterlagen der GSAM in: GLAA 163.

[246] Ulrich Linse, Hochschulrevolution, S. 81.

[247] Ebd. S. 113f.

[248] Michael Seligmann, Aufstand der Räte, S. 332.

[249] Zit. aus: Michael Seligmann, Aufstand der Räte, S. 334.

[250] Staatsarchiv München: Akten der Staatsanwaltschaft München I, Nr. 2151; Michael Seligmann, Aufstand der Räte, S. 500ff.; Richard Sheppard, Die Protokolle von zwei Sitzungen des Revolutionären Zentralrats in München am 12. und 16. April 1919. In: Literaturwissenschaftliches Jahrbuch (Berlin), 33. Bd., 1992, S. 209ff.

[251] Staatsarchiv München, Staatsanwaltschaft München I, 2151, Bl. 184ff.

[252] Brief Gustav Landauers an Adolf Neumann vom 14.04.1919. In: LBr II, S. 416.

[253] Siehe die „Mitteilungen des Vollzugsrats der Betriebs- und Soldatenräte", Nr. 1-15, vom 15.04. bis 29.04.1919.

[254] Gustav Landauer, Bereitschaft zur Mitarbeit an der zweiten Räterepublik (13.04.1919). In: Mitteilungen des Vollzugsrats der Betriebs- und Soldatenräte (München), Nr. 3 vom 16.04.1919; ders., An den Aktionsausschuss. Schreiben vom 16.04.1919. In: LBr II, S. 420f. [Abdruck im vorliegenden Band] Schließlich bot Landauer Ende April d. J. nochmals seine Mitarbeit unter Vorbehalt an, nachdem am 27. April 1919, infolge des Rücktritts des kommunistischen Vollzugsausschusses, ein neuer, von den Betriebsräten gewählter Vollzugausschuss gebildet worden war - ohne dass er zu konkreten Beratungen herangezogen wurde.

[255] Gustav Landauer und Else Eisner-Belli verband zu diesem Zeitpunkt eine Liebesbeziehung, die sie in einer Mitteilung „An unsere Freunde" öffentlich bekanntgeben wollten. Vgl. hierzu das Tagebuch Eisner-Bellis vom März 1919 bis 1924 (Bundesarchiv Berlin, Stiftung Archiv der Parteien und Massenorganisationen der DDR, NL Kurt Eisner, NY 4060).

[256] LBr II, S. 421 [Anm. Martin Bubers]. So berichtet der Schweizer Lebensreformer und Freiwirtschafter Theophil Christen (1873-1920) über zwei Besprechungen Mitte und Ende April 1919 zwischen dem Begründer der Freiwirtschaftslehre Silvio Gesell (1862-1930), während der ersten bayerischen Räterepublik „Volksbeauftragter für Finanzen", und Gustav Landauer, auf der die Gründung eines von Landauer selbst so benannten „Sozialistischen Freiheitsbundes" besprochen wurde. (Theophil Christen, Aus den Münchener Revolutionstagen. Zürich 1919, S. 14ff.). Die Ermordung Landauers sowie die Verhaftung Gesells und Christens verunmöglichten weitere Treffen. Des Weiteren, so Buber, soll Landauer geplant haben, „einen Zug von Frauen und Kindern zu bilden, um auf diese Weise im gegebenen Falle ein Blutbad zu verhindern." (LBr II, S. 421)

[257] Thomas Michael Ruprecht, Felix Boenheim. Arzt, Politiker, Historiker. Eine Biographie. Hildesheim u.a. 1992.

[258] Kulturprogramm. (zweite Hälfte 1919) [Gemeinsam von Landauer u. Fidelis]. Verfasst von Fidelis u.d.T.: Gustav Landauers Kulturprogramm in: In: Das Forum.

Hrsg. von Wilhelm Herzog, 4 (1919/20), H. 8, Mai 1920, S. 577ff. [hier: S. 579] [siehe Abdruck im vorliegenden Band]

[259] Ebd. S. 599.

[260] Brief Else Eisners an Ina Britschgi-Schimmer vom 28.03.1927 (Bundesarchiv Berlin, NL Kurt Eisner). Die Sozialwissenschaftlerin Ina Britschgi-Schimmer (1881-1949) bereitete damals gemeinsam mit Martin Buber eine Edition von Briefen Gustav Landauers vor, die 1929 als zweibändige Ausgabe im Verlag „Rütten & Loening", Frankfurt am Main, erschien.

[261] Über das weitere Schicksal Landauers siehe die angefügte Zeittafel.

[262] Nach ihrer Gefangennahme wurden bayerische Räterevolutionäre noch vor dem Standgericht in psychiatrischen Kliniken zwangsweise auf ihren geistigen Zustand untersucht. (H. D. Heilmann, Revolutionäre und Irre. Die wahnsinnige Revolution und das normale Auschwitz. In: Schwarze Protokolle (Berlin), Nr. 14, November 1976, S. 2ff.)

[263] Hans Kohn, Landauers Tod. In: Die Arbeit. Organ der zionistischen volkssozialistischen Partei Hapoël-Hazaïr [hebr.: Der junge Arbeiter] 2 (1920), Juni, S. 43f. [hier: S. 43] (Das Heft war Landauer gewidmet). Über Hans Kohn siehe: Siegbert Wolf, „...unser Schicksal ist unauflöslich mit dem Schicksal der ganzen Welt verknüpft" - Über Hans Kohn. In: Im Gespräch. Hefte der Martin Buber-Gesellschaft, Nr. 11, Herbst 2005, S. 22ff. Landauer bezog sich wiederholt auf die Kompositionen Ludwig van Beethovens (1770-1827) (z.B. in: Die Revolution (1907). Zuletzt:Münster 2003. Hrsg., eingeleitet und kommentiert von Siegbert Wolf). In München erinnert die Straße „Gustav-Landauer-Bogen" in Schwabing sowie eine Gedenktafel am Fremdspracheninstitut, Amalienstraße, an Landauer, der auch Übersetzer war. Sein Grab befindet sich, zusammen mit dem Kurt Eisners, auf dem Neuen Israelitischen Friedhof der bayerischen Metropole.

WIDERSTREIT ZUR ‚DEUTSCHEN NATION'

Brief Gustav Landauers
an Emanuel von Bodman vom 18.10.1912.

[Auszug]
(GLAA 113)[1]

„[...] Ich habe mich sehr mit den ernsten Worten gefreut, die Sie[2] mir jetzt aus Anlass meines Buches[3] geschrieben haben. Gewiss ist da etwas in Ihnen in andere Richtung gewachsen als bei mir; und ich glaube zu sehen, dass ich mit manchem, was ich sage, vielleicht in früheren Jahren auf mehr Empfänglichkeit gestoßen wäre, als jetzt. Ich verstehe das sehr gut und es kann gar nicht anders sein. Sie könnten gar kein Dichter sein, könnten gewiss nicht der Dichter sein, der Sie sind, wenn es anders wäre. Irgendwo muss wohl der Dichter Frieden schließen mit der Welt, die ihn umgibt, und sei es auch nur dadurch, dass er, wenn er mit Interesse auf sie blickt, begleitende Gefühle unterdrückt, und sie eben in Ruhe studiert und als Unterlage benutzt. - Ich glaube, dass ich etwas unüblich bin und in kein Schubfach hineinpasse, kommt daher, dass ich weder ein Agitator noch ein Dichter bin, sondern eine Synthese von beiden, die keinen Namen hat; die dichterischen Elemente werden wohl da sein, aber da ist etwas, das nicht Dichter sein will. Sie missverstehen nicht: Ich möchte wohl schon einer sein, aber ‚es' in mir will nicht.

Dagegen deuten Sie auf einiges andere, mehr Äußere, wo ich nicht glaube, dass ein ernster Zwiespalt zwischen uns ist. Leicht möglich, dass Sie das Nationale in Verbindung fühlen mit Dingen, die für mich mit dem, was mir Nation[4] ist, nicht mehr verwachsen sind. So gestehe ich, dass die Zusammenstellung von sozial und national für mich nur deswegen keinen rechten Sinn ergibt, weil ja gar niemand daran denkt, die sozialen Umgestaltungen so vorzunehmen, dass dadurch die Zusammengehörigkeit der Stämme und Völker angetastet würde. Was gar mich angeht, so glaube ich nicht, dass mich einer an Nation, ich sage ausdrücklich nicht: an Nationalismus, übertreffen könnte! Nation ist ja eben eine solche Gleichheit in den Individuen, ein Gefühl und eine Wirklichkeit, die sich in freiem Geiste zur Einheit und zum Bunde bringt. Jedwede Nation ist an-archisch, d.h. zwang-los; die Vorstellungen Nation und Zwang sind völlig unvereinbar. Nation ist das Beste, weil das einzige im öffentlichen Leben wirkliche Beispiel für das, was ich Geist nenne. Ich sehe aber nicht ein, was für die Nation noch getan werden könnte; sie lebt, sie ist da, so wie der Geist der Soziale, der Geist in der Wirtschaft nicht da ist oder wenigstens nur in kümmerlichen und entstellten Anfängen. [...]"

Vorbemerkung zu Max Nettlau, Der Balkankrieg.
In: Soz, 15.01.1913

Diesen Aufsatz, der im Januarheft von „Freedom"[5] erschienen ist[6], sollen unsere Leser in Übersetzung kennen lernen und prüfen. Es ist gewiss viel darin, was zu beherzigen ist, und das Wichtigste ist: Hier spricht einer, der seit Jahren die Vorgänge in Europa und darüber hinaus als Historiker betrachtet und der mit vollem Bewusstsein einen anderen Standpunkt einnimmt als den der bakunistischen Tradition.[7] Denn leugnen wir es nicht: In der Beurteilung der politischen Vorgänge in Europa, wie sie seit Jahrzehnten von anarchistischen Sozialisten erfolgt ist, war es von Einfluss, dass die bedeutendsten Schriftsteller des Anarchismus, Bakunin[8] und Kropotkin[9], *Russen* gewesen sind. Der grandiose Deutschenhass Bakunins[10] war nicht lediglich der Hass des Freien gegen den Knecht, des Vertreters der mit Frankreich besonders innig verwachsenen Revolution gegen den monarchisch-feudalen Militärstaat, sondern auch der seit Jahrhunderten eingewurzelte Hass der Russen gegen den Wurstfresser; und auch die wirtschaftlichen und politischen Interessen seines Nationalstaats betrachtet er anders als die nämlichen Interessen zum Beispiel der deutschen Staaten. Und auch bei Kropotkin findet man - zum Beispiel in seinen Memoiren[11] – manche Sympathien mit staatlichen ‚Befreiungskriegen' und russischer Expansion in Asien, die er, wenn es sich um andere Nationen handelte, ganz gewiss nicht hätte.[12]

Trotzdem ist es leicht möglich, besonders nachdem der „Sozialist" bisher mehrfach sich in anderem Sinn über die Vorgänge auf dem Balkan geäußert hat[13], dass unsere Leser, nach reiflicher Prüfung Bedenken tragen werden, sich Nettlaus Standpunkt anzuschließen. Sie sollen aber hier nicht im Voraus beeinflusst werden, sondern Max Nettlau aufmerksam zu Ende hören. Die Gespräche „Vom Krieg"[14], deren Schluss wir noch schuldig sind, sollen bis dahin unterbrochen werden; in ihnen oder sonst wie wird der Verfasser Gelegenheit nehmen, sich mit Nettlau, vielleicht als Schüler, gewiss nicht als Lehrer, sicher, selbst wenn er die Dinge anders sehen müsste, als Kamerad[15] auseinanderzusetzen.

In einem werden wir alle uns Max Nettlau anschließen: in dem schamvollen Zorn über die niederträchtigen Grausamkeiten der verbündeten Balkanchristen gegen die mohammedanischen und jüdischen Völkerschaften[16] und über die hundsgemeine Haltung der

Großmächte und des allergrößten Teils der europäischen Presse gegen diese unglücklichen Bauern und Handwerker. Wahre Menschenjagden werden, jetzt wieder in Mazedonien, wie vor kurzem in Albanien und Saloniki, gegen wehrlose Mohammedaner und Juden veranstaltet.[17] Wie wahr ist es, dass die Politikanten sich immer nur über ‚Gräuel' entrüsten, wenn es in ihren Kram passt. Das gilt vor allem für die Engländer, es gilt auch für die Russen, für die Deutschen, für die Italiener, für die Franzosen. Aus Konstantinopel muss berichtet werden, dass der bekannte französische Schriftsteller und Kenner des Orients, Pierre Loti[18], seinen tiefsten Abscheu gegen diese Gräueltaten Ausdruck gegeben hat. Sonst lecken sich die Pariser Blätter die Finger nach ein paar Worten Pierre Lotis; diesmal haben sie es - um der Politik und der Kapitalinteressen willen - abgelehnt, seine Worte zu veröffentlichen; und Loti spricht von einer „Verschwörung des Schweigens". Das sind die nämlichen Blätter, die Émile Zola[19] wie einen Helden feiern, weil er nicht schweigen konnte. Oh, sie können es meisterhaft!

Brief Gustav Landauers an Max Nettlau vom 22.01.1913.[20]
[Auszug]
(GLAA 140-141)

Lieber Nettlau![21]

[…] Ich habe Ihnen sehr zu danken, dass Sie mich auf Ihren Balkan-Artikel[22] aufmerksam gemacht haben; ich hatte die Nummer weggelegt, weil ich Ihre Unterschrift, die zwischen Aufsatz und Postskript versteckt ist, nicht bemerkt hatte und glaubte, es sei ein nicht gezeichneter Artikel, von der Art, die mich noch selten interessiert hat. Ich habe den Aufsatz, der mich sehr anregt, sofort übersetzt[23]; es ist durchaus nötig, dass diese Ausführungen in Deutschland vorliegen. Wie ich mich dazu stelle, ist kompliziert: Ich finde auch hier, in dieser Darstellung, eine unzulässige Vereinfachung des Vielfältigen. Würde es sich nur um Ihren Streit mit P.[eter] K[ropotkin][24] handeln, so wäre ich sicher auf Ihrer Seite. Sie haben mit allem, was Sie von Russland sagen, Recht. Sie hätten aber auch recht gehabt, wenn Sie in einer bestimmten Etappe der französischen Revolution[25] die Rolle der englischen Politik bei den Vorgängen in Frankreich entlarvt hätten.[26] Sie hätten etwas Wichtiges gesagt, aber nicht alles Entscheidendes. *Jede* Staatsrevolution muss heute in Politik, Diplomatie und Krieg münden; und von dem Moment an kann der Anarchist, meine ich, nicht mehr Partei nehmen, weil alle unrecht haben und weil er allein den Schlüssel in der Hand hat. Die Trennung der Nation vom Staat, besser gesagt: das Ende des Staates und die Trennung der Wirtschaftsgemeinschaft von der Sprachgemeinschaft, die Bildung von Sprachkulturgruppen und Wirtschaftskulturgruppen, die sich unberührt kreuzen, aber nicht schneiden und nicht decken, ist die einzige Lösung. Der österreichische Staat muss zugrunde gehen wie der türkische, und wie Frankreich untergegangen wäre ohne die Schreckensherrschaft und den Cäsarismus[27]. Andere Staaten werden folgen, viel später; wir werden's nicht erleben; aber dass die Einsicht weitere Kreise zieht, dass das, was wir Anarchismus nennen, eine Wirklichkeit ist, die sich darum mit schnöden und niederträchtigen Mitteln durchsetzt, weil es keine Anarchisten, sondern nur Nationalstaatsrevolutionäre gibt, das können wir noch erleben. - Außerdem haben Sie noch, wie ich seit langem weiß (ich erinnere an Ihren Aufsatz im alten „Sozialist"[28] aus der Badeni-Zeit), nationale Vorurteile, die mir liebenswürdig sind, die mir als Deutschen natürlich auch angeboren sind, die ich aber doch mehr zurückdrängen kann. ‚Österreich', besser: ‚Österreich-Ungarn' kann es nur geben, wenn die Deutschen herrschen, staatsmäßig herrschen. Das ist vorbei; und ich wünsche es auch nicht. Was nun folgen wird, wünsche ich noch weniger; aber dieser Gradunterschied kann mich nicht zur Parteinahme bringen. Ich muss, sehr schmerzlich, bei diesem Wahnsinn beiseite stehen.

Viele herzliche Grüße!
Ihr
G. L.

Brief Gustav Landauers an Max Nettlau vom 28.01.1913.[29]

[Auszug]
(GLAA 140-141)

Lieber Nettlau![30]

[...] Den Balkan-Artikel[31] habe ich - siehe gleichzeitige Sendung - in der Tat übersetzt, mit großem Ernst und wahrscheinlich doch den und jenen kleinen Fehlern. - Was ich sagen wollte, haben Sie, glaube ich, nicht recht verstanden. Sie sagen, Sie seien kein Nationalist. Nun, ich bin einer; bitte nur, nicht misszuverstehen. Ich bin sogar ein mindes-

tens dreifacher Nationalist: als Deutscher, als Süddeutscher und als Jude. Aber ich trenne die Nation vom Staat, trenne sie sogar vom Boden und finde darin die einzige Rettung. Mögen die Italiener in Tirol, die Slawen gar in Wien Schulen und Universitäten errichten, soviel sie können, aus eigenen Mitteln; und mögen die Deutschen das nämliche tun. - Indessen gebe ich Ihnen vieles zu; auch dass man nicht abseits steht, wo zu helfen ist. Nur dass ich finde: Hier ist jede Beteiligung eine Teilnahme am selben und nämlichen Staatsunrecht. Die türkische Revolution[32] musste, das ist meine Überzeugung, zu den Dezentralisationsbestrebungen führen, die hier keine andere Gestalt annehmen konnten, als es jetzt durch den Balkanbund[33] und Russlands Machinationen[34] geschehen ist. Ich will das alles etwas weiter ausführen und bitte Sie, inzwischen die angefangenen Gespräche „Vom Krieg"[35] zu lesen, obwohl ich weiß, dass Ihnen manches darin widerwärtig sein muss.
    Viele Grüße!
    Ihr
    G. L.

Brief Gustav Landauers an Heinrich Dehmel vom 16.10.1913.
[Auszug]
(GLAA 117)[36]

Lieber Heinz[37],
Beide Berichte eingetroffen.[38] Ich versende zunächst die Arbeit Deines Freundes Teschendorff[39], zunächst an die Tägl. Rundschau - Frankfurter Zeitung - Berner Bund - Neue Züricher Zeitung. Warum ich auf Schweizer Blätter besonderes Gewicht lege, wird Dir, denke ich, gleich einleuchten. Da ist eine besonders schöne und wichtige Aufgabe für Euren Bund, an die Ihr vielleicht noch gar nicht gedacht habt.

Ihr seid, meine ich, insofern noch auf falschen Wegen, als es sich nicht so sehr um das Zusammenbringen aller möglichen Gruppen und Parteien handelt, wie um Sammlung zur Gemeinschaft und Freiheit im Gegensatz zu bestehenden Parteiungen. Das erste ist etwas Äußerliches, das zudem nicht gelingen kann; das zweite ist eine schwere Aufgabe, die gelingen muss.

Deinen Bericht kann ich so, wie er vorliegt, mit meinem Namen nicht decken. Erstens ist er stilistisch an manchen Stellen recht unklar. Zweitens könnt Ihr meinetwegen zwanzigerlei Parteien zu gemeinsamer Arbeit zusammenbringen wollen; ich glaube zwar nicht daran, sehe aber sympathisch zu. Eine aber darf für mich natürlich nicht darunter sein; der Antisemit, der ganz etwas anderes vorstellt, als jede der anderen Richtungen, da er einen bestimmten Volks- und Menschheitsteil, zu dem ich zudem noch gehöre, auf Grund einer unausrottbaren Qualität, des Judentums, verfemt. Die anderen bekämpfen Meinungen, Absichten, Tendenzen, geben aber alle die Möglichkeit zu, dass, wer Mensch ist, von ihnen überzeugt werden kann; selbst für den Sozialdemokraten ist der Angehörige privilegierter Klassen als Individuum noch zu gewinnen. Für den Anti‚semiten' ist zwar nicht der Phönikier, Syrer usw., wohl aber der Jude auf Grund seiner Natur ein Schädling.

Du wirst verstehen, dass ich aus diesem Grunde Deinen Bericht nicht verschicken kann; ich könnte es nicht einmal, wenn bei Dir neben dem Wort Anti‚semiten' ‚Juden' oder etwa ‚Zionisten' stände. ‚Zionist' kann man sein, damit ist nichts gegen die Natur des anderen, nur etwas für die eigene gesagt; Antisemit, das geht nicht unter Menschen. […]

Zwischenbemerkung
zu: Fichte und Dostojewski, dazu der Dostojewski-Text
„Die russische Lösung" (1877).
In: Soz, 01.09.1914

Die russische Lösung - so hat Dostojewski[40] selbst eine Betrachtung überschrieben[41], die wir im Weiteren absichtlich den markigen deutschen Worten Fichtes folgen lassen.[42] Hier ist die Gelegenheit, den schwächsten Punkt in Fichtes Darlegung zu erwähnen. Dass er das deutsche Volk für einzig berufen zur Führung der Menschheit auf dem Weg ins Reich des Geistes erklärt, ist in unserem Auszug am Schluss enthalten. Seine Begründung dagegen dieser Meinung haben wir weggelassen; sie ist dieser schwächste Punkt. Die Begründung ist sprachlicher Art und stützt sich auf eine Vergleichung der ursprünglich wachsenden deutschen mit den aus dem Lateinischen abgeleiteten romanischen Sprachen. Es ist Fichte sofort entgegengehalten worden, zum Beispiel von Jean Paul[43], dass dieser sprachliche Vorzug die Gabe nicht allein der Deutschen wäre. Dostojewski könnte sich für alle slawischen Völker auf genau dieselben Gründe berufen. In der Tat steht es so, dass Fichte das deutsche Volk darum für das auserwählte hält, weil er in einer Blütezeit des deutschen Geistes ein genialer Mann und ein Deutscher ist, und dass Dostojewski, ebenso ein glühender Nationalist und just so ein die ganze Menschheit in Liebe umfassender Prophet wie Fichte, die russische Nation darum für auserkoren hält, weil er in einer Blütezeit des russischen Geistes ein genialer Mann und ein Russe ist. Wir aber werden aus dieser Zusammenstellung sehen, dass der deutsche Philosoph wie der russische Dichter zwar in Tönungen des Denkens und Fühlens verschieden sind, dass der eine fest, strahlend und deutsch, der andere weich, schwermütig und russisch ist, *dass aber im Kern ihr Denken und Fühlen eins ist.* Der Unterschied der Nationen ist wie rankendes, blühendes Schlinggewächs, ist wie Ornamentik und Arabeske; *der Stamm der Menschheit ist eins.* Nur dass die Menschheit sich bisher noch den ungeheuren Schaden antut, dass sie sich Häuser gebaut hat, die aus den holden und spielerischen Ornamenten der Volksverschiedenheit gebaut sind, Häuser also aus so ungeeignetem Material, dass sie selbst, die Nationalstaaten, so wenig mehr hold und spielerisch sind wie Kinder, die man Zuchthausarbeit tun ließe. Der Stamm der Menschheit ist eins; nur dass ihr eigentliches festes und unverrückbares Haus, *die Menschheit,* nicht als reale Wirklichkeit, sondern nur als Traum und Musik des Gefühls und als Geist, als der überall wahre und gleiche Inhalt ihrer Volkssprachen besteht. Als Sprache wird die Wahrheit unseres Denkens und Fühlens nie eine andere Form finden als die nationale; dieser Wahrheit unseres Inneren, die allen Völkern gemein ist, genügt aber auch als Haus der Gemeinsamkeit nicht das sinnbildlich-hindeutende Wort, sondern nur die erfüllende Tat: die Menschheit als wirkliche Wirklichkeit; die Menschheit, die sich gründet auf das unbeirrbare Menschtum in unserem Inneren, welches älter ist als all unser Volkstum und nicht das Produkt aus etwa äußerlich vereinigten Nationen, sondern der Vater aller Völker ist. Wohl den fernen Nachkommen, die es einst erleben, wie kein Mensch mehr begreift, dass in unseren Zeiten das Menschtum kein eigenes Haus hatte, das Volkstum dagegen deren zwei; sein rechtes, die Sprache, und sein anderes, den Staat, der ein Ersatz für das fehlende Wirtschaftshaus der Menschheit sein sollte.

Zum Problem der Nation.
*Brief an Herrn Professor Matthieu in Zürich.
In: Der Aufbruch. Monatsblätter aus der
Jugendbewegung (Berlin) 1 (1915), Heft 2/3, S. 59ff.*[44]

Lieber Herr Matthieu[45],
Schönsten Dank sage ich Ihnen für Ihren Vortrag[46], der mir mit seinem Schwung, seiner Liebe zum behandelten Gegenstand und seiner intimen und ausgebreiteten Kenntnis dieses Gegenstandes sehr behagen musste. Ich finde in Ihnen eine so ausgesprochene Begabung zu solchen völkerpsychologischen Untersuchungen, dass ich den Wunsch aussprechen möchte, dieses nämliche Thema von Ihnen noch ausführlicher und anders behandelt zu haben. Sie haben alles und noch einiges mehr getan, was von einem lebendigen, das Thema vielseitig umspülenden Vortragsfluss zu erwarten ist, was ich also erbitte, ist kein Vortrag, sondern eine Abhandlung, die leicht ein Buch werden könnte.

Für uns alle nämlich, denen die nationale Differenzierung eine Sache von großer Bedeutung gerade für die kommende Verwirklichung der Menschheit ist, für uns alle, die wir die schöne, gedeihliche, friedliche Tatsache der Nation von dem wüsten Ungetüm Staat trennen und erretten wollen, ist es künftig recht wichtig, Kriterien und Methoden zu finden, um das Bezeichnende einer Nation, ihre Beschränkung und positive Besonderheit ausdrücken zu können. Eine Wissenschaft also von der Nation; wozu? Nicht Sie sollen diese Frage, sondern ich soll sie mir selber stellen. Kennten Sie mich länger, kennten Sie mich gar so, wie ich mich selber, so müssten Sie sich in der Tat wundern, dass ich eine wissenschaftliche Behandlung eines Gegenstandes, an dem ich mit Herzen, Trieb und Phantasie hänge, für erwünscht erkläre; an einer Überschätzung der Wissenschaft, zumal Gegenständen geschichtlichen Werdens gegenüber, habe ich bisher nicht gelitten. Aber überall, wo eine falsche Wissenschaft trübend und entstellend am Werke war, muss unerbittlich scheidende Wissenschaft den Boden wieder säubern; Moors Geliebte kann nur durch Moor sterben[47], und selbst Apollon[48], der prophetische Dichtergott, muss sich, wenn er auf die Jagd geht, eines Hundes bedienen. Sogar aber die allgemeine Politik, so übel es um sie steht, ist nicht so schlimm dran, wie die Kunde von den Nationen. Habe ich vorhin - in einer Terminologie übrigens, die mich von manchen Mitarbeitern der Hefte, in die ich diesen Brief einrücke, unterscheidet und die ich bei späterer Gelegenheit verantworten will - vom Staat mit einem Wort der Abwendung geredet, so weiß jeder, der sich nur ein wenig mit der Politik befasst hat, dass ich in meiner Sprache damit nicht jede dem öffentlichen Wohl, der öffentlichen Ordnung und Sicherheit vorgesetzte Organisation bezeichnet habe, sondern nur eine bestimmte, zeitlich bedingte, vergängliche und zu überwindende Abart. Wer aber weiß, wenn in einem Zusammenhang von Nation gehandelt wird, was der Schreiber oder Sprecher damit meint? Ich habe Ihren klaren und sprühenden Vortrag gelesen; aber kann ich denn nun in Wahrheit sagen, was Sie unter französischer Nation verstehen? In Wahrheit, nicht im Geringsten; weder waren Sie auf eine strenge Definition aus, noch konnten Sie sich auf eine stützen. Sicher aber ist eines: brächte ich Ihnen eine Kiste oder einen Eisenbahnwagen voll Menschen, auf die all die Eigenschaften, die Sie dem französischen Geiste zuschreiben, und an denen also doch wohl dieser Geist kenntlich sein soll, zuträfen, so würden Sie, zum Beispiel, aus meiner Lieferung Milton[49], Carducci[50], Benjamin Franklin[51], Cicero[52], Seneca[53], Junius[54], Herwegh[55] ausscheiden und würden sagen: Das sind keine Franzosen; Voltaire[56], Mallarmé[57], Victor Hugo[58] und viele andere würden Sie aber belassen. Ja das haben wir freilich vorher gewusst! Nicht damit aber ist uns fernerhin gedient, dass man Repräsentanten einer Nation allerlei Eigenschaften nachsagt, die durchaus auf sie zutreffen, sondern dass man an diesen Repräsentanten scharf das spezifisch Nationale, das sie mit dem allgemeinen Volkscharakter verbindet, heraushebe. Aber schon die Auswahl der typischen Vertreter ist bei der jetzt geduldeten Behandlung ganz willkürlich. Ist man einig darüber, die Männer, die ich eben nannte, als Vertreter echten Franzosentums zu nehmen, so wird man etwa bei Rabelais[59], Claude Tillier[60], Proudhon[61] schon schwanken, wird da lieber von Gaulois[62] als von Franzosen reden oder gar von keltischem Einschlag fabeln; bei Rousseau[63] und Verlaine[64] wird man gern deutsche, bei Mérimée[65] und Stendhal[66] italienische Einflüsse annehmen. Das aber, da es doch immerhin alles der Literatur, also der französischen Sprache angehört, ist ein Kinderspiel gegen die Gebiete, die nichts mit Sprache zu tun haben, sondern in anderen Ausdrucksformen an den Tag treten. Wenn Sie - oder andere - von Bildhauern und Malern reden und an ihnen das französische Wesen demonstrieren, bin ich immer geneigt zu rufen: Halt - Taschenspielerei! Das Französische, das du herausholst, hast du vorher hineingesteckt; oder genauer gesagt: Du nimmst alle hervorragenden Eigenschaften dieser Künstler und hängst ein blau-weiß-rotes Zettelchen daran. Du weißt ja im Voraus, dass diese Werke Franzosen geschaffen haben. In der Tat müsste man es einmal umgekehrt versuchen, um die erforderliche Bedenklichkeit gegen dieses Verfahren zu lernen. Man müsste zum Beispiel jemanden, der nach sicherem Gefühl und etwa überdies noch nach den Kriterien, auf die ich gleich weisen will, mit dem Wesen jüdischer und deutscher Nationalität genau vertraut wäre, vor die ihm unbekannten Gemälde und Radierungen Max Liebermanns[67] führen und nun zusehen, ob er deutsche und jüdische Elemente trennen oder überhaupt als gut und sicher zu beschreibende Eigenschaften darin finden könnte. Und genau so entsprechend mit Courbet[68], Manet[69], Rodin[70] usw.

Ich behaupte durchaus (gebe nicht nur zu), dass die Nation eine durch gemeinsame Geschichte entstandene Gemeinschaft ist, nenne darum auch moderne Juden, gleichviel, welche Sprachen sie reden, Schweizer trotz der Viersprachigkeit, Holländer (deren Sprache nur eine deutsch-friesische Dialektmischung ist) und Belgier eine besondere und einheitliche Nation; bin sogar geneigt, Katholiken und Protestanten (nebst dem, was sie sonst sind) als durch charakteristische Unterscheidungsmale voneinander getrennte, unter sich geeinte Nationen aufzufassen. Ich sage also, indem ich von Geblüt und Rasse als entweder wissenschaftlich ungreifbar oder als einer Teilung anderer Art, die durch die Nationen hindurch greift, ganz absehe, dass keineswegs bloß die Sprache die Nation macht. Trotzdem jedoch: *Nation ist die besondere Art, in der in einer auf Grund gemeinsamer Geschichte zusammengehörigen Gemeinschaft das allgemein Menschliche und das individuell Einmalige sich ausdrücken.* Wollen wir für diese Ausdrucksbesonderheit Kriterien suchen und dazu Methoden finden, so werden wir zunächst weder Religionen noch Sitten noch Einrichtungen noch bildende Künste brauchen können, weil wir da ganz wahllos oder gemäß unserer wählenden Neigung alles zusammenwerfen oder sorgsam auslesen, wovon wir äußerlich wissen, dass es in Deutschland, Frankreich, England usw. zu Hause ist, ohne das international Gewanderte vom Einheimischen sorgsam zu scheiden. Wir werden uns vielmehr durchaus methodisch, systematisch zunächst, um eine sichere Handhabe zu schaffen, an die *Sprache* halten müssen, an den sprachlichen Ausdruck in allen Gestalten, wozu auch Mimik und Gestikulation, das Verhältnis von Ruhe und Bewegtheit gehören, von der Lautbildung (die für den Gesichtsausdruck und sogar für das Temperament in Betracht kommt) und der Umgangssprache bis zur Sprache der Dichtung, Wissenschaft und Gesetzgebung. Und da ist, um vom Simpelsten, nämlich einer einzelnen Vokabel anzufangen, die Tatsache, dass die Franzosen

z. B. raison haben, das heißt die Erfassung von Recht, Rechnung, Grund, Vernunft und Verhältnis als ein und dem nämlichen, mir für das wahre Verständnis französischen Wesens wichtiger als alle Hymnen oder Bosheiten der Welt. Nation ist eine Ausschließlichkeit; und die unübersetzbaren Wörter, Wendungen und Nuancen der Sprache, die unnachahmlichen Verkettungen im syntaktischen Bau der Sätze schicken uns auf den Weg zur Bekanntschaft mit dem Inhalt dieser Besonderheit, besser gesagt, mit dem Spezifischen dieser Form, die Nation heißt. Wissen Sie nun zum Beispiel, wo ich bei meinen vielfachen Übersetzungen aus dem Französischen am verzweifeltsten war wegen der völligen Unübersetzbarkeit? Nicht bei Dichterischem, Schwungvollen, Impulsiven, Pathetischen, Innigen, Kunstvollen, - sondern wenn es sich um das juridische, gesetzgeberische, kaufmännische und bürokratische Französisch handelte. In Ausdrücken und Wendungen waltet da eine elegante Sicherheit der Logik, eine Perlklarheit im Erfassen von Verhältnissen und im Definieren von Gebieten, eine Zweifellosigkeit der Abgrenzung und Geltung, eine Mannigfaltigkeit der Unterscheidungen, die im Deutschen ganz unnachahmlich ist, und lieber will ich noch ein Gedicht von Verlaine übersetzen, was wahrhaftig auch zum eigentlich Unmöglichen gehört, weil da im Original schon das deutsche Lied in die Form des französischen Chansons gebracht wurde, als etwa eine juridisch-kaufmännische Stelle bei Proudhon, die ich französisch klar und scharf verstehe, aber deutsch nur verschwommen, plump oder umschrieben wiedergeben kann. Hier sind wir einem entscheidenden Kriterium der Nationalität sowohl wie der guten Verträglichkeit mehrerer Nationalitäten in einem Individuum auf der Spur: In dem Augenblick, wo ich, ohne übersetzen zu können, eine französische Wendung bis aufs Letzte verstehe, *bin* ich Franzose und ich zweifle nicht, dass in mikroskopischer Winzigkeit von meinen Sprachwerkzeugen her auch mein Gesichtsausdruck und mein Tempo sich für den Moment den französischen nähern. Sie könnten freilich zu meinem Beispiel der Unübersetzbarkeit sagen, es handle sich da nicht mehr um eine positive Eigenschaft der französischen als um ein Manko der deutschen Sprache. Ja, das gebe ich zu und gerade darauf will ich ja hinaus. Nation ist eine Beziehung, ein Verhältnis, und nur dadurch, dass wir systematisch die Nationen untereinander vergleichen, werden wir das Wesen dieser Nuancen erfassen. Ein Engländer oder Italiener, der aus dem Französischen übersetzt, wird andere Erfahrungen machen, und nun gar ein alter Lateiner, der, auch wenn keine römische Vokabel mehr da wäre, aus dem Bau der Sätze noch immer die Kindschaft erkennen müsste! All diese Erfahrungen sind jeweils für ein Nationenpaar bezeichnend, und erst wenn wir nach lauter solchen gründlichen und feinen Vergleichungen zu einer Fülle voneinander durchkreuzenden Proportionen kommen, haben wir zu einer Nationenkunde den ersten Grund gelegt. Steigen wir hier, wo es sich nur um einen Wink handeln kann, noch einen Augenblick von den simplen Beispielen zu den höheren, denken wir an das Verhältnis Frankreichs zu Shakespeare[71], an die schon erwähnte Unmöglichkeit, das Spezifische der deutschen Lyrik französisch wiederzugeben und umgekehrt. Was heißt das aber? Es heißt, dass Béranger[72] und Verlaine, die selbst durch Meilen getrennt sind, in einem geeint sind, dass also nicht die ganze Breite und Tiefe im Wesen des einen oder des anderen französisch ist, sondern nur etwas ganz besonderes, es kommt nicht darauf an, ob wir es klein oder groß nennen, es ist jedenfalls wirklich. Sie werden mich gewiss nicht so gröblich falsch verstehen, als sagte ich, irgendetwas an Béranger oder Verlaine sei unfranzösisch! O nein, alles an dem Angehörigen einer Nation ist bis aufs Letzte tingiert vom Nationellen, präsentiert sich nur in der Form der Nation, kann sich nicht anders ausdrücken. Aber nicht die Inhalte alle sind französisch oder indianisch oder bengalisch, sondern das Gefäß, aus dem die Inhalte herauskommen, wobei freilich Gefäß wie Form ungenügende Bilder für eine lebendig gewachsene und wachsende Funktion sind. Wie auch immer, betreiben wir die Sprachvergleichungen für alle Nationen fein und genau, so werden wir uns immer mehr der Fähigkeit annähern, wirklich ausdrücken zu können, was eine bestimmte Nation von den anderen unterscheide. Aber nur im Verhältnis zu *allen* Nationen, die einen zusammengehörigen Kulturkreis bilden, kann die Besonderheit einer einzelnen bestimmt werden; Nation ist nichts Absolutes, sondern eine vielfältige Relation.

Ich will für das, was ich hier meine, noch ein Beispiel aus der Beziehung zwischen Deutschen und Franzosen geben. Der Deutsche ist geneigt, dem Franzosen, ganz besonders dem Franzosen seit der Revolutionszeit einen Hang zur pathetischen oder sentimentalen Phrase vorzuwerfen: das heißt zu klingenden und viel versprechenden Worten, hinter denen nichts steckt und die für nichts einstehen. Ich habe sehr häufig, zumal auf öffentlich-rechtlichem Gebiet, bemerkt, dass dieser Vorwurf nur zutrifft für die deutsche Übersetzung, die bestimmte Nuancen nicht wiedergeben kann, aber nicht für das Original. Die französische Sprache, die Sprache des ordnenden, organisierenden, ins konkrete Leben eingreifenden und mit großem

Gefühl untrennbar verschmolzenen Begriffsverstandes kennt eine ganze Reihe Abstraktionen, in denen durch den Lauf der Sprach- und Volksgeschichte konkrete Betätigungen festgebannt sind, während in den entsprechenden deutschen Ausdrücken die Abstraktionen längst leer und nichtig geworden sind. Ich wähle als Beispiel das Wort droit = Recht in einer und der nämlichen zwiefach gespaltenen Anwendung aus den Jahren 1789 und 1848. Glaubt man dem deutschen Publizisten, so sind die droits de l'homme, die Menschenrechte, eine klingende, verführerische Phrase ohne Inhalt. Das ist ganz falsch, und der Irrtum kommt daher, dass droit lebendig eine Bedeutung enthält, die dem deutschen Wort Recht abhanden gekommen ist. Recht ist lediglich eine Erlaubnis, für die der andere, der das Recht erteilt oder anerkennt, keinen Finger zu rühren braucht. Ganz anders im Französischen. Da enthält das Wort droit eine Fülle sehr konkreter Leistungen, wie jeder weiß, der das Wort droit im Zusammenhang etwa des Feudalrechts unzählige Male aus Bequemlichkeit mit Abgaben, Leistungen, Lasten übersetzt hat, während es ja eigentlich nicht von den bezahlten, sondern von den eingenommenen Gebühren spricht. Die droits des Grundherrn sind nicht bloß Rechte, d.h. Ansprüche, sondern solideste Tatsachen in Geld oder Naturalien. Und demnach sind auch die droits de l'homme keine unbestimmten Worte, sondern verbürgte Rechte, der allgemeine, konstitutionelle Ausdruck für eine Neueinrichtung, dem die Ausführungsbestimmungen folgen müssen und ja auch tatsächlich gefolgt sind. Und genauso steht es mit dem seit 1848 geforderten Recht auf Arbeit. Dem deutschen Professor klingt das lediglich wie eine demagogische Phrase ohne Verbindlichkeit. Für den Franzosen liegt in dem Ausdruck keineswegs bloß die negative Zusicherung, dass das Recht auf Arbeit keinem Menschen abgesprochen werden soll, sondern die positive Bürgschaft, dass Rechtseinrichtungen getroffen werden sollen, die der erzwungenen Arbeitslosigkeit der zur Arbeit Bereiten ein Ende machen. Das aber versteht der Deutsche nicht, dass mit der Anerkennung des Rechtsgrundsatzes für den Franzosen die Hauptarbeit getan ist, da dieser durchaus seiner Findigkeit und Ehrlichkeit, seiner, französisch zu reden, Loyalität, d.h. Rechtlichkeit vertraut, die Ausführung dem schwer erkämpften Grundsatz unverzüglich folgen zu lassen.

    Nun ist wohl klar genug, was mit dem Wort gemeint ist: Nation ist nichts Absolutes, sondern eine vielfältige Relation. Denn ich müsste mich sehr irren, wenn Vergleichungen dieser Art, bei der Angehörige der verschiedensten Nationen einander helfen sollen, nicht erhellend wären für alle daran beteiligten Nationen, wie diese Vergleichung, die ich eben vornahm, gewiss nicht minder bezeichnend für den deutschen als für den französischen Sprachgeist ist. Und es braucht kaum gesagt zu werden, dass in keinem einzigen Fall die vergleichende Begriffsgeschichte von der sonstigen Geschichte der Völker getrennt werden kann. Wie sollte es denn auch möglich sein, das Wesen von Nationen zu ergründen, ohne auf die Geschichte dieser Nationen zurückzugehen? Ohne davon auszugehen, dass dieses Wesen geworden-werdend ist, im Fluss und in der Spannung der Wandlung steht, abhängig also in seiner Gegenwart von der Zukunft, dem Weiterweg, nicht minder ist als von der Vergangenheit, dem Bisherweg? Das Wesen jeder Nation ist Richtung, die nicht lediglich exakt durch den Blick auf das Vorliegende festzustellen ist, da sie abhängt vom Willen der Betrachteten wie des Betrachters.

Folgen wir solchen Methoden und sind wir in ihnen geübt, so werden wir etwa auch künftig in Stand gesetzt sein, in einem genial Produktiven seine geniale Besonderheit von dem national Typischen zu scheiden. Läuft uns ein Geschrei in den Weg, wie es zum Beispiel der zeitweilig in den Stand der Unreife herabgefallene deutsche Dichter Richard Dehmel[73] von sich gegeben hat, von der Dekadenz der Franzosen („die französische Nation hat sich überlebt, tragisch, aber wohl kaum zu ändern, wenn sie sich nicht noch rechtzeitig durch einen Blutbund mit Deutschland auffrischt"[74]), so ist es allerdings ganz recht und genügend, mit der bloßen Antwort „Rodin!" die lästige Wespe wegzuscheuchen (Die schlechtesten Früchte sind es nicht, woran die Wespen nagen). Denn der Schreier hat ja gar nicht vom spezifisch französischen Einschlag, sondern vom gesamten Menschentum der Franzosen geschrieen. Für die Untersuchung, die ich meine, aber müsste allerdings anders geredet werden, als Sie zum Beispiel in Ihrer Schutzrede für die Franzosen[75] von Rodin sprechen. Die Eigenschaften nämlich, die Sie hervorheben, gehören vielleicht nicht dem Franzosen Rodin an, sondern dem Rodin Rodin; es werden die Franzosen von ihm an mehr durch ihn, als er durch sie geworden ist; seine Hauptzüge sind fürs künftige Franzosentum produktiv, aber vielleicht nicht vom vorgängigen Franzosentum produziert. Er gehört sicher mehr der Nation der Bildhauer als der Franzosen an und hat am Ende mehr von der (denn doch nicht ausschließlich französischen) Gotik und den Griechen Einflüsse empfangen als vom französischen Geiste. Aber ganz gewiss hat er auch in allem, was er ist und schafft, etwas davon; die Frage ist nur, ob wir es bestimmen können. Keine

Frage aber ist mir, dass wir auf dem falschen Wege sind, wenn wir mit so einer genialen Besonderheit schlankweg das bisherige Wesen einer Nation bezeichnen. Etwas anderes ist es, wenn wir wollend, prophetisch, gestaltend, verlangend über der eigenen Nation ein Soll aufhängen und durch die Beschreibung ihr wachsendes Wesen bestimmen, das heißt wandeln wollen. Goethe[76] ist ganz und gar hineingestellt in die Beschränkungen und Besonderheiten deutscher Nation; aber nicht kann ich umgekehrt ohne weiteres alles Goethesche oder sein Entscheidendes der deutschen Nation zugute schreiben. Deutsch an Goethe ist, was er vom Deutschtum empfangen, und außerdem alles das, was er dem Deutschtum gegeben, aber auch wirklich *gegeben* hat: was nämlich die Deutschen seit und durch Goethe bleibend anders geworden sind. Aber das ist in Wahrheit noch unterwegs und kann nur im Sinne des Wollens, nicht aber schon wissenschaftlich zur Bestimmung gebracht werden.[77]

Ich will Ihnen noch ein Beispiel geben. Sie fordern mit Recht jeden heraus, das französische Wort „débrouillard"[78] ins Deutsche zu übersetzen. Ja, das kann man nicht; und das ist für das Verhältnis deutscher und französischer Nation gewiss bezeichnend. Zwar muss man sich hüten, bei solcher Vergleichung des Wortschatzes mechanisch vorzugehen und die Rolle, die, mit Verlaub zu sagen, der Zufall in der Wortgeschichte spielt, zu übersehen. Die Franzosen z. B. haben kein eigenes Wort für „stehen"; die Schlussfolgerung eines journalistischen Windbeutels, es könne also mit ihrer Standhaftigkeit nicht weit her sein, würden wir nicht ernst nehmen. Man wird jeweils zusehen müssen, ob es sich um Wendungen spezifischer Art handelt, in denen sich der Geist der Sprachen verrät, oder nicht. Ein solcher Ausdruck ist nun Ihr débrouillard sicherlich, und ich würde nur noch hinzufügen, dass der débrouillard die französische Besonderheit des Originals ist, der schnell gefasste und entschiedene, entscheidend eingreifende Initiator, während der Deutsche, ebenso unübersetzbar, die genau umgekehrte Originalität etymologisch mit demselben Stamm ausdrückt: Eigenbrödler. Dieses beides zusammen scheint mir für das Verhältnis der beiden Nationen sehr bezeichnend: Es ist das Verhältnis einer mehr zentrifugalen zu einer mehr zentripetalen Kraft.

Sie sehen - und ich habe es gleich mit freudiger Zustimmung wahrgenommen -, dass ich mit sprachlichen Beobachtungen zu den nämlichen Hauptkennzeichen des Franzosentums komme, die Sie in Ihrer Darstellung hervorheben: erstens formale Sicherheit, Kunst des Definierens und Abrundens, logische Begrenzung; zweitens Impuls,

Initiative, Vereinigung von Organisation und Freiheit. Ich möchte nur noch die Frage aufwerfen, ob die erste dieser Eigenschaften nicht einer sehr alten, die zweite aber einer noch recht jungen Schicht der französischen Nation angehört. Ich finde, dass die Franzosen mit ihrer ersten Eigenschaft ganz und gar die Erben der römisch-lateinischen Ausdrucksbesonderheit sind; die Universalerben dieser Art geschliffener Verstandeskultur; denn Italienern, Spaniern, Rumänen sind höchstens kleine Legate[79] übrig geblieben, die anderen Vermächtnisse anderer Herkunft waren zu mächtig. Die zweite Eigenschaft der Franzosen aber, diese zentrifugale Kraft der freien Initiative scheint mir erst der neuen, der zweiten französischen Nation anzugehören, die durch die französische Revolution fertig wurde und deren deutliche Spuren schon in den Kämpfen der Monarchomachen[80] sichtbar sind. Und aus der Vereinigung der Wesenszüge des jungen und des alten Frankreich, des Impulses und des Fertigmachens, ergibt sich die Kraft des französischen Geistes, auf der eine große Hoffnung der Menschheit beruht: die Kunst, dem Geist und seinen Tendenzen, die bei anderen Nationen leicht in der Sphäre der Phantasie und Philosophie bleiben, zu einer äußeren Gestalt zu verhelfen; den Geist, wenn er zur schaffenden Begeisterung wird und die Massen ergreift, vor der Überschwemmung und dem Wirrwarr zu retten und ihn zu zwingen, sich ein geformtes und begrenztes, ein wirkliches Bett zu graben. Ich gestehe, auf die Gefahr hin, verkannt zu werden, dass mich Mirabeau[81], aber der ganze Mirabeau, vor allem auch der, dessen letzte Ziele uns nur in verwegenen vorbereitenden Handlungen vorliegen, der größte Vertreter dieses modernen Franzosentums dünkt: der Mann, dessen Geist überschäumt und Grenzen sprengt, dessen Geist eindämmt und Grenzen setzt, der leidenschaftlich gewaltige Mann des Chaos und des Kosmos, der Revolution und der Organisation.

Sie könnten mit meiner Auffassung echt französischen Wesens noch nicht zufrieden sein, dem französischen Geist noch mehr zusprechen wollen und etwa sagen: Hat nicht ein Mann wie Pascal[82] auch der zentripetalen Kraft, der Einkehr und Versenkung genug? Gewiss hat er sie, hat sie wie Meister Eckhart[83] (nur schwächer) oder wie Dostojewski[84] (nur schwächer). Dieses sein Grundwesen hat er mit genialen Mystikern anderer Nationen gemein, und die Ausdrucksform dieser Mystik gehört der Nation der Christenheit an, nicht der französischen. Französisch ist an ihm, wenn ich recht sehe, nur das, was die sprachliche Ausdrucksform seinem Grundwesen der Mystik und ihrem christlichen Ausdruck als Bedingung hinzufügt, worunter ich keineswegs bloß die Form seiner Schriften, sondern die vom Genius der Sprache bedingte Form seiner im übrigen persönlich einmaligen geistigen Haltung und Richtung verstehe. Mystiker wie Pascal erstanden in genialer Besonderung in allen Nationen; einen Mystiker, der zugleich ein deduzierender und analysierender Mathematiker und ein Verfasser von „Lettres provinciales"[85] war, gab es nur in französischer Gestalt.

Ich meine also, man sollte nicht elogiös sagen: Frankreich hat Pascal hervorgebracht, sondern man sollte zu bestimmen suchen, *was* an Pascal die spezifisch französische Nuance ist.

Die Frage könnte noch gestellt werden, ob ich die Sprache nur als Kriterium, als Symptom des in der Nation waltenden Geistes nehme, oder ob ich sie für die Ursache oder Erzeugerin dieses Volksgeistes halte. Diese Frage löse ich nicht, weil ich auf dem Gebiet lebendiger Kräfte, die in Symbiose stehen, mit dem Begriff erster Ursachen nicht operiere. Aber einmal muss doch dieses Wechselverhältnis angefangen haben? Ja gewiss, als die Welt anfing -

Mit dieser Anregung, lieber Herr Matthieu, wollte ich Sie zur Fortführung von Untersuchungen ermuntern, zu denen Sie mir auf Grund nationaler und individueller Prägung besonders berufen scheinen.

Übrigens stehen wir beide in einer werdenden *neuen* Nation, die sich ihre Angehörigen in allen Völkern sucht. Und so grüße ich Sie!

Ihr Gustav Landauer

Petition für das Preußische Abgeordnetenhaus.
(1916) (Geheimes Staatsarchiv Preußischer Kulturbesitz, Berlin
GStA PK, I. HA Rep. 169 C 82 Nr. 55:
Eingaben über die akademische Disziplin, 1916-1917)[86]

Petition.[87]

Die Unterzeichneten bitten das Preußische Abgeordnetenhaus:

Das Hohe Haus möge den Minister des Kultus und des Unterrichts[88] ersuchen, der Beschwerde des Studierenden, Herrn Ernst Joël[89], zurzeit immatrikuliert an der Universität Heidelberg, gegen den derzeitigen Rektor der Berliner Universität, Herrn Professor von Wilamowitz-Moellendorff[90], *stattzugeben* und die durch Verfügung erfolgte Streichung des Namens des Herrn Ernst Joël aus den Listen der an der Universität Berlin immatrikulierten Studenten nachträglich zu tilgen, ihm auf sein eigenes Begehren eine Exmatrikel ohne Löschungsvermerk auszustellen und ihn, wenn er in geordnetem Wege eine Immatrikulation nachsucht, zum Studium an der Berliner Universität mit allen Rechten eines immatrikulierten Studenten zuzulassen.

Dieses Ersuchen gestatten wir uns in der beigefügten *Denkschrift* zu begründen.

Dr. Leo Arons, Berlin. Julius Bab, Grunewald. Friedrich Bauermeister, Tübingen. Walter Benjamin, München. Ed.[uard] Bernstein, M.[itglied] d.[es] R.[eichstags], Berlin. Dr. J. Bloch, Berlin. Hans Blüher, Berlin. Prof. Dr. L.[ujo] Brentano, München[91]. Robert Breuer, Berlin. Dr. Martin Buber, Berlin. Dr. Robert Corwegh, Naunhof-Leipzig. Eugen Diederichs, Jena. Redakteur [Helmut] Döscher, Berlin. Dr. Arthur Drey, Mainz. Kurt Eisner, München. S.[amuel] Fischer, Berlin. Dr. S.[alomo] Friedlaender, Berlin. Dr. Manfred Georg, Berlin. Hellmut v. Gerlach, Berlin. Dr. Georg Gradnauer, M. d. R., Dresden. Rechtsanwalt Hugo Haase, M. d. R., Berlin. Konrad Haenisch, M. d. R., Berlin. Dr. Max Halbe, München. Dr. Wilh.[elm] Hausenstein, München. Moritz Heimann, Berlin. Rechtsanwalt Wolfgang Heine, M. d. R., Berlin. Joh. Kurt Hempel, Dresden. Georg Hermann, Neckargmünd. Dr. Kurt Hiller, Berlin. Dr. Magnus Hirschfeld, Berlin. Arthur Holitscher, Berlin. Siegfried Jacobsohn, Berlin. Dr. Rudolf Kayser, Berlin. Dr. Alfred Kerr, Berlin. Annette Kolb, München. Hermann Kranold, im Felde. Dr. Carl Landauer, Kiel. Gustav Landauer, Berlin. Heinrich Mann, München. Thomas Mann, München. Hugo Marcuß, Berlin. Fritz Mauthner, Meersburg. Julius Meier-Graefe, Berlin-Nikolassee. Dr. Alfred Mombert, Heidelberg. Robert Neulaender, Berlin. Prof. Paul Oestreich, Berlin. Gustav Werner Peters, Mannheim. Dr. Kurt Pinthus, Magdeburg. Prof. Dr. L.[udwig] Quidde, München. Prof. Dr. Martin Rade, Marburg. Dr. Anselm Ruest, Berlin. Dr. S. Saenger, Berlin. Hans Siemsen, Berlin-Lichterfelde. Karl Scheffler, Berlin. Dr. Christian Schrempf, Esslingen. Prof. Dr. Walther Schücking, Marburg. Felix Stiemer, Freiburg. Dr. Helene Stöcker, Berlin-Nikolassee. Felix Stössinger, Berlin. Theodor Tagger, Berlin. Prof. Dr. [Ferdinand] Tönnies, Kiel. Frank Wedekind, München. Dr. Bruno Wille, Berlin-Friedrichshagen. Richard Witting, Berlin. Alfred Wolfenstein, München. Dr. Gustav Wyneken, Bad Tölz. Dr. G.[eorg] Zepler, Berlin.[92]

Denkschrift.

I.

Im Verlage von Eugen Diederichs in Jena erschien von Juli 1915 an eine Zeitschrift des Namens: „Der Aufbruch, Monatsblätter aus der Jugendbewegung".[93] Es kamen heraus Heft 1 im Juli, das Doppelheft 2/3 für August-September im September, Heft 4 im Oktober. Weitere Hefte sind nicht erschienen, weil das Oberkommando in den Marken[94] die von ihm für erforderlich gehaltene Erlaubnis dem in Groß-Berlin ansässigen Herausgeber „aus grundsätzlichen Erwägungen" nicht erteilte.

Als Herausgeber und verantwortlicher Schriftleiter war Ernst Joël in Charlottenburg genannt. Herr Joël war Student der Rechtswissenschaft an der Berliner Universität.

Am 7. Oktober folgte Herr stud. Ernst Joël einer Vorladung des damals noch amtierenden Rektors Herrn Geheimrat Kipp[95], der ihm unter Bezugnahme auf Heft 2/3 der Zeitschrift sein Missfallen an der Zeitschrift aussprach, wobei er besonders Bezug nahm auf den Aufsatz des Herrn Joël, „Von deutschen Hochschulen"[96], und einen Aufsatz des Schriftstellers und Studierenden der Berliner Universität, Hans Blüher[97], „Was ist Antifeminismus?"[98]. Der Herr Rektor teilte mit, dass er ein Verbot sämtlicher Ankündigungen und Prospekte des „Aufbruchs" innerhalb des Universitätsgebäudes erlassen habe. Weiterhin fragte er Herrn Joël nach seinem Hauptberuf, worauf die Antwort erfolgte, er studiere und sei nur nebenbei schriftstellerisch tätig, und auf weiteres Befragen erklärte Joël den Umstand, dass er im Sommersemester 1915 keine Vorlesungen belegt habe, wahrheitsgemäß mit der Tatsache, dass er zu der Zeit Soldat in Frankfurt a. d. O. war. Der Herr Rektor schloss an diese Erörterungen die Frage an, ob Herrn Joël bekannt sei, dass jemand, der einen selbständigen Beruf ausübe, nicht als Student immatrikuliert bleiben könne, welche Frage Joël bejahte.

Am 19. Oktober erhielt Herr Joël das folgende Schreiben:

Berlin, den 19. Oktober 1915.
Königliche
Friedrich-Wilhelms-Universität
I. Nr. 1622.

Nach Auskunft des Magistrats und des Polizeipräsidiums in Charlottenburg sind Sie als Herausgeber der Zeitschrift „Der Aufbruch" als

Gewerbetreibender anzusehen. Als solcher können Sie nicht immatrikulierter Student sein. Sie sind daher in den Büchern der Universität gestrichen worden. Ihre Studentenkarte haben Sie zurückzugeben.
Der Rektor
gez. von Wilamowitz.

Herr Joël folgte zunächst dieser Aufforderung, bat aber um Gelegenheit zu persönlicher Verantwortung vor dem Rektor. Diese Gelegenheit wurde ihm am 28. Oktober zuteil.
Herr Joël erklärte mündlich:
1. Die Herausgabe dieser „Blätter aus der Jugendbewegung" sei keineswegs ein Gewerbebetrieb gewesen, habe vielmehr nur ideellen Zwecken gedient;
2. sofort nach Empfang der Verfügung habe er Schritte getan, um als Herausgeber eines Blattes, hinter dem tatsächlich eine Gruppe mehrerer Personen stand (die in dem Blatt als „ständige Mitarbeiter" genannt waren[99]), durch einen Nichtstudierenden ersetzt zu werden;
3. das Blatt habe nunmehr zu erscheinen aufgehört, da das Oberkommando in den Marken die Erlaubnis zur Herausgabe endgültig verweigert habe.

Nach diesen Ausführungen riet der Herr Rektor Herrn Joël, in einer schriftlichen Eingabe nebst beigefügtem Beweisstück darzutun, dass er nicht mehr Herausgeber der Zeitschrift sei, und gestützt darauf zu ersuchen, die Streichung rückgängig zu machen. Das tat Herr Joël unverzüglich.

Dieser Rat war das letzte, was Herr Joël von dem Herrn Rektor persönlich zu hören bekam; an seiner Stelle führte die weiteren Verhandlungen der Herr Universitätsrichter[100]. Dieser eröffnete Herrn Joël zunächst am 1. November, dass man sich auf eine Rückgängigmachung der Streichung nicht einlassen werde; in Frage komme höchstens eine Neuimmatrikulation, zunächst aber, ob der die Zulassung begehrende, mit der Universität in keiner Beziehung mehr stehende Herr Joël geeignet sei, immatrikuliert zu werden.

In diesem Gespräch erörterte nun der Herr Richter die verschiedenen Möglichkeiten, ein Gesuch um Immatrikulation abzuweisen. Er untersuchte, ob fernerhin Herr Joël sich schriftstellerisch betätigen würde, ob er wirklich im Hauptberuf Student sei, ob und was er schon früher herausgegeben oder redigiert habe und von welchen Mitteln er lebe. Schließlich aber ging der Herr Universitätsrichter dazu über, sein äußerstes Missfallen über Ton und Inhalt des Aufsatzes „Von deutschen Hochschulen" und besonders über den Teil auszusprechen, der die Veranstaltung des Studentenfackelzuges für die durch Berlin reisende Königin von Schweden kritisch behandelte.[101] Der Herr Richter betonte den kritischen und ironischen Ton dieses Aufsatzes und hielt Herrn Joël vor, er sei jedenfalls ein Mann, der agitiere und opponiere, der Unfrieden in die Studentenschaft tragen wolle, und es sei sehr fraglich, ob er sich der akademischen Disziplin werde fügen können. Herr Joël, der nunmehr den Eindruck bekommen musste, dass es sich jetzt um eine Prüfung seiner Persönlichkeit und seiner geistigen Bestrebungen handelte, übersandte darauf noch am selben Tage dem Herrn Rektor einen längeren Brief, in dem er seine bisherige studentische und literarische Tätigkeit schilderte: im Amt für soziale Arbeit der Berliner Freien Studentenschaft[102], in dieser Berliner Freien Studentenschaft selbst, zu deren Vorstand er gehörte, in der Comenius-Gesellschaft[103], dem Deutschen Siedlerbund[104] und in dem von ihm begründeten ersten deutschen Siedlungsheim (Settlement) in Charlottenburg[105]; ferner fügte er eine Reihe von ihm verfasster Artikel und Broschüren und das Manuskript eines Aufsatzes zu, das seine ernsten Gedanken über den hohen Beruf der Hochschule dartun sollte. Von diesem Aufsatz, der in Abschrift beiliegt (Anlage A)[106], bemerkte Herr Joël, dass er demnächst am ersten akademischen Abend der Berliner Freien Studentenschaft seinen Kommilitonen mitgeteilt werden sollte.

Am 4. November erklärte der Herr Rektor dem auf seine Ladung erschienenen Studenten Herrn Erich Mohr[107], Vorsitzenden der Berliner Freien Studentenschaft, Herr Joël dürfte in keiner Veranstaltung dieser studentischen Vereinigung sprechen; auch die Vorlesung des Vortrags durch einen anderen werde hiermit ausdrücklich verboten. Er äußerte, Joël sei kein Student mehr, er sei gestrichen; er sei ein gefährlicher Mensch, der *Kommilitonen und Professoren* beleidigt habe. Auch erwähnte der Herr Rektor die Tatsache, dass Herr Joël seine Schriften eingereicht habe und bemerkte dazu, den „Aufbruch" freilich hätte Herr Joël nicht beigelegt.

Herr Joël, der davon bald Erkenntnis erlangte, erklärte dem Herrn Rektor noch am selben Tag durch Rohrpost, lediglich darum habe er den „Aufbruch" nicht noch einmal eingereicht, weil er ganz freiwillig gleich nach Erscheinen des Heftes 2/3, das den Artikel „Von deutschen Hochschulen" enthielt, dieses Heft dem Rektorat, ebenso wie anderen Stellen, übersandt habe, weil ferner der Herr Rektor in dem Gespräch am 28. Oktober erklärt habe, über den „Aufbruch" informiert zu sein, und weil es sich ja doch schließlich bei der ganzen Sache von Anfang an eben um den „Aufbruch" gehandelt habe, und er, Joël, persönlich wahrgenommen habe, dass sich, wie selbstverständlich, der „Aufbruch" bei den Akten befand.

Nach diesem Intermezzo kam es zur förmlichen Ladung Joëls vor den Universitätsrichter zum 5. November. Herrn Joël wurde an diesem Tage eröffnet: *Aufgrund seines Artikels gegen die Studentenschaft* („Von deutschen Hochschulen"; Heft 2/3 des „Aufbruch") *erscheine er als zur Immatrikulation nicht geeignet.* Eine Prüfung der gesamten geistigen Persönlichkeit Herrn Joëls und seiner Auffassung akademischen Geistes anhand der von ihm eingereichten Schriften war nicht beliebt worden; er erhielt sie unaufgeschnitten zurück. Die Verweigerung der Immatrikulation schriftlich auszufertigen und zu begründen, lehnte der Herr Richter als überflüssig ab und fügte hinzu: Bei einer Beschwerde könne Herr Joël sich auf diese Unterredung beziehen und sich darauf stützen, dass ihm der Richter der Universität, zugleich im Namen des Rektors, eröffnet habe, es werde eine Neuimmatrikulation und ebenso die Rückgängigmachung der Streichung abgelehnt, weil Joëls Verhalten unvereinbar mit der Universitätsdisziplin und geeignet sei, Konflikte in der Studentenschaft hervorzurufen, da er es in dieser Zeit gewagt habe, seine Kommilitonen öffentlich zu beschimpfen.

Herr Joël erhielt denn auch nur eine solche Exmatrikel, in der von seiner Streichung Mitteilung gemacht wird. Damit ausgerüstet, verließ er Berlin und wurde in letzter Stunde, trotzdem die Vorlesungen im Gange waren, in Heidelberg immatrikuliert. Er hat Beschwerde beim preußischen Kultusministerium erhoben.

II.

Der Studiosus Ernst Joël, dessen reines, geistiges Wollen von niemandem bestritten wird und nicht bestritten werden kann, der sich nie gegen die akademische Disziplin vergangen hatte und in keinen Konflikt mit den Behörden je vorher gekommen war, wurde unter der alleinigen Begründung, dass seine publizistische Tätigkeit ein Gewerbebetrieb wäre, aus den Listen der Universität gestrichen.

Dieses Vorgehen muss zunächst für sich ins Auge gefasst werden, denn es hat erst die Grundlage für die spätere willkürliche Verweigerung der Immatrikulation geschaffen; was man niemals im Wege einer disziplinarischen Bestrafung, insbesondere des Consilium abeundi[108], hätte zu erreichen hoffen können, hat man auf diesem Wege erreicht und Herrn Joël dadurch namentlich auch den Rechtsweg abgeschnitten, der ihm im Falle eines disziplinarischen Vorgehens offen gestanden hätte.

Deshalb muss zunächst die formelle und materielle Rechtmäßigkeit dieses Vorgehens untersucht werden.

Schon formell ist die Handlungsweise der Universitätsbehörde unvereinbar mit den Grundsätzen der Wahrheitsermittlung, die in jedem Disziplinar- und Strafverfahren unverbrüchliches Gesetz sind, und die erst recht im akademischen Leben zwischen Mitgliedern der Alma mater[109], mag auch der eine Teil Rektor, der andere Student sein, festgehalten werden müssten.

Man hat Herrn Joël aus den Listen gestrichen und die Studentenkarte abverlangt auf Grund eines „Gutachtens" des Magistrats und des Polizeipräsidiums in Charlottenburg, dass er „als Herausgeber des ‚Aufbruch' als Gewerbetreibender" anzusehen sei. Man hat aber dies Gutachten selbst nicht, wie es notwendig gewesen wäre, ihm vor der Beschlussfassung mitgeteilt und hat ihm demnach keine Gelegenheit gegeben, sich über die Richtigkeit der tatsächlichen Angaben, die dem Gutachten zugrunde liegen, zu äußern. Übrigens ist dies auch nachher nicht geschehen, so dass man noch jetzt bei der Kritik dieses so genannten Gutachtens völlig ins Ungewisse greifen muss. Immerhin kann man Folgendes sagen:

Es ist unwahrscheinlich, ja eigentlich unmöglich, dass das Polizeipräsidium und der Magistrat sich geäußert haben sollten, *jeder* „Herausgeber" einer Zeitschrift sei ein Gewerbetreibender. Hätten sie sich aber wirklich so ausgelassen, so hätte es mindestens dem Universitätsrichter nicht entgehen dürfen, dass ein solches Gutachten unhaltbar wäre. Nicht nur, weil ja in diesem Falle auch eine Anzahl Professoren der Kgl. Friedrich-Wilhelms-Universität, unter anderen der damals amtierende Dekan der philosophischen Fakultät, als Gewerbetreibende angesehen werden müssten, sondern weil es auch mit juristischen Grundsätzen nicht vereinbar gewesen wäre.

Selbstverständlich *kann* die „Herausgabe" einer Zeitschrift ein gewerbliches Unternehmen sein, z.B. wenn und soweit sie als buchhändlerisches Verlagsgeschäft oder Teil eines solchen um des Erwerbs willen betrieben wird. So war Gewerbeunternehmer des „Aufbruch" der Verlagsbuchhändler Eugen Diederichs in Jena[110], auch dann, wenn er gerade an dieser Zeitschrift nichts verdient hat. Die Tätigkeit des Schriftstellers aber, der eine Zeitschrift leitet, und der auch „Herausgeber" genannt wird, ist überhaupt keine *gewerbliche* Tätigkeit. Sie wäre es auch dann nicht, wenn der Schriftsteller mit dieser Arbeit

Geld verdienen sollte. Gerade die Vertreter geistiger Berufe sollten am meisten darauf halten, dass die Grenzen zwischen geistiger Berufsarbeit und gewerblicher Tätigkeit nicht verwischt werden.

Aber auch die Tätigkeit, die in das Gebiet der eigentlichen Gewerbe fällt, ist als Gewerbebetrieb nur dann anzusehen, wenn sie der *Bestimmung* dient, dem *Ausübenden* (nicht einem Dritten) *dauernd* seinen *Lebensunterhalt* ausschließlich oder neben anderen Erwerbsquellen zu verschaffen. Diese Voraussetzungen lagen sämtlich nicht vor. Herr Joël bezog für seine Arbeit weder Gehalt noch Gewinnanteil. Ein Gewinn wurde damals selbstverständlich noch nicht erzielt, aber selbst ein etwaiger späterer Reingewinn aus der Herausgabe des „Aufbruch" war für Erweiterung und Verbreitung der Zeitschrift bestimmt. Alle diese grundlegenden Tatsachen haben Polizei und Magistrat nicht geprüft, denn Herr Joël ist niemals darüber befragt worden. Auch der Herr Rektor hat sich der ihm ganz besonders obliegenden Prüfung dieser Frage entzogen und sich damit begnügt, auf Grund dieser offenbar einer materiellen Begründung entbehrenden Auskunft einer nicht akademischen Behörde, den von jedem Gewerbsleben weit entfernten, von den Mitteln seiner Familie lebenden jungen Mann ohne weiteres Verhör und ohne Versuch einer tatsächlichen Aufklärung als „Gewerbetreibenden" zu behandeln und von der Universität zu entfernen.

Der Herr Rektor hat diese Entscheidung, die auf einer irrigen Rechtsauffassung und falschen tatsächlichen Informationen beruhte, aber auch dann nicht rückgängig gemacht, als Herr Joël eine Aufklärung gegeben hatte, die jeden Gedanken an einen wirklichen Gewerbebetrieb ausschloss, und nachdem gleichzeitig festgestellt war, dass mit der Einstellung der weiteren Herausgabe des „Aufbruch" die ganze „Rechtsfrage" (wenn es noch eine gewesen wäre) sich tatsächlich erledigt hatte.

Da nicht eine Entscheidung im Disziplinarverfahren gegen Herrn Joël vorlag, hätte nichts den Herrn Rektor gehindert, die Streichung jederzeit selbst wieder aufzuheben, nachdem feststand, dass die Voraussetzungen dazu mindestens zurzeit nicht mehr vorlagen.

Statt dies zu tun, hat der Herr Rektor sich wiederum auf den lediglich formellen Standpunkt gestellt, Herr Joël sei infolge der Streichung nicht mehr Student, und es käme nur eine *Neuimmatrikulation* in Frage.

Diese Wahl eines formellen Gesichtspunktes, wo die materielle Prüfung die erste Pflicht gewesen wäre, lässt nicht nur jenen „kommilitonischen" Geist vermissen, den auch die Universitätsbehörden gegen die akademischen Bürger üben sollten, sondern erweckt den unangenehmen Eindruck, als hätte man *beabsichtigt*, den formellen Grund an die Stelle einer materiellen Begründung zu setzen oder mindestens sich die Begründung wesentlich bequemer zu machen.

III.

Der Herr Rektor hat nun Herrn Joël die Immatrikulation versagt, „weil er auf Grund seiner Äußerungen gegen die Studentenschaft in dem Artikel ‚Von deutschen Hochschulen' (Heft 2/3 des ‚Aufbruch') zur Immatrikulation nicht geeignet erscheine". Vorher bei den mündlichen Besprechungen war auch noch der von Herrn Joël als Redakteur aufgenommene Aufsatz des Schriftstellers und damaligen Studenten Hans Blüher, „Was ist Antifeminismus?"[111], genannt worden, aber nur beiläufig, während er in der letzten mündlichen Verfügung des Universitätsrichters nicht mehr erwähnt wurde. Trotzdem dieser Artikel also eigentlich nicht in Betracht kommt, sei über ihn Folgendes gesagt: Er ist, was für einen Redakteur entscheidend sein muss, der Form nach von hohem Wert und inhaltlich von völliger Reinheit der Gesinnung und zu lebhafter Diskussion anregend. Sein Sinn ist, in Worten des Verfassers selbst gesagt: „Was ist Antifeminismus?" - „Der Wille zur Reinheit der Männerbünde. Nur diese sind entscheidungsvoll." Gekämpft wird also gegen das Vordringen der Frau in die Bewegungen, in denen es um Erneuerung der Gesellschaft aus dem Geiste heraus geht. Übrigens geschieht dies in einer durchaus geziemenden Sprache, die auch von der Frau und ihren Gaben immer mit Achtung redet.

Blüher steht mit der Ansicht, dass ausschließlich der männliche Geist schöpferisch sei, bekanntlich nicht allein; gerade in dieser Kriegszeit ist die höhere Wertung des Männlichen neuerdings von verschiedenen Seiten betont worden, was nicht gerade Wunder nehmen kann. Ganz beiläufig bemerkt der Verfasser etwas, das er bereits in größeren Werken ausgeführt hat: „Männliche Gesellschaft ist dasjenige Gesellungsprinzip des Mannes, das ihn immer wieder triebhaft in die Nähe seiner Geschlechtsgenossen drängt."

Hans Blüher hat die Meinung, Kameradschaft zwischen Männern sei irgendwie erotisch getönt, bereits in mannigfaltigen Abwandlungen vertreten.[112] Es ist ganz gleichgültig, wie man sich zu dieser Auffassung stellen mag. Sie ist eine Konsequenz der verbreiteten und tief greifenden Untersuchungen über die Psychologie des Erotischen. Man mag diese wissenschaftliche Lehre annehmen oder ablehnen, jedenfalls wäre es lächerlich, vor der akademischen Jugend diese wissenschaftlichen Doktrinen der Gegenwart totzuschweigen, mit denen sie sich doch einmal beschäftigen muss und tatsächlich im weitesten Umfange beschäftigt. Die Ausführungen Blühers über diesen Punkt sind, was kaum bemerkt zu werden brauchte, durchaus rein in ihrer Tendenz. Nichts wäre gefährlicher, als solche Themen, mit denen sich die studierende Jugend arg abplagt, in die Dumpfheit von Konventikeln[113] zu bannen, anstatt sie in Luft und Licht der Öffentlichkeit und Aussprache heraufzulassen. Sehr wichtig muss es den Älteren sein, von der Jugend in der ihr zukommenden Raschheit, Lautheit und Krassheit zu vernehmen, womit sie sich abgibt; dann und nur dann haben diese Älteren Gelegenheit, auf die Jugend einzuwirken.

Übrigens schon zu viel der Worte für dieses Recht des jungen Geistes; niemand wird sagen wollen, ein Student, der als Redakteur von „Blättern aus der Jugendbewegung" diesem Aufsatz Raum gegeben habe, verdiene nicht mehr in Berlin zu studieren, sondern in Heidelberg; und niemand wird auch meinen, die Aufnahme dieses Artikels könne mit einem auch nur entfernt wie disziplinarisch aussehenden Verfahren etwas zu tun haben.

IV.

Der die Immatrikulation endgültig ablehnende Beschluss wurde, wie schon angeführt, lediglich auf den Inhalt des einen Artikels „Von deutschen Hochschulen" und von diesem wieder nur auf die Angriffe gegen die Studentenschaft gestützt. Sich von dem Ernst und der geistigen Legitimation des jungen Mannes, der weiterstudieren wollte, an Hand seiner übrigen sehr hoch stehenden Schriften zu überzeugen, hat man abgelehnt. Das ist umso mehr zu beklagen, als der besagte Aufsatz gar nicht für Joël bezeichnend, vielmehr eine polemische Nebenarbeit ist, die er in einer Mischung von Zorn und Übermut hinwarf. Der Aufsatz wird in Anlage B wiedergegeben.[114] In ihm sind die vier Dokumente, gegen die er sich richtet, enthalten:

1. Ein Werbeblatt der Wildenschaft (Freistudentenschaft) in der Technischen Hochschule Charlottenburg, in dem lediglich auf praktische Einrichtungen alltäglicher Art, die diese Studentenvereinigung getroffen hat, werbend hingewiesen wird;

2. ein längerer Bericht, der „Berliner akademischen Nachrichten"[115] mit dem Stichwort - Fackelzug zu Ehren der Königin von Schweden[116] -;

3. zwei Seiten aus einem Heft, das der Furche-Verlag in Kassel unter dem Titel „Der deutsche Student im Felde, ein Echo auf die erste Liebesgabe deutscher Hochschüler"[117] herausgegeben hat;

4. ein von Professor Dietrich Schäfer[118] an Joël selbst gerichteter Brief[119], worin Bezug genommen wird auf „Flugblätter an die deutsche Jugend"[120] (Abdrucke aus Fichte[121], Arndt[122], Kleist[123], Schiller[124], Schleiermacher[125]), welche die Berliner Freie Studentenschaft herausgegeben hatte.

Man kann aus dem Aufsatz Joëls nun nicht lediglich den vom Herrn Rektor in seiner Entscheidung angeführten Angriff „gegen die Studentenschaft" in Betracht ziehen. Man hat vielmehr gute Gründe zu der Annahme, dass auch der andere Teil des Artikels, die Auseinandersetzung mit Professor Schäfer bei der Entscheidung des Herrn *Rektors* eine Rolle, vielleicht eine größere gespielt habe, als die Äußerungen über die Studentenschaft. Mindestens aber wird man beim Lesen des Aufsatzes den Eindruck gewinnen, dass die Schärfe des Tones, die Joël in dem Abschnitt über die Studentenschaft anschlägt, nicht für sich allein beurteilt werden kann, sondern gemessen werden muss an der Schärfe, die die gesamte Stimmung des Herrn Joël durch die Notwendigkeit einer Erwiderung auf die Angriffe des Herrn Professors Schäfer annehmen musste.

Herr Joël war Student der Kgl. Friedrich-Wilhelms-Universität, dieser Hochschule, die ins Leben gerufen worden ist zur Zeit und zu den Zwecken deutschen Geistes im Kampfe um Tod und Leben gegen den äußeren Feind. Es war der Geist der klassischen deutschen Literatur und Philosophie, die den Anfang dieser Hochschule charakterisierten; ihr erster Rektor war Fichte[126]. Wiederum steht Deutschland im schwersten Kampfe, und wiederum musste der schöpferische Geist wie vor hundert Jahren, der Geist der Erneuerung und inneren Aufrichtung, an dieser Not entbrennen. In dieser Zeit hielt Herr Joël es für durchaus angemessen, ja für seine Pflicht, Worte der bedeutendsten Vertreter des Geistes durch den vor hundert Jahren die Universität Berlin zu ihrer geschichtlichen Aufgabe befähigt worden ist, Worte Fichtes, Schleiermachers, Schillers, Kleists und Arndts, der heutigen studierenden Jugend ins Gedächtnis zu rufen. Und diesen Versuch, unserem Volke allgemeinmenschliche Tugend predigen zu wollen, wie Herr Professor Schäfer selbst ihn definiert, bezeichnet der Herr Professor als einen Versuch, „*unserem Volke in den Rücken zu fallen*" und wertet ihn als „traurig".[127]

Eine lebhafte Zurückweisung hiergegen war Recht und Pflicht dessen, der diese Abdrucke aus den Werken jener geistigen Heroen unserer Nation herausgegeben hatte. Es muss einem Angehörigen der Berliner Universität, einem deutschen Studenten, erlaubt sein,

Verwahrung dagegen einzulegen, dass man „mit Schiller und Fichte dem deutschen Volke in den Rücken fallen" könne. Und die Frage, wie weit deutsche Studenten auf ihre Professoren stolz sein dürften, ist zwar derb, aber durch diese Angriffe des Herrn Professors Schäfer geradezu provoziert.[128]

V.

Die Äußerungen des Herrn Joël in demselben Artikel über den Fakkelzug der Berliner Studenten, die der Herr Rektor allein als Grund für die Nichtimmatrikulation angeführt hat, zeigen freilich eine gewisse übermütige Spottlust. Aber es ist nicht zu verkennen, dass das eigentlich komisch Wirkende in den wiedergegebenen Originalberichten selber liegt, deren ganze Aufmachung zum Lächeln reizen muss, insbesondere wenn man sich erinnert, in welche unangenehme Lage diese Ovation die davon betroffene Königin gebracht hat.[129] Im Vergleich damit sind die eigenen Zutaten des Herrn Joël überaus harmlos. Indessen, selbst wenn der Spott schärfer und weniger von der Gegenseite veranlasst gewesen wäre, als tatsächlich der Fall war, sollte man eine solche überschäumende Lust an Spott und Scherz der Jugend nicht gönnen, namentlich wenn sie ihre geistigen Fehden unter sich ausficht? Oder ist es etwas Neues und Überraschendes, dass Jugend jung ist? Entsetzlich wäre eine Jugend, die diese natürliche Eigenschaft gegen greisenhafte Verständigung und Abgemessenheit eingetauscht hätte.

Muss es denn nicht gegen den Stolz und die Besonnenheit eines Professors der Geisteswissenschaft gehen, einem Jüngling, selbst wenn er dessen Äußerung für unrecht hält, zu sagen: „Weil du unreif bist, entziehe ich dir den Besuch der unter meiner Verwaltung stehenden Anstalt zum Reifwerden?" Aber es ist ja noch Ärgeres gesagt worden: „Weil du dich unreif benommen hast, darfst du von November 1915 an *nicht mehr in Berlin* studieren, sondern nur an irgendeiner anderen deutschen Universität!"

Die Jugend braust und gärt. Man weiß, dass sie zur Exzessivität neigt. Darum pflegt man die Jugend milde zu behandeln, wenn sie aus dieser natürlichen Eigenschaft heraus zum Saufen und Raufen, zum Krawallieren und zur geschlechtlichen Ausschweifung kommt.

Ernst Joël aber ist Repräsentant eines ganz anderen, eines sehr ernsten und ernst zu nehmenden, jetzt eben neu heraufkommenden jungen Geschlechts. Einem solchen verbietet man nicht, für seine Ideen zu agitieren und anderen zu opponieren.

Übrigens geht man gerade Herrn Joël gegenüber gänzlich fehl, wenn man annimmt, das Überwiegende in seinem Charakter sei agitatorisches und aufreizendes Wesen.

Es wurde schon gesagt: Man muss sehr beklagen, dass Ernst Joël auf Grund eines Artikels von der Universität gewiesen worden ist, der die Art und Richtung seines Denkens nicht bezeichnet; und dass der Rektor es abgelehnt hat, die ihm vorgelegten Dokumente der geistigen Grundgesinnung Joëls zu prüfen. Dieser junge Student voll[er] Innerlichkeit geht nicht auf den Schein aus, sondern auf das Wesen; *„Sozialismus"* und die Erneuerung der Völker sind für ihn Angelegenheiten des Geistes und der Religiosität; er hält es nicht mit der Menge, sondern mit der geschlossenen Gruppe; für ihn handelt es sich nicht um Lärmschlagen, sondern um Arbeit. Ernst Joël ist jung, glühend und rein. Er verspricht Leistungen, die sein Volk brauchen kann.

VI.

Wäre nun der Herr Rektor auf sein Ziel der Entfernung dieses wertvollen Menschen von der Universität Berlin wenigstens gerade losgegangen, hätte er ein richtiges Disziplinarverfahren gegen ihn eingeleitet und es in geregelter Weise, wie es sich gehört, durchgeführt, gleichgültig, ob mit Milde oder Strenge! Dann wäre Joëls Verteidigung angehört, der Tatbestand aufgeklärt worden, und im Falle eines Consilium abeundi hätte er ein ordentliches Rechtsmittel gehabt.

Stattdessen hat man den Kunstgriff benutzt, Herrn Joël zum Gewerbetreibenden zu erklären, und hat erst später, als es sich um die Immatrikulation handelte, sich auf den *Inhalt* des „Aufbruch" bezogen, den man, solange Joël Student war und also wirklich der Disziplinargewalt des Rektors unterlag, *nicht* für ausreichend angesehen hatte, um ein Disziplinarverfahren darauf zu gründen. Die Tatsache, dass ein der akademischen Disziplin unterliegender Student diese „gefährlichen" Dinge veröffentlicht hatte, war durch die Streichung nicht zu beseitigen. Hätte man also wirklich etwas in dieser Zeitschrift gefunden, dass Ahndung verdiente, so war es nicht nur Recht, sondern auch sogar Pflicht des Herrn Rektors, vor der Streichung dagegen vorzugehen.

Aber es ist ganz offensichtlich, dass gerade das vermieden werden sollte. Aus genau denselben Gründen, aus denen man ihn später nicht als Studenten zulassen wollte, nämlich aus *Gründen des Tons und Inhalts seiner Zeitschrift*, hat man Herrn Joël als *„Gewerbetreibenden"* entfernt. *Hätte er sich nicht missliebig gemacht, so wäre er kein Gewerbetreiben-*

der gewesen. Dass man aber dies, ein Verstecken nämlich der wahren Gründe hinter vorgegebenen und ein Prozedieren ohne Prozess dem Rektor einer deutschen Universität mit erweislichem Recht vorwerfen kann, *dagegen* wenden wir uns. Wir protestieren auch, um zu zeigen, dass ein *lautloses* Bestrafen und Nichtbestrafen, ein lautloses Loswerden der Sache und des angeblich gefährlichen jungen Mannes denn doch nicht zu erreichen war. Die Sache sieht, wie sich jetzt zeigt, unangenehmer aus, als wenn der Studiosus der Berliner Universität Ernst Joël nach verantwortlicher Vernehmung irgendwie zu seinem Rechte, wär's auch zu seiner strengen Bestrafung, gekommen wäre.

Man soll auch nicht mit dem Einwand kommen, das Ergebnis sei erfreulich, denn Herr Joël, ein hoffnungsvoller junger Mensch, könne weiterstudieren und sei doch aus dem Kreis entfernt, auf den er einen bedenklichen Einfluss hätte ausüben können. Das wäre ein im bösen Sinne des Wortes politischer Standpunkt, und gerade den soll ein Führer der Jugend, soll eine legitime, weil geistig überlegene Autorität niemals einnehmen. Abgesehen aber davon - wenn man von so Allerwichtigstem absehen könnte! - ist einmal zu sagen, dass der aus idealen Motiven entsprungene Aufsatz Herrn Joëls im Zusammenhang mit seiner ganzen ernsten und schönen Haltung unter billigen Menschen niemals, am wenigstens bei gesichertem disziplinarischen Verfahren, zur plötzlichen Entfernung aus seinem Studium hätte führen können; zweitens aber müsste *der* rein nichts aus der Geschichte geistiger Bewegungen gelernt haben, der hoffen wollte, Maßregelungen seien imstande, den Einfluss eines begabten Menschen zu unterbinden.[130]

Anmerkungen

¹ Abgedruckt in: LBr I, 423ff. [hier: S. 424f.]
² Mit dem Schriftsteller Emanuel v. Bodman (1874-1946) war Landauer seit 1906 bekannt. Zur Korrespondenz Landauer/Bodman s. GLAA 12 u. 113.
³ Gustav Landauer, Aufruf zum Sozialismus. Ein Vortrag. Berlin 1911. [weitere Aufll.] Zuletzt: Berlin 1998. Mit einem Nachwort von Siegbert Wolf.
⁴ Vgl. Gustav Landauer, Zum Problem der Nation. Brief an Herrn Professor [Jean] Matthieu in Zürich (1915). [Abdruck im vorliegenden Band]
⁵ Englischsprachige anarchistische Zeitung, herausgegeben vom Verlag Freedom Press, erscheint seit 1886 in London.
⁶ Max Nettlaus Aufsatz ist datiert vom 12.12.1912 mit einer Nachschrift des Autors vom 23.12.1912. Übersetzt von Gustav Landauer; zuerst erschienen u.d.T „The War in the Balkans" in: Freedom (London), Januar 1913. Darin bekundete der „Herodot der Anarchie" und Bakuninbiograf Max Nettlau (1865-1944) „in der jetzigen Krise Europas" Sympathien für die Türkei und Österreich. Dieser Ansicht widersprach Landauer in: Zu Max Nettlaus Aufsatz über den Balkankrieg. In: Soz, 15.02.1913. Landauer betonte in seiner kurzen „Antwort", dass in dieser Auseinandersetzung, an der sich auch die Redaktion der seit 1908 erscheinenden anarchistischen Zeitschrift „Zádruha" (Prag) von der „Tschechischen Anarchistischen Föderation" (Soz, 15.02.1913) beteiligte und auf deren Entgegnung Nettlau mit einer „Nachschrift" (ebd.) reagierte, „keine Aussicht zu einer Verständigung zwischen den beiden anarchistischen Gegnern besteht, solange sie in der Frage ihrer Nationen von ihrem Anarchismus keinerlei merklichen Gebrauch machen. Wenn sie sich - vereint oder getrennt - gegen die Existenz des habsburgisch-österreichischen Staatsgebildes, gegen jeden Staat und vor allem gegen die Befriedigung oder Verhinderung nationaler Bedürfnisse durch die Staatsgewalt wenden würden, so würde das Gereizte und Aufreizende aus ihrem Streit verschwinden." (ebd.) Siehe auch die beiden Briefe Gustav Landauers an Max Nettlau vom 22. u. 28.01.1913. [Abdruck im vorliegenden Band]
⁷ Max Nettlau nahm in dieser Debatte bezug auf den Ersten Balkankrieg 1912/13, in welchem es sich um eine kriegerische Auseinandersetzung der Balkanstaaten Serbien, Montenegro, Griechenland und Bulgarien gegen das Osmanische Reich, konkret um die europäischen Territorien des zerfallenden Osmanischen Reiches, handelte. Zwar konnte mittels des Londoner Vertrages vom Mai 1913 der Krieg beendet werden, allerdings schwelten die nach wie vor ungelösten Probleme dieser Region weiter; im Sommer 1913 kam es zum Zweiten Balkankrieg. Die anhaltende Destabilisierung dieser Region führte schließlich zum Eintritt der südosteuropäischen Staaten in den Ersten Weltkrieg 1914.
⁸ Michael (Michail Alexandrowitsch) Bakunin (1814-1876), ‚Klassiker' des Anarchismus, Vertreter eines kollektivistischen Anarchismus.

[9] Peter Kropotkin (1842-1921), ‚Klassiker' des Anarchismus, Theoretiker des kommunistischen Anarchismus.

[10] Michaels Bakunins Abneigung gegen Deutschland leitete sich aus dessen slawophiler Grundhaltung ab. Seine antideutsche Haltung verband sich darüber hinaus mit antijüdischen Ressentiments. Deutschland kannte er aus den 1840er Jahren sehr gut. Siehe: Aufruf an die Slaven. Von einem russischen Patrioten Michael Bakunin. Mitglied des Slavencongresses in Prag. Selbstverlag des Verfassers. Koethen 1848; ders., Staatlichkeit und Anarchie. (1873). Zuletzt in: Ders., Ausgewählte Schriften. Hrsg. von Wolfgang Eckhardt. Bd. 4, Berlin 1999, [z.B.] S. 161f. (Unterscheidung zwischen Slawen u. Deutschen) [2. erw. Aufl. ebd. 2007]

[11] Peter Kropotkin, Memoirs of a revolutionist. Vorwort von Georg Brandes. Boston/New-York 1899; dt. u.d.T.: Memoiren eines Revolutionärs. Übersetzt von Max Pannwitz. Vorwort von Georg Brandes. 2 Bde. Stuttgart 1900. Zuletzt: Münster 2002.

[12] So befürwortete Kropotkin zwar die russische Revolution 1905, erhoffte aber während des zeitgleich stattfindenden russisch-japanischen Krieges (1904/05) einen Sieg der russischen Armee. (siehe hierzu: Max Nettlau, Geschichte der Anarchie, Bd. V, S. 128) In der Tat lässt sich bei Kropotkin wiederholt ein dem anarchistischen Verständnis fremder Nationalismus festhalten - nicht erst im Rahmen seiner pro-Alliierten-Kriegshaltung im Sommer 1914; ähnlich wie Bakunin unterschied er zwischen romanisch-slawischen Bevölkerungen und der deutschen Bevölkerung - ersteren schrieb er freiheitliche Tendenzen zu, den Deutschen eine autoritär-etatistische Grundhaltung (ebd. S. 125ff.). Deutschland und Österreich kannte Kropotkin lediglich „1872 als Durchreisender" (ebd. S. 127).

[13] Gustav Landauer, Bairam und Schlichting. In: Soz, 01.04.1911. Wieder abgedruckt in Band 1: Internationalismus der „Ausgewählten Schriften" Gustav Landauers. Hrsg. von Siegbert Wolf. Lich/Hessen 2008, S. 40ff. Weitere diesbezügliche Artikel Landauers im vorliegenden Band.

[14] siehe Abdruck im vorliegenden Band.

[15] Im Kreis um Gustav Landauer und den „Sozialistischen Bund" (1908-1915) wurde sich nicht mit „Genosse", sondern mit „Kamerad" angesprochen.

[16] Der Antisemitismus in der Balkanregion basierte vor allem auf der langen Herrschaft der im Kern katholischen österreichisch-ungarischen Habsburgermonarchie.

[17] 1912 endete die osmanische Herrschaft über Saloniki, das nun griechischer Befehlsgewalt unterlag. Im Jahr 1912 begann der Balkankrieg; damals kämpften Serben, Albaner, Mazedonier, Montenegriner und Griechen gegen das osmanische Reich. Im zweiten Balkankrieg 1913 wurde die ‚Beute' unter den beteiligten Staaten aufgeteilt. Serbien erhielt Mazedonien und Kosova.

[18] Pierre Loti (1850-1923), frz. Marineoffizier u. Schriftsteller. Verteidigte während der Balkankriege 1912/13 und des Ersten Weltkriegs die Türkei. Siehe: Ders., La Turquie agonisante (Paris 1913; dt. u.d.T.: Die sterbende Türkei. Berlin 1914).

[19] Émile Zola (1840-1902), frz. Schriftsteller u. Journalist. Sein Artikel „J'accuse...!" (Ich klage an...!) (1898) wirkte als entscheidender Motor zur Klärung der antisemitischen Dreyfus-Affäre. (Siehe hierzu: Gustav Landauer, Der Dichter als Ankläger (1898). Abgedruckt in: Band 1: Internationalismus der „Ausgewählten Schriften" Gustav Landauers. Hrsg. von Siegbert Wolf. Lich/Hessen 2008, S. 62ff.)

[20] Abgedruckt in: LBr I, S. 429f. [Auszug]

[21] Max Nettlau (1865-1944), Anarchist, Bakuninbiograf, bedeutender Historiker des Anarchismus. Nettlau und Landauer kannten sich seit den 1890er Jahren.

[22] Zuerst erschienen u.d.T „The War in the Balkans" in: Freedom (London), Januar 1913. Siehe auch Landauers Vorbemerkung zu Max Nettlau, Der Balkankrieg. In: Soz: 15.01.1913 [Abdruck im vorliegenden Band]

[23] Max Nettlau, Der Balkankrieg. In: Soz, 15.01.1913.

[24] Max Nettlau, der mit dem russischen Geografen und Anarchisten Peter Kropotkin (1842-1921) seit 1892 freundschaftlich verkehrte, lehnte Kropotkins antideutsche (und -österreichische) Grundhaltung vehement ab (hierzu: Max Nettlau, Geschichte der Anarchie, Bd. V, S. 127), während er von Landauer ob seines österreichisch-wienerischen Patriotismus kritisiert wurde (siehe vorliegenden Brief). In seinen „Erinnerungen" nahm Nettlau diese Kritik einsichtig an. (Erinnerungen und Eindrücke. Aus meinem Leben. IISG Amsterdam, NL Max Nettlau Nr. 64-73, hier: Nr. 71, H. 25, S. 5)

[25] Gemeint ist die Französische Revolution von 1789.

[26] Gewissermaßen als ‚Wiege' der Gegenrevolution nahm das aristokratische England eine feindselige Haltung gegenüber dem revolutionären Frankreich ein.

[27] Im 19. Jahrhundert entstandener Begriff für eine Regierungsform, die auf der Herrschaft einer charismatischen Einzelperson beruht.

[28] Max Nettlau, Zur Beurteilung der Vorgänge in Österreich. In: Soz, 04.12.1897 [zum Sturz des Grafen Badeni]; siehe auch: Gustav Landauer, Der Sozialismus und die Studenten (1898). In: Gustav Landauer, Ausgewählte Schriften, Bd. 2: Anarchismus. Hrsg. von Siegbert Wolf. Lich/Hessen 2009, S. 227ff. [hier: S. 228 u. 265]. Kasimir Felix Graf Badeni (1846-1909), von 1895 bis 1897 Ministerpräsident des österreichischen Teils der k.u.k. Doppelmonarchie.

[29] Abgedruckt in: LBr I, S. 429f. [Auszug]

[30] Zur Person siehe oben.

[31] Max Nettlau, Der Balkankrieg. In: Soz, 15.01.1913. Siehe Anmerkungen: Brief Gustav Landauers an Max Nettlau vom 22.01.1913. [Abdruck im vorliegenden Band]

[32] Die jungtürkische Revolution von 1908 trat im Osmanischen Reich als politische Bewegung für eine parlamentarisch-konstitutionelle Staatsform an. Die gesamte Gesellschaft sollte politisch und ökonomisch modernisiert werden. 1923 wurde die Türkei Republik.

[33] Der 1912 entstandene Balkanbund, bestehend aus den südosteuropäischen Staa-

ten Serbien, Bulgarien, Montenegro und Griechenland zielte auf die Verdrängung des Osmanischen Reiches vom Balkan.

[34] Die Schaffung des Balkanbundes 1912 erfolgte unter russischer Patronage.

[35] Abdruck im vorliegenden Band.

[36] Abgedruckt in: LBr I, S. 447f. Dieser Brief beinhaltet eine der eindeutigsten Stellungnahmen Landauers gegen den weit verbreiteten Antisemitismus im wilhelminischen Deutschland!

[37] Dr. med. Peter Heinrich (Heinz) Dehmel (1891-1932 Freitod), Arzt und Publizist, Sohn der Kinder- und Jugendbuchautorin Paula Oppenheimer (1862-1918) und des Schriftstellers Richard Dehmel (1863-1920), Gründer der „Beratungsstelle für Selbstmörder" und der „Gesellschaft für Eheberatung", Vorkämpfer für die Reform des Scheidungsrechts, befreundet mit Else Lasker-Schüler. Siehe auch: Heinrich Dehmel, Freideutscher Jugendtag und Politik. In: Der Student. Neue Folge der Berliner Freideutschen Blätter 6 (1913), Nr. 10. Hinzu trat der Umstand, dass Jugendgruppen, wie z.b. „Jugend", des „Sozialistischen Bundes" zum Zeitpunkt des Hohen Meißner-Jugendtages nicht mehr existierten. Eine Durchsicht des „Sozialist" der Jahre 1913 bis 1915 bestätigt dies.

[38] Die Berichte bezogen sich auf den „Freideutschen Jugendtag" im Oktober 1913 auf dem Hohen Meißner, auf dem ein Zusammenschluss aller Richtungen der Jugendbewegung erreicht werden sollte. Gustav Landauer reiste nicht zum „Freideutschen Jugendtag", weil auch antisemitische Gruppierungen der Jugendbewegung dort präsent waren. In der Tat: Hermann Popert, Leiter des „Deutschen Vortruppbundes", vertrat mit seinem Konzept von „Rassen-Hygiene" eindeutig antijüdische Positionen. Ein ungezeichneter Beitrag über den Freideutschen Jugendtag aus dem „Vorwärts - Berliner Volksblatt" dem Zentralorgan der Sozialdemokratischen Partei Deutschlands vom 14. Oktober 1913 gibt Landauers Einschätzung betr. antisemitischer Ressentiments innerhalb der Jugend- und Wandervogelbewegung recht. So schreibt der anonyme Autor, dass die „Führer" des Wandervogelbundes seit 1912 eine „besondere ‚Wandervogel-Führerzeitung'" herausgeben, „eine einzige Werbeschrift für den Antisemitismus. Antisemitismus hinten, Antisemitismus vorn". (Abgedruckt bei: Margarete Exler, Von der Jugendbewegung zu ärztlicher Drogenhilfe. Das Leben Ernst Joëls (1893-1929) im Umkreis von Benjamin, Landauer und Buber. Berlin 2005, S. 182ff.)

[39] Curt Teschendorff (1892-1914), Germanistik- und Geschichtsstudent an den Universitäten Berlin, Freiburg i. Br., Marburg und Leipzig, Autor des „Wandervogel. Monatsschrift für deutsches Jugendwandern" (Leipzig), fiel Anfang November 1914 als Soldat. Für die Übermittlung des Quästureintrages zu Curt Teschendorff, Universität Leipzig (1912), danke ich Frau Beate Rebner vom Universitätsarchiv Leipzig.

[40] Fjodor Michailowitsch Dostojewski (1821-1881), russischer Schriftsteller.

[41] Fjodor Michailowitsch Dostojewski, Die russische Lösung (1877). In: Ders., Ta-

gebuch eines Schriftstellers. Notierte Gedanken. Aus dem Russischen von E. K. Rahsin. München/Zürich 1992, S. 332ff. [weitere Aufll.] Auszüge abgedruckt in: Soz, 01.09.1914.

[42] [Gustav Landauer] [Johann Gottlieb] Fichte, Bündiger Auszug aus Fichtes Reden an die deutsche Nation, dem deutschen Volke, das jetzt schnell und kondensiert die Wahrheit braucht, im Jahre 1914 verordnet vom Sozialistischen Bund. In: Soz, 01.09.1914. Johann Gottlieb Fichte (1762-1814), Philosoph, bedeutender Vertreter des „Deutschen Idealismus", Judenfeind.

[43] Jean Paul (1763-1825), eigentl. Johann Paul Friedrich Richter, Schriftsteller. Siehe: Ders., Clavis Fichtiana seu Leibgeberiana. (Anhang zum I. komischen Anhang des Titans). Erfurt 1800.

[44] Gustav Landauer nimmt hierbei Bezug auf den Aufsatz von Jean Matthieu: Frankreich. In: Neue Wege (Zürich). Hrsg. von Leonhard Ragaz, 8 (1914), Oktober, S. 396ff.; siehe auch den Brief Gustav Landauers an Ludwig Berndl vom 18.08.1915 (GLAA 80-82).

[45] Jean Matthieu (1874-1921), Pfarrer in Zürich, religiöser Sozialist, sympathisierte mit dem Anarchismus.

[46] [Anm. d. Redaktion:] Die Kulturbedeutung Frankreichs. Vortrag, gehalten vor der Züricher Freistudentenschaft Zürich, Orell Füßli 1915.

[47] Gustav Landauer spielt hier auf einen der Protagonisten, Karl Moor, in Friedrich Schillers Schauspiel „Die Räuber" (Erstdruck: Ffm, Leipzig 1781) an, der seine Geliebte Amalia von Edelreich auf eigenen Wunsch tötet: „Halt! Wag es - Moors Geliebte soll nur durch Moor sterben! (*Er ermordet sie*)".

[48] Apollon (Apollo) war in der antiken Mythologie der Gott des Lichtes, der Künste und der Bogenschützen.

[49] John Milton (1608-1674), englischer Dichter.

[50] Giosuè Carducci (1835-1907), italienischer Dichter, 1906 Literaturnobelpreis.

[51] Benjamin Franklin (1706-1790), US-amerikanischer Politiker, Schriftsteller und Naturwissenschaftler, einer der Gründerväter der Vereinigten Staaten.

[52] Marcus Tullius Cicero (106-43 v.u.Zt.), römischer Staatsmann.

[53] Lucius Annaeus Seneca, gen. Seneca der Jüngere (ca. 1-65), römischer Philosoph, Dramatiker u. Staatsmann.

[54] Landauer meint hier den anonymen Verfasser regimekritischer Briefe in der Londoner Zeitung „Public Advertiser" in den Jahren 1769-1772 („Junius-Briefe"). Hinter dem Pseudonym ‚Junius' verbarg sich der englische Politiker und Pamphletist Sir Philip Francis (1740-1818). (Vgl. hierzu: Junius-Briefe. Hrsg. u. eingeleitet von Ansgar und Vera Nünning. Hamburg 1989).

[55] Georg Herwegh (1817-1875), Lyriker.

[56] Voltaire, eigentlich François-Marie Arouet (1694-1778), frz. Schriftsteller und Philosoph.

[57] Stéphane Mallarmé (1842-1898), frz. Dichter.
[58] Victor Hugo (1802-1885), frz. Schriftsteller.
[59] François Rabelais (um 1494-1553), bedeutendster Prosa-Autor der französischen Renaissance.
[60] Claude Tillier (1801-1844), frz. Schriftsteller.
[61] Pierre-Joseph Proudhon (1809-1865), Sozialphilosoph, Ökonom, gilt als erster Vertreter des Anarchismus, Antisemit.
[62] Frz.: Gallier.
[63] Jean-Jacques Rousseau (1712-1778), Genfer Schriftsteller, Philosoph und Pädagoge der Aufklärung.
[64] Paul Verlaine (1844-1896), frz. Lyriker.
[65] Prosper Mérimée (1803-1870), frz. Schriftsteller.
[66] Stendhal, eigentlich Marie-Henri Beyle (1783-1842), frz. Schriftsteller.
[67] Max Liebermann (1847-1935), Maler und Graphiker.
[68] Gustave Courbet (1819-1877), frz. Maler.
[69] Édouard Manet (1832-1883), frz. Maler.
[70] François-Auguste-René Rodin (1840-1917), frz. Bildhauer.
[71] William Shakespeare (1564-1616), englischer Dramatiker, Lyriker u. Schauspieler.
[72] Pierre-Jean de Béranger (1780-1857), frz. Dichter.
[73] Richard Dehmel (1863-1920), Dichter, Kriegspropagandist.
[74] Die von Landauer in Klammern gesetzten Zeilen stammen von Richard Dehmel: „Briefe an meine Kinder". Als Vorspann gedruckt in: Ders., Zwischen Volk und Menschheit. Kriegstagebuch. Berlin 1919, S. 9. Dehmel meldet sich zu Kriegsbeginn freiwillig und belegt seine Kriegsbegeisterung, die Landauer scharf zurückwies, in zahlreichen Kriegsgedichten: „Fahnenlied", „Das Flammenwunder. Lied an Alle" und das „Kriegs-Brevier". Leipzig 1917.
[75] Siehe oben.
[76] Johann Wolfgang von Goethe (1749-1832), gilt als bedeutendster deutscher Dichter.
[77] Vgl. Gustav Landauer, Goethes Politik. In: Masken. Halbmonatsschrift des Düsseldorfer Schauspielhauses, 14 (1918/19), H. 9, Januar 1919, S. 133ff.
[78] Einfallsreich, findig.
[79] Vermächtnisse im Sinne des Erbrechtes.
[80] Bezeichnung für die calvinistischen Publizisten, die nach der Bartholomäusnacht 1572 in zahlreichen Streitschriften das Recht des ‚Volkes' auf Widerstand gegen die Monarchen betonten. Siehe hierzu auch Gustav Landauers geschichtsphilosophische Monographie „Die Revolution" (1907; zuletzt hrsg. von Siegbert Wolf. Münster 2003).
[81] Honoré Gabriel de Riqueti, Graf von Mirabeau (1749-1791), frz. Politiker. Siehe auch: Gustav Landauer, Briefe aus der Französischen Revolution. 2 Bde., Frank-

furt am Main 1918, Bd. 1, S. 1ff. [Vorwort Landauers als Abdruck im vorliegenden Band]

[82] Blaise Pascal (1623-1662), frz. Mathematiker, Theologe und Philosoph.

[83] Eckhart von Hochheim, bekannt als Meister Eckhart (1260-1328), bedeutender spätmittelalterlicher Theologe, Philosoph und Mystiker, dessen Werk Landauer viel zu verdanken hat.

[84] Fjodor Michailowitsch Dostojewski (1821-1881), bedeutender russischer Schriftsteller.

[85] Blaise Pascal, Les Provinciales ou les lettres écrites par Louis de Montalte à un provincial de ses amis et aux RR. P.P. Jésuites. Köln [recte Amsterdam] 1657; dt.: anonym., Die Sitten-Lehre und Politique der Jesuiten. o. O. 1710.

[86] Petition und die aus 26 Seiten bestehende Denkschrift über die Aufhebung der Streichung Ernst Joëls aus der Liste der Universität Berlin [siehe hierzu die vorliegende Einleitung]. Im ersten Teil schildert Gustav Landauer kritisch die Auseinandersetzung der Berliner Hochschule mit dem von ihr willkürlich gemaßregelten Studenten. Der zweite Teil der Denkschrift enthält als Anlagen A und B die beiden hier nicht abgedruckten Texte Ernst Joëls, Die Wartende Hochschule. Eine Semester-Ansprache an Freie Studenten" und ders., Von deutschen Hochschulen. Joëls Relegation von der Berliner Universität erfolgte aufgrund seines Artikels „Von deutschen Hochschulen" In: Der Aufbruch. Monatsblätter aus der Jugendbewegung 1 (1915), H. 2/3, August/September, S. 44ff.; ders., Die Wartende Hochschule. In: Die Wartende Hochschule. Akademische Kundgebungen von Ernst Joël und Erich Mohr. Jena 1916, S. 2ff.

[87] Die Verfasserschaft Gustav Landauers ergibt sich aus einem Brief, den er mit Datum vom 07.12.1915 an Ernst Joël gerichtet hatte. (LBr II, S. 108f. [hier: S. 109]; siehe auch den Brief Gustav Landauers an Ernst Joël vom 19.11.1915, LBr II, S. 104ff.; Postkarte Gustav Landauers an Fritz Mauthner vom 11.03.1916, GLAA 96) Am 02.03.1916 wurde diese Petition im Preußischen Abgeordnetenhaus vom Geschäftsführer des Schutzverbandes deutscher Schriftsteller, Robert Breuer [eigentlich Lucian Friedlaender] (1878-1943), eingereicht und dort in der 93. Sitzung am 17.10.1917 verhandelt, mit dem Ergebnis, dass die Exmatrikulation Ernst Joëls nach Maßgabe der vorliegenden Begründung - Joël sei Gewerbetreibender - für nicht gerechtfertigt erklärt wurde. Joël wurde wieder zum Studium an der Berliner Universität zugelassen, wo er 1920 sein Medizinstudium mit der Promotion abschloss.

[88] August Freiherr von Trott zu Solz (1855-1938), von 1909 bis 1917 als Minister der geistlichen und Unterrichtsangelegenheiten königlich preußischer Staatsminister; von 1917 bis 1919 Oberpräsident der Provinz Hessen-Nassau.

[89] Ernst Joël (1893-1929), Berliner Freistudent, und Landauer lernten sich spätestens Anfang 1914 kennen, als Joël das erste Berliner Siedlungsheim begründete. Die Relegation Joëls nahm Landauer zum Anlass, die vorliegende Denkschrift und

Petition zu veröffentlichen, mit der Folge, dass Joël schließlich 1917 in Berlin weiterstudieren durfte. (siehe die Einleitung im vorliegenden Band)

[90] Ulrich von Wilamowitz-Moellendorff (1848-1931), klassischer Philologe, seit 1897 Professor in Berlin (Emeritierung im Jahr 1921); übte im akademischen Jahr 1915/16 das Amt des Rektors der Berliner Universität aus.

[91] [Anm.:] Sich auf den juristischen Teil der Denkschrift beschränkend.

[92] Nach der Drucklegung leisteten noch ihre Unterschrift: Hedwig Dohm, Berlin. Dr. Albert Südekum. M. d. R., Berlin-Zehlendorf. Dr. Wilhelm Printz, geschäftsführender Vorsitzender des Freistudentischen Bundes und der Deutschen Freien Studentenschaft.

[93] „Der Aufbruch. Monatsblätter aus der Jugendbewegung" (Berlin). Hrsg. von Ernst Joël. Ständiger Mitarbeiter waren u.a. Kurt Hiller u. Gustav Landauer. Insgesamt erschienen vier Hefte: H. 1 (Juli 1915), H. 2/3 (August/September 1915 [= Doppelheft]) u. H. 4 (Oktober 1915). Danach wurde die Zeitschrift verboten und Joël von der Leitung der Berliner Friedrich-Wilhelms-Universität relegiert. In Heft 1 veröffentlichte Landauer den Artikel „Stelle Dich, Sozialist!" (S. 14ff.; wieder abgedruckt in Bd 2: Anarchismus der „Ausgewählten Schriften" Gustav Landauers. Hrsg. von Siegbert Wolf. Lich/Hessen 2009, S. 289ff. Und in Heft 2/3 den Aufsatz: Zum Problem der Nation. Brief an Herrn Professor [Jean] Matthieu in Zürich. (S. 59ff.) [Abdruck im vorliegenden Band]. In Heft 4 publizierte Landauer den Beitrag: „Vom Sozialismus und der Siedlung" (S. 86ff.; wieder abgedruckt in: Bd 3.1: Antipolitik der „Ausgewählten Schriften" Gustav Landauers. Hrsg. von Siegbert Wolf. Lich/Hessen 2010, S. 346ff.).

[94] 1848 geschaffene, obere preußische Militärbehörde. Bei der deutschen Feldarmee stand an der Spitze jeder Armee ein Oberkommando. Im Falle innerer Unruhen sollte der Oberbefehlshaber des Oberkommandos in den Marken den Oberbefehl über die in und um Berlin stationierten Truppen übernehmen. Im Krieg war er der Militärbefehlshaber für Berlin und die Provinz Brandenburg.

[95] Geheimrat Theodor Kipp (1862-1931), Zivilrechtler an der Universität Berlin, 1914/15 Rektor ebd.

[96] In: Der Aufbruch 1 (1915), H. 2/3, August/September, S. 44ff.

[97] Hans Blüher (1888-1955), Schriftsteller, Angehöriger der Wandervogelbewegung, Mitarbeiter des „Aufbruchs", Antisemit, Antifeminist.

[98] In: Der Aufbruch 1 (1915), H. 2/3, August/September, S. 39ff.

[99] u.a. Friedrich Bauermeister (Berlin), Kurt Hiller (Berlin) und Gustav Landauer (Hermsdorf-Berlin).

[100] Geheimer Regierungsrat Ernst Wollenberg. In seiner Funktion als Universitätsrichter gehörte er dem Akademischen Senat an und übte Disziplinargewalt aus.

[101] Viktoria von Baden (1862-1930), Prinzessin aus dem Hause Baden und durch die Ehe mit König Gustav V. (1858-1950) Königin von Schweden (1907-1930). Als sie am

27.06.1915 Berlin besuchte, fand zu ihren Ehren ein studentischer Fackelzug statt. Der kritische Bericht Joëls darüber ist ebenso abgedruckt wie ein Artikel über den Fackelzug in den „Berliner akademischen Nachrichten" vom 10.07.1915. In: Anlage B der vorliegenden Denkschrift: „Von deutschen Hochschulen".

[102] Dieses Amt übernahm Ernst Joël im Jahre 1912 (siehe hierzu den Brief Ernst Joëls an Martin Buber vom 23.05.1917, MBAJ Nr. 335).

[103] Als Geschäftsführer und Mitarbeiter von deren Zeitschrift „Monatshefte der Comenius-Gesellschaft für Volkserziehung" (Berlin).

[104] Mitbegründer im Jahr 1913 und dessen Vertreter auf dem „Freideutschen Jugendtag" auf dem Hohen Meißner (1913).

[105] Anfang 1914 (siehe ausführlich die vorliegende Einleitung).

[106] Ernst Joël, Die Wartende Hochschule (1916) (siehe oben).

[107] Erich Mohr (1895-1960), Pädagoge, Mitglied der Wandervogelbewegung und (ab 1913) der Freideutschen Jugend, Studienfreund Ernst Joëls.

[108] wörtlich: „Der Rat, wegzugehen". Bedeutete als Strafe für Studenten den Verweis von der Universität.

[109] Bezeichnung für Universitäten.

[110] Eugen Diederichs (1867-1930), die Geschichte des Eugen Diederichs-Verlags begann 1896, 1904 erfolgte der Umzug von Leipzig nach Jena.

[111] Siehe oben.

[112] Hierzu: Hans Blüher, Die Wandervogelbewegung als erotisches Phänomen. Berlin-Tempelhof 1912; ders., Die Rolle der Erotik in der männlichen Gesellschaft. 2 Bde. Jena 1917/1919.

[113] Im Verständnis von kleinen, privaten Zusammenkünften.

[114] Siehe oben.

[115] Mit Datum vom 10.07.1915. Der Untertitel dieses Blattes lautete: Zugl. amtliches Blatt des Ausschusses der Studentenschaft der Königlichen Friedrich-Wilhelms-Universität. Hrsg. von der Akademischen Auskunftsstelle an der Königlichen Friedrich-Wilhelms-Universität. Berlin 1907-1918.

[116] Siehe oben.

[117] 1915 (= Deutschlands Jugend und der Weltkrieg, H. 3).

[118] Dietrich Schäfer (1845-1929), Historiker, von 1903 bis 1921 Ordinarius an der Friedrich-Wilhelms-Universität in Berlin, Antisemit, von den Nationalsozialisten als Vordenker anerkannt.

[119] Brief von Prof. Dietrich Schäfer an Ernst Joël vom 05.05.1915. Abgedruckt in Anlage B: „Von deutschen Hochschulen" der vorliegenden Denkschrift.

[120] Hrsg. von der Berliner Freien Studentenschaft. Jena: Eugen Diederichs, 1915ff.

[121] Johann Gottlieb Fichte (1762-1814), Philosoph, bedeutender Vertreter des „Deutschen Idealismus", Judenfeind. Ders., Zurückforderung der Denkfreiheit. Jena 1916 (= Flugblätter an die deutsche Jugend; 17).

[122] Ernst Moritz Arndt (1769-1860), Schriftsteller, Abgeordneter der Deutschen Nationalversammlung in der Paulskirche, bedeutender Lyriker der antinapoleonischen „Freiheitskriege" (1813-1815), Judenfeind.

[123] Heinrich von Kleist (1777-1811 Freitod), Dramatiker, Lyriker, Publizist.

[124] Friedrich Schiller (1759-1805), Dichter, Philosoph, gilt als bedeutendster deutscher Dramatiker („Weimarer Klassik").

[125] Friedrich Schleiermacher (1768-1934), Theologe, Philosoph u. Pädagoge. Ders., Jugend und Alter. Jena 1915 (= Flugblätter an die deutsche Jugend; 3); ders., Über die Bildung zur Religion. Jena 1916 (= Flugblätter an die deutsche Jugend; 14).

[126] Johann Gottlieb Fichte wurde 1810 zum Dekan der philosophischen Fakultät der Berliner Universität [heute: Humboldt-Universität zu Berlin] ernannt und war 1811 der erste vom Senat ordentlich gewählte Rektor der neuen Hochschule (1811/12).

[127] Brief von Prof. Dietrich Schäfer an Ernst Joël vom 05.05.1915. Abgedruckt in Anlage B: „Von deutschen Hochschulen" der vorliegenden Denkschrift.

[128] Damals stellte Ernst Joël die Frage: „Aber wann, wann endlich werden deutsche Professoren auf ihre Studenten stolz sein können, ohne dass darob deutsche Studenten auf ihre Professoren weniger stolz zu sein brauchten?" (Ders., Von deutschen Hochschulen. Anlage B der vorliegenden Denkschrift)

[129] Die feierliche Ansprache im Rahmen des studentischen Fackelzuges hielt der Theologiestudent Adolf Kurtz (1891-1975), später Pfarrer in Berlin-Schöneberg, der sich vor der Königin von Schweden als Vertreter nicht nur der Studentenschaft, sondern sogar „des ganzen deutschen Volkes" brüstete! Der kritische Kommentar Ernst Joëls dazu lautete: „Und der Herr Kurtz [...] hinter welchem, ja, er durfte es sagen, das ganze deutsche Volk stand, war ein *Student*. Und deshalb glaubte man auch der Königin aus Schweden [...], wenn sie sagte, nie im Leben sei ihr eine solche Kundgebung dargebracht worden." In: Anlage B: „Von deutschen Hochschulen" der vorliegenden Denkschrift.

[130] Es folgt der Abdruck der Anlagen A und B: Ernst Joël, Die wartende Hochschule. Eine Semester-Ansprache an Freie Studenten" und ders., Von deutschen Hochschulen".

HANDELN GEGEN DEN KRIEG

Abrüstung.

Ein Bericht in einer Sitzung und mehreren Stockwerken.
In: Das Blaubuch. Wochenschrift für öffentliches Leben, Literatur
und Kunst (Berlin) 2 (1907), Nr. 19, 09.05.1907, S. 573ff.

Ich will ein Geheimnis verraten. Das gehört zwar nicht eigentlich zum Beruf der Presse, die das Unbekannte, das wahr ist, weniger liebt, als das Bekannte, das unwahr ist; aber in einer Wochenschrift, hoffe ich, wird man's so genau nicht nehmen. Es hat sich nämlich in Berlin eine Vereinigung gebildet, die sich einen der Wichtigkeit ihrer Ziele entsprechenden, umständlichen Namen gegeben hat. „Komitee zur Prüfung von Ideen für den Clou der Berliner Weltausstellung 1913" nennt sie sich.[1] Einer Sitzung, die unter dem Vorsitz eines Herrn Schellack tagte, habe ich jüngst beigewohnt. Der Herr Schellack ist eigentlich Rentier, da er aber infolge mangelnder Schulbildung (sein Vater, ein Schöneberger Millionenbauer, hielt es nämlich für feiner, ihm Privatunterricht erteilen zu lassen) den Unterschied nicht merkt, nennt er sich des volleren Klanges wegen Rentenempfänger. Unter dessen Vorsitz nun hörte ich zunächst einmal folgende Rede eines bekannten Berliner Quiriten[2]:

„Meine Herren, die Idee ist ohne Zweifel gut, sehr gut. Eine getreue plastische Nachbildung - natürlich in entsprechend weichem Material, fassen Sie, bitte, das Wort plastisch nicht zu hart auf - unseres Reichskanzlers Fürsten Bülow[3]. Wie gesagt, in der entsprechenden Masse, nur wenig über Lebensgröße, und vor allem: vollständig automatisch bewegt; und dazu mit einem ganz vollkommenen Phonographenapparat in Verbindung. Sehr gut... (Zwischenruf: „Warum aber nicht lieber den Kaiser[4]?") Auf diesen Einwand will ich antworten, weil mir auch so etwas zu Sinn gekommen ist. Ich stimme da dem Vorschlag ganz und gar zu: nicht den Kaiser, sondern den Kanzler. Freuen wir uns doch, dass der Gegensatz zwischen Kaiser und Kanzler, der eine Zeitlang unser Vaterland und die monarchische Gesinnung ernsthaft gefährdet hat, jetzt nicht mehr besteht.[5] Zwischen Kaiser und Kanzler besteht kein Unterschied mehr, sie haben sich in glücklichstem Entgegenkommen einander angepasst. Früher war fortwährend nur von Bismarck die Rede, als ob er sein eigener Kaiser gewesen wäre, dann war Seine Majestät sein eigener Kanzler, er suchte längere Zeit, bis er auf den Mund kam, der in glänzender Rede voll ruhiger, eleganter Kultur vor Volk und Parlament ihn aufs würdigste vertritt: Fürst Bülow. Das ist ein großer Fortschritt in unserer Konstitution: Die Majestät ist wieder mit der vollen Würde und Unnahbarkeit umgeben, und, ob in lautem Lob oder leisem Tadel: Wir reden vom Kanzler, wenn wir vom Reichsregiment etwas zu sagen haben, und geben damit doch dem Kaiser, was des Kaisers ist.

Nun also sagt uns der Herr Referent, der ohne Frage einer unser genialsten Techniker ist: sein Automat solle durchaus nicht frühere Reden wiederholen, sondern werde vollständig neue, der Situation angepasste Ansprachen und Vorträge halten. Allerdings aber sei die Erfindung erst soweit, dass er nur für einen Wortvorrat von 500-600 Worten und für nur zwei bis drei Zitate Platz habe: auch könne er für ein tadellos funktionierendes grammatikalisches Deutsch vorläufig noch nicht garantieren. Ich für meine Person glaube, wir brauchten das so schwer nicht nehmen; wer wird denn auf einem Jahrmarkt so unbillig sein, nicht darauf Rücksicht zu nehmen, dass er nur einen Automaten vor sich hat! Mein Bedenken ist nur: werden wir 1913 noch die Ehre haben, Fürst Bülow unseren Kanzler nennen zu dürfen?[6] Wenn unser Kaiser sich entschließt, - - wie soll ich es ausdrücken? - - den verwaisten Stuhl des Altreichskanzlers, der seit Hohenlohes[7] Tod leer ist, neu zu besetzen, oder wenn andere Imponderabilien[8]… ich habe genug gesagt. Wir können dem Vorschlag nicht zustimmen."

Unter diesen „schwerwiegenden Imponderabilien" fiel der interessante Vorschlag. Über den weiteren Verlauf der Sitzung will ich hier diesmal nichts weiter mitteilen; ich war etwas zerstreut, weil meine Gedanken abschweiften. Erfindungen, von deren technischem Detail man nichts versteht, sind für den Geist des Pfuschers sehr anregend: Er wird produktiv. So machte ich unter dem Vorsitz des würdigen Rentenempfängers Schellack selbst eine Erfindung, und nicht kleines: geradezu ein neues Parlament. Zunächst sah ich vor meinem schwärmenden Auge nur das deutsche Reichstagsgebäude, bis ich mit Erstaunen bemerkte, dass die Inschrift auf dem Giebel, die nach dem Willen eines kecken Baumeisters „Dem deutschen Volke" hatte heißen sollen und darum bis jetzt immer noch gefehlt hat, auf einmal da war. Baumeisterlich aber war sie nicht ausgefallen, sie lautete nämlich:

QUIPARLE MENT.[9]

Nun war es aber schon ein ganz anderes Gebäude, ich war nicht mehr draußen, sondern im Innern, und hörte die erklärende Stimme des Führers:

„Dieses Parlamentsgebäude ist nach völlig neuen Grundsätzen errichtet worden. Nach den Grundsätzen der Stockwerke und des Fahrstuhls. Der gemeinsame Sitzungssaal ist völlig aufgegeben worden. Wozu soll ein Volk, das keine gemeinsame Kultur und keine gemeinsamen Tendenzen hat, seine Vertreter zusammensitzen und wüst durcheinander schwatzen lassen? Daraus entsteht nur das schlimmste der Übel: die Debatte; die Reden werden stillos, weil sie sich aufeinander, d.h. auf Unvereinbares und nicht Zusammengehöriges beziehen. Abgestimmt wird bei uns auch nicht eigentlich. Jeder Abgeordnete hat Gelegenheit, sich in jeder Sitzung an einen abgelegenen Ort, wo er auch Privatangelegenheiten betreiben kann, zu begeben; dort deponiert er, nachdem er sich in sich versenkt und mit seinem Entscheid fertig geworden ist, ein Blättchen Papier mit seinem Entschluss, ob er heute zur Majorität oder Minorität gehört. Die Blätter werden durch Pressluft weiter befördert und im Clearinghaus[10] geordnet. Den Kern des Gebäudes bildet der Redeturm in zehn Stockwerken. Jeder Redner ist für die Sitzung streng isoliert und kommt weder mit Zuhörern noch vor allem mit den anderen Rednern in Berührung. Darum herum ist ein sehr kompliziertes Gefüge von Fahrstühlen und hydraulisch bewegten Zuhörergelassen. Jeder Deputierte ist jeden Augenblick in der Lage, den Redner zu wechseln. Sie sollen jetzt selbst sehen und hören. Nehmen Sie Platz, und wenn Sie einen neuen Redner wollen, drücken Sie auf den Knopf zwischen ihren Beinen. Heute ist Abrüstung. Ich serviere zunächst den dritten Stock.

„...ist nichts anderes als eine Perfidie Albions.[11] Die Engländer haben es noch immer verstanden, in der Maske der Humanität ihre eigenen Geschäfte zu besorgen. Sie brauchen immer irgendwelche unterdrückte kleine Völker oder gemetzelte Armenier[12], um mitleidige Europäer oder Professoren und Esel aller Völker vor ihren Wagen zu spannen. Wie wären sie unglücklich, wenn nirgends in der Welt mehr gemetzelt würde; wenn es nirgends mehr - außer in Indien[13] natürlich - Hungersnöte gäbe. So wie sie ganz Europa mit dem Freihandel hineingelegt haben, soll's jetzt mit der Abrüstung geschehen. Was ist das für eine ungeheure Unverschämtheit, zu verlangen: die Rüstungen sollten relativ in allen Ländern auf dem jetzigen Stande bleiben. Von den Landheeren einmal abgesehen, heißt das: die Deutschen, die ein aufstrebendes Volk sind, das im Drange nach Expansion fast platzt, sollten im Anfang ihrer Entwicklung stehen bleiben, sollten es sich nicht einfallen lassen, England nachzustreben, sollten ewig verkümmert und halbfertig dastehen, sollten ihre überschüssige Bevölkerung in andere Nationen exportieren und ihren Mehrbedarf an Produkten aus anderen Staaten importieren. Anstatt dass wir unser übriges Volk Jahr für Jahr über See in unsere eigenen Kolonien schicken, ein

Deutschland über See gründen und uns so ausdehnen, wie es der Lendenkraft unserer Männer und Weiber entspricht. Dem frechen Vorschlag der Briten halten wir den Rat und das Gebot unseres alten Gottes entgegen: Seid fruchtb..."

Ich drückte auf den Knopf.

"...will ich Ihnen lösen. Der Engländer trägt auf seinen Schultern nicht den individuellen Querkopf, wie wir Deutsche, sondern einen Globus. Er hat sich daran gewöhnt, als Einzelner volksmäßig zu denken, und die so genannte englische Heuchelei ist nichts anderes, als dass jeder Engländer aus seiner Individualität einen Repräsentanten der Politeia[14] gemacht hat. Wenn sich jetzt, nach so vielen Jahrhunderten politischer Erziehung und Gesittung der Engländer an den Kopf greift und mit Erstaunen, aber Überzeugung ausruft: Es braucht ja keinen Krieg mehr! Es braucht nicht diese ewigen Verschiebungen und Händel auf der Erdoberfläche! Dann müssen wir einsehen, dass da etwas Großes geschieht, was wundervolle Konsequenzen haben muss. Wir leben nicht mehr in den Zeiten des Mittelalters, das darum finster war, weil sich immer aus Dunklem, Unbekanntem Neues, Schreckhaftes, Unerwartetes erheben konnte. Man kannte die Erde nicht; eine Reise von wenig[en] Meilen führte den Menschen in die Regionen der Gefahr, des Wunders, des Abenteuers und damit, da der Geist dem nicht gewachsen war, der Gewalt. Wir aber kennen den Erdball, von anderen Planeten ist vorläufig nichts zu befürchten oder zu hoffen; richten wir uns auf der Erde ein; die Nationen haben oft genug ihre Kräfte gemessen; sie kennen sie auch ohne Blutvergießen. Ja, ich möchte sagen: Die neue Ära, die mit dem englischen Vorschlag beginnt, schafft den Krieg gar nicht in Wirklichkeit ab. Sie verlegt ihn nur dahin, wohin er für moderne Menschen, im Zeitalter der Statistik gehört: aufs Papier. Der Schiedsgerichtshof[15] wird eine Art Oberrechnungskammer der Völker sein. Da wird es heißen: in der und der Frage gruppieren sich die Mächte der Nationen so und so; auch die Macht der Begeisterung lässt sich nach Maßgabe der Zeitungsstimmen und vieler gehäufter Symptome ganz gut berechnen. Und dann erfolgt mit mathematischer Genauigkeit die Entscheidung. Das ist das Ziel: der Sieg der Statistik über die brutale Gewalt; der Weg ist weit, aber ein erfreulicher Anfang scheint mir..."

Ich drückte auf den Knopf.

„... seit 40 Jahren verfehlte Politik durch die Haltung Italiens ermöglicht, gründlich zu wandeln. Mit einem Wort: ein Ende mit dem Dreibund[16]; Italien ist uns eine Kugel am Bein und ist der natürliche

Feind unseres natürlichen Verbündeten: Österreich-Ungarns.[17] Wir müssen einen engen Bund mit Österreich-Ungarn eingehen, einen unauflöslichen Staatenbund.[18] Die Form wird sich finden, wie für jedes unabweisliche Bedürfnis. Deutschlands natürliches Expansionsgebiet liegt im Südosten. Wir Deutsche sind und bleiben ein Landvolk, ein Wandervolk, das in einem großen, prallen Block weiter marschiert. Wir können nicht fliegende Kolonnen von uns weg, über See schikken; sie wären uns bald verloren und entwurzelt. Unsere Kolonien müssen die äußersten Marken unseres Volkes sein. Wir müssen uns immer weiter schieben, ohne uns beirren zu lassen, auf dem Wege, der in Österreich, das trotz 1866[19] zu uns gehört, nie verlassen wurde, immer weiter, über die Türkei, nach Kleinasien, und dann weiter und weiter, Sie wissen wohin, aber es hat noch Zeit. Ist es Ihnen nie aufgefallen, meine Herren, dass in all der langen Zeit, trotz dem Dreibund, die Donaumonarchie immer in ausgezeichnetem Einvernehmen mit Frankreich gestanden hat? Das kommt daher, dass Frankreich wohl fühlt, dass das deutsche Volk sich organisch, im Zusammenhang ausdehnen muss, und dass es aufatmet, wenn wir uns nach Osten hin Luft machen. Es muss ja fürchten, dass wir im Westen noch mehr Stücke an uns reißen[20], wenn wir uns selbst den Osten versperren. Das Revanchegeschrei kommt vor allem von der Furcht vor einer neuen Invasion. Befreien wir Frankreich von dieser Furcht, treiben wir eine große, großdeutsche Politik, und Frankreich ist unser Verbündeter, wenn wir ihm die entsprechende Ausdehnungsbasis in Nordafrika garantieren. Und dann ist der Alpdruck, der auf ganz Europa lastet, gewichen, und Friede und Kultur können..."

Ich drückte auf den Knopf.

„...Symptompfuscherei, wenn man außen kurieren will, wo das Übel innen sitzt. Die uns ernsthaft drohende Isolierung kommt gar nicht von der Einkreisungspolitik einer fremden Macht, sondern vom gestörten Blutkreislauf in unserem Innern. Die neue Situation hat begonnen mit der russischen Revolution[21]; damit, dass Russlands Macht vorläufig wie ausgeschaltet ist, hat die preußisch-deutsche Politik ihren natürlichen Halt verloren. Trotz allen künstlichen Bündnissen war Russland unser wahrer, echter und einziger Verbündeter.[22] Von jeher hat jedes Volk über seine äußeren Schicksale dadurch entschieden, wie es sich gegen sich selbst im Innern verhalten hat. Schicksal und Charakter sind ein und dasselbe; das gilt für das Privatleben des Einzelnen wie für das Dasein eines Volkes. Mit vollem Recht schreibt der „Secolo"[23] am 17. April, Italien wende sich darum von Deutschland ab, weil Deutschland ein Militär- und Feudalstaat sei und die Italiener sich zu den liberalen, demokratischen Völkern hingezogen fühlen. Jawohl, das ist die Sache! Erwachen wir nur. Ein Volk, das nicht in voller internationaler Öffentlichkeit, stark und tapfer, selbst über seine Geschicke bestimmt, das staatsrechtlich und tatsächlich unmündig ist, das in jedem Augenblick drei Millionen Bewaffnete gegen Europa zu werfen imstande ist, wenn ein Einzelner in seinem Privathirn eine minimale Änderung erlebt, ist nicht bündnisfähig, muss mit äußerster Besorgnis betrachtet werden, wie der Krater eines Vulkans. Wir sind unberechenbar, weil wir, das Volk, selbst nicht wissen, was wir wollen, weil wir in Disziplin immer das wollen, was unsere Herrscher wollen. Wollen wir den Frieden, der uns nicht aufgedrungen und unserer Isolierung geboten wird, sondern den selbst gewählten, großen Frieden eines freien Volkes, so machen wir endlich Ernst damit, unser großes geistiges Erbe in politische Wirklichkeit zu verwandeln. Räumen wir im Innern auf mit..."

Ich drückte den Knopf.

„...das Recht des eigenen Motivs eine Freiheit, die man uns nicht nehmen kann. Darum habe ich gesagt, dass ich, wenn es zum Krieg kommt, aus Feigheit, Verlassenheit und Lebenslust mitziehen werde, aber aus keinem anderen Grund. Dabei habe ich gar nichts dagegen, dass letzte Fragen zwischen den Menschentieren mit ihren Leibern, auf Leben und Tod gelöst werden. Nicht gegen das Mittel kämpfe ich, sondern gegen den Zweck. Alle die Fragen, um die sie sich zerreißen, interessieren mich nur historisch. Alle ihre Staaten und Staatsgedanken und Staatstendenzen sind für mich vergangene Dinge. Wir brauchen neue Gebilde, neue Gruppierungen der Menschen; wir brauchen jetzt einmal ein Jahrhundert der Arbeit. Unsere Staaten sind ein ganz wüstes Konglomerat aus Sprachnationen, Wirtschaftsgebilden und Herrschaftskomplexen. Ein Chaos brauchen wir, um uns neu, neuen Zielen zu, aus neuem Geiste hervor, zu formieren. Mit tiefster sittlicher Entrüstung hat der Kriegsminister von Einem[24] am 25. April ein Wort aus der sozialdemokratischen Erfurter „Tribüne"[25] zitiert: „Bleibt uns endlich mit den Erinnerungen an die Heldengräber bei Metz[26] fort, das deutsche Heldentum liegt in der Werkstatt!" Halb, halb, halb, schwankend und unsicher ist alles, was die Sozialdemokraten in jenem anderen Gebäude vorbringen, sie tappen von einem Stockwerk ins andere, bringen alles untereinander und nichts vorwärts. Ich aber sage zu jenen Worten, die den Kriegsminister so wüteten: Bravo, so ist es! Niemals kann Abrüstung und Friede auf den Wegen internationaler Politik und des Staates kommen; die Gewaltorganisation verlangt die Gewalt. Nur wenn die Völker sagen: Die Gewaltausübung, die ihr verlangt, wollen wir leisten, aber wir wollen..."

Ich drückte heftig auf den Knopf. Da war ich wieder in der Sitzung des Komitees zur Prüfung von Ideen für den Clou der Berliner Weltausstellung 1913 und Herr Schellack sagte:

„Wir sind also darüber einig: Seine Majestät soll erst ehrerbietig gefragt werden, ob ihm die Weltausstellung im Jubiläumsjahr des großen Befreiungskrieges[27] und seiner Regierung genehm ist."

Der Krieg.
In: Soz, 01.04.1909

Diese Dinge, um die jetzt auf ein Haar zwischen Österreich und Serbien ein Krieg ausgebrochen wäre[28], in den vielleicht noch andere Völker hineingezogen worden wären, gehen uns nichts an; es geht um Interessen, von denen wir wie durch viele Jahrhunderte getrennt sind. So ähnlich sagen nicht nur viele Sozialisten, Anarchisten; so sagen auch die Menschen, die der Kunst und dem schönen Leben im Geiste oder den Formen zugekehrt sind.

Man muss aber wissen, was das heißt: Sie gehen uns nichts an; und wenn man sich darüber erst ganz klar ist, wird man merken: Sie gehen uns doch und gar sehr an. Früher einmal hat man die Deutschen das Volk der Denker und Dichter genannt; sie lebten in ihren Gedankengespinsten, in einer schönen und glücklichen, paradiesischen Zukunft manchmal; derweil ließen sie sich in der Gegenwart das Fell über die Ohren ziehen; ließen ihr Land zum Schlachtfeld[29] für Europa machen; ließen sich als Soldaten von ihren Landesfürsten in die Fremde verkaufen.

Wie ist es heute? Sind wir Sozialisten heute nicht auch gar zu sehr Denker und Dichter? Sind wir in unseren Gedanken, Ideengebäuden, Interessen, Sehnsüchten und Wünschen nicht so jahrhundertweit weg von den Staatsmännern, Diplomaten und Kriegsmännern, dass wir ihnen ihre Welt für sich lassen und inzwischen mehr im Geiste als in der Tat in unserer erträumten Welt leben? Wenn es nun aber heute, morgen, in Wochen oder Monaten dazu käme, dass Russland gegen Österreich, das Deutsche Reich gegen Russland, Frankreich gegen das Deutsche Reich zu Felde zieht, geht es uns dann immer noch nichts an? Werden dann unsere Leiber spüren, dass, so weit auch die Köpfe voneinander getrennt sind, wir doch allesamt gleichzeitig Lebende sind? Dass wir Entrückten, uns gar sehr in die Macht derer gegeben haben, die für uns wie weltenweit Entfernte, anders Geartete, manchmal schon Vorsintflutliche sind? Wenn wir jetzt von den Diplomaten, den Staatlern, in den Krieg hineingezogen werden, steht es für das Gefühl nicht nur von Tausenden, von Hunderttausenden anders wie damals, als Deutsche von ihren Landesfürsten als Soldaten in die Fremde, in den Krieg, in den Tod verkauft wurden?

Mögen die Gedankenreihen, die hier angeschlagen sind, jeden Leser zum Nachdenken und Weiterdenken bringen. Damit ist nichts getan, dass wir in Gedanken weit weg sind aus dieser Zeit. Wir haben heute mehr als je die unheilvolle Gabe, die Zukunft zu eskomptieren[30]; im Traum, in der Idee zu leben und uns mit diesem Schattengewebe schon zufrieden zu geben.

Wir gehen durch die Straßen der Großstadt, fast mit geschlossenen Augen, mit zusammengepressten Lippen; wir wollen all das hässliche Hasten und Drängen, all die Gemeinheit und Niedrigkeit, all die Dummheit und den Schwindel nicht sehen. Wir gehen etwa nur hindurch, um in ein Museum oder in eine Ausstellung oder ein Theater oder ein Konzert zu kommen und uns in den Dämmer oder das Gewoge der Schönheit zu zaubern; oder um mit einem Freunde gute Worte und Blicke zu tauschen; oder aber, um teilnahmslos, unter dem völligen Schweigen unseres eigentlichen, unseres inneren Menschen unsere Rolle in der kapitalistischen Wirtschaft zu spielen, damit wir leben können. Dann fahren wir wieder so schnell wie möglich in unseren Vorort hinaus: Da haben wir uns so ein kleines Reich der Ländlichkeit und Abgeschlossenheit zurechtgemacht, und da führen wir, wie wir meinen, unser eigentliches Leben.

Wir machen uns aber nicht klar, dass das alles nur Anbequemungen, Anpassungen sind, dass es nur die erträglichste Art ist, es im Unerträglichen auszuhalten.

Jetzt war die Kriegsgefahr da und mag manchem wie ein Blitz grell beleuchtet haben: Im Krieg und im so genannten Frieden sind wir Verkaufte, sind wir mit Leib und Leben denen überantwortet, die gar nicht unserer Welt angehören, die mit unseren Taten Interessen wahren, die wir nicht wollen, Zwecke verfolgen, die nicht unsere Zwecke sind.

Mag aber auch die Kriegsgefahr im Augenblick gebannt sein - halten wir uns vor allem vor, dass wir seit dem Jahre 1870 in allen Ländern Europas immer im Kriege leben. Der Zustand des so genannten stehenden Heeres, der fortwährenden Rüstung und Kriegsbereitschaft von Millionen Menschen gegeneinander ist allerdings schuld, dass es so lange nicht zum Kriege kommt, weil die Regierungen denn doch vor dieser entsetzlichen Entfesselung der unbeschreiblichen Menschenvernichtung und Länderverwüstung Angst haben, und weil sie in mehreren Ländern nach einem solchen Kriege, gleichviel ob er siegreich zu Ende ginge oder zur Niederlage führte, den Ausbruch der Volksempörung befürchten müssten. Aber dieser bewaffnete Frieden selbst, mit den Entbehrungen und Opfern, die er den Armen in Form von Steuern und Leistungen auferlegt, mit der Geistlosigkeit und Angstgesinnung, die er mit sich bringt, mit dem Herausreißen der Menschen aus ihrem Beruf, mit der Korruption der Diplomaten und Parteien, mit all der Rohheit, Gehässigkeit und Heuchelei, die er in die Beziehungen der Völker zueinander bringt, ist ja schlimmer als der schlimmste Zukunftskrieg. Die Wahrheit ist, dass die Deutschen, das bismärckische Deutschland, seit 1870 - eigentlich schon seit 1866 - fortgesetzt Krieg führen[31] und die anderen Völker, die die grässliche Last kaum mehr ertragen wollen, ebenfalls in diesen Krieg gegen uns und gegeneinander hineingezwungen haben. Wie Goethe das Christentum anklagt:

„Opfer fallen hier,
Weder Lamm noch Stier,
Aber Menschenopfer unerhört"[32],

so fordert auch dieser seltsame Krieg, der jetzt schon nicht ein dreißigjähriger, sondern ein mehr als vierzigjähriger Krieg ist, unsagbare, in keiner Statistik festzustellende Menschenopfer, ohne dass die Leiber der Menschen durch Wunden durchbohrt werden. Aber es darf die Prophezeiung ausgesprochen werden: Er hat zum längsten gedauert. Der Geist der Gesittung, der Manierlichkeit, der gegenseitigen Verständigung - über Interessen, die nicht unsere, die sehr erbärmliche Interessen oft sind; nichts wahrhaft Großes wird hier hervorgehoben, aber eine relative Besserung, weniger in den Zwecken als in den Mitteln, die von großer Bedeutung ist - dieser Geist hat von den Völkern her alle anderen Regierungen erfasst, alle, nur die deutsche nicht. Es wird hier prophezeit: Schließt sich die deutsche Regierung den Wünschen aller Völker nach Frieden und Verständigung nicht baldigst an, so hat der schleichende Krieg, den wir jetzt haben, demnächst ein Ende, und die anderen draußen überziehen uns mit dem leibhaften Krieg, weil ein

Ende mit Schrecken ihnen erträglicher ist als ein Schrecken ohne Ende. Also durchaus nicht sind wir getrennt von denen, die für den Machtstaat sorgen, die den Kampf der Staaten untereinander um die Erdoberfläche betreiben, wir sind nicht in Wahrheit getrennt von denen, die jetzt mit dem Weltkrieg spielen; wir haben uns eingesponnen in unsere Kultur, unsere ästhetischen Spiele und Moden und ebenso in unsere sozialistischen Ideale, wie man sich wohl die Ohren mit einem Tuch umwickelt, um unangenehme, peinliche Geräusche nicht zu hören.

Und vor allem, um unsere innere Stimme zu übertäuben, die uns zuruft: Das Geistige, worin ihr lebt, muss Wirklichkeit werden! Die Trennung von der Welt des Alten und Toten, von der Welt der gestorbenen Zwecke, von der Welt der Unkultur und Brutalität, von der Welt der Ungerechtigkeit und des Kapitalismus muss tatsächlich vollzogen werden!

Alles, was sich an angeblicher Kultur in unserer Gesellschaft befindet, ist Schein, Selbsttäuschung, Bemäntelung des Kräfteverfalls und des völligen Mangels an Gestaltungs- und Tatkraft.

Möge die Kriegsdrommete[33] ein Ruf der Sammlung sein für alle die, die innerlich aus dem Staate, aus dem Reich der Gegensätze zwischen den Staaten ausgetreten sind. Mögen sie sich klarmachen und nach außen hin dokumentieren: Diese Zwecke sind für unseren Geist tot; sie binden unser Inneres nicht mehr; wir sehen längst andere Möglichkeiten der Verbindung der Menschen zum Volk; der Verbindung der Völker untereinander. Klarheit, Sammlung und Bekenntnis - das ist das Erste, was Not tut.

Wir wollen keinen Krieg! Wir wollen vor allen Dingen keinen Krieg zur Unterstützung des ruchlosesten und verrottetsten aller Staaten, der habsburgischen Monarchie! - Ihr Deutschen, ihr wart so begeistert, so überaus lächerlich begeistert, als das kleine Burenvolk seine Freiheit, d.h. seine staatliche Selbständigkeit gegen das englische Reich verteidigen wollte.[34] Warum seht ihr nicht, dass die Serben gegen die Österreicher genau in derselben Lage sind, wie es die Buren gegen die Engländer waren? Warum weinen unsere Zeitungsschreiber nicht über die unglücklichen Bewohner von Bosnien und der Herzegowina - das sind Serben - die die Österreicher von ihrem freien Vaterland mit Gewalt und List trennen, wie sie damals über die Buren politische Krokodilstränen vergossen? Warum sagen sie euch nicht, dass in Dalmatien, Kroatien, Slavonien, Bosnien und der Herzegowina heute dreieinhalb Millionen Serben eng beieinander wohnen, die alle vom Standpunkt der heutigen Staatsideen den berechtigten Wunsch zur Vereinigung mit dem Königreich Serbien, zur Befreiung von Österreich haben müssen?

Warum? Weil Österreich ‚unser Verbündeter' ist; und weil es ja bekanntlich im Staatsleben nicht nach der Moral und der Gerechtigkeit, sondern nach den Interessen und der Angst geht.

Nun, wir finden gar keinen Gegensatz zwischen Gerechtigkeit und Interessen. Wir finden nur, dass uns die lebendigen Erdbewohner interessieren, aber nicht die Unwirklichkeit, die man Staatsinteresse nennt.

Am Zwangsverband Staat nehmen wir Innerlich nicht teil, weil wir den echten Menschenbund, den sozialistischen Bund, die Gesellschaft aus dem Geist und darum der Freiheit schaffen wollen.[35] Erst auf einer Vorstufe sind die vielen, die von ihm nichts wissen wollen, weil er sie an Leib und Seele Not leiden lässt: Diese sind noch bloß Bewirkte, wir wollen Wirkende sein. Solche Produkte der heutigen Zustände, serbische Proletarier, scheinen viel dazu beigetragen zu haben, dass der Serbenkrieg vermieden werden kann. Nicht, weil sie Wissende sind, nicht, weil ihnen Neugroßes im Herzen lebt, nicht, weil sie erkennen, dass Nation und Zwangsstaat gar nichts miteinander zu tun haben, haben diese Proletarier ‚kein Vaterland', sondern weil sie elend und leidend sind. Der Konflikt zwischen dem serbischen Kronprinzen[36] und seinem Diener, den er brutal misshandelt und in den Tod gestampft hat[37], und die darauf einsetzende Agitation der ‚vaterlandlosen' Proletarier hat mindestens ebenso viel dazu beigetragen, den Krieg jetzt unmöglich zu machen, wie die Angst der Großmächte voreinander. Beachten wir es wohl: Mitten im Aufflammen der staatsnationalen Begeisterung ist dieser Gegensatz der Herrenbrutalität und der Unterdrückten hervorgetreten, haben die Proletarier ihre Teilnahmslosigkeit an den Staatsnationalinteressen aktiv an den Tag gelegt. Möchten alle Völker daraus lernen; möchten sie weiter gehen und nicht bloß Leidende und Produkte der Barbarei sein, sondern Produktive, die in friedlichem, aber festem und unerschütterlichem Aufbau das in die Welt stellen, was berufen ist, allen Staaten ein Ende zu machen: den Sozialismus.

Sammeln wir uns zum Bau der neuen Wirklichkeiten; zur Errichtung unserer Gemeinschaften, zur Zusammenlegung unserer wahrhaften Interessen. Begnügen wir uns aber ja nicht damit, uns mit Ideen und Rufen und Agitationen oder mit geistigen Spielen und Moden irgendeiner Art einzulullen und abzuwenden. Sehen wir, dass das, was unserem Geiste tot ist, über unsere Leiber die lebendigste Gewalt ausübt; sehen wir, dass das, was in unserem Geiste ein spukhaftes Vorleben führt, in Wirklichkeit noch nicht geboren ist. Wir sehen also eine ungeheure, eine noch gar nicht begonnene, eine weit in die Zeiten hineinreichende Aufgabe, einen langen schweren Weg vor uns. Beginnen wir ihn; sagen wir mit der Klarheit, die noch nicht gesagt wurde, was ist; machen wir die Trennung zwischen der Gesellschaft, die kommen soll und dem Staat, der überwunden werden soll, schneidend; beginnen wir mit dem Bau der Gesellschaft; sammeln wir uns als Bekenner, die nicht bloß mit dem Munde, sondern mit der ganzen Lebensführung bekennen.

Und was kein Verstand der Verständigen sieht.
In: Soz, 15.01.1911

Heute wie seit Jahrhunderten gibt es eine große Zahl Sekten, die die verschiedensten Namen führen, aber unter allerlei Einkleidungen alle in einem übereinkommen: dass sie die Lehren Jesu von Nazareth so leben wollen, wie er sie für die irdische Wirklichkeit gekündet hat. Von manchen dieser Sekten hat man geglaubt, sie seien in den letzten Jahren durch Tolstois[38] Auftreten entstanden, z. B. von den Duchoborzen[39] in Rußland, den Nazarenern[40] in Ungarn, Serbien und Kroatien. Das ist ein Irrtum; im Gegenteil hat Tolstoi von ihnen gelernt und sich durch sie in seiner Richtung bestärkt gefühlt, wie dann allerdings sie auch Beziehungen zu ihm gefunden haben. Besonders bemerkenswert sind die genannten Nazarener wegen des ausgeprägten Individualismus, den sie auch innerhalb ihrer Gemeinschaft üben. Hauptregeln ihres Lebens sind: Arbeit, Milde im Umgang, geduldiges Hinnehmen jeder Kränkung, Gewaltlosigkeit. Sie erkennen also kein Gerichtswesen an, zahlen dem Staat die Steuern nur gezwungenermaßen, schwören nicht und verweigern den Militärdienst. Sie erkennen aber auch für ihre Gemeinschaft keine Organisation oder Hierarchie, und keinerlei feststehende, keine geschriebene Lehre an: Ihre Lehre ist in verschiedenen Gemeinden und selbst innerhalb einer Gemeinde verschieden. Auch rechnen sie ihre Kinder und Angehörigen nicht zu sich; nur dann, wenn sie als Mündige ausdrücklich sich ihnen anschließen.

Zu diesen Nazarenern gehörte der Tischlergeselle Franz Novák, der vor einigen Jahren in Temesvár[41] zum Militär eingezogen wurde.

Als er das erste Mal mit den anderen Rekruten auf den Exerzierplatz geführt wurde, weigerte er sich, die Waffen anzunehmen. Zu einem General, dem der Vorfall gemeldet wurde und der heranritt, um dem Burschen gut zuzureden, sagte er, indem er ein kleines Evangelium aus der Tasche zog: „Die hohe Regierung gestattet, dieses Buch zu drucken, auch verbietet sie nicht, die darin enthaltenen Gebote zu befolgen. In diesem Buche aber heißt es: ‚Liebe deinen Nächsten wie dich selbst!' Ich nehme kein Gewehr, weil ich die Gebote des Herrn befolgen will." - Der General hatte ihn ruhig angehört und erwiderte nun: „In diesem Buch steht aber auch geschrieben: ‚Gebet dem Kaiser, was des Kaisers ist, und Gott, was Gottes ist.'" - Novák blieb anfangs befangen und schwieg. Bald aber besann er sich: er nahm seine Soldatenmütze vom Kopf, legte seine Bluse ab, legte alles zum Gewehr auf einen Haufen und sprach: „Das alles gehört seiner Majestät dem Kaiser, und ich gebe es dem Kaiser."

Revolution, Nation und Krieg.
In: Soz, 15.02.1912

Kameraden, bei eurer Bekämpfung des Krieges solltet ihr eines nicht vergessen. Dass ihr euch mit Zorn und Verachtung gegen jegliche Eroberungspolitik, gegen den Kriegszustand, wie er sich in der Form des bewaffneten Friedens vermittelst der stehenden Heere, mehr noch gegen den inneren als gegen den äußeren Feind, mehr gegen das eigene Volk als gegen die fremden Völker richtet, dass ihr euch dagegen wendet, ist nur allzu berechtigt. Aber blickt auf die Erdkugel, damit ihr den Raum der Menschenvölker vor Augen habt, und blickt in die Geschichte, damit ihr aus dem Werden in den Zeiten eure eigene Zeit begreift. In den Zeiten seiner größten Revolution[42] hat sich das französische Volk als eine neu entstandene, neu sich ihrer selbst bewusst gewordene Nation zusammengefunden; keineswegs genügt es, dass diese ‚Patrioten', wie sich die Revolutionäre nannten, gegen Königtum und Feudaladel ihres Landes zusammenschlossen; sehr bald vor allem mussten sie sich, um der Revolution, um ihrer Freiheit in jeglichem Sinne willen, gegen die koalierten Mächte wenden: gegen Preußen, Österreich, Spanien, Sardinien und Piemont usw. Zugegeben, auch in der Revolution lebte der Geist der Aggression, der gewaltsamen Propaganda nach außen; erst recht zugegeben, dass das Verhältnis sich später völlig umkehrte: dass die aus der Revolution neugeborene französische Nation unter der Führung Napoléons[43] erobernd gegen die Völker zog und so in Spanien, Deutschland und anderswo den Geist des revolutionären Nationalismus gegen sich selbst erregte. Im Anfang aber war es so, dass die revolutionäre französische Nation nur leben konnte, wenn sie sich gegen die mit Waffengewalt heranziehenden Königsheere der Fremden, die vom eigenen König und den Adligen gerufen und unterstützt wurden, mit Waffengewalt und revolutionärer Militärorganisation wehrte. Was wäre aus der Revolution, was wäre aus der Nation in Frankreich geworden, ohne die zündende Tatkraft und das Organisationsgenie Dantons[44], des Wohlfahrtsausschusses[45], Carnots[46] vor allen anderen, ohne die jungen Generäle der Revolution, die aus dem Volke aufstiegen, ohne das kriegerisch-revolutionäre Feuer der Massen, das in der Marseillaise[47] seinen gewaltigen Ausdruck fand? Und was wäre ein Antimilitarist damals gewesen? Ganz gewiss weder ein Revolutionär noch ein Patriot. Die revolutionäre Nation war in der Notwehr.

Und nun blickt euch in der Gegenwart um und nehmt den Globus zur Hand. Wie steht es um die Revolution in Mexiko[48]? In Persien[49]? Um die junge Republik in diesem Riesenvolk der Chinesen[50]; was hindert den Fortgang der türkischen Bewegung[51]? In all diesen Fällen handelt es sich vor allen anderen Dingen um die Bedrohung durch die äußeren Feinde. Die Revolution in Mexiko ist in vollem Gange. Man weiß heute, dass Madero[52] nur dadurch über Díaz[53] gesiegt hat, dass er den Proletariern und Indianern Land versprochen hatte. Und ebenso finden jetzt wieder Reyes[54], Gómez[55], Zapata[56], Salgado[57], und wie die revolutionären Führer alle heißen, die fast wie Pilze aus der Erde schießen, nur dadurch Anhang, dass sie die Agrarrevolution entfesseln. Man glaube gar nicht, dass das Volk sich immer betrügen lasse: Sie benutzen einander gegenseitig, das Volk die ehrgeizigen Generäle und Prätendenten und ihre Machtmittel ebenso wie umgekehrt diese das Volk. Und währenddem, solange die revolutionäre Unordnung währt, besiedeln Indianer und Leibeigene den Boden, den sie brauchen, den sie haben wollen, der früher ihr eigen war. Alles schön und gut, und das revolutionäre Volk könnte schließlich siegen und es könnte Ordnung eintreten und eine entscheidende Umgestaltung aller Verhältnisse, - wenn die Vereinigten Staaten von Nordamerika nicht wären. Die kümmern sich nur um die Ausbeutungsinteressen ihrer Millionäre und um ihre politischen Interessen[58], und im geeigneten Moment intervenieren sie und lassen ihre Truppen einrücken. Was wird dann? Eine gewaltige revolutionär-nationalistische Begeisterung wird doch wohl hoffentlich dann das mexikanische Volk einigen, und es wird ausbrechen, was man Krieg nennen muss. Wie es in Persien zugeht, sehen wir vor Augen: Die Russen, die Engländer gehen schamlos auf Eroberung aus, während die Perser für Recht und Freiheit sorgen wollen. Die Folge der türkischen Revolution, die übrigens vor allem dem Militär zu danken war, konnte, wie die europäischen Dinge liegen, nichts anderes sein, als dass die Türken sich gegen eine Welt von Feinden besser als zuvor rüsteten. Dass die junge chinesische Republik von Feinden umlauert ist, die auf den Zusammenbruch des Reiches nicht warten, sondern ihn mit schmutzigsten Mitteln befördern, um zu rauben, auszubeuten und zu plündern, sieht jeder. Dagegen helfen keine abstrakten Redensarten etwa vom Aufhören jeder Herrschaft, und ebenso wenig der Trost, die Unterdrückung durch Chinesen oder Mandschus[59] sei gerade so schlimm wie die Fremdherrschaft. Diese Begriffsspielerei übersieht, dass in allen menschlichen Dingen die Gradunterschiede von entscheidender Bedeutung sind. Wer mit Begriffen Fangball spielt, statt die Wirklichkeiten mitfühlend zu erleben, sagt immer ‚gerade so'. Es gibt kein ‚gerade so'; und die Herrschaft von Engländern, Russen, Franzosen oder Deutschen über China[60], wobei diese Staaten die Chinesen nicht wie Menschen, sondern wie Dinge behandeln würden, ist etwas völlig anderes als eine chinesische Republik, die aus der Revolution jetzt eben aufgestiegen ist. Diese von draußen drohende Gefahr wird aber auch von entscheidender Einwirkung auf die Gestaltung der chinesischen Zustände sein. Die Chinesen neigen von Natur aus und aufgrund ihrer Stammesunterschiede zum Föderalismus; und wer könnte eine dezentrale Föderativrepublik freudiger begrüßen als wir Sozialisten und Anarchisten? Aber wenn China China bleiben und nicht von den fremden Bluthunden zerrissen werden soll, wird aller Wahrscheinlichkeit nach trotzdem der Zentralismus siegen, siegen müssen, der Militär- und der Regierungszentralismus. Das ist eine bittere Erkenntnis; aber die Dinge gehen, wie sie gehen müssen, und die Folge der Revolution in China wird die Militarisierung dieser ungeheuren Massen friedlicher Stämme sein. Was daraus weiter wird, ob etwa gar aus diesen Verteidigungsbedürfnissen der jungen Republik eine kriegerische Angriffswut und ein chinesischer Napoleon, ein neuer Timurleng[61] ersteht, dass werden wir oder unsere Kinder erleben.

So also ist es: Der Krieg der Staaten, die Staatspolitik, erzeugt nicht nur Krieg um Krieg; die Staatspolitik erzeugt auch die Notwendigkeit, die wir einsehen müssen, dass aus der Revolution der Krieg hervorgeht, als Notwehr gegen die Räuberei und Unterdrückungssucht der von außen eingreifenden fremden Staaten.

Wer nur daran den Ruf anschließt: ‚Darum also fort mit der Staatsorganisation! Die Völker müssen sich Ordnungen anderer Art schaffen!', der hat natürlich gewiss mehr als recht. Das ändert aber gar nichts an der Tatsache, dass vorderhand die Staaten da sind, und dass, - das zu betonen, war hier meine Absicht, weil diese entscheidend wichtige Sache gar zu sehr übersehen wird - dass nicht bloß die Staaten gegeneinander Krieg führen, sondern, dass auch die jungen durch Revolution entstandenen und neu zusammengeschlossenen Nationen sich in kriegerischer Notwehr der Raubstaaten erwehren müssen.

Wir, wir in Deutschland, in Frankreich, in Österreich-Ungarn und Italien, in Russland, England und Amerika, wir, die wir von unten auf, aktiv und bauend, die neuen Ordnungen des Sozialismus zu schaffen haben, wir müssen zugleich, passiv und hindernd, dafür sorgen, dass kriegerische, unterdrückende und aussaugende Aktionen unserer Staaten gegen die revolutionär neu werdenden Völker unterbleiben; wir müssen, um unserer eigenen Menschheit, um der ganzen Menschheit willen mit entscheidenden Mitteln dafür sorgen. Kein einziges Volk kann bei sich zu Hause für Freiheit und gerechte Ordnung sorgen, wenn die Völker nicht solidarisch sind in ihrem Kampf gegen den Krieg und gegen den Staat. So lange es aber dahin nicht gekommen ist, werden nicht bloß die Staaten Krieg führen, auch die revolutionären Nationen werden kriegerisch gerüstet sein müssen.

Was hier gesagt wird, ist für den, der es richtig durchdenkt, eine furchtbare Erkenntnis. Wir dürfen aber vor dieser Erkenntnis, für die es noch mehr Beispiele gibt, die Augen nicht verschließen, vor der Erkenntnis, die heißt: Plötzlich, groß, gewaltig, vehement kann[sic] der Aufschwung und die Tat sein, eines einzelnen, einer Schar, eines Volkes, gewaltiger Massen. Aber was schließlich erreicht ist und bleibt, wird nur ein Schrittchen sein. Man kann sich gar nicht genug mit dieser Erkenntnis durchdringen: Wie sehr, wie arg unsere Aufgabe ins Breite, ins Tiefe und ins Lange geht.

Hier ist eine bittere Arznei, eine Verzweiflung gegeben; es sei auch ein Trost gegeben: Liebe Freunde, denket bei dem, was ihr aus ganzer Kraft und Innigkeit tut, nicht so sehr an das äußere Ergebnis als daran, was ihr euch selber, eurer besten Natur, schuldig seid und wie ihr am schönsten Gefallen an euch selber findet. Wer so handelt, wie es recht und tapfer ist und wie er erhobenen Kopfes und froh und stark vor sich selber bestehen kann, der wird auch das meiste tun für bleibende Umgestaltung in der äußeren Welt. Für die Zukunft sorgt am tüchtigsten, wer in der Gegenwart ein Ganzer und Tauglicher ist. Die einst leben, werden es uns danken, wenn wir nicht für sie, sondern für uns, für unsere Seele leben. Denn damit eben leben wir für sie.

Vom Krieg.

In: Soz, 01.11.1912 (Erster Unterricht), 11.11.1912 (Zweiter Unterricht), Weihnachten 1912 (Ein Zwischengespräch) u. 01.04.1913 (Dritter und letzter Unterricht)

Erster Unterricht

Der Schüler (liest): Vivere non necesse est, navigare necesse est.
Der Lehrer: Und das heißt also?
Der Schüler: Leben ist nicht nötig; Schiff fahren ist nötig.[62]
Der Lehrer: Das ist ein alter Schifferspruch und findet sich auf einem Schifferhaus in Lübeck. Wenn du nun an das denkst, was wir über das Verhältnis von Mittel und Zweck vorhin ausgemacht haben, was fällt an dem Sprüchlein auf?
Der Schüler: Wir haben gefunden, dass schon die Tiere zum Zweck der Erhaltung ihres Lebens verschiedene Mittel haben. Es gibt Vögel, von denen wir um der Einteilung willen sagen, sie seien Körnerfresser.
Es ist aber beobachtet worden, dass sie sowohl zwischenhinein, wie besonders im Notfall auch Kerbtiere und Larven essen. Trotzdem besteht aber bei den Tieren, wenn man ihnen auch die Wahl nicht abstreiten kann, eine große Sicherheit, die man Instinkt nennt, über die ihnen zur Verfügung stehenden Mittel zum Leben. Diese Sicherheit kann ihnen durch die Zucht des Menschen abgewöhnt werden. Du hast mich darauf aufmerksam gemacht, dass es gelegentlich etwas Lächerliches an sich hat, wenn der Hund gegen seine Natur in großen Mengen und mit Vergnügen gekochten Reis und Kartoffeln isst und wenn die Schlächterpferde Fleisch fressen und Blut trinken. Denn die unvermutete Abwechselung, die schnelle Anpassung an plötzlichen Wechsel der Umgebung, die Unsicherheit und wählende Überlegung ist eine besondere menschliche Eigenheit und unser kennzeichnender Unterschied gegen die anderen Tiere. Aber - -
Der Lehrer: Nun?
Der Schüler: Soweit waren wir; aber ich weiß keine Anwendung auf den Schifferspruch.

Der Lehrer: Was ist Schiff fahren?

Der Schüler: Ein kompliziertes Gemenge von Bewegungen, die der Mensch auf einem hohlen Kasten ausführt oder bewirkt, um auf dem Wasser vorwärts zu kommen.

Der Lehrer: Gut; du sagst also: Das Schiff fahren ist ein so und so zu beschreibendes Mittel zu dem und dem Zweck. Und dieser Zweck, die Bewegung auf dem Wasser, ist doch gewiss auch wieder ein Mittel zu einem weiteren Zweck?

Der Schüler: Ja doch, zu mehreren Zwecken: mit Menschen und Gütern in fremde Länder zu kommen, Fischfang zu treiben, Vergnügungsfahrten zu machen.

Der Lehrer: Das Vergnügen, wiewohl es der Erhaltung der Gesundheit dient, wollen wir als minder wichtig einmal weglassen. Also Fischfang, Reise und Transport: sind die nun, wie man so sagt, Selbstzweck?

Der Schüler: O nein, die sind doch auch Mittel: Fische brauchen wir zum Essen, die Güter auch irgendwie zum Leben, und reisen tun wir, wie du selbst sagst, keinesfalls um des bloßen Vergnügens willen.

Der Lehrer: Schön, und wir wollen also nebenbei bemerken, dass der Mensch, wie die Redensart bezeugt, sich einbildet, das Vergnügen hätte weiter keinen Zweck, es begnüge sich in sich selbst, und dass diese Einbildung zwar sehr wichtig, aber nicht richtig ist. Bist du nun damit einverstanden, dass wir sagen: Das Schiff fahren dient, wie andere menschliche Betätigungen auch, dem Leben?

Der Schüler: Ja gewiss, so ist es.

Der Lehrer: Nun sieh' mal daraufhin den Satz noch einmal an.

Der Schüler (rasch): Ja, ja, jetzt kann ich sagen, warum er mir so verrückt vorkam. Der Spruch sagt: ein bestimmtes Mittel zum Leben sei unumgänglich, das Leben selber sei nicht so wichtig.

Der Lehrer: Nein, nein, wir wollen es uns wörtlich vorführen: Das Schiff fahren, welches ein Mittel zum Leben ist, ist notwendig; das Leben ist nicht notwendig. Du findest das verrückt?

Der Schüler: Ja, es steckt doch ein Widerspruch darin. Was nützt mir der Mantel, wenn er nicht gerollt ist? Ich meine: Was soll das Lebenswerkzeug, wenn kein Leben mehr ist?

Der Lehrer: Du findest es also unlogisch; das ist nicht das Nämliche wie verrückt. Du erinnerst dich: Man kann das logische Verfahren eine abgekürzte Methode des Denkens nennen. Aber in Wahrheit denken wir, obwohl wir uns damit für unser eigenes Zurechtfinden wie für die Verständigung in beträchtliche Gefahren begeben, noch viel schneller, als es die Logik erlaubt. Wir wenden, in der Hoffnung, von den Genossen des eigenen Erlebens, der eigenen Zeit und Umstände verstanden zu werden, eine noch die Logik abkürzende Sprache an. Ich trete z. B. zu Frau und Kindern und sage gewaltig unlogisch: Guten Tag und adieu. Sie verstehen mich, dass ich kaum da bin und nun schon wieder fort muss. Könnte nicht in unserem Spruch so ein Doppelsinn und Schillern der Worte verborgen sein, der nur den Anschein des Unlogischen erweckt?

Der Schüler (rasch): Ja, ich hab's! Darum auch! Kam mir doch der Satz zugleich verrückt und erhaben vor. Er heißt verdeutlicht: Das Schiff fahren ist für das Leben der Menschen, denen es dient, so nötig, dass das Leben der Schifffahrer, die den anderen, ja, der Allgemeinheit dienen, dagegen gehalten, wenn Not an Mann geht, nicht mehr nötig scheint.

Der Lehrer (lacht): Na ja, wird schon so sein. Aber merkst du nun auch, wie fad und allem Heldenmäßigen tödlich die musterhafte Logik sein kann? Die Logik - ist Rechnung; und hier ist sie, meine ich, mit Fug beiseite geschoben worden, weil nichts mehr gerechnet wird, wo die Aufopferung gefordert wird. Ich möchte wünschen, mein Sohn, du ließest dem Satz all seine Unlogik und versuchtest, ihm eine Form zu geben, die uns besser zeigte, auf welches Gebiet dieses Gelöbnis oder dieser Heischesatz[63] gehört. Lass mal das Schiff fahren und sprich es allgemein aus.

Der Schüler (zögernd): Es gibt also gewisse Dinge -
Der Lehrer (einfallend): im Leben -
Der Schüler: die nötiger sind als das Leben.
Der Lehrer: Bravo! Und nun siehst du also: Hier spricht kein Kalkulator, der vergleichend den Wert des Lebens der einen und der anderen abwägt und von den einen ruchlos verlangt, sie sollten sich für die anderen opfern. Keineswegs! Sondern es gibt gewisse Dinge im Leben, die dringender sind als das Leben. Und dafür wird ein Beispiel gegeben. Sieh aber nun einmal von diesem Beispiel ab; gib selbst Beispiele.

Der Schüler: Ein Kind stürzt ins Wasser -
Der Lehrer: Und der Vorbeigehende wird nicht abwägen, welches Leben wichtiger ist, auch nicht, ob er schwimmen kann, sondern wird an die Rettung gehen. Immerhin - da steht auf der einen Seite sicherer Tod - auf der anderen mögliche bis wahrscheinliche Rettung ohne vielleicht allzu große Gefahr. Das könnte immer noch abgekürzte, schon vor Jahrtausenden von den Vorfahren vorgenommene und also instinktmäßig gewordene, automatisch wirksame Rechnung sein. Es liegt mir noch zu

viel klarer Nutzen in dem Beispiel. Ich stell mir nun einmal vor, diese harten, kurz angebundenen, bronzenen Seefahrer denken gar nicht viel an den Nutzen ihres Gewerbes für die anderen, sondern an -
Der Schüler: An ihre Berufsehre.
Der Lehrer: An die Standesehre! Sieh mal an, da hätten wir so nebenbei ein schnöd ins Wasser gestoßenes Kind gerettet! Ist also doch wohl was dran - an der Standesehre?
Der Schüler (errötend): Du drängst mich in lauter Dinge hinein, die ich verworfen hatte. Wenn du's so ansiehst, werden noch ganz andere Dinge gerettet, die ich für Schlimmeres als Kindereien halte.
Der Lehrer (unerbittlich): Als zum Beispiel?
Der Schüler: Der Patriotismus - der Opfertod im Krieg -
Der Lehrer: In der Revolution wohl auch -
Der Schüler: - die Hingabe an den Glauben bis in den Tod -
Der Lehrer (auf Mendelssohns Weise singend): Sei getreu - bis in den Tod - und ich will dir die Krone des Lebens schenken[64] - ist dir das bislang nur kindischer Unsinn gewesen?
Der Schüler: Bitte, bitte! Nicht singen! Nicht strafen! Nicht spotten! Ich muss denken. Das ist alles so schwer.
Der Lehrer: Ja, ja, alles Denken ist schwer und am schwersten, wenn man da zu denken beginnt, wo die anderen noch auf der holden, sicheren Stufe des Gefühls sind. Was meinst du nun - wir wollen von den Türken nicht reden, über deren Gefühlssicherheit wir im Augenblick keine Sicherheit haben - aber diese Serben, diese Bulgaren, diese Griechen, sollten die wirklich von den Staatspolitikern, von irgendwelchen Herren und Eigennützigen in den Krieg getrieben werden, sollten sie nicht von Gemeingeist, von einem Gefühl der Treue gegen ein herrlich Verbindendes getrieben werden?
Der Schüler: Sag mir erst, warum nennst du das tapfere Bergvolk nicht, die Montenegriner, die Tiroler unserer Zeit?
Der Lehrer: Die sind ja auch Serben, wie Serben im Sandschak Novibazar[65] und noch in Mazedonien sitzen und wie da drüben im veruchtesten aller Staaten, in der Habsburgischen Monarchie, die meisten Bewohner Bosniens, der Herzegowina, Kroatiens, Dalmatiens[66] Serben sind. Aber weiche nicht aus. Was meinst du?
Der Schüler: Ich meine, da ist eine begeisterte Volksbewegung, und schließlich - eben - man könnte schon sagen, alle Begeisterung und jedes Feuer und jede Treue sei schön, weil doch solche Treue todbereit die Unterwerfung des Einzelnen unter ein großes Ganze ist. Aber -
Der Lehrer: Kann's da noch ein Aber geben?

Der Schüler: Ein gewaltiges Aber, mein Lieber, mein Freund! Nur nicht wieder singen! Ich muss jetzt nüchtern sein. Was kann denn ich dafür, dass ich nüchtern bin, wenn sie vom Patriotismus entflammt sind und dass ich allüberall begeistert bin, wo, gleichviel in welchem fernen Lande, eine Revolution ersteht?
Der Lehrer: Was du dafür kannst? Du denkst! Du siehst zu! Nur unbedacht, nur blind geht man für eine Sache in den Tod. Kann sein, der Anfang alles Fühlens ist je und je ein Denken gewesen. Kann sein. Gewiss ist, dass jedes Gefühl an nichts als am Denken zugrunde geht. Da halten wir also am Denken. Gut. Weichen wir ihm nicht aus. Das soll denn unsere nächste Stunde sein. Warum denken wir jetzt über den Krieg, den Nationalkrieg, wohl die Nation überhaupt? Wie denken wir darüber? Wohin führt uns dieses neue Denken?

Zweiter Unterricht

Der Lehrer: Ich habe in der Zeitung gelesen, die Serben wollten sich einen Zugang zum adriatischen Meer schaffen und also ihrem Reich solche Gebietsteile der bisherigen Türkei angliedern, in denen Albanesen wohnen? Die Österreicher hätten ihnen daraufhin bedeutet, in jenen Gegenden gäbe es keine Serben, man solle lieber ein unabhängiges Fürstentum Albanien gründen; die Serben aber erwiderten, die Albanesen wären ein Volk ohne Kultur und Staaten bildende Kraft. Was entnimmst du aus diesem Widerstreit?
Der Schüler: Zunächst, dass die Serben es um der Ausdehnung und Abrundung ihres Staats und um ihrer wirtschaftlichen Wünsche willen mit anderen Nationalitäten nicht besser halten wollen, als man es mit ihnen getrieben hat.
Der Lehrer: Richtig; und genau so wie die Serben aus machtpolitischem, unterdrückungslustigem Egoismus über die Albanesen reden, haben sich bis jetzt die europäischen Politiker und Journalisten über Bulgaren und Serben ausgedrückt. Sie geben das auch ganz offen zu, und man möchte nicht glauben, was man jetzt für Geständnisse hört. Da sieh, was einer der geschicktesten Journalisten, der Chefredakteur eines großen Tageblatts, da in seiner kokett frivolen Art schreibt. Man habe bisher die Nationalitäten der Balkanhalbinsel unter dem Einfluss von Wiener Witzbolden und Operettentextschreibern beurteilt und so habe unter Politikern und Zeitungsschreibern „mancher in dem Ungeziefer das Götzentier des Serben und in der eigentlich ganz bescheidenen Nase König Ferdinands[67] das hervorragendste Monument

des bulgarischen Wachstums gesehen." Womit soll man denn die liederliche Zeitungswirtschaft vergleichen, wie sie in diesem zynischen Bekenntnis zum Vorschein kommt? Wie? Diese Leute beziehen ein erkleckliches Honorar bloß dazu, dass sie sich instand setzen sollen, uns über Tatsachen der täglichen Völkergeschichte zu informieren, sie haben allüberall Berichterstatter, haben Handbücher und Monographien, legen harmlose Leser Tag für Tag mit ihrer Pose des Allwissens hinein, und nun gestehen sie lachend ein, sie hätten sich bisher aus Witzblättern informiert, und erst die kriegerischen Triumphe hätten ihnen Augen für die Kulturfähigkeit dieser Völker gegeben! Aber machen sie es denn mitten im alten Europa nicht ebenso? Wie viele Deutsche gibt es nicht, die mitten in Böhmen leben oder Jahrzehnte unter ihnen gelebt haben und doch nichts von tschechischer Kunst, Literatur, Wissenschaft, Technik und Kultur sehen, die bei allem Aufschwung immer noch die alten abgeleierten Feindschaftswitzeleien wiederholen oder etwa aus der Korruption einer bürgerlichen Stadtverwaltung oder der Parlaments- und Regierungspolitikanten auf das ganze Volk schließen?

Der Schüler: Du selbst aber hast mich dahin gedrängt, ich solle im begeisterten Zusammenschluss einer Nation zu kriegerischem Befreiungskampf und also doch wohl zu nationaler Ungerechtigkeit etwas Großes sehen.

Der Lehrer: Du sollst zunächst die Wahrheit sehen. Wahr ist, dass es heute Völker gibt, wie es immer Völker gegeben hat, die um ihrer nationalen Einheit und ihrer nationalen Expansion willen Gut und Blut aufs Spiel setzen. Wahr ist, dass die unwiderstehlichen Bajonettangriffe zum Beispiel, wie sie die Bulgaren trotz allen militärischen Taktikern, die diese Kampfesart längst für veraltet und in moderner Kriegführung unmöglich erklärt haben, in diesem Kriege machen, nicht dem Zwang der Vorgesetzten und nicht dem Drill allein entstammen, sondern dem patriotischen Gemeingeist und der Treue bis in den Tod. Und wahr scheint mir, was du selbst schließlich hast sehen müssen, dass jede Unterwerfung des einzelnen unter solch einen Wahn schön ist.

Der Schüler: Wahr und Wahn? Wäre es nicht schöner, sich für die Wahrheit zu opfern?

Der Lehrer: Wo ist da des Fragens ein Ende, wenn du kritisch wirst? Sowie du in diesen Dingen kühl erwägst, erwacht irgendein Denker oder Hirner oder Stirner[68] in dir, der nun wieder sagt, du solltest dich überhaupt nicht opfern, es gäbe keine allgemeine Wahrheit, und selbst deine besondere Wahrheit sei nicht so wichtig wie gut essen und trinken. Und selbst da könnte es sein, dass, wenn einem ganzen Volk oder großen Massen eines Volkes, einer ganzen Klasse das Essen ausgeht und sie sich verbünden, um sich gemeinsam neue Lebens- und Arbeitsbedingungen zu erobern, es könnte sein, dass einer sagt: Was werd ich so ein Narr sein, der so genannten Gemeinschaft die Kastanien aus dem Feuer zu holen? Und er geht hin und wird Streikbrecher, während die anderen, vielleicht mit dem Hunger als Mittel, ums bessere Essen kämpfen, oder er entschließt sich gar, wie's auch schon vorgekommen ist, aus lauter Individualismus seinen Arbeitsbrüdern die Notgroschen und das Handwerkszeug und die Sonntagshose zu stehlen. Wenn der Egoismus argumentiert, wo ist da ein Ende?

Der Schüler: Vielleicht wirklich noch nicht da, wo du jetzt abgebrochen hast. Denn müsste der konsequente Ichling nicht weitergehen und sagen: diese abstrakte Idee seines eigenen, all seine Regungen zu einer Einheit zusammenfassenden Ich sei auch noch eine Tyrannei und ein Spuk? Jede Regung in ihm, jeder Einfall, jede Laune, jede Begehrlichkeit des Moments, wie sie gerade auftauche, habe ihr volles Herrenrecht zu beanspruchen, oder vielmehr, da ja gleich die anderen Triebe sich gegen solche angemaßte Herrschaft auflehnen würden: es dürfe gar nichts in ihm sein als die Waage aller Kräfte und die völlige Passivität?

Der Lehrer: Und so sähe am Ende der konsequente Egoist, wenn er all seinen Regungen gerecht werden wollte, aufs Haar seinem Widerpart, dem konsequenten Religiösen oder Heiligen ähnlich: Sie hätten sich beide dem Nicht-tun und hypnotischer Nabelbeschauung überlassen, der eine, weil er keinen Gott und keine herrschende Idee und nicht einmal einen herrschenden Trieb seines Ich anerkennt, und der andere, weil er nur in der völligen Abgeschiedenheit und in lebendigem Tod den Sinnen und der Sünde entgeht. Und was lernst du nun daraus?

Der Schüler: Ich habe aus dem, was wir da reden, jetzt eben etwas gelernt. Aber, verehrter Freund, du fragst ja nur, wenn du etwas meinst. Lass es uns einmal so halten, dass wir tauschen: Du sagst mir dein Ergebnis und ich dir meines.

Der Lehrer (lächelnd): Gut. Ich lerne daraus, dass das Leben heißt, was in der weiten Bahn zwischen Ich und Gott, zwischen begehrendem Trieb und Unterwerfung verläuft.

Der Schüler: Und ich lerne daraus, dass das Lieben heißt, was sich selbst von Nu zu Nu tötet und neu gebiert. Ich merke, dass der Tod ein Stück Leben ist.

Der Lehrer: Und so wird es wohl auch Not tun, dass wir Menschen, wenn wir überwältigt sind, uns opfern.
Der Schüler: Du aber sagtest: es sei schön, sich dem Wahne zu opfern. Warum dem Wahne? Warum nicht der Wahrheit?
Der Lehrer: Hör, wie die Worte klingen: Wahrheit - Wahn. Kann man sich der Wahrheit denn opfern? Sie ist so etwas Eingesehenes, Erkanntes, Gedachtes, diese Wahrheit. Sie ist noch so neu, solange sie Wahrheit ist. Noch so zweifelhaft und bestritten und also noch gar nicht wahr ist die Wahrheit. Wird sie sieghaft, wirft sie uns um, wird sie ein Lied über uns und eine Fahne vor uns, drängt sie uns in Marschkolonnen zusammen, deren Einzelne nur noch so geschieden sind, wie die Glieder eines Leibes die alle dasselbe spüren und dem nämlichen Willen gehorchen, dann wird aus der Wahrheit immer der Wahn.
Der Schüler: Aber das ist ja schrecklich!
Der Lehrer: Und warum soll es nicht schrecklich sein? Sind wir so verzärtelt oder dürr, dass wir das Furchtbare und Gewaltige nicht mehr in unserem Leben ertragen? Soll es für uns kein ça ira[69] und kein Allons enfants[70] mehr geben? Weh uns, wenn uns der Wahn gestorben wäre!
Der Schüler (aufatmend): Jetzt sehe ich wieder Licht vor mir. Es gibt also toten Wahn und aber lebendigen?
Der Lehrer: Ei freilich!
Der Schüler: Und so wäre die Nation uns ein toter Wahn?
Der Lehrer: Sachte. Nicht so schnell. Sagen wir zunächst, dass das die Aufgabe des Denkens, der Besinnung, der Kritik ist: Wahn, der nicht mehr zum Leben taugt, zu töten und zu verscharren. Nun sage mir: wann taugt er wohl nicht mehr zum Leben?
Der Schüler: Wohl, wenn er zu alt ist.
Der Lehrer: Zu alt? Ich weiß nicht. Wohl möglich, dass etliches in uns, manche Funktion, die man leiblich nennt, mit einem Wahn zusammenhängt, der ein paar Jahrhunderttausende alt und noch älter ist. Mir ist, als ob kein Mensch und kein Tier ohne Wahn gezeugt würde. Als ob es auch keine Empfindung unserer Sinne und keine Regung unserer Triebe ohne Wahn gäbe. Nein, nein, am Alter liegt's nicht. Am Alter stirbt kein Wahn, am Alter stirbt nichts.
Der Schüler: Nichts? Auch wir nicht? Wir Menschen nicht?
Der Lehrer: Ich glaube eher, dass wir an einem Wahne, als dass wir am Alter sterben. Der Wahn ist, was er ist, eben durchs Alter. Reif und köstlich und Gefühl gewordene Wahrheit - das ist lebendiger Wahn. Woran mag er denn wohl sterben?

Der Schüler: Ich weiß nicht.
Der Lehrer: Und doch hab ich dir's schon gesagt: Er stirbt, weil er nicht mehr zum Leben taugt. Er stirbt, weil das Leben, das veränderliche und fortgehende Leben ihn umbringt. Er stirbt, weil das Leben sich seinen Erben geschaffen hat. Genau so, wie das Menschentier stirbt. Nur wo Zeugung ist, ist Tod. Wir sterben allesamt am Geschlecht, gleichviel, welcher Zufall uns den Rest gibt. Warum der Krieg uns nicht mehr taugt, warum wir ihn hassen und verabscheuen, warum wir ihn in seine Bestandteile auflösen und demnach blöden Mord nennen, das wirst du erst einsehen, wenn -
Der Schüler: Wenn ich weiß, was ihn ablöst.
Der Lehrer: Ja,, wenn du weißt, was in uns ihn hasst und verstößt und in der Wüste der Gemeinheit aussetzt. Sein Erbe lebt in uns und dreht ihm den Hals um. Der Krieg ist kein Mittel eines lebendigen Wahnes mehr, weil wir einen anderen Wahn in uns zum Leben brauchen.
Der Schüler: Ist es nicht auch so auszudrücken: dass der Krieg und der Nationalstaat unserem Leben im Wege stehn? Dass die Dinge so weit gediehen sind, dass Krieg und Nationalstaat uns das Brot vom Munde und das Dach überm Kopfe nehmen?
Der Lehrer: Es ist so. Echter Wahn führt hie und da zum Tod um des Lebens willen. Solch verwesender Wahn lässt uns nur noch ein Leben im Tode. Darum auch leben neue Wahrheiten in uns auf, die uns so stark und innig ergreifen wie nur je ein Wahn.
Der Schüler: Und wie nennst du diese Wahrheiten, die den Staat und seinen Krieg umbringen wollen?
Der Lehrer: Sie heißen das Volk, der Sozialismus und die Anarchie. Das Volk oder die Nation ist ein alter echter Wahn, der nur von seiner Verkoppelung mit der Lüge, die nie Wahn gewesen ist, dem Staate, befreit werden muss. Dazu hilft ihm die eine unserer beiden Wahrheiten: die Anarchie. Wenn der Staat fort und die Anarchie da ist, dann lebt die Nation wieder ihr edles, freies, feines Leben ohne Vermengung mit dem Schmutze. Und dann hilft den Völkern, die viel mehr und ganz anderes noch sind als Nation, die zweite Wahrheit zum neuen Volke und zur Menschheit: der Sozialismus. Und davon reden wir ein andermal.

Ein Zwischengespräch

Der Lehrer: Bitte, lies' hier diese Stelle!
Der Schüler (liest): „Immer toller, alle Tage wahnsinniger kommt es

mir vor, je mehr ich die Welthändel sehe und bedenke, dass man seinem innersten Herzen nicht lebt."[71] Wer hat es geschrieben?
Der Lehrer: Das hat vor hundert Jahren eine Frau geschrieben, Rahel Levin.[72] Wir haben jüngst vom Wahn gesprochen, und du weißt, was ich so nenne. Nun siehst du, was aus dem Wahn wird, wenn Gefühl und Denken ihn verlassen. Nun siehst du, was der Wahn des Krieges einer wahr fühlenden und denkenden Frau, vor hundert Jahren schon gewesen ist: Wahnsinn. Wann nennen wir eine Handlung der Menschen wohl wahnsinnig?
Der Schüler: Du wirst keine wissenschaftlich psychiatrische Erklärung von mir erwarten. Der Volksmund nennt ein Tun wahnsinnig, wenn die einfachste Überlegung dem Täter sagen müsste, dass sein Vorgehen verkehrt und zweckwidrig ist.
Der Lehrer: Nennen wir diese einfachste Überlegung, worunter du eine verstehst, deren jeder fähig ist, der seiner fünf Sinne mächtig ist, schlechtweg das Denken, so sagst du: Wir nennen es Wahnsinn, wenn das Handeln der Menschen in entschiedenem Widerspruch zu ihrem Denken steht. Meinst du nun wirklich, dass ein solches einheitliches Denken über den Krieg da ist?
Der Schüler: Ja, das meine ich. Ich habe über alles, was wir gesprochen haben, nachgedacht. Das begeisterte Gefühl, das sich auch jetzt noch ganzer Völker bemächtigen kann, wenn Krieg ist, entstammt nicht ihrem wirklichen, ihrem jetzigen Denken, sondern ist ein vererbter Rest aus den alten Zeiten, wo der Krieg Sinn hatte. Es gibt solche Gefühle, die ihren Grund überlebt haben.
Der Lehrer: Und wann meinst du, dass der Krieg einmal Sinn hatte?
Der Schüler: Ich habe mir ausgedacht: Alle Brettspiele, gleichviel wie die Spielregeln lauten, sind eine spielerische Nachbildung des Krieges. Das Wegnehmen der Steine, das Überspringen der festen Punkte, hinter denen eine Lücke ist, das Ankommen an einem bestimmten Ziel, das Einschließen und Aufhalten des Gegners, alles wiederholt Wege und Ziele des Krieges. Was uns aber in dieser Erholungslust nur Spiel ist, muss einmal Ernst und Sinn gehabt haben, das heißt, das Mittel muss eine direkte Beziehung zum Zweck gehabt haben. Da kam ein Wandervolk angezogen und fand andere Stämme in seinem Wege. Sie konnten nicht rückwärts in die Wälder, deren Leben sie schon ausgerottet hatten oder wo ein Feind lauerte, dessen sie sich eben erwehrt hatten. Sie brauchten frische Jagdbezirke, Weidegründe, Wohnplätze. Da war eine fruchtbare Ebene vor ihnen; vielleicht wären sie gern um die Stämme, die da schon wohnten, herumgegangen, aber die ließen

sie nicht weiter, und so wurden sie handgemein. Heute aber! Heute ist's ganz anders - -

Der Lehrer: Wie ist's denn heute?

Der Schüler: Wie soll ich dir's sagen? Es ist nicht Spiel, denn es wird grässlich gemordet, als ob zwei Völker um ein Stück Boden rängen, hinter dem sie nur Grauen und Wildnis sähen; und es ist nicht Ernst, weil es kein Muss ist, weil das Kampfbrett, das Schlachtfeld, auf dem sie ringen, nicht der Gegenstand ist, um den sie ringen. Es ist trotz allem unsäglich Abscheulichen doch nur wie ein Mordspiel, nicht um des Sitzens und Wohnens willen, sondern um des Ausgangs willen. Man könnte sich denken, die Staaten könnten sich auch verabreden, die besten Schachspieler jedes Landes sollten miteinander spielen oder noch entsprechender: Trunkene Würfelspieler sollten die Würfel werfen, und der Ausgang entscheide, welches Volk seinen Willen haben solle. Es ist keine Beziehung mehr zwischen Mittel und Zweck. Krieg kann es nur geben, wenn ein Volk ein anderes von einem Stück Land, von einem Brett wegschieben will, mit äußerster physischer, mechanischer Anstrengung. Krieg ist ein mechanischer Druck zur Entleerung eines Raumes. Der Wahnsinn ist, dass das Mittel geblieben und mit allen Mitteln der Technik raffiniert worden ist, obwohl der Zweck gar nicht mehr da ist. Wenn zwei Menschen sich einfallen ließen, zu verabreden, jeder wolle möglichst viele Ochsen schlachten, und wer nach Verlauf einiger Stunden die meisten Kadaver um sich liegen hätte, sollte vom anderen ein Klavier und ein paar Ohrringe bekommen, so würden die beiden Veranstalter einer solchen Wette sicher ins Irrenhaus gesteckt. Wenn sie aber genau ebenso sinnlos und um ganz anderer Zwecke willen einen Sieg im Menschenschlachten herbeiführen, werden sie mit Orden behängt und als Helden gefeiert.

Der Lehrer: Du sagst also: der Krieg sei jetzt ein Spiel oder eine Wette; in Urzeiten aber sei er eine mechanische Wirklichkeit gewesen. Und in der Tat, du hast Recht. Alles am Krieg hat heute nur übertragene Bedeutung. Es geht um den Besitz eines Landes; früher um das wirkliche Besitzen; aber jetzt? um den Staatsbesitz! Wo vorher als Landwirte, Schweinezüchter, Handwerker, Hirten, Händler die Türken, Malissoren[73], Serben, Bulgaren, Juden untereinander wohnten, da werden nach Sieg und Friedensschluss, soweit sie nicht umgebracht wurden, die nämlichen Türken, Malissoren, Serben, Bulgaren und Juden in den nämlichen Häusern wohnen. Besiegen, schlagen, besitzen, erobern: All das war einmal wörtlich, und ist heute spielerisch. Und wer spielt dieses Spiel? Und wer hat früher die Wirklichkeiten geübt?

Der Schüler: In den Urzeiten haben einander die Völker verdrängen wollen. Jetzt spielen die Staaten um die Macht, und die Völker werden wie Steine ins Feld geschoben und zu Tausenden und Abertausenden als Leichen in die Massengräber geworfen.

Der Lehrer: Ich kenne aber eine andere Lehre, die gerade das Gegenteil sagt. Du meinst, im Krieg handle es sich um die Einbildungen, Machtträume und Fiktionen der Staaten, deren Mittel und Kanonenfutter nur die Völker seien. Jene Lehre aber sagt, die Einbildungen der Staaten seien nur vorgeschoben und in Wahrheit gehe der Kampf um die Wirtschaftsinteressen der Völker. Nun spalten sich freilich die Deutungen in zwei Linien: Die einen sagen, der Krieg gehe schließlich um die wirklichen Interessen der Völker, wenn auch die Kapitalisten bei der Teilung am besten wegkämen, die andern betonen um des Kampfes für den Frieden willen, mit dem diese materialistische Auffassung von Haus aus gar nichts zu tun hat, dass der Krieg den Arbeitern eines Landes zwar nichts, den wirklichen Interessen des Kapitals aber sehr viel nütze. Ein Widerspruch zu deiner Meinung ist also jedenfalls da.

Der Schüler: Ich möchte schon zugeben, dass mit dem Krieg zwar nicht, aber mit seinem Ausgang wirkliche Wirtschaftsinteressen verbunden sind. Bloß, sie sind nicht notwendig, nicht sinnvoll, sondern eben wahnsinnig darein verstrickt. Und ich meine, alles kommt daher, dass jedes Volk in den Staat eingewickelt ist, und dass der Staat nichts tun kann, ohne dass das Volk dabei ist. Ist es nicht so, als habe sich der Staat am Volk vollgefressen oder als habe ein schemenhaftes körperloses Gespenst sich durch Zauber des Leibs eines Lebendigen bemächtigt? Und wenn der Staatkobold nun einem anderen solchen Staatenteufel das Blut, das Blut lebendigen Volks nämlich, das dahinter steckt, ausgesogen hat, kann er nur so des roten Tranks froh werden, dass er es seinem eigenen Volk, das von ihm besessen ist, einpumpt?

Der Lehrer: Du redest in Bildern und magst das Rechte treffen; aber wir wollen es deutlicher sehen. Du merkst, wie Not es tut, dass wir nun endlich bald vom Staat und vom Volk und von ihrer scheußlichen Vermischung das Rechte sagen. Doch heute kann es nicht sein. Die Zeit drängt. Wer weiß, wie schnell der Krieg über all unsere Völker kommt. Nie noch seit Jahrzehnten war er so dringend nah. Im Gefühl sind wir nun einig. Und das andere machen wir bald aus, wenn es die Zeit erlaubt. Jetzt gilt's Besseres. Komm, nimm den Hut, wir wollen zu den Menschen gehen, wo sie bei der Arbeit und nach Feierabend zusammen sind, und sie vor dem Wahnsinn warnen. Der Krieg? Es gibt keinen Krieg. Es gibt Menschen, die sich töten lassen und töten. Wir wollen zu den Menschen gehen. Zu den Arbeitern, weil ihr Handwerk der Friede ist; und zu den Frauen, weil sie des Volkes sind, aber nicht des Staats. Noch nicht! Was wär's für ein Jammer, wenn die Frau noch dem Staat verfiele, jetzt eben, wo er fallen soll. Komm! Wir wollen zu allen Menschen gehen, die guten Willens sind.

Dritter und letzter Unterricht

Der Schüler: Lieber, Lehrer, Freund und Älterer, hilf mir!
Der Lehrer: Nun, was ist?
Der Schüler: Ich bin zu den Menschen gegangen und habe mit ihnen vom Kriege geredet. Und nun ist mir - ach Gott, in den Büchern sagen sie, so weh. Aber mir ist nicht weh; mir ist übel.
Der Lehrer: Sag mir, wovon, dass ich sehe, wie ich dir helfen kann.
Der Schüler: Mir ist übel vor Schwanken; denn ich bin unentschieden, welche erbärmlicher sind: die Freunde des Kriegs, die nicht wissen, dass sie auf einem Weg von Leichen zu toten Dingen gehen wollen; oder die Gegner des Kriegs, die fast alle schon wie Totgeborene sind: denn mit dem Morden verwerfen sie auch jede Todbereitschaft; mit der Schlachtlust ist ihnen auch jede Kampflust und mit der Mordwut und Kriegsfackel jegliche Tapferkeit und alles Feuer abhanden gekommen. Panem et circenses[74] begehrten die römischen Plebejer, als die Republik versunken war, und nichts weiter; heute heißt die Losung: Essen, Trinken und Kintopp!
Der Lehrer: Schön; vergiss nur nicht, dass das Schwanken in dir ist. Die anderen sind, so oder so, gerade und eindeutig auf ihrer Straße; und wenn sie, meinetwegen in Dummheit und Gemeinheit, vergnügt und lustig sind, könnten sie vor dir immer noch etwas voraushaben.
Der Schüler: Vergnügt? lustig?
Der Lehrer: Hör zu. Du sagst selbst, bei den Römern war's der Zirkus, heute ist's der Kintopp. Woraus sich ergibt, die Welt dreht sich einigermaßen im Kreise. Denn zwischen diesen beiden Volksbelustigungen hat es doch allerlei Gutes gegeben. Gesetzt nun den Fall, heute wär's ziemlich schlimm bestellt, und du, ich und noch so ein paar hätten einige Gründe, sich als Prediger in der Wüste vorzukommen und sich noch dazu zu ärgern, wenn die Wüsten selber aus Bequemlichkeit sie mit diesem ehrenden Namen rufen, - müsstest du dich nicht trotzdem vor dir selber genieren, mit einer ewigen Leichenbittermiene und unaufhörlichem Brechreiz in der Welt herumzulaufen? Sollen wir uns

immer über die stumpfen Massen beklagen? Jammern, dass wir so vereinsamt sind? Dass wir handeln möchten, das Reden verabscheuen, aus Mangel jedoch an Teilhabern nur immer vom Handeln reden können? Oder sollen wir denen, die nicht hören wollen, immerzu weiter predigen? Oder eine Hamletmiene annehmen und beweinen, dass wir in die Welt gekommen seien, sie einzurenken? Das alles sollte uns der Stolz verbieten, wenn nicht die Lebenslust.
Der Schüler: Was sollen wir denn aber tun?
Der Lehrer: Das Beste wird wohl sein, dass wir gesund sind. Das heißt nichts anderes, als dass wir vielfältig sind und uns immer anders benehmen, als die guten Freunde die Feinde von uns erwarten. Wir wollen Fäuste haben und dreinschlagen, und zürnen und gewaltig klagen, und dann wieder im Kleinen schaffen und liebreich sein. Aber eins wollen wir auch; wir haben's zu lang schon gelassen, als ob man so etwas Nötiges eine Weile vergessen könnte. Aber der Bethmann-Hollweg[75] erinnert einen zum Glück immer wieder daran - der Harden[76] könnte es auch, aber den liest man nicht mehr: Wir wollen lachen! Wir Abseitigen müssen schon so sein: einmal mitten drin, als ob es gelingen müsste, das Werk der Zerstörung und Umgestaltung, der Erneuerung der Geister und Zustände gleich zu vollbringen; und dann wieder ganz draußen. Und wenn du lachst, dann darfst du nicht bösartig lachen und nicht kleinlich. Lass dein Lachen meinethalben beim Bethmann beginnen; was liegt daran, wo etwas anfängt? Aber es muss sich steigern; und schließlich kannst du's zu einer so liebenden Heiterkeit bringen, dass du über dich selbst so gut lachst wie über die anderen und also gar nicht mehr lachst, sondern lächelst, und auch das mehr mit den Augen als mit den Lippen.
Der Schüler: Wäre da nicht mehr Lieblosigkeit, als Liebe, in so teilnahmlosem Zuschauen? Derweilen plagen die Menschen einander aufs unmenschlichste.
Der Lehrer: Du willst die Menschheit gründen. Gründe sie in deinem Blick, dann wartest du nicht aufs künftige, sondern hast sie. Und in dem Augenblick plagen nicht mehr die einen Menschen die anderen; sondern ein einheitliches Wesen quält sich selbst. Sieh den Krieg und all die grässliche Not einmal so an: Da ist ein Wesen, das sich mit schauderhaften Träumen plagt. Du willst es erwecken; fürchtest aber zugleich, es könnte ein Geschöpf daraus werden, das noch scheußlicher anzusehen wäre, weil es gar nicht mehr träumt. Und davon, von deinem eigenen Schwanken, ist dir übel. Merkst aber nicht, dass du nur deine Zeit repräsentierst, die schon über hundert Jahre alt ist.

Der Schüler: Was meinst du?

Der Lehrer: Zwischen Revolution und Romantik taumelt die Zeit. Immer setzt sie an, um den Aberglauben zu nehmen, und immer weicht sie wieder zurück, weil sie fürchtet, die Phantasie zu töten. Dieser Zeit fehlt eines - Sinn für die Zeit; und eben darum hat sie keinen Humor.

Der Schüler: Sprich deutlicher.

Der Lehrer: Deinen Zustand kenn' ich so gut, weil wir alle drin sind; ich auch. Unendlichkeit! Erfülle dich ganz damit. Es geht immer noch ein bisschen weiter; was liegt daran, wie lange etwas dauert? Die Phantasie, das Ideal, der Wahn oder wie du's nennen willst, ist das Leben selber; wie könnten wir leben, wenn wir nicht träumten? Je sicherer einer das aber weiß, umso weniger klammert er sich an die alten Träume, umso weniger braucht er es schon zu wissen, was die Menschheit künftig träumen wird. Er weiß, sie wird immer träumen, dieweil sie lebt.

Der Schüler: Und was folgerst du daraus?

Der Lehrer: Selbst wenn wir gar nichts Neues wüssten, wenn wir nur den Unsinn des Toten erkennten: Töten wir das Tote! Das Leben ist da. Und wenn wir nun wirklich eine nackte, bloß negierende Zeit des Übergangs wären, nehmen wir's auf uns. Ist unser Beruf der Hochverrat gegen verfaulten Traum, so entziehen wir uns ihm nicht! Dass Menschen einander morden, dass Völker gegeneinander Krieg führen um der Staatsgrenzen oder gar der Staatsehre willen, ist barer nackter Unsinn. Bleiben wir dabei und helfen, diese Erkenntnis durchsetzen. Der eine ist ein Deutscher - der andere ein Franzose - der dritte ein Russe: pflegen wir also, wir Sprach- und Nationalvereine, unsere Literaturen, Sitten, Künste, Schulen. Das hat mit ‚Staat' gar nichts zu tun. Stellen wir alle Idole auf ihre Gänsefüße. Fegen wir alle Lügengespinste aus. Wir lechzen nach Wirklichkeiten. Scheiden wir: hier sind Gemeinden, Kreise, Wirtschaftsgruppen und Verbände; Sinn. Dort sind Staaten, Regierungen; Unsinn. Hier geht's um Arbeit für die Lebenserhaltung und Verschönerung; Sinn; dort um tote Wahngebilde; Unsinn. Scheuen wir uns nicht vor der klaren, zersetzenden Vernunft; erkennen wir kein Gebilde an, das Menschen zusammenführt, ohne nach dem Zweck zu fragen. Gleichviel, wie viele Generationen daran gearbeitet haben; ob sie heute künstlich gebaut oder ob sie geschichtlich geworden ist; besinnen wir uns: welchem Zweck dient diese Gruppierung? Fragen wir, zersetzen wir, negieren wir, töten wir, fegen wir aus: aber blicken wir vorwärts; leben wir aus der Notwendigkeit unserer Gedanken heraus; blicken

wir nicht mit ästhetischen Gelüsten zurück. Die Menschheit hat Zeit, viel, viel Zeit; und wenn nun wirklich eine Generation nichts täte als ausmisten, wär's nicht besser, als dass sie mit der Mistgabel in der Hand im Mist nach Perlen sucht?
Der Schüler: Ja, ich fühl's: Frische, Gesundheit, Kraft, Stetigkeit - das fehlt uns und das brauchen wir.
Der Lehrer: Freilich; wir müssen gar nichts für uns selber wollen und doch tatlustig sein. Humor und Tat - die sind bisher noch nicht oft beisammen gewesen. Aber jetzt bedarf's ihrer Gemeinschaft. Wir müssen handeln, als ob uns die Geschichte gar nichts anginge: ganz hoffnungslos energisch müssen wir sein. Einen Beethoven[77] der Tat und Blücher[78] des Geistes brauchen wir. Hoffnungslos hieß bisher immer verzweifelt; das soll die Menschheit jetzt erst lernen, dass man auch hoffnungslos lustig sein kann. Ihr Mörder! Ihr Selbstmörder! Ihr Kriegführenden und Kriegvorbereitenden! Schlagt euch tot, massakriert, verstümmelt Gefangene, werft Bomben aus der Luft, schlitzt euch mit dem Bajonett den Bauch auf, immer begeistert drauf los und immer für das heilige i-e-n. Bulgaren, tötet Serben, es ist für Bulgar-i-e-n; Serben, tötet Bulgaren, es ist für Serb-i-e-n. Es lebe das allerheiligste Suffix[79]; Präfixe[80], ihr seid Wichte und Nichtse, drauf, mit dem Kolben drauf. Elender, töte den Elenden! Die Völker sollen sich morden, damit die Staaten leben. Man muss mitleidig sein, sagt ihr? Muss auf irgendeiner Seite stehen? Für den Schwächeren Partei ergreifen? Unmöglich! Wer da Partei ergreift, verschreibt sich dem Staat mit Haut und Haar. Es ist ein Elend, wie der Türkei mitgespielt wird? Wie Österreich seit Monaten in Sorgen ist? Nein, nein, für uns soll's nicht Türkei und nicht Österreich mehr geben. Das sind Träume, die zum Himmel stinken. Keinem, der mit dem Staat mitmacht, gleichviel, in welcher Rolle, kann geholfen werden. Scharen wir uns um die leibhaften Wirklichkeiten; Realisten, ganz krasse Realisten müssen wir werden, wenn Anarchie und Sozialismus mehr werden sollen als schwächliche Namen. Ganz deutlich und scharf müssen wir es uns eingestehen: all das, was jetzt als Kriegsgefahr in der Luft herumschwimmt, geht uns nichts an, nichts, nichts, nichts! Nur wenn wir ganz fest auf uns selber stehen und uns zu unserer Gesinnung bekennen, wie sie ist, kommt Reinlichkeit in die Welt. Gegen Reformen ist gar nichts zu sagen, und die kleinste Besserung, wenn sie wirklich ist und bleibt, ist gut und besser als geschwollene Reden. Aber über alles wichtig ist die Erkenntnis, dass in gewissen Zuständen gewisse Reformen unmöglich sind. Die Lungenentzündung beizubehalten, das Fieber aber abzuschaffen, geht

nicht; die Staaten existieren zu lassen, mit dem Krieg aber aufzuhören, ist unmöglich. Der Staat ist die organisierte Gewalt, erstens der eigenen Staatsangehörigen gegeneinander, vor allem der Bevorrechteten gegen die Unterdrückten; zweitens dieser Staatsangehörigen gegen die in anderen Staaten organisierten Menschen. Krieg ist Gewalttat, Mord, Raub, Plünderung, Freiheitsberaubung, Rohheit aller Art, weil der Krieg die schärfste und deutlichste Lebensäußerung des Staates ist. Es ist gefährliche Selbsttäuschung, nach nationalen Sympathien oder wirtschaftlichen Interessen des einen oder anderen Volkes gegen Kriegsgräuel eines bestimmten Staates zu protestieren. Die Türken sind human, die Bulgaren sind Würger - so ähnlich konnte man's jetzt wieder hören; oder die Österreicher wollen den Frieden, die Russen aber lassen sie nicht in Ruhe. Alles halb wahr und halb falsch, lenkt aber jedenfalls von der einzig wichtigen Wahrheit ab: dass ein Krieg und seine Grässlichkeit nicht von den Eigenschaften irgendeiner Nation, sondern lediglich von der Lage und Macht der Staaten abhängt. Wer den Völkern helfen will, muss ihnen Anarchie und Sozialismus bringen; es gibt keine andere Hilfe. Anarchie und Sozialismus heißt nichts anderes als Freiheit und Ordnung; Ordnung nicht als gewaltsam erpresster Schein, sondern als aus Freiheit geborene Wirklichkeit. - Oh, ich kenne ihn auch, diesen Drang, in die Gegenwart einzugreifen und in höchster Not einem gequälten Volk beizuspringen. Nicht helfen können - es gibt nichts Schlimmeres für einen aktiven Menschen. Und so kommen wir immer wieder zu Protesten - gegen Justizgräuel - gegen Kriegsgräuel - gegen Barbareien in aller Welt. Wie schauderhaft: Die Menschheit ist da, auf dem Gebiete des Nachrichtenwesens, in der Zeitung; aber sie ist nicht da, in der Wirklichkeit, und hilflos sollen wir all das Entsetzliche in der ganzen weiten Welt Tag für Tag, zweimal täglich, miterleben? Aber wir können nicht helfen, und mancher ist schon der wirklichen Sache der Menschheit verloren gegangen, weil erliegende Menschlichkeit ihn irgendeinem täuschenden Schein zuführte. Autonomie, Föderation, tausenderlei Bünde für tausenderlei Zusammengehörigkeiten und unter diesen Wirtschafts- und Kulturbünden auch die Nationen oder Sprachvereine - - nur durch diese neue Organisation aus wahrem, unlügnerischem Geiste heraus wird dem Krieg zusammen mit dem Staat und dem wirtschaftlichen Raub und der geistigen Unterdrückung ein Ende gemacht, dann erst, wenn die Nation in den Einzelnen wieder eine verbindende Eigenschaft, ein keimendes und treibendes Geheimnis wird. Der Staat kann nur darum sein freches und äußerliches Unwesen treiben, nur

darum träumen die Menschen den bestialisch-perversen Alpdruck der Kriegsschlächterei, weil der tiefsinnige, liebewarme Traum und immer neue Wahn seelischer Nationalität und geheimnisreich individueller Gruppierung nicht da ist. Wir müssen erwachen und uns recken, um wahrhaft ein Leben zu finden, ein Leben des Traums und der Hingebung, der Besonderheit und Gemeinschaft.
Der Schüler: Ja, frei müssen wir sein.
Der Lehrer: Ausnehmend frei müssen wir sein; so frei, dass wir gar kein Milieu, gar keine Anlehnung, gar keinen Wirkungskreis brauchen. Denn wer gar nichts mehr will als Wirklichkeit, der braucht sich um die Wirklichkeit nicht weiter kümmern. Warum?
Der Schüler: Ich denke: weil er ein hoffnungslos Froher ist; einer, der sich innerlich hält wie ein Beschaulicher, und doch hinaus wirkt wie ein Handelnder.
Der Lehrer: Und wieso kann er das?
Der Schüler: Weil er seinen Beruf erkannt hat: angesichts der Unendlichkeit der Welt und der Unendlichkeit der Aufgabe so gesund und stark zu sein, als ob ewiges Leben in ihm wäre.

Die Sozialdemokratie und der Krieg.
In: Soz, 01.12.1912

Gegen den Krieg hat in Basel ein internationaler Sozialisten-, das heißt Sozialdemokratenkongress[81], der aber keine ernste Beratung, sondern nur eine theatralisch wirkungsvolle Demonstration und im besten Fall eine imposante Drohung war, stattgefunden. Ängstlich wurde von den diplomatischen Regisseuren darauf gesehen, dass der Kongress nicht in eine wirkliche Vorbereitung auf den Ernstfall ausarte, wozu Debatten notwendig gewesen wären, die die sozialdemokratischen Nationen nicht vereint, sondern getrennt gezeigt hätten. So hörte man starke Worte, von Ausländern, zumal dem Engländer Keir Hardie[82], auch einen entschiedenen Hinweis auf den Generalstreik, aber im großen ganzen war alles politisch und auf den Effekt und die Scheinharmonie herausgearbeitet.

Wir haben gewiss auch Sinn für eine eindrucksvolle Theaterszene, die, wie jedes Drama, belebend, anfeuernd, erhebend, warnend wirken kann. Auch uns muss es freuen, dass vom altehrwürdigen Münster in Basel aus mit der Wucht internationalen Massenaufmarsches und dem Glanz internationaler Rhetorik auf Völker und Staatenlenker gewirkt wird. Was immer wir Ernstes und Schweres gegen die Sozialdemokratie auf dem Herzen haben, sie repräsentiert, gerade für die Massen der Zurückgebliebenen und Gegner, den Sozialismus, und so wird die Proklamation des Friedenswillens durch die Internationale des Sozialismus im christlichen Münster ein Anblick sein, den man hüben und drüben nicht so schnell vergessen wird.

In einer Geschichte der marxistischen Sozialdemokratie wird das Kapitel, das von ihrer Stellung zu Krieg und Frieden handelt, besonders interessante Wandlungen zeigen. Der Kampf gegen den Krieg als solchen ist in den Marxismus durchaus von außen und gegen den Sinn seiner Theorie eingedrungen. Der Marxist ist von Haus aus geneigt, gegen jede Ideologie, gegen alles Seelenvolle, gegen alle ethischen Gesichtspunkte zu höhnen. Für den Marxisten gibt es keinen Grund, prinzipiell gegen den Krieg als solchen zu sein; sowenig wie für den Revisionisten; beide sind Realpolitiker, die auf dem Boden der bestehenden Staaten stehen und den Internationalismus[83], wenn es sich um in der Zivilisation ‚zurückgebliebene' Völker und um wirtschaftliche Lebensfragen der Einzelstaaten gehandelt hat, nie anerkannt haben.[84] So bedeutet die immer mächtiger gewordene prinzipielle Haltung gegen jeglichen Krieg einen Einbruch des von den Massen gefühlsmäßig erfassten wahrhaften, das heißt staatsfeindlichen, die Gesellschaft auf neue Grundlagen aufbauenden Sozialismus in das Gehege des politischen Marxismus. Ungezählte Beispiele für die Kriegsbereitschaft und geradezu Kriegslüsternheit der marxistischen Sozialdemokratie könnte man aus den Schriften von Marx[85], Engels[86], Liebknecht[87], Bebel[88] zusammenstellen. Hier ein paar Proben von Marx-Engels aus der „Neuen Rheinischen Zeitung"[89], denen man andere Stellen anfügen könnte, die zeigen, wie die beiden mit fanatischer Verbissenheit für die Unterdrückung der südslawischen Völker durch einen großen österreichischen Zentralstaat eingetreten sind:

19. August 1848: „Was war der Krieg mit Russland? [Das heißt im Zusammenhang: was wäre er, den ich gewünscht hätte, gewesen?] Der Krieg mit Russland war der vollständige, offene und wirkliche Bruch mit unserer ganzen schmachvollen Vergangenheit, war die wirkliche Befreiung und Vereinigung Deutschlands, war die Herstellung der Demokratie auf den Trümmern der Feudalität und des kurzen Herrschaftstraums der Bourgeoisie. Der Krieg mit Russland war der einzig mögliche Weg, unsere Ehre und unsere Interessen gegenüber unseren slawischen Nachbarn und namentlich gegenüber den Polen zu retten."

7. September 1848: „Werden die Repräsentanten der Bourgeoisie in Frankfurt nicht lieber jeden Schimpf einstecken, werden sie nicht lieber unter Preußens Knechtschaft sich begeben, als dass sie einen europäisch-revolutionären Krieg wagen, als dass sie sich neuen Stürmen aussetzen, die ihre eigene Klassenherrschaft in Deutschland gefährden?

Wir glauben es. Die feige Bourgeoisienatur ist zu mächtig. Wir haben zu der Frankfurter Versammlung[90] nicht das Vertrauen, dass sie die schon in Polen preisgegebene Ehre Deutschlands in Schleswig-Holstein auslösen werde."

9. September: „Der dänische Krieg[91] ist der erste Revolutionskrieg, den Deutschland führt. Und darum haben wir uns, ohne dem meerumschlungenen bürgerlichen Schoppenenthusiasmus die geringste Stammverwandtschaft zu bezeigen, von Anfang an für energische Führung des dänischen Kriegs erklärt..."

„... Mit demselben Recht, mit dem die Franzosen Flandern, Lothringen und Elsaß genommen haben und Belgien früher oder später nehmen werden, mit demselben Recht nimmt Deutschland Schleswig: mit dem Recht der Zivilisation gegen die Barbarei, des Fortschritts gegen die Stabilität. Und selbst wenn die Verträge für Dänemark wären, was noch sehr zweifelhaft ist, dies Recht gilt mehr als alle Verträge, weil es das Recht der geschichtlichen Entwicklung ist."...

„... Der Krieg, der möglicherweise jetzt aus den Beschlüssen in Frankfurt entstehen kann, würde ein Krieg Deutschlands gegen Preußen, England und Russland sein. Und gerade solch ein Krieg tut der einschlummernden deutschen Bewegung Not; ein Krieg gegen die drei Großmächte der Kontrerevolution ... ein Krieg, der das Vaterland in Gefahr bringt und gerade dadurch rettet, indem er den Sieg Deutschlands vom Sieg der Demokratie abhängig macht."

Und in der Neujahrsbetrachtung der „Neuen Rheinischen Zeitung" zum Jahr 1849 schildert und wünscht der Verfasser (wahrscheinlich Marx, vielleicht Engels), dass um des Sieges der Demokratie willen nicht bloß ein europäischer, sondern ein Weltkrieg kommen müsse. „Er wird geführt in Kanada wie in Italien, in Ostindien wie in Preußen, in Afrika wie an der Donau."

Immer sieht Marx die Revolution in der Gestalt eines Krieges von Staaten gegen Staaten zum Zweck der Konsolidation einiger sozialdemokratischen Zentralstaaten. Dass das meistens nur komische Kannegießereien im wissenschaftlich unfehlbaren Leitartikeljargon sind, sei nur nebenbei erwähnt; die Entwicklungsgeschichte des

Marxischen Entwicklungsstils kann ein andermal betrachtet werden. Absichtlich sind die Zitate aus der Zeit von 1848 gewählt, weil es sich hier um Karl Marx' Politik zu einem Zeitpunkt handelt, wo er an die nahe Erfüllung seiner Ziele glaubte. Sowie die Sozialdemokratie sich der Herrschaft wieder nahe glaubte, wäre ihre Staatspolitik wieder genau die nämliche. Wer einwenden wollte, nur der junge Marx sei ein Kriegspolitiker, der reife aber ein prinzipieller Gegner des Kriegs als solchen gewesen, den würden wir durch reichliche Zitate eines Besseren belehren.

Deutschland, Frankreich und der Krieg.
In: Soz, 01.03.1913

In der Flugschrift „Die Abschaffung des Krieges durch die Selbstbestimmung des Volkes. Fragen an die deutschen Arbeiter"[92] heißt es an einer Stelle:
„Du sprichst von internationalen Vereinbarungen, aber du scheinst keinen großen Wert darauf zu legen. Warum?

Antwort: Weil ich keine Großspurigkeit leiden kann. Das ist bequem, wenn ein paar Bürokraten in irgendwelchen Parteiämtern unverbindliche Redensarten austauschen. Aber es hat kaum mehr Wert als das Geschwätz auf den internationalen Friedenskongressen[93] und die Beschlüsse für den Frieden, die von den Regierungen im Haag gefasst worden sind. Erst müssen die Arbeiter einer Nation, eines Volkes, ihre Vereinbarungen, nach klarer, gründlicher, fester gegenseitiger Verständigung, treffen und halten. Kein Zweifel, und wir können es vor uns sehen, obwohl die Geschichte dafür kein Beispiel hat: zeigen die arbeitenden Massen in einem einzigen Volke mit Ernst und also überwältigend glaubhaft, dass sie die anderen Völker, die verschrienen Feinde, achten, dass sie ihr Leben respektieren, dass sie Entscheidendes tun wollen, um das Ausbrechen eines Zustandes des Mordes und Brandes noch rechtzeitig zu verhindern, zeigt die Arbeiterschaft eines einzigen Volkes nicht bloß durch Worte, Resolutionen, Artikel, sondern durch entscheidende Schritte auf dem Felde der Arbeit ihren unverbrüchlichen Willen, dann zündet diese Lebendigmachung des toten Buchstabens in allen anderen Völkern."[94]

Muss schon vor der Überschätzung internationaler Vereinbarungen gewarnt werden, weil doch nicht Stein und Bein darauf zu schwören ist, dass sie, wenn's Ernst wird, mehr sind als gute

Vorsätze, die nicht gehalten werden, so könnten wir der schönrednerischen und geschwollenen Manifestationen, die bedenklich so aussehen, als ob man mit ihnen nur das Gesicht wahren wolle, nun endlich herzlich überdrüssig sein. Auguren[95], wie die Vorstände der sozialdemokratischen Parteien Deutschlands und Frankreichs und die dazugehörigen Parlamentsmitglieder haben allerdings einige Gründe, ihr Gesicht vor der Öffentlichkeit in ehrbare Falten zu legen; und sie haben darum jetzt ein gemeinsames Manifest[96] losgelassen. Sie versprechen, die Militärvorlagen ihrer Regierungen abzulehnen; das tun sie im Bewusstsein und geradezu in der Hoffnung, dass sie in der Minderheit sind; sie geloben, für das Milizsystem einzutreten; sie wissen, dass das für lange hinaus keine praktische Bedeutung hat; sie verlangen, dass die Kosten der Mehraufwendungen von den Besitzenden getragen werden; wenn sie Sozialisten sind, wissen sie, dass auch Besitzsteuern nur von den Erträgnissen der Arbeit bezahlt werden können und dass die Privilegierten eine Menge Wege haben, ihren Schaden wieder durch erhöhte Ausbeutung gut zu machen. Wichtiger aber als diese windigen Redensarten ist, was sie nicht sagen: Die Vertretung der deutschen und französischen Sozialdemokratie erwähnt mit keinem Wörtchen, dass Millionen von Arbeitern hinter ihnen stehen, die durch ihre vereinigte wirtschaftliche Macht imstande sind, entscheidenden Einfluss auf die Entschlüsse der Regierungen zu üben. Nichts als aufgeblähte parlamentarische Ohnmacht, die nach etwas aussehen soll; aber keine Spur von irgendeiner Wirklichkeit!

Liest man das Manifest genau und kennt man die Tatsachen, die es ohne Zweifel veranlasst haben, so merkt man, dass es sich außer dem guten Eindruck vor den beiden Völkern noch um etwas handelt. Die beiden Parteien leisten sich eine gegenseitige Bürgschaft, dass sie in der bangen Zeit, die bevorsteht, einander nicht schikanieren und keine übertriebenen Anforderungen aneinander stellen werden. Sie haben alle beide das Eine gemeinsam, dass es sich bei jeder von ihnen vor allem um die eigenen Parteiinteressen handelt. Wenn erst die chauvinistische Woge sich noch höher türmt, wird es ja wohl in beiden Ländern nicht sehr gemütlich sein, sich als entschlossener, wirkungseifriger Feind des Krieges zu betätigen. Da wäre es sehr unbequem, wenn die eine Partei von der anderen Tatsächliches, Durchgreifendes verlangen würde. Was liegt näher, wenn die deutsche Partei von der französischen und die französische ebenso von der deutschen geschont zu werden wünscht, als dass sie einen gegenseitigen Versicherungsvertrag abschließen. „Hau mich nicht - ich hau dich auch nicht" - diese unausgesprochenen Worte klingen in dem Augurenschriftstück mit, das viel mehr für die Parteien als für die Völker ein Friedensmanifest ist: Die Guten wollen einander in diesen kritischen Zeiten in Frieden lassen. Sie werden keine Heldentaten voneinander begehren.

Es kommt jetzt eine Zeit, wo zu erkennen sein wird, wer Staatspolitiker und wer Sozialist ist. Der Sozialist trägt in sich das Bild einer Gesellschaft, in der die Beziehungen der Menschen eines Volkes zueinander so geordnet sind, dass der Staat umgewandelt ist in eine Menge von Korporationen, Bünden, Vertragspartnern. Dem echten Sozialisten ist weder die Wirtschaft noch der Gemeingeist der Sprache und Sitte, welcher Nation heißt, mehr mit dem Staate verbunden: Sein Gefühl hat seine Fäden um die neuen Bünde geschlungen, die zwischen den Menschen eines Volkes wie zwischen den Völkern erst werden sollen; sein Herz aber schlägt nicht höher, wenn der Name ‚seines' Staates genannt wird: Er ist ein Sprachkritiker der Praxis geworden und weiß nicht mehr, was diese Sparren bedeuten sollen; er weiß, dass diese Gespenster tot sind. Ganz anders der falsche Sozialist, der ein Politiker unter Politikern, ein Herrschaftslüstling unter Machtbeflissenen ist. Er steht in seinem Staat wie auf lebendem Boden; er vertritt die Interessen dieses Staates auch nach außen.

Auch dem echten Sozialisten werden die Beziehungen zu den Tatsachen nicht fehlen; auch bei ihm und seiner Stellungnahme wird es einen Unterschied machen, ob er ein Deutscher oder ein Franzose ist. Handelt es sich zum Beispiel um die leidige Frage von Elsaß-Lothringen[97], so werden beide wissen, dass es um Grenzländer mit gemischter Bevölkerung geht, um die zwei Staaten sich seit einem Jahrtausend mit immer wechselnder Gruppierung gestritten haben; da sie, die echten Sozialisten, nun gar nicht mehr recht verstehen können, was das eigentlich heißt, dass Menschen zu einem Lande, das heißt, zu einem Staate gehören, werden sie beide zur Großmut und also zu umgekehrten Entscheidungen geneigt sein: Der französische Sozialist wird den ‚Besitz' der Länder den Deutschen gern gönnen, wenn es nur den Einwohnern gut geht und sie in Sprache und Sitte nicht gehindert werden; und der deutsche Sozialist wird keineswegs außer sich geraten, wenn Vorschläge erörtert werden, ob etwa in friedlicher Verständigung der Frankfurter Vertrag[98] zu ändern wäre und Elsaß-Lothringen wieder einen ‚Teil' Frankreichs bilden könnte. Oder aber, nachdem sie sich etwa eine Zeitlang in Großmut überboten haben, vereinigen sie sich beide in der Erörterung des Vorschlags, die Grenzländer zu neutralisieren und so etwa von Savoyen über die Schweiz weg bis zur Nordsee ein unabhängiges und neutrales Gebiet zu schaffen, wie eine solche Anregung in dem Aufsatz „Das glückhafte Schiff"[99] vorgelegt worden ist.

Der falsche Sozialist aber ist gerade bei solchem Beispiel daran zu erkennen, dass der Deutsche den deutschen, der Franzose den französischen Standpunkt einnimmt. Man missdeute nur nicht! Mit wahrem Deutschtum oder Franzosentum haben diese Macht- und Ehrfragen gar nicht das Geringste zu tun. Schadet's dem Deutschtum, dass Gottfried Keller[100] ein Schweizer und kein Reichsangehöriger war? Gewiss nicht; umgekehrt: Keller wäre nicht, was er ist, ein Stolz des Deutschtums, wenn er kein Schweizer wäre. Und ein Deutschelsässer ist immer ein Deutschelsässer, gleichviel, ob Straßburg freie Reichsstadt, französische Stadt, Hauptstadt des Reichslands oder eines deutschen Bundesstaats oder schweizer Stadt ist. Als Goethe[101] und Herder[102] im Elsaß waren und deutsche Volkslieder[103] sammelten, war es unter französischer Herrschaft ein deutscheres Land als heute.

Nun wird sich bald entpuppen, wer ein echter und wer ein falscher Sozialist ist. Einer hat sich schon jetzt beeilt, sich zu entlarven: Gustave Hervé.[104] Seit einigen Monaten schon war zu bemerken, dass dieser bei den revolutionären Syndikalisten beliebte Agitator nach neuen Wegen Ausschau hält, seine Popularität in Macht zu verwandeln, eine Bewegung, eine Partei hinter sich zu bekommen. Dieser Mann hat eine überaus feine Witterung. Schon vor Monaten hat er begonnen, seinen revolutionären Antimilitarismus, um dessentwillen er häufige und lange Gefängnisstrafen auf sich genommen hatte, umzukneten und mit neuen Ingredienzien zu würzen, bis nun der Kuchen gebacken ist. Vom Antimilitarismus ist nichts mehr übrig, es sei denn, dass man die Agitation für die allgemeine Volksmiliz, die gewiss auch nur ein Übergang ist, für den ärmlichen Rest hielte. Im Übrigen zeigt sich jetzt, was dieser Mann gerochen hat und welche Gelegenheit er nicht verpassen will: Er ist ausgesprochener Chauvinist geworden. Vielleicht gibt es kein schlimmeres Symptom für die europäische Weltlage als dieses: dass unter den revolutionär-syndikalistischen Proletariern Frankreichs der kriegerische Nationalismus unverkennbar ausgebrochen ist, und zwar zur nämlichen Zeit, wo der Antagonismus der Russen und Südslawen gegen Österreich sich verbindet mit dem neu erwachten Kriegsgelüst der Lenker der französischen Republik.

„Unsere deutschen sozialistischen Genossen", ruft nun Hervé, der Spürhund des Chauvinismus, „sollen die Geistesverfassung des französischen Volkes kennen lernen." Das französische Volk also, sagt er, verlangt jetzt einen greifbaren Beweis, dass Deutschland es nicht angreifen will. Es gibt aber nur einen solchen Beweis: Elsaß muss die Autonomie bekommen; Lothringen muss Frankreich zurückgegeben werden; Frankreich wird dafür gern eine Kolonie in Afrika - aber beileibe nicht in Nordafrika - oder in Asien hergeben. Das alles wird in drohendem Tone vorgebracht; der nächste Kongress der französischen sozialistischen Partei soll diese elsaß-lothringische Frage auf die Tagesordnung setzen, wird verlangt; und diese Erörterung steht in Zusammenhang mit einem weiteren Artikel Hervés in „La Guerre sociale", in den es heißt: „Allezeit haben wir in Frankreich bei unserem Feldzug gegen den Krieg immer wieder gesagt, dass all unsere extremsten Pläne nur bedingungsweise Geltung haben. Und die Bedingung war die von der deutschen Sozialdemokratie übernommene Verpflichtung, ihrerseits das Nämliche zu tun wie wir oder es wenigstens zu versuchen. Man merke es sich ein für allemal, dass wir weder die Dummen noch die Mitschuldigen einer deutschen Sozialdemokratie sein wollen, wenn sie den Internationalismus verleugnen sollte, um irgendeinem bismärckischen Imperialismus zu verfallen."[105]

Man lasse sich nur durch die Läppchen Revolutionarismus, die noch von der früheren Zeit her anhaften, und durch die vorsichtige Sprache nicht täuschen: Man weiß, wie in Frankreich die Sprache derer ist, die aus Revolutionären sich in Nationalisten fürs Proletariat verwandelt haben. Der Franzose, der mit solchen Worten und in solcher Haltung Lothringen für seinen Staat zurückverlangt, hetzt zum Kriege, dies ist kein Zweifel, und kein Zweifel auch, dass der kluge Hervé weiß, was er tut und was er will. Er will nicht zu spät kommen, er will schon da sein, ehe der patriotische Taumel zur chauvinistischen Trunkenheit letzten Grades wird. Und seine Worte von der Bedingung, an die der französische Antimilitarismus immer geknüpft gewesen sei, heißen ungefähr: Wir französischen ‚Sozialisten' wollen jetzt Lothringen zurückverlangen; unterstützen uns dabei die deutschen Sozialdemokraten nicht, dann fort mit dem Antipatriotismus: Es lebe Frankreich! Es lebe der Krieg!

Der Stein ist im Rollen; wir müssen die Dinge sehen wie sie sind. Europa ist in äußerster Kriegsgefahr; und niemand weiß, was dieser Krieg an Entsetzlichem bedeutet.

Den Augenblick müssen wir nehmen, wie er ist, und nichts ist jetzt so wichtig und dringend als die Besinnung: Wie ist diese Schmach und dieses Entsetzen zu verhindern?

Da muss das erste das sein, was am Eingang dieser Mitteilungen steht und was das völlige Gegenteil dessen ist, was der Kriegsagitator Hervé predigt: nichts haben wir uns darum zu kümmern, was andere in anderen Ländern tun; nicht dürfen wir unsere Aufgabe an die Bedingung knüpfen, dass andere in anderen Ländern unserem Beispiel folgen oder gar bindende Abmachungen mit uns schließen; wer das verlangt, ist ein Staatspolitiker und kein Sozialist. Um des Sozialismus willen, bedingungslos, haben wir zu tun, was unsere Idee, was unsere Seele, was unser Gewissen verlangt: unsere Pflicht an der Menschheit.

Paul Hyacinthe Loyson[106], Herausgeber des französischen Blattes „Les Droits de l'Homme (Die Menschenrechte)"[107], schickt der Redaktion des „Sozialist"[108] eine Nummer seines Blattes und macht sie auf einen Artikel aufmerksam, der die Überschrift führt: „Ihr habt das Wort! Appell an die Sozialisten in Deutschland und Frankreich." Darin liegt eine Frage, die nicht eigentlich an uns gestellt ist; denn der Inhalt des Appells erweist, dass Loyson, wie es so oft geschieht, das Wort ‚Sozialist' lediglich auf die Bekenner der sozialdemokratischen Parteigrundsätze bezieht. Wir wollen uns aber der Antwort nicht entziehen und bitten nur, genau das, was wir wollen, von dem, was wir beobachten und auf Grund dieser Beobachtungen urteilen, zu unterscheiden.

Paul Hyacinthe Loyson ist der Führer einer, vermutlich noch nicht allzu starken Richtung im französischen Bürgertum, die darauf ausgeht, aus Frankreich eine wahrhafte Republik, ein Reich sozialer, politischer und internationaler Gerechtigkeit zu machen. Er ist ein unabhängiger Radikaler, wie er ein unabhängiger Sozialist ist. Sein Wollen ist uns also in hohem Maße sympathisch.

Von dem Inhalt des Aufsatzes geben wir ein Bild, indem wir im Folgenden die wichtigsten Stellen wörtlich, die anderen im Auszug wiedergeben.

„Wir denken: Nichts ist unfruchtbarer als der Hass. Es geht nicht, dass wir uns hypnotisieren und unverwandt den Blick auf Straßburg richten. Ein großes Land muss ein höheres Ideal haben als die internationale Blutrache."

„Wir denken: Deutschland hat uns geschlagen, wie wir es vorher geschlagen hatten, in einem ehrlichen Kampf, der für die Besiegten ehrenvoll war. Kennen wir keine andere Revanche, die fruchtbarer ist als die durch Waffengewalt? Pasteur[109] ist der Napoleon[110] unserer Generation; wir sehen, wie die Jugend der ganzen Welt wieder unsere Universitäten besucht; die Meisterschaft unserer Künstler, die Triumphe unserer Flieger trösten uns über Sedan[111]."

Weiter heißt es nun: Bisher habe man bestimmt glauben können, Deutschland sei völlig friedlich gesinnt; der beste Beweis dafür seien die außerordentlichen Fortschritte des ‚Sozialismus' gewesen; denn, habe man gemeint, Sozialismus bedeute Antimilitarismus. In dieser letzten Meinung sei man aber jetzt schwankend geworden. Die „Leipziger Volkszeitung"[112] habe Jaurès[113] wegen seines Vorschlages der Einführung einer Milizarmee, die nur noch der Verteidigung, aber nicht dem Angriff dienen könne, verspottet; der ‚Sozialist' Karl Leuthner[114] habe patriotisch-kriegerische Wendungen gebraucht; der „Vorwärts"[115] habe die Kongo-Kompensationen[116] ungenügend gefunden; weiter werden Worte des ‚Sozialisten' Hildebrand[117] über die Interessengemeinschaft der Arbeiterklasse mit dem Kapitalismus, der Kolonialpolitik und der Rüstungspolitik angeführt. Es wird gefragt, ob diese Herren, Leuthner zumal, im Namen der Partei sprächen? Ob Herr Leuthner ein deutscher Jaurès oder aber Millerand[118] sei? Dann heißt es weiter, der Urheber dieser Warnungen und Bedenken sei der Sozialist und Soziologieprofessor Andler[119] von der Sorbonne, ein Mann also, der an die Möglichkeit internationaler Abrüstung glaube, der aber auch die deutschen Sozialdemokraten durch persönliche Gespräche, durch den Besuch des Reichstags und der Parteiversammlungen, durch die Lektüre ihrer Blätter kennen gelernt habe. Nunmehr aber habe Professor Andler an die Redaktion der „Droits des Hommes" einen Brief geschrieben, in dem es heiße:

„Die deutschen Sozialisten verfallen mehr und mehr dem Militarismus. Außer einigen alten Idealisten, auf die man nicht mehr hört, wie Scheidemann[120], sind alle jungen Sozialisten Imperialisten und Deutschtümler. Selbst sehr alte Führer, wie Bebel[121] und Kautsky[122], sind vom Nationalismus angesteckt. Ich bin enttäuscht wie Sie und darf sagen, das Herz blutet mir über das Ergebnis meiner Untersuchungen."

Der Artikel schließt dann folgendermaßen: „Seit einigen Tagen sieht es plötzlich so aus, als könnten Frankreich und Deutschland in naher Zukunft in den grässlichsten Krieg, den die Geschichte je gesehen, hineingerissen werden. Mit all unseren Kräften werden wir uns dieser Gefahr widersetzen. Unser Blatt hat sich schon zum Organ des Komitees gemacht, das unter der Devise „Pour mieux se connaître"

(Zum gegenseitigen besseren Kennenlernen) an der geistigen Annäherung zwischen Frankreich und Deutschland arbeitet. Es gibt seine schwere Arbeit nicht auf..."

„Aber wenn wir es auf uns nehmen, unseren Nationalisten entgegenzutreten, wie wir es unter dem ‚großen nationalen Ministerium' unaufhörlich getan haben, das mit seinem Führer, dem ‚großen Friedensmanne', die Hauptschuld an der kriegerischen Krise trägt, die im Entstehen ist, so müssen wir zum mindesten Sicherheit über die Gesinnungen und die wirksame Mitarbeit der deutschen Sozialisten haben. Angesichts der Bajonette, die sich jetzt wieder drohend von Volk gegen Volk strecken, ist es die Aufgabe des deutschen und französischen Proletariats, sich mit Entschiedenheit die Hand zu reichen. Sind sie dazu beide bereit, um den ruchlosen Krieg zu verhindern? Mögen sie auf die Beschuldigungen des Herrn Andler antworten und einen ernsten Zweifel verscheuchen. Wir wünschen uns nichts besseres, als ihnen dabei zu helfen."

Man sieht, eigentlich sind die deutschen Sozialdemokraten gefragt. Da aber die Frage uns vorgelegt ist, wollen wir antworten.

Da fällt[sic] zunächst die Mangelhaftigkeit des Materials und die naive Unkenntnis über die Tatsachen auf. Was sollen diese dürftigen Zitate? Herr Leuthner ist ein österreichischer Revisionist und steht in dieser Gruppe ziemlich allein; eine repräsentative Bedeutung kommt ihm nicht zu. Herr Hildebrand ist eben wegen solcher Äußerungen, wie sie hier angeführt wurden, aus der Partei ausgeschlossen worden. Wenn der „Vorwärts" die Kongokompensationen ungenügend fand, so tat er es gewiss nicht aus Hass gegen Frankreich, sondern lediglich aus Oppositionsroutine, um sich an der heimischen Regierung zu reiben.

Richtig ist, dass es in der deutschen Sozialdemokratie starke Strömungen gibt, die, aus theoretischen und praktischen Gründen, sich nicht mehr bloß kritisch, negativ, die Revolution erwartend, verhalten, sondern die Staatspolitik positiv mitmachen wollen. Da gibt es einige, die mit Nationalismus und Imperialismus spielen, während andere für Schiedsgerichte und friedliche Verständigung eintreten. Die meisten großen und kleinen Führer aber sind auf ihre Art schon friedlich gesinnt, vor allem darum, weil es keinen tödlicheren Wurm gibt, der an ihrer Parteientwicklung frisst, als den Nationalismus. Gäbe es zum Beispiel wegen der Militärvorlage eine Auflösung des Reichstags, so dürften wir sicher sein, dass sie von 110 Abgeordneten auf kaum 50 zurückgingen. Da sie nun, ob sie wollen oder nicht, wegen der ganzen

Geschichte und Stellung ihrer Partei, in jedem Fall gegen die Militärvorlage stimmen müssen, ist schon heute ihre größte Furcht, die Zentrumspartei[123], mit der zusammen sie die Mehrheit haben, könnte auch dagegen stimmen. Würde es sich da bloß um ein paar Stimmen handeln, so würden sie vielleicht gar durch Abkommandierung dafür sorgen, dass die Annahme erfolgt; denn eine Reichstagsauflösung wegen einer Militärvorlage, die gleichbedeutend ist mit einem Wahlkampf unter dem Zeichen des Patriotismus, fürchten sie über alles.

Daraus geht schon hervor, dass die Sozialdemokraten nicht im Entferntesten die Macht und Bedeutung haben, wie der Franzose glaubt. Sie sind ihrer Massen nur sicher, wenn es sich um innere Angelegenheiten handelt, besonders um Unzufriedenheit mit Steuern und Zöllen und hohen Lebensmittelpreisen. Sowie es sich aber um das ‚Vaterland' und die ‚Verteidigung des heimischen Herds' handelt, behalten sie zwar ihre in der Partei organisierten Getreuen und viele Mitglieder der Gewerkschaften, aber die Mitläufer die sonst aus innerpolitischer Unzufriedenheit für sie stimmen, gehen ihnen verloren, und ebenso, was sehr wichtig ist, die Unterstützung der bürgerlich-liberalen Parteien bei den Stichwahlen.

Die Deutschen sind in ihrer großen Mehrheit politisch völlige Kinder; die Franzosen übrigens auch. Chauvinisten, die einen ‚frischen fröhlichen Krieg' wünschen, Malthusianer[124], die einen Aderlass für nötig erklären, Oberlehrer, die den Krieg gegen den ‚Erbfeind' predigen, gibt es nicht ganz wenige, und sie haben auch einiges Gefolge, besonders unter den Studierten, Beamten, Handwerkern und Bauern. Die allermeisten aber sind für starke und immer vermehrte Rüstungen, bei uns wie in allen Ländern, aus ängstlicher Friedensliebe und dem Wunsche, dass Deutschland, dessen Industrie und Handel seit 1870 einen mächtigen Aufschwung genommen haben, so stark bleiben möge, wie es jetzt ist; Eroberungsgedanken liegen den meisten ganz fern; Elsaß und Lothringen wollen sie behalten, erstens, weil sie von der Schule her gar nichts anderes wissen, als dass das alte deutsche Länder wären, die Frankreich in früheren Jahrhunderten geraubt hätte; zweitens, weil man ihnen gesagt hat, dass diese Länder um der militärischen Verteidigung willen, durchaus deutsch bleiben müssten; und drittens, weil sie denken, es sei eine Schande, etwas wieder herzugeben, was man hat.

Wenn es nun in der nächsten Zeit auf Grund des Treibens der Regierungen zum Krieg kommen sollte, werden die deutschen Sozialdemokraten kaum eine größere Rolle spielen als 1870, trotz ihren vielen Wählern; darüber sollte sich niemand einem Zweifel hingeben. Das liebe deutsche Volk wird in seiner Gesamtheit tun, und zwar mit Begeisterung und Pflichttreue tun, was die Beamten befehlen. Dass das eine unumstößliche Tatsache ist, davon sollten alle, die sich keinen blauen Dunst vormachen wollen, überzeugt sein, diesseits und jenseits der Vogesen. Was aber nach dem grauenhaftesten aller Gemetzel, das die Geschichte je gesehen, kommen wird, das kann niemand voraussagen.

Es wäre zu wünschen, dass unter den Franzosen jemand mit derselben Aufrichtigkeit, wie es hier geschehen ist, die Tatsachen des Augenblicks schildern wollte.

Was aber der Artikelschreiber getan hat, ist, so gut sein Wille ist und so sympathisch seine Bestrebungen sind, das Verkehrteste, was einer tun kann. Denn im Grunde sagt er doch: auf die Haltung der deutschen Sozialdemokraten komme es an, wozu sich in nächster Zukunft die französischen: Friedensfreunde entschließen. Darauf dürfte aber gar nichts ankommen; denn die deutschen Sozialdemokraten sind Politiker, die gar kein anderes Ziel kennen als die Macht im Staate zu erlangen, abgesehen von einigen, die sich schon so sehr an ihre Negation und Ohnmacht gewöhnt haben, dass sie sich mit der Macht in ihrer Partei begnügen: Wer aber die Macht im Staate, das heißt im Staate Preußen, im Staate Deutsches Reich und so weiter erlangen will, kann nie im Ernste ein Freund des Friedens sein. Wahrhaft den Frieden will nur, wer den Staat nicht will; denn der Staat ist das Regiment der Gewalt, sowohl nach außen wie nach innen. Kriege gibt es nur, weil es Staaten gibt; und solange wird es Kriege geben, als es Staaten gibt. Die armen betörten Menschen glauben, es sei umgekehrt, und die Staaten mit ihrer Militärmacht seien nötig, weil sonst der Feind käme und das Volk unterjochte; jedes Volk hält sich für friedlich, weil es weiß, dass es friedlich ist; und hält den Nachbarn für kriegerisch, weil es die Regierung des Nachbarn für den Vertreter des Volksgeistes nimmt. Alle Regierungen sind am letzten Ende kriegerisch, weil ihre Aufgabe und ihr Beruf die Gewalt ist.

Wer also den Frieden wahrhaft will, muss wissen, dass er vorerst in jedem Lande nur der Sprecher einer ganz kleinen Minderheit ist, und darf seine Entschließungen nicht von irgendwelchen politischen Parteien im Auslande abhängig machen. Mag doch die törichte Welt sein wie sie will - wenn nur ich vor meinem Gewissen meine Pflicht tue. Wer den Frieden wahrhaft will, muss ohne jede Phrase und Selbstbelügung die Tatsachen erkennen, muss sehen, dass die Welt in Waffen starrt, nicht weil die Völker erobern wollen, sondern weil die Völker Kinder sind, die ihre Regierungen gewähren lassen. Das sind die besseren Völker. Schlimm aber sind die, die selber als Volk politisch geworden sind, bei denen gar kein großer Unterschied mehr zwischen dem Volk und der Regierung ist. Am schlimmsten sind die Staaten, wo das ganze Volk leidenschaftlich staatspatriotisch ist; wo das Volk bis zu hohem Grade politische Selbstbestimmung hat, diese Selbstbestimmung aber nach außen im Sinn der Staatspolitik anwendet. Die schlimmsten Kriegsfreunde sind die Engländer, weil sie fast allesamt regierende, also gewalttätige Engländer sind und sich mit dem autoritär-politischen Gemeinwesen Großbritanniens identifizieren. Schlimmes in dieser Hinsicht hat man jetzt bei den Italienern sehen können; und auch den Franzosen ist, wenn's drauf ankommt, wie sich jetzt schon sehr deutlich zeigt, nicht viel Gutes zuzutrauen. In dieser Hinsicht gehören, glaube ich, die Deutschen zu den besten, gerade weil eine so tiefe Kluft zwischen der Regierung und dem Volk besteht, weil im Innern so große Unfreiheit herrscht. Dass man die Deutschen früher das Volk der Dichter und Denker genannt hat, hieß eigentlich, dass sie an die Dinge der Politik nicht vom Standpunkt des Staates, sondern nach höheren, wenn auch unklaren, gefühlsmäßigen und naturrechtlichen Gesichtspunkten herangetreten sind. Davon ist noch viel übrig geblieben, und damit hängt es zusammen, dass die Sozialdemokratie als Erbin der 48er bürgerlichen Demokratie einen Stamm von aufrichtigen und entschlossenen Friedensfreunden immer noch hat. Je machtloser das Volk ist, umso idealer ist es. Nichts Schlimmeres für ein Volk, als wenn es nicht wahre Freiheit hat, was eine Organisation für Wirtschaft und Kultur ohne Staat bedeuten würde, sondern Freiheiten im Staat. Darum sind die demokratisch gefärbten Staaten eine viel größere Gefahr für den Frieden als die dem Despotismus noch näheren. Sie übertragen die Begeisterungsfähigkeit und wuchtige Geschlossenheit der Freiheit und Selbstbestimmung in dem Augenblick, wo der Taumel über sie kommt, auf die kriegerische Staatspolitik. Sind sie besiegt, so kommt der Rückschlag und die innere Revolution bei ihnen freilich schneller als bei den anderen; aber zunächst stürzen sie sich wild und blind in den Krieg. Geht es mit der Verhetzung so weiter, so dürfen wir überzeugt sein, dass ein rasender Taumel der Kriegsbegeisterung über die Franzosen kommt; die wenigen Friedensfreunde werden dann völlig ohnmächtig sein und werden wahrscheinlich für diese ihre Bedeutungslosigkeit „aux socialistes allemands" die Schuld geben. Was aber dann in Frankreich während oder nach diesem über alle Beschreibung grässlichen Krieg kommen würde, das möchte man beinahe voraussagen können: ist der Krieg siegreich, dann der Cäsarismus[125]; endet er mit einer auch nur teilweisen Niederlage, dann kommt das Chaos einer wüsten, weil ziellosen und von Parteidemagogen aller Schattierungen beherrschten Revolution.

Mit solchen friedlich-chauvinistischen, naiven und kraftlosen Redensarten, wie: Frankreich sei die führende Kulturnation, Pasteur sei der neue Napoleon, und so treffliche Universitäten wie die französischen gäbe es in der Welt nicht mehr, wird dem Frieden, der nur da gedeiht, wo schonungslose Wahrheit herrscht, kein Dienst erwiesen. Es gibt in Russland, Österreich, Deutschland, der Schweiz, England genauso tüchtige und verdiente ‚Napoleone' unter den Gelehrten wie in Frankreich, und wären wir nicht ebenso große Kindsköpfe wie der Franzose, wenn wir nach seinem Muster ausrufen wollten: unsere Zeppeline trösten uns über den dreißigjährigen Krieg[126]? Oder die Italiener, wenn, sie - es wäre ihnen zuzutrauen - sich mit Dante[127] über die Schlacht trösten wollten, die Varus[128] im Teutoburger Wald dem Kaiser Augustus[129] verloren hat?

Es tut Not einzusehen, dass der Kampf gegen den Krieg noch in seinem allerersten Anfang steht; dass eine ernsthafte Hilfe von keiner politischen Partei irgendeines Landes zu erwarten ist; dass man überhaupt nicht auf andere warten und sein Verhalten nicht von ihnen abhängig machen darf; dass der Kampf gegen den Krieg verwandelt werden muss in einen Kampf für eine neue Organisation der Völker. Friede ist nicht Krieglosigkeit; Friede ist nicht eine bloße Negation; Friede ist die positive Organisation der Freiheit und Gerechtigkeit. Friede ist Aufbau des Sozialismus; billiger ist er nicht zu haben. Und unter Sozialismus wird hier ganz etwas anderes verstanden als die Staatler und Regierer darunter verstehen: der Sozialismus wird eine neue Ordnung der Menschen sein; wird die Ordnung sein, die heute fehlt und statt deren wir die barbarische Unordnung der autoritären Gewalt mit den periodischen Ausbrüchen der Kriegsentzündung haben.

Kriegsanstifter.
In: Soz, 01.05.1913

Wer den Blick aufs Allgemeine richtet, kommt leicht und immer wieder in Gefahr, über den großen Zusammenhängen wichtige und oft entscheidende Einzelerscheinungen zu übersehen. Man kann sich zum Beispiel eine Geschichte der Französischen Revolution denken, in der weder vom Bestechungsgeld Englands[130] noch von den Umtrieben des Herzogs von Orléans[131], sondern nur von großen treibenden Kräften, von abstrakten Prinzipien und allgemeinen Tendenzen die Rede ist. Oder man kann die Entstehung der Cholera, die Ausbreitung der Lungentuberkulose auf hygienische Mängel, auf Elend und Schmutz, auf Unterernährung und Luftmangel, auf Schwächungen des Einzelorganismus, die sich aus sozialen Gründen ergeben, zurückführen, ohne zu bedenken, dass damit nur erklärt ist, wieso die Bedingungen zu einer Krankheit, das heißt zur Verminderung des Widerstands gegen äußere Schädlinge gegeben sind, dass aber die besonderen Krankheiten durch besondere schmarotzende und Gift erzeugende Lebewesen entstehen.

So mag es auch uns leicht geschehen, dass wir die Gründe, den Untergrund, aus dem der Krieg erwächst, richtig im Staat und weiter zurück in den sozialen Ungleichheiten und Ungerechtigkeiten, den wirtschaftlichen Privilegien und Monopolen der Zusammenhanglosigkeit jedes Volkes und erst recht der Menschheit, der Geistlosigkeit und der ihn ersetzenden brutalen Gewalt erkennen, dass wir aber übersehen, dass es den Krieg nicht gibt, sondern nur bestimmte Kriege und den Krieg vorbereitende Zustände, und dass es also auch mit dem Krieg so ist wie mit allem in der Welt: Außer den Bedingungen jeglichen Krieges muss es auch noch die besonderen Ursachen für jede seiner Erscheinungsformen geben. (Weiß einer für diesen wichtigen Zusammenhang eine bessere Terminologie, so soll er es sagen; ich klammere mich nicht an meine, will übrigens die Sache einmal ausführlicher in ihrem gebotenen Zusammenhang behandeln.[132]) Es gilt für die gesamte Natur- und Menschenwelt, dass, wo etwas sein kann, es auch hinkommt; die kleinen Hügelchen bei Rüdersdorf[133] in der Mark Brandenburg haben auf ihrem Kalkgestein eine Juraflora[134]; Schimmel wird sich unfehlbar ansetzen, wo die Bedingungen dafür gegeben sind, und ebenso umgekehrt: Kein Mensch stirbt an elenden Bedingungen, es muss noch eine besondere Ursache dazu kommen, die aus den Bedingungen notwendig erwächst. Nicht einmal verwesen können wir ohne die Hilfe der Würmer.

So also nisten sich in jeden Staat, da es einen gesunden nicht geben kann, sondern jedweder der Staat Dänemark ist, in dem etwas faul ist[135], schmarotzende Schädlinge und Gift erzeugendes Kleingewürm ein. Auf die schlimmsten parasitischen Wesen, die zwischen den

Staaten international hausen und den Krieg produzieren, und auf ihr ekles Handwerk wieder einmal durch schlagende Beweisstücke hingewiesen zu haben, ist das Verdienst des Reichstagsabgeordneten Karl Liebknecht[136]. Er hat gezeigt, wie es die großmächtige Waffenindustrie ist, die mit Hilfe einer weit verzweigten Geheimorganisation die Völker gegeneinander aufhetzt, Konflikte künstlich erregt und schürt und immer neue Bewaffnungen und Heeresverstärkungen durch ihr Geld und dessen Einwirkung auf Presse, Agitatoren und Beamte herbeiführt. Er hat weiter Beispiele für die unbedenklichsten Konkurrenzmanöver, selbst gegen Regierungen und staatliche Werkstätten mitgeteilt.

Die Untersuchung von Seiten des Gerichts und der außerordentlichen Kommission, die eingesetzt werden soll, wird vermutlich keine großen Ergebnisse zeitigen. Kein nordamerikanischer Trust ist so meisterlich im Vertuschen, Abwälzen, Beeinflussen und Fälschen geübt wie der mächtige Klüngel, der sich hinter Agenten und mehr oder weniger untergeordneten Beamten verkriecht und von einer Untersuchung durch mehr oder weniger verschwägerte Regierungsbürokraten und Parlamentsindustrielle so wenig hervorgelockt werden kann wie eine Wanze durch Flötentöne.

Immerhin ist jede noch so kleine Indiskretion, die geeignet ist, ein Beispiel für das schnöde und gemeingefährliche Treiben derer zu liefern, die um ihres Gewinnes willen zum Krieg und zu Heeresverstärkungen und unaufhörlichen Neubewaffnungen treiben, dankbar zu begrüßen. Hier sei aber auf ein seltsames Buch hingewiesen, das seit einigen Jahren vorliegt und das, wenn ich nicht sehr irre, von der Presse totgeschwiegen wird. Sein Verfasser hat offenbar einen außerordentlich tiefen Einblick in das hier behandelte Gebiet genommen und ist für die Technik sowohl wie die geschäftliche Praktik der internationalen Waffenindustrie ein Fachmann ersten Ranges. Da geht es nicht um etliche kleine Indiskretionen, sondern um eine einzige große Enthüllung, die trotz der unleugbaren Schwächen des Buches wuchtig und elementar zu wirken berufen ist.

Das Werk heißt: „Kriegsgeist. Ein Beitrag zur Geschichte der Menschheitsprüfungen", und sein Verfasser heißt Ludwig Pfeiffer[137]. Es ist in den Jahren 1909/10 in E. Piersons Verlag[138] erschienen und umfasst vier Teile mit achthundert Seiten. Ludwig Pfeiffer ist einmal ein Rädchen im Mechanismus der Gussstahl- und Panzerplattenindustrie gewesen und sollte in komplizierten Zusammenhängen, die nicht hierher gehören, darin zermalmt werden. In dem Buch aber bewährt er sich als ein anständiger, tief und vornehm denkender Mensch mit reiner Gesinnung und edlen Zielen; dagegen leider ganz und gar nicht als Schriftsteller. Zwar schreibt er als einer, der selber gesehen und gedacht hat, ein eigenwüchsiges, gerades und oft kräftiges Deutsch, aber er kann gar nicht aufbauen und bringt alles in der Kraut- und Rübenweise vor. Vor allem geht die Schilderung der Tatsachen immer gleich wieder unleidlich in Theorien und Zukunftsvorschlägen unter; und dazu kommt, dass das Hauptthema, das er behandelt, so kitzlig und gefahrvoll ist, dass er gern schnell zu allgemeinen Betrachtungen abbiegt, von denen er sich dann doch wieder zu seiner eigentlichen Sache zurückschlängelt. Diese seine Sache ist die aus intimer Kenntnis stammende Enthüllung über den Zusammenhang zwischen Waffenindustrie, Großfinanz, militärischen Abnahmekommissionen, chauvinistischer Propaganda und Kriegsrüstungen. Da hat er nicht bloß Einblicke getan und ist imstande, ein Verräter schnöden und verräterischen Treibens zu sein, sondern er hat eine ungewöhnlich tiefe Einsicht in den Zusammenhang der Dinge; er ist weit über Klatsch und Tratsch erhoben und ist nicht abhängig von Indiskretionen Subalterner und auf den Redaktionstisch geflogenen Urkunden, sondern beherrscht in voller Überlegenheit und detaillierter Bekanntschaft mit den schwierigen Gegenständen das gesamte Gebiet. So ist sein Werk trotz aller Schwächen und stilistischen Unarten weitaus bedeutungsvoller als all die kleinen Mitteilungen der Parlamentarier, die das Gebiet nicht kennen und verwerten, was man ihnen zusteckt. Sie stechen mit kleinen Nadeln in die Blase, die sich sofort wieder an den getroffenen Stellen zusammenzieht, während er mit kräftiger Keule darauf haut und sie gehörig verbeult. Noch Stärkeres freilich wird nötig sein, um sie zum Platzen zu bringen, und es wäre zu wünschen, Pfeiffer möchte sein verdienstliches Werk dergestalt fortsetzen, dass er all seine radikale Kritik und löblichen Besserungsvorschläge vorerst zurückstellt und sich lediglich auf systematische und eingehende Beschreibung verlegt. Wir haben viel zu viel Saucefabrikanten und viel zu wenig Tatsachenlieferanten auf allen Gebieten; die Sauce können wir schon schließlich selber machen, aber wir lechzen nach Wirklichkeiten!

Vorbemerkung.
[Johann Gottlieb Fichte], Episode über unser Zeitalter,
aus einem republikanischen Schriftsteller.
In: Soz, 01.06.1913

Das kaiserliche Regierungsjubiläum naht; alle Welt rüstet sich, gleichzeitig auf die hundert Jahre Deutschland seit 1813[139] und auf die fünfundzwanzig Jahre Deutschland seit Wilhelms II. Regierungsantritt[140] zurückzublicken, mit diesem Doppelrückblick aber die Rücksicht auf die Millioneninteressen der Rüstungsindustrie zu verbinden und bei all diesen schielenden Ansichten und Absichten weder schwindlig zu werden noch den Schwindel merken zu lassen. Niemand so wie wir mit dem hier beginnenden Abdruck kann das Beiderlei der Vergangenheit und Gegenwart zu einer wirklichen und tragisch bedeutsamen Einheit verschmelzen: denn hier wird die Zeit von der Ewigkeit her geschildert und diese unsere Gegenwart von einem Manne dargestellt, der sie schon vor hundert Jahren in seiner eigenen Zeit erkannt hat. Das Zeitalter also, von dem im Titel die Rede ist, ist zugleich das Deutschland nach der Schlacht von Jena[141] und das Deutschland, in dem wir leben; denn der Mann, der in der Rolle eines in der Nachwelt lebenden Bürgers einer deutschen Republik seine eigene Zeit beschreibt, schildert damit aufs gewaltigste die Zustände des Deutschen Reiches von heute, das hundert Jahre nach des Verfassers Tod so da ist, wie die Republik, die er ersehnte, heute entfernter ist als zu seiner Zeit. Diese seine Zeit aber hat der Einzige bis ins Innerste und bis in all ihre Folgen durchschaut und keiner unserer Zeitgenossen könnte uns so stark und ähnlich zeichnen, wie uns JOHANN GOTTLIEB FICHTE[142] in *seinen* Zeitgenossen erkannt hat. Nichts kann wie diese Tatsache deutlich machen, dass der Aufschwung von 1813[143] nur ein revolutionärer und schnell bürokratisch geregelter und unterdrückter Rausch war: Wir sind heute wie die Modelle zu Fichtes über hundert Jahre altem Entwurf. Damit ist nicht gesagt, dass jeder Zug, den er an Fürsten, Adligen und Bürgern seiner Zeit schildert, heute noch genau zutrifft: Die Erscheinungsformen mögen anders sein, aber der Kern, besser gesagt, die Hohlheit ist die gleiche und dadurch nur noch ärger geworden, dass vielfach die brutale Geistlosigkeit nicht mehr in Form roher Unbildung, sondern widerlicher Bildungsheuchelei auftritt. Das Bruchstück gehört zu einem unvollendeten politischen Werk, das Fichte im Winter 1806/07 in Königsberg zu schreiben anfing.[144] Da es nur in den „Sämtlichen Werken" 1846 gedruckt worden ist[145], kennt es heutigen Tags so gut wie niemand. So sei denn diese starke Zeitkritik des freiesten und stärksten Deutschen seiner Zeit in diesem Augenblick des Doppeljubels allen Jammerjubilanten unserer Zeit zur Genesung oder aber zur Schau oder wenigstens zum Grimme dargebracht.

Der Kanzler des deutschen Volkes.
In: Soz, 15.12.1913

Es wird nicht gehen, das Deutsche Reich mit einer chinesischen Mauer zu umgeben. Es wird auch nicht durchzuführen sein, die Sitzungen des Reichstags für geheim zu erklären und jede Veröffentlichung als Bloßstellung des deutschen Volkes zu bestrafen. So wird es also dabei bleiben, dass Deutschland einige Ruhemonate im Jahr hat, während deren es mit einigem Erfolg versucht, die Achtung der übrigen Menschheit durch die Leistungen seiner Denker, Dichter, Künstler, auch seiner Technik zu erlangen, dass aber in dem Augenblick, wo das Parlament sich wieder auftut und die Regierung zu reden anhebt, die ganze Welt über uns lacht und über uns erbittert ist.

Es ist aber zu hoffen, dass über kurz oder lang die Völker draußen samt ihren Regierungen sich noch schärfer gegen uns stellen werden. Die Stimmen, vor allem in England, mehren sich und sprechen immer deutlicher, dass die Welt die Kriegsrüstungen als einen unerträglichen Druck zu betrachten anfängt, den das Deutsche Reich allen anderen Völkern auferlegt.[146] Es kann bald die Zeit kommen, wo die Völker Amerikas und Asiens sich gegen Russland, Deutschland, vielleicht auch noch Japan, zu einem wirksamen Boykott verbünden. Die meisten Völker der Erde, die wenigstens schon zum demokratischen Staat vorgeschritten sind, brauchen für ihre wirtschaftspolitischen Zwecke den Krieg und das Militärwesen nicht mehr und betrachten die Methoden, zu denen vor allem Deutschland die Welt zwingt, als veraltet, ruinös und also ruchlos. Diese Völker haben als Erbe von ihren Revolutionen her wenigstens das parlamentarische Regime, das heißt aber in Wahrheit die Möglichkeit (wenn sie auch noch so erschwert ist), dass das Volk selbst, wenn die Zeit reif ist, seine Zustände schnell und ohne viel Durcheinander ändert. Deutschland aber ist noch völlig im Militär- und Feudalstaat stecken geblieben. Die Völker draußen betrachten uns mit Fug als ein Volk, das nicht in voller internationaler Öffentlichkeit selbst über seine Geschicke bestimmt, das vielmehr staatsrechtlich und tatsächlich unmündig ist, das in jedem Augenblick drei Millionen Bewaffnete gegen Europa zu werfen imstande ist[147], wenn ein Einzelner in seinem Privathirn eine minimale Änderung erlebt. Wir müssen der Welt draußen als unberechenbar gelten, weil wir, das Volk, selbst nicht wissen, was wir wollen, weil wir in Disziplin immer das wollen, was unsere Herrscher bestimmen. Nicht von der zufälligen Unberechenbarkeit eines einzelnen, des gegenwärtigen Kaisers, kommt die Gefahr, die wir den anderen Völkern drohen, sondern von der ein für allemal mit jedem knechtischen Volk verbundenen Unberechenbarkeit: Ein Volk, das keine Selbstbestimmung übt, das Winken in jeder Richtung gehorcht, ist eine Geißel aller anderen, aller freien Völker und muss früher oder später von ihnen erobert und zerstückelt werden.

Weil es aber so ist, haben die anderen Völker völlig recht, wenn sie nicht bloß feindselige Gedanken oder Stimmungen gegen unsere Regierenden hegen, sondern wenn sie uns, die Angehörigen des deutschen Volkes allesamt, mit Hass und Geringschätzung betrachten. Wenn wir einem Franzosen oder Engländer oder Amerikaner oder Schweden oder Norweger oder Schweizer oder sonst einem Kulturmenschen auf seine Vorhaltungen erwidern: ‚Das sind ja nicht wir, die all diese Rohheiten und Dummheiten begehen, das sind ja unsere Staatsmänner', so wird uns mit vollem Recht die Antwort zuteil: ‚Noch schlimmer! Wäret ihr's wenigstens! Warum erlaubt ihr's ihnen denn? Eure Unterlassungen sollen wir draußen mit Milliarden Geldes und mit Blut und mit seelischen und geistigen Hemmungen aller Art bezahlen, - und sollen am Ende gar noch Erbarmen mit euch haben? Würden wir in unseren eigenen Einrichtungen uns denn von den paar armseligen Staatsleuten, die ihr habt, beeinflussen lassen? Nur weil wir wissen, dass ihr alle, deutsches Volk, im Ernstfall schießen und hauen werdet, nur darum müssen wir im Kriegszustand leben, ihr feigen Rowdies!' So erscheinen wir dem Ausland: als brutale, Händel suchende, mit dem Säbel rasselnde Kriegsknechte, die aber all das nur sind, weil wir ängstliche, feige, friedliebende, hilflose Herrenknechte sind.

Und nun ist's so weit gekommen: wie wir sind, so ist unser oberster Staatsmann. Das Klägliche an dem Schauspiel, das sich Zabern[148] nennt, sind nicht die beschämenden Vorgänge in den Kasernen, die empörend lächerlichen Szenen auf der Straße, das Klägliche wären auch nicht die Reden, die der Kanzler[149] im Parlament geführt hat, wenn sie seine wahre Meinung ausdrückten. Dass dieser Mann feige ist, dass man jedem Wort anmerkt, dass es gedrückt und unwahr ist, dass jeder Blick auf die wahren Vorgänge zugleich rückwärts nach dem Kaiser und seinem Militärkabinett[150] schielt, und dass diese sich erbärmlich duckende Haltung durchaus der Haltung des deutschen Volkes entspricht, das ist der Jammer. Das deutsche Volk in den Zeitungen schreit und lässt sich alles gefallen; der Kanzler sagt nicht die volle Wahrheit und ist innerlich vergrämt: was für einen Grund, was für ein Recht hast du, deutsches Volk, mit diesem deinem Kanzler unzufrieden zu sein? Bethmann-Hollweg meint, sich und die Situation zu retten, wenn er erklärt, er sei nicht der Kanzler des Volkes, sondern der vom Kaiser eingesetzte höchste Beamte. Er ahnt so wenig wie das deutsche Volk, dass das Gegenteil wahr und das Schlimmste ist: Er repräsentiert durchaus all unsere Sünden, all unsere geschniegelte Ducksamkeit, all unsere Unterlassung und Duldung; er ist der rechte Kanzler des deutschen Volkes!

Des deutschen Volkes, das sich auch dadurch von den anderen Völkern unterscheidet, dass es für den Fremdkörper, dem es seine Geschicke anvertraut hat, ein Fremdwort als Bezeichnung hat. Man unterschätze die Bedeutung des Sprachlichen nicht; es ist ein kennzeichnendes Symptom, dass das deutsche Volk eine Regierung, ein Regiment über sich hat, während die englisch Sprechenden zum Beispiel ein government eingesetzt haben. Die Tatsache, dass es to govern, lenken, leiten, verwaltend ordnen, nicht nur im Staat, sondern auch im Privat-, Familien-, Gesellschaftsleben gibt, zeigt schon, dass es für die englisch sprechenden Völker die Trennung zwischen dem Staat und den Grundtrieben des Lebens nicht so gibt wie für uns.

Ich werde nicht in den Verdacht geraten, mich für irgendeinen Mann des Government übertrieben zu erwärmen; aber ich muss doch sagen: Wenn Churchill[151] oder Lloyd George[152] den Mund aufmachen, höre ich in ihren Worten das achtbare englische Volk, das für seine eigene Politik verantwortlich ist (für schlimme Dinge darunter!), so wie ich in Bethmann-Hollwegs gepressten Ausreden das armselige deutsche Volk höre, das immer erst abwartet, was ihm befohlen wird.

Wie sehr wir aber in der Zivilisation zurück sind, wie argen Grund wir haben, uns zu schämen, das lehrt zur Zeit am besten eine Vergleichung unseres führenden Mannes mit dem führenden Mann in den Vereinigten Staaten: Bethmann-Hollweg und Woodrow Wilson[153]. Der Kanzler mit der ledernen Stimme wird von manchen, die nicht wissen, was sie sagen, ein Philosoph genannt; er benutzt in der Tat doktrinäre Redensarten von vollendeter Ödigkeit, um seine Blöße zu decken, er faselt mit Floskeln, um das einzige zu verhüllen, worin er Meister ist: das Nichtstun und die Ideenlosigkeit. Wenn es je einen Mann ohne Absichten, ohne Plan, wenn es je einen zwecklosen Menschen, einen Mann des Wurstelns gegeben hat, so ist es dieser deutsche Reichskanzler. Derweilen droht das englische Government unter Führung Lloyd Georges, unmittelbar nachdem endlich Irland weitgehende Autonomie verliehen wurde[154], den Großgrundbesitzern mit der Expropriation und schneidet damit die für Englands Kultur wie für den Sozialismus der Menschheit entscheidendste Frage an. Und derweil kündet Woodrow Wilson, der neue amerikanische Präsident, den Monopolisten und Trusts den Krieg auf Tod und Leben an. Wie viel oder wenig sie erreichen werden, steht dahin. Tatsache ist aber, dass von solchen, denen das Volk für eine Weile die Gewalt anvertraut hat, in jenen Ländern die Parolen der Kultur, wennschon nicht ausgegeben, so doch nachdrücklich nachgesprochen werden, während wir den Bethmann haben und von diesem unerträglichen Schwätzer repräsentiert werden.

Die Taten Lloyd Georges wie Woodrow Wilsons werden wahrscheinlich enttäuschen, weil auch die demokratische Regierung noch nicht der rechte Weg ist, den Völkern Gerechtigkeit und Freiheit zu schaffen. Hier ist aber davon gar nicht die Rede, sondern von der Erscheinung, dass in jenen Ländern Männer der Erneuerung, Männer des Angriffs und des Aufbaus die amtlichen Fürsprecher des Volkes werden. Von ihrem Willen und Wesen ist die Rede, und da sei noch einmal gesagt: Das deutsche Volk soll sich schämen!

Thesen zur Gründungstagung des „Forte-Kreises" (1914).
(GLAA 24-26)[155]

I. Propheten, Mystiker, Philosophen, Dichter, Künstler, liebende Herzen aus allen Schichten der Völker und mehr und mehr auch einzelne Gelehrte stimmen in der Gewissheit überein, dass das Verhalten der Menschheit zueinander und die dazu gehörigen Einrichtungen in Einklang gebracht werden sollen und können mit der Gerechtigkeit, Güte, Hoheit und Einsicht, die wir in uns tragen.

II. Die Qual über den Gegensatz zwischen dem klar geschauten Bilde der schönen Menschenwelt und unserem tatsächlichen Leben hat einen Bund der Aufbruchsbereiten[156] und zur Verwirklichung Entschlossenen geschaffen, dessen Glieder noch nicht zusammengetreten sind, wiewohl sie einander erkennen, wo immer sie sich, im Leben oder in der Literatur und Kunst, begegnen.

III. Diese haben nichts mit bestehenden Parteien und Klassenbewegungen zu tun. Was sie treibt, ist *nicht*:
   1) Der Neid und die Sucht nach einem äußerlich besseren Leben für sich selbst.
   2) Das Mitleid und der Drang, einer beliebig großen Summe einzelner Menschen Hilfe zu bringen.
   3) Reaktionsgefühle gegen Taten und Unterlassungen anderer, wie Empörung, Zorn, Rachsucht.
   4) Das Bestreben, die politische Herrschaft in den vorhandenen Staatsgebilden zu erobern.

Was sie treibt, ist *vielmehr:*
Der Wille, dem Geist ein Haus zu schaffen; was sie als das Rechte und also Notwendige und also Mögliche fühlen, wissen und wollen, dadurch zu verwirklichen, dass sie in allen, die ihnen zugänglich sind, diesen nämlichen Willen aus dem Schlummer zu erwecken und dann aus ihrer geeinten Innerlichkeit äußere Gebilde des seelischen Lebens gestalten.

IV. Es wird ein Bund von solchen angestrebt, deren jeder seinen besonderen Weg, von sich aus das Seine zur Gestaltung des rechten Lebens zu tun, schon kennt und beschritten hat.

V. Diese Wege sind allermannigfaltigst, und der Bund hat nicht die Aufgabe, dem einzelnen Gliede, das aus seiner Einsamkeit heraus in seiner Art auf die Menschheit wirkt, dieses Schaffen zu beschränken oder abzunehmen; der Bund hat nicht die unmögliche oder gefährliche Aufgabe, das Getrennte, wiewohl im Innersten Geeinte, äußerlich zu vereinigen; die Glieder des Bundes haben nicht in erster Linie die Aufgabe, aufeinander zu wirken, sondern jeder bleibt ungeteilt in seiner Wirkung aufs Ganze.

VI: Der Bund hat die Aufgabe:
   1) Die Glieder des Bundes in persönlichen und schriftlichen Zusammenhang miteinander zu bringen und so die im Einzelnen noch unbekannten Wirkungen zu erreichen, die sich aus der persönlichen Berührung und tieferen Verbindung der Einzelnen ergeben werden. So sehr bei diesen Verknüpfungen zunächst instinktive Sympathie und Antipathie wirksam sein werden, so sehr ist zu erwarten, dass die Einung im Wesent-

lichen den Gliedern zu einer gegenseitigen Erkenntnis und fruchtbaren Förderung helfen wird, die die Schranken der oft nur äußerlich zu erfassenden Sympathie und Antipathie überschreitet.

2) Zu gemeinsamen Manifestationen und Aktionen zu schreiten, um bei den Gelegenheiten, die sich bieten, mit dem Ausdruck ihrer Einsicht und ihres Wollens als geschlossene Schar vor die Völker der Menschheit zu treten.

3) Manifestationen ihrer einzelnen Glieder zu vereinbaren, die bei geeigneten Gelegenheiten gleichzeitig als einzelne mit dem Ausdruck ihrer Einsicht und ihres Willens vor ihr Volk oder ein Nachbarvolk treten sollen.

VII. Die Gruppe, die zunächst mit dem Willen sich zu erweitern zusammentritt, ist über das alles hinaus in der Bereitschaft[157] geeinigt, das Unbekannte, das in ihrem Bunde geborgen liegt, zu empfangen und seinem Wachstum zu helfen.

Ein Protest in Volksliedern.
In: Soz, 15.07.1914

Markos Abschied vom Bundesbruder
Ein serbisches Volksgedicht[158]

Ritten aus zu Ross zwei Bundesbrüder[159],
Konstantin der Bey und Marko Kraljewitsch.
Und es spricht der Bey zum Königssohne:
„Bundesbruder Kraljewitsch Marko,
Wenn du mich im Herbst besuchen wolltest,
Mich im Herbste am Demetertage[160],
Den als meinen Taufpatron ich feiere,
Dass dir würde Gastmahl und Bewirtung;
Wartet dein die schönste Aufnahm', Bruder,
Und 'ne Reih' der köstlichsten Gerichte."

Ihm erwiderte darauf Herr Marko:
„Mit der Aufnahm' wolle, Bey, nicht prahlen!
Als ich meinen Bruder Andres suchte,
War ich schon einmal in deinem Hause:

's war im Herbste am Demetertage,
Den als deinen Taufpatron du feierst,
Habe deine Aufnahm' da gesehen,
Aber auch drei Unbarmherzigkeiten."

Fragte drauf Bey Konstantin den Marko:
„Bundesbruder, Kraljewitsche Marko!
Sage, was für Unbarmherzigkeiten?"

Ihm versetzt der Kraljewitsche Marko:
„Dies die erst' der Unbarmherzigkeiten:
Zu dir kamen zwei verwaiste Kinder,
Um mit weißem Brote sich zu laben
Und mit rotem Wein sich zu erquicken;
Doch du sprachest zu den armen Waislein:
‚Geht von dannen! Fort, ihr Menschenauswurf!
Macht den Herren nicht den Wein zum Ekel!' -
Dieses, Bey, tat meinem Herzen wehe
Und es jammerten mich tief die Waislein.
Und ich nahm die beiden armen Waislein,
Nahm sie nach dem Markte und den Läden,
Labte dorten sie mit weißem Brote
Und erquickte sie mit rotem Weine,
Ließ sie dann in reinen Scharlach kleiden,
Reinen Scharlach und in grüne Seide;
Dann erst schickt' ich sie nach deinem Hause,
Da sah ich's mit an, Bey, von der Seite,
Wie du jetzt die Waislein aufgenommen,
Beide nahmest du, die beiden Waislein,
Nahmest auf den rechten Arm das eine,
Nahmest auf den linken Arm das andre,
Trugest in das Haus sie an die Tafel:
‚Esst und trinkt, ihr herrschaftlichen Söhne!'

„Noch 'ne Unbarmherzigkeit begingst du,
Als du alte Herren, einst in Ansehn,
Aber jetzt gefallen und verarmet
Und in alten Scharlach nur gekleidet,
Untenan an deine Tafel setztest.
Aber neue Herrn, Emporkömmlinge,

Die seit kurzem erst zu Ansehn kamen
Und sich stolz in neuem Scharlach trugen,
Diese setztest obenan am Tische,
Trugest selber Wein vor sie und Branntwein
Und die Reih' der köstlichen Gerichte."

„Doch die dritte Unbarmherzigkeit:
Vater hast du, Bey, und Mutter, beide;
Aber keines saß an deinem Tische,
Wohl im Herbste am Demetertage,
Den als deinen Taufpatron du feierst,
Vater nicht und Mutter bei den Gästen,
Für ihr Wohl das erste Glas zu leeren."

Ich komme mit zwei Protesten.

1. Jetzt kann es vielen, besonders aber den echten An-Archisten, angesichts des entsetzlichen, unentwirrbaren Nationalitätenhaders auf dem Balkan und seinen blutigen Folgen klar werden, dass Freiheit und Friede den Völkern nur kommen, wenn sie, wie Jesus und seine Nachfolger, in unserer Zeit vor allen Tolstoi[161] es raten, völlige Enthaltung von jeglicher Gewalt erwählen. Gewalt führt nur immer zu Gewalt. Wer aber jegliche Gewalt verwirft, wie wir es tun sollen, der wendet sich von denen ab, die wohl die Gewalttaten ihrer eigenen Nation und ihres Staates verherrlichen, die der Unterdrückten und der wilden Freiheitskämpfer feindlicher Nationen aber beschimpfen. Wir wollen uns vielmehr nach der Regel des großen Spinoza[162] richten, dass wir nicht trauern und nicht lachen und nicht verabscheuen, sondern verstehen sollen, und darum werden wir nicht, wie jetzt alle Zeitungen, die beiden jungen Serben Čabrinović[163] und Princip[164] Mordbuben, Elende, Ruchlose und dergleichen nennen, sondern werden uns erinnern, wie anders eine solche Tat von jeher beurteilt worden ist, wenn der Patriotismus des eigenen Volkes sie unter seine Fittiche genommen hat. Tell[165], der den habsburgischen Landvogt nicht auf offener Straße mitten unter Feinden, sondern in der hohlen Gasse meuchlings aus dem Hinterhalt erschoss, wird nicht einmal nur von den Schweizern als Nationalheld gefeiert; und in der Schule haben uns griechisch (aber nur altgriechisch) patriotische Schulmeister das berühmte Volkslied der alten Griechen rezitiert:

Freiheitslied[166]

Myrtenzweige sollen mein Schwert umhüllen,
Wie's Harmodios und Aristogeiton[167]
Trugen, als sie die Tyrannei erlegten
Und die Freiheit Athenen wiederschenkten.

Bist, Harmodios, Liebster, nicht gestorben.
Auf der Seligen Inseln wohnst du, Dichter
Preisen dich und singen, dass Held Achilleus[168]
Und Diomed der Tydide[169] bei dir wohnen.

Myrtenzweige sollen mein Schwert umhüllen,
Wie's Harmodios und Aristogeiton
Trugen, als sie an Athenens Feste
Den Tyrannen Hipparchos[170] niederwarfen.

Euch, ihr Liebsten, ewiger Ruhm wird bleiben,
Dir, Harmodios und Aristogeiton,
Dass ihr einst den Tyrannen niederwarft,
Und die Freiheit dem Vaterlande schenktet.

Die Menschheit verlumpt, wenn nicht über denen, deren Urteile von ihrer Partei bedingt sind, über denen, die Tell und Harmodios und Aristogeiton preisen, Čabrinović und Princip, die serbischen Bundesbrüder, aber verfluchen, wenn nicht über all diesem verruchten und mörderischen Subjektivismus solche stehen, die all die Standpunkte der Streitenden und Mordenden ernst oder gar lächelnd überschauen und der Objektivität fähig sind. Objektivität, die anderes als Fischblut ist, Objektivität im Moment des Erlebnisses, - wenn wir die nicht aus der Geschichte lernen, dann hat es keinen Wert, dass die Menschheit Geschichte und Gedächtnis hat.

2. Unmittelbar nach dem Attentat auf den Erzherzog, dem auch, höchst wahrscheinlich gegen den Willen des Täters, die Frau des Erzherzogs zum Opfer fiel, drehte sich das Rad und nun wurden unschuldige Serben zu Tausenden das Opfer und wurden misshandelt, auch ermordet, ihrer Habe beraubt und beschimpft. Eine besondere Richtung Kroaten, nächste Verwandte der Serben, die selbst schwer unter dem Verfassungsbruch gelitten und es an Attentaten gegen hohe Beamte selbst nicht hatten fehlen lassen, mohammedanische Bosnia-

ken, die ihrer Herkunft nach selber nichts weiter als Serben sind, und Deutsche taten sich zusammen, um in Sarajewo[171] und andern Städten Bosniens keinen Serben unbeschimpft und unverletzt zu lassen; dieser Pogrom hat schon heute mehr als zwei unschuldigen Serben das Leben gekostet. Mehr als zwei: denn es muss gesagt sein, dass das Leben eines serbischen Kaufmanns oder Handwerkers in Sarajewo nicht ein Titelchen weniger wert ist als das Leben des Erzherzogs oder seiner Frau. Ich habe aber nirgends gelesen, dass die Zeitungen auch nur ein Quentchen Entrüstung gegen diese Verfolgungen aufgebracht haben. Da gilt es zu betonen, dass die Serben eine alte, edle Nation mit großer und ehrwürdiger Geschichte sind, dass wir in inniger Liebe des serbischen Volkes gedenken vor allem darum, weil in diesem Volke seit vielen Jahrhunderten das Lied in einer Schönheit und einem Reichtum fast ohnegleichen lebt. „Wo man singt, da lass' dich ruhig nieder - Böse Menschen haben keine Lieder –"[172] säuseln die Deutschen; ja freilich! wenn nur sie selber sich nicht, als Nachfolger der Türken, dergestalt unter den singenden Völkern, niedergelassen hätten, dass denen der Gesang verging und allerdings allerlei Bösartigkeit erwachte!

Aber was je war, ist ewig: Die Serben[173], die heute gepeinigt und unterdrückt werden, sind die Serben, die ihre süßen Volkslieder gesungen haben: An dem Erwachen der Menschheit zu neuer Schönheit und Gerechtigkeit liegt es, dass sie wieder werden, was sie sind.

Zum Protest gegen ihre Marterung und zum Dank für ihr wahres Volkswesen wünsche ich den Serben als kleines Beispiel ihrer seelenschönen Fülle an dieser Stelle zwei ihrer eigenen kleinen Lieder zu widmen, wie sie unter Goethes[174] Augen dem deutschen Volke von der Dichterin Talvj[175] übertragen wurden.

Allen dienen. Einen lieben

Schön ist's, in der Nacht dorthin zu schauen,
Dorten am Gestad' der stillen Donau,
Wo die Helden ihr Gezelt aufschlugen,
Drinnen sich am goldnen Wein erlaben.
Ihnen dienet eine schöne Jungfrau,
Und wie jedem sie den Becher reichet,
Will im Rausch ein jeder sie umarmen;
Doch es wehrt und spricht die schöne Jungfrau:
„O ihr Helden, und ihr edeln Herren,
Dienerin zwar bin ich euer aller;

Liebchen aber kann ich deß nur werden,
Nur des einz'gen, den mein Herz erwählet."

Sarajewo

Sarajewo, bist so finster worden!
Sage, hat dich Feuersglut verwüstet?
Überschwemmten dich des Stromes Wogen?
Oder hat die Pest dich hingemordet? -

„Hatte Feuersglut mich so verwüstet,
Weiße Höfe wären neu erbauet;
Hätte Wasserflut mich überschwemmet,
Meine Märkte wären rein gewaschen;
Aber mich hat Pest dahingemordet!
Jung und alt hat sie dahingemordet!
Lieb und Teure auseinander rissen!"

Lebt das alte Lied noch im serbischen Volke, dieses düstere Pestliedchen, das ein paar hundert Jahre alt ist, könnte verändert und fortgesetzt werden; denn inzwischen haben die Serben eine schlimmere Pest kennen gelernt, deren Wüten sie jetzt wieder in dieser ihrer altehrwürdigen Stadt Sarajewo[176] verspürt haben.

Der europäische Krieg.
In: Soz., 10.08.1914

Der Krieg ist da, der europäische Krieg, der Krieg Europas gegen Deutsches Reich-Österreich.[177] Niemand, der unser Blatt, auch nur in der letzten Zeit, gelesen hat, kann sagen, wir hätten nicht vorausgesehen, was gekommen ist und was kommen wird.

Italiens endgültige Stellung wird von einer vielleicht entscheidenden Bedeutung sein, - und was diese Regierung und mit ihr ihre Armee und ihr Volk tun wird, braucht sich nicht gleich im Anfang zu zeigen.[178]

Die Welt hat schon mehr europäische Kriege gesehen - den Siebenjährigen[179], den Dreißigjährigen[180]; wie lange dieser dauern wird, weiß niemand.

Was für eine Art Krieg es sein wird, lehrt keine Geschichte des

Krieges von 1870/71[181] und keine der verbreiteten Phantasiedarstellungen, - lehren auch nicht recht die letzten Kriege auf dem Balkan[182], wo besondere Verhältnisse gewaltet haben; lehrt vielmehr nur der russisch-japanische Krieg[183]: Riesenschlachten, die nach Raum und Zeit kein Ende nehmen wollen und die schließlich trotz allen weit tragenden Waffen in Nahkämpfen mit dem Kolben, dem Revolver, der Handbombe, dem Säbel und den natürlichen Werkzeugen unseres Tierleibes schließen. Nicht leicht wird sich eine von zwei Parteien für besiegt halten; der Kelch wird bis zur Neige geleert werden.

Die Menschheit darf nicht, wie die übliche billige Redensart lautet, ihr Haupt verhüllen; sie muss die harten Tatsachen sehen, wie sie sind; sie muss sich sehen lassen und muss im Kleinen und Großen helfen, wo sie kann.

Unseren Freunden und denen, die nicht unsere Freunde sein wollen, sagen wir, dass wir keinen Hass, gegen keinen, im Herzen tragen. Es gilt für die Einzelnen, gleichviel welche Stellung sie bekleiden, wie für die Nationen: Keiner ist schuldig, alle sind schuldig. Alle - auch wir sind schuldig. Noch mehr und das Höchste gesagt: Selbst Buddha[184], selbst Jesus von Nazareth[185], der Friedens- und Gleichheitskünder, sind von der Mitschuld an dem Furchtbaren, das die Menschheit sich selber antut, nicht freizusprechen. Zu billig, zu billig, von den anderen, von den Völkern zu sagen: Sie haben Ohren und hören nicht; tiefer als es je geschehen ist, muss die Menschheit erschüttert werden. Nicht sagen: Sie wollen nicht hören; nur sagen: Wir haben allesamt noch nicht recht gesprochen; wir haben noch nicht recht getan. Wir alle nicht, von jeher.

Wir hier sind kleine Leute; aber unser Amt ist, das Große dadurch vorzubereiten, dass wir das unsere tun, rein, treu, ohne Markten, ohne pharisäische[186] Überhebung und in Güte gegen alle.

Was hier jüngst bei einer anderen Gelegenheit gesagt wurde, gilt jetzt vor allem: Es kommt darauf an, bei allem subjektiven Nationalismus des gebotenen Handelns, das objektive Denken nicht zu vergessen. Nie vergessen, dass, was die einen tun, auch die anderen nicht lassen: In Ausübung der Pflicht fest, hart, unerbittlich sein; es wird Momente geben, wo man keineswegs menschlich sein kann; aber, man kann in unmenschlich hartem Todverfolgen die Achtung bewahren. Nie Mob werden, nie lynchen; in diesen Zeiten zeigt es sich, wie das Schlimmste des Schlimmen die tierische Wut ist und was für Träger der Kultur doch wahrhaft die Richter und selbst die Scharfrichter sind. Handelt, ihr Menschen allesamt, wie ihr handeln müsst; aber denkt und fühlt, wie ihr sollt. Euer Gewissen, das sich äußert in eurer Haltung, ist eure Freiheit.

Helft, wo ihr könnt; helft vor allem in euren Gemeinden. Wir tragen andere Gemeinden, als jetzt sind, im Sinne; aber jetzt ist der Kreis unseres Wirkens außer dem, was kommen soll, auch das, was ist. Wirkt darauf hin, dass die Gemeinden offene Tafeln einrichten. Nur für zweierlei tut jetzt Not, dass die Gemeinde, oder, wo sie versagt, die private Initiative sorge: dass jeder Mann, der zurückgeblieben ist, jede Frau und jedes Kind nicht hungere und nicht friere. Ob die Kleidung mehr oder weniger dürftig oder gar zerfetzt ist, darauf kommt wenig an; der Arme darf seine Lumpen ohne Scham zeigen; wohnen wird man fast alle überall lassen; die Miete wird, wo es Not tut, gestundet oder erlassen werden. Die Gemeinden oder frei sich bildende Gemeinschaften sollen offene Tafel halten, wo es Kost gibt nach dem Muster der Volksküchen[187] für jeden, der kommt; keiner soll sich scheuen; denn auch in den so genannten besseren Klassen kann es bald vielen an Nahrung fehlen. Im Freien können die Tische aufgeschlagen sein, wo die dampfenden Kessel stehen; später, wenn der Herbst kommt, in geschlossenen warmen Hallen.

Keiner darf hungern; keiner darf frieren! Keiner darf erst fragen und betteln müssen, wo er Nahrung und Wärme finde!

Eine große, prachtvolle Aufgabe haben die Konsumgenossenschaften[188]: für die Vorräte und für normale Preise zu sorgen. Jeder wirke dahin, dass da das Rechte großen Zuges geschehe und vorbereitet werde, ehe es zu spät ist. Gut und aller Ehren wert der Kampf der militärischen Generalkommandos[189] gegen den Wucher; gut die Festsetzung von Maximalpreisen und die schnelle Justiz gegen die Spekulanten und Preistreiber; aber Unterdrückung allein genügt nicht; es gilt zu bauen.

Jeder fange an und fahre fort, aufs Einfachste zu leben.

Von unten nach oben wie von oben nach unten sollen sich die Menschen verbrüdern.

Zeiten der Not sind Zeiten der Größe, trotz alledem; in Zeiten der großen Not und des Aufschwungs rücken die Menschen einander näher. Unausbleiblich und jetzt schon zu spüren, dass durch diese Annäherung, durch dieses Bangen und Verlangen, durch diese Düsterkeit und geschlossene Strenge auch ein erotischer Strom zieht. Möge es der Eros des Platon[190] sein, der die Menschen zum Göttlichen eint; möge es auch die Liebe sein, die Mann und Weib in die Umarmung schlingt. Widerwärtig und ein Gräuel war es uns von jeher, das Natürliche, das

Menschliche, das Göttliche in den Kampf der Klassen hineinzuziehen und etwa Gebärstreik[191] zu predigen; am ekelhaftesten wäre es jetzt, etwa zu lehren, da die Menschheit sich ausrotte, solle man dem Moloch keine Kinder mehr gebären. Nein doch, ihr Frauen und Mädchen, bleibt der Natur treu und dem besonderen Zug, der jetzt geheimnisvoll in der Luft und in euren Nerven weht. Es gilt große Erneuerung und großen Ersatz: Gebt euch willig dem Drang der Menschheit hin, der euch zur Schwangerschaft ruft!

Wir, die wir von unseren Gefühlen und Wünschen her vereinsamt und abgesondert sind, beneiden alle, die in Aufschwung und echter Begeisterung geeint sind. Wir verachten nur die, die bloß leben wollen, um zu leben; wir achten alle, die ihr Leben an ein Ziel setzen. Es ist ein anderes Ziel als wir es der Menschheit wünschen; halten wir uns so, dass auch die uns achten, die unser Ziel nicht verstehen.

Wer weiß, welchen unbekannten Keim die schwere Wirklichkeit geheimnisvoll im Schoße birgt, die jetzt über die Menschheit hereingebrochen ist? Wer weiß, ob nicht wir Vereinsamten und Verhöhnten, wenn die Stunde kommt, wo die uralte Liebe über all den Hass hervorbricht, ob wir nicht die Bewahrer des Keims gewesen sind? Am Glauben liegt alles; wer jetzt nicht treu ist, verrät nicht nur sich allein.

An Romain Rolland.
In: Die Schaubühne (Berlin) 10 (1914),
Bd. 2, Nr. 38, 24.09.1914, S. 196ff.

Romain Rolland[192] hat im „Journal de Genève" einen Brief an Gerhart Hauptmann[193] veröffentlicht, den deutsche Zeitungen in Übersetzung gebracht haben. Die Leser werden den Text und Hauptmanns Antwort kennen. Auch andere, die sich berufen fühlten, und vielleicht Hauptmanns Antwort ungenügend fanden, haben erwidert, wovon mir die Äußerungen von Karl Wolfskehl[194] und Norbert Jacques[195] zu Gesicht gekommen sind.

Will ich mich nun äußern, so bin ich in einer gar sehr anderen Lage als die Genannten. In meiner Heimat gab es zwei Juden-Gemeinden, nennen wir sie Ahausen und Beheim[196]; als nun ein freundlicher Christ im Streit mit einem ahausener Juden schließlich seine Zuflucht dazu nahm, auszurufen: „Ihr habt unsern Heiland gekreuzigt!", erwiderte der bedrängte Ahausener unter der Wucht dieser Anklage: „Nein, wir waren's nicht; das waren die Beheimer!" In dieser grotesken Ausrede eines schlauen Hilflosen, der sich windet, kommt doch wohl zum Ausdruck, dass ein Glied eines Volkes wirklich nicht für alles verantwortlich ist, was irgendwann und irgendwo andere getan haben. Von dieser Stimmung haben die Männer, die Rolland geantwortet haben, nichts, wenn auch Hauptmann der einzige war, der sich ganz und gar offiziös gebärdete.

Romain Rolland schrieb an Hauptmann, wenn er schwiege, obwohl er die Dinge, die Rolland anführte, ebenfalls nicht billige, so beweise er damit, dass er nicht in der Lage sei, gegen die Machthaber in Deutschland aufzutreten, dass er also fälschlich für Deutschland den Anspruch erhebe, die Sache der Freiheit zu vertreten. Das ist schief. Würde Hauptmann wirklich, wie er es nicht tut, die Entrüstung Rollands teilen, und würde er zur Äußerung seiner Scham starker Worte bedürfen, so könnte er ruhig antworten: Lieber Rolland, wir haben sonst eine leidliche Freiheit der Meinungsäußerung, etwas eingeschränkter als ihr in Frankreich; aber immerhin verfassungsmäßig gewährleistet; die Kritik ist uns nicht unmöglich gemacht. Aber jetzt, da Kriegszustand ist, sind diese Verfassungsgarantien aufgehoben; die Kriegführung soll in keiner Weise behindert werden, auch nicht durch die Geistigen und ihre abweichenden Meinungen. Selbst wenn wir das nicht verstünden und billigten, müssten wir uns fügen. Aber wir verstehen es; wir verstehen, was zum Kriegführen nötig ist; und unser Geist ist, so schwerfällig oder schwermütig er sein mag, beweglich genug, um von der Voraussetzung ausgehen zu können, dass nun einmal Krieg ist. Wir Geistigen jedenfalls haben ihn nicht gewollt; wir sind nicht die Beheimer, sondern die Ahausener; aber es ist Krieg.

Da sind wir an einem der Punkte, wo der sympathische Romain Rolland völlig Unrecht hat. Er wendet sich gegen Begleiterscheinungen des Krieges, die es geben wird, solange es Kriege gibt, statt gegen den Krieg überhaupt. Aus jedem Krieg lässt sich schließen, dass die kriegführenden Völker Barbaren und Hunnen sind: gibt es denn einen Krieg, der nicht barbarisch und hunnisch ist? Damit meine ich keineswegs das Nämliche wie Gerhart Hauptmann, der mit einem leichten Achselzucken den Krieg ein Elementarereignis nennt.[197] Das ist er nicht; weder eine Naturkatastrophe noch ein Verhängnis des Schicksals, sondern etwas von Menschen Gewolltes und Zugelassenes, von Menschen Getanes; diesen Zusammenhang mit Willen und Intellekt der Völker hat Rolland durchaus richtig hervorgehoben.

Warum also, wenn ihr ein freies Volk seid, könnte Rolland fragen, habt ihr dann diesen Krieg nicht verhindert? Ich für mein Teil habe gar nicht gesagt, dass wir ein freies Volk sind; ich kenne in keinem Erdteil ein freies Volk, finde zwar, zum Beispiel, die Freiheit der Schweizer und Norweger beneidenswert größer als die unsere, wäre aber auch damit noch lange nicht zufrieden. Ferner aber hat keines der beteiligten Völker den Krieg verhindern können, weil sie es allesamt bisher weder zu der Einsicht noch zu dem Willen der krieglosen Zeit gebracht haben. Wir, die wir gar keinen Krieg, unter gar keinen Umständen wollen, sind in allen Völkern ganz Vereinzelte; und unter diesen Vereinzelten wissen die wenigsten, welche Reorganisation der Menschheit notwendig ist, um die krieglose Kultur möglich zu machen.

So gibst du, könnte Rolland fortfahren, wenigstens zu, dass das deutsche Volk am meisten Grund gehabt hätte, diesen jetzigen furchtbaren Krieg zu verhindern, weil das Deutsche Reich die Schuld an seinem Ausbruch trägt? Nein, das gebe ich auch nicht zu. An diesem Krieg sind alle Großmächte, alle imperialistischen Staaten schuld; besser gesagt: sind alle Völker schuld, die für die ihrer Größe entsprechende Teilnahme an der Bewirtschaftung der Erde und für ihre Unabhängigkeit und Ordnung keine andere Form des Schutzes wissen als das, was man Staat nennt. Alle haben diesen Krieg vorausgesehen; und Voraussehen enthält in diesem Fall allerdings das Element des Willens; alle aber haben diesen Krieg auch schließlich verhindern wollen, alle - am wenigsten allerdings England, was daraus zu verstehen ist, dass das Motiv seines Krieges mehr in der Zukunft als in der Vergangenheit liegt. England führt einen Präventivkrieg, und den eigenen Präventivkrieg verhindern wollen, wäre ein Widerspruch in sich selbst.[198]

Da bin ich nun an dem zweiten Punkt, wo Romain Rolland Unrecht hat, Unrecht sich selbst gegenüber. Steht es so, wie ich hier beschreibe, so müsste es ihm gegen den Geschmack gehen, in dieser Kriegszeit eine andere Regierung und ein anderes Volk anzugreifen als seine eigene Regierung und sein eigenes Volk. Er begibt sich auf diese Weise in eine internationale Gesellschaft, in der man ihn sehr ungern sieht, und in die er nicht gehört. Will ich das nun motivieren, so bleibt mir kaum etwas anderes übrig, als gerade das Nämliche zu tun, was ich eben tadle. Aber ich will etwas vorausschicken. Man wird mir glauben, dass ich Wut und Verachtung gegen den russischen Zarismus habe; aber selbst diese Gefühle jetzt zu äußern, wo ich vorübergehend in einer Gesellschaft von Journalisten wäre, der ich in diesem Punkt nicht dieselbe Aufrichtigkeit zutraue wie mir selbst, widerstrebt mir durchaus. My home is my castle - das sollte jetzt heißen: Fange mit Schimpfen zu Hause an! Haben die Franzosen zurzeit dazu die nötige Freiheit, so beginne Romain Rolland seine Kanonade mit einem vehementen Angriff gegen die korrupte französische Börsen-‚Republik'! Und will er in der Geschichte der Vergangenheit wühlen - warum wählt er sich gerade jetzt die Geschichte des ‚Feindes seiner Nation' dazu aus, wie es alle Chauvinisten tun? Jeder nach seinem Geschmack und seiner Überlegenheit; aber würde ich in dieser Zeit den Beruf in mir fühlen, einem Philosophen das Modekränzlein der Berühmtheit herunterzureißen, so würde ich Deutscher dazu eher Wilhelm Wundt[199] oder Rudolf Eucken[200] wählen als gerade Bergson[201], der so hoch über diesen Professoren steht, wie er hinter den ganz großen Philosophen zurückbleibt. Das sollte Romain Rolland verstehen, der uns einen ganz anderen Aufruf an die Menschheit schuldig wäre; ganz anders sollte er sich, unbeschadet seines französischen Nationalgefühls, als Angehöriger einer neuen, noch werdenden, noch namenlosen, sehr kleinen Nation fühlen, die die kommende Menschheit repräsentiert, nicht eine Menschheit jenseits der Nationalität, nicht eine Menschheit, die sich äußerlich aus der Summe der Nationen zusammensetzt, sondern eine Menschheit in den Nationen, eine Menschheit, die jedem einzelnen Glied eines Volkes einverleibt und eingeseelt sein wird.

Zum Gedächtnis.
In: Soz, 20.10.1914

Tröstlich ist es, in diesen Zeiten zu sehen, wie die Menschen sich nach plötzlicher tiefer Erschütterung, nach blitzartiger Erleuchtung, nach völliger Umkrempelung all ihres Wesens wenigstens sehnen, - wenn es auch nicht so ganz sicher ist, ob sie alle, die es sich jetzt einbilden, wirklich durchschüttert sind und eine Umwandlung von Grund auf wahrhaft erlebt haben. Das alte, beißende Bibelwort, dass der Prophet im Vaterland nichts gilt[202], könnte mit erneuertem Sinn zu neuer Geltung kommen, wenn die Wechsel auf die nächste Zukunft, die jetzt so verschwenderisch ausgestellt werden, zur Einlösung vorgezeigt werden; wer weiß, ob da nicht mancher Prophet zu Protest geht. Aber immerhin, vorläufig melden sich schon in allen Tageszeitungen die Philosophen, die funkelnagelneu die Entdeckung gemacht haben, dass es eine erhabene und große Sache sei, für eine Gemeinschaft das Leben zu lassen. Der alte Horaz[203] hat es auch schon verkündet, und noch früher hat man's ebenso gut gewusst und besser bewährt; denn es hat nicht gerade den Anfang der glorreichsten Zeit römischen Wesens bedeutet, als der Hofdichter den Tod fürs Vaterland just in dem Zeitpunkt besang, wo die alten Deutschen in der Hermannsschlacht[204] das kaiserliche Rom besiegten. Aber es war, sagt man uns, in Vergessenheit geraten, und der Schwung, der jetzt durchs deutsche Volk geht, hat es unseren Denkern und Dichtern wieder beigebracht, dass es eine Sache gibt, für die es sich lohnt, mit Todesverachtung zu leben. Nicht wahr, so meinen sie's doch, die Philosophen, Dichter, Forscher, Professoren und Zeitungsschreiber: eine Sache wollen sie auch fernerhin haben, für die sie bereit sind, mit Todesverachtung Tag um Tag zu arbeiten? Nicht wahr, so meinen sie's doch, unsere Ästheten, deren frechster Führer noch vor ein paar Jahren die frechste Losung ausgegeben hatte: *Lieber Sklav' als tot!*[205] - so meinen sie's doch jetzt: dass Todbereitschaft für eine Sache, nicht bloß im Augenblick, wo sie ihr bedrohtes Vaterland verteidigen, sondern auch nachher, wenn es geschützt und gerettet, und der vorübergehende Notstand herum ist, dass diese Hingebung das Zeichen ist, an dem ein Volk sowohl wie der rechte Adelsmensch erkannt wird?

So meinen sie's doch? Nun, dann sei ihnen etwas verraten, auch etwas Altes, das sie bloß nicht wussten, nicht wissen wollten und mit Vergessen überpolstert hatten: Sie selber, diese Philosophen und Dichter, *haben* längst und schon immer eine solche Sache, und hatten nur bisher *beschlossen, keine zu haben*. Allerdings ist's nicht eine, die gleich massenhaft daher kommt; und auch dafür, dass sie behördlich konzessioniert sei, kann völlige Bürgschaft nicht für alle Zeiten übernommen werden. Es wäre ihnen zu empfehlen, dieser ihrer eigenen Sache treu und mit Todbereitschaft fürderhin zu dienen, und unter dem starken Motto: Qui potest mori, non potest cogi - Was schiert mich Zwang, der ich sterben kann - ihrer eigenen Sache die Wendung ins Leben, ins *öffentliche Leben* zu geben, die sie ohne Zweifel in sich birgt. Haben sie sich doch alle jetzt, die Denker und Dichter, dem öffentlichen Leben zugewandt, wo mit bezwingender Gewalt, nicht aus ihrem ahnungslosen Innern, sondern von außen, eine Sache zu ihnen kam. Mögen sie, wenn sie sich ihrer eigenen Sache dann wieder zuwenden, nie vergessen, dass kein Dichter und kein Denker eine Sache hat, die nicht das Volk und seine Einrichtungen, die nicht das öffentliche Leben anginge. Mögen sie, soweit sie bisher zur Kritik und Negation neigten, überdies sich für alle Zukunft merken, dass jetzt einmal von außen die Lust am Positiven und an der Stärke über sie gekommen war, und mögen sie sich fragen, ob nicht die Negation, wenn sie stark ist, immerdar aus dem Positiven heraufsteigt, in der Art wie's Bakunin[206] endgültig formuliert hat: Die Lust der Zerstörung ist eine schaffende Lust![207] Mögen sie sich besinnen, ob diese Losung alles Diabolisch-Göttlichen nicht für die Führung des Geistes noch zwingender sein muss als für die unbekümmerte Führung der Kriege, und mögen sie unbesorgte Kraft in der neuen Zeit, die sie nun anbrechen sehen, nicht bloß bewundern, sondern haben und üben!

Eines freilich macht bedenklich, ob ihnen den künftigen Krieg für die Idee auch nur zu verkünden und zu verherrlichen so leicht fallen wird wie den jetzigen Krieg zur Verteidigung ihres vaterländischen Staatswesens. Auch im Krieg nämlich fürs Vaterland haben diese Philosophen, Forscher, Dichter, Zeitungsschreiber und Professoren sich denn doch nicht eigentlich als Helden und ganz gewiss nicht als Rebellen gezeigt. Sie waren nicht gerade die Stein[208] und Scharnhorst[209] und Schill[210] und Kleist[211] und Görres[212] und Arndt[213] und Fichte[214], welche den Befreiungskrieg[215] *gemacht* hatten, weil er ihre Sache oder doch ein Stück Wegs zu ihrer Sache war; über unsere neuen Propheten kam die Begeisterung und Entschlossenheit vielmehr, wenn schon nicht post festum, so doch erst post manifestum, nach der Kriegserklärung der Regierungen nämlich; nicht eine Nacht des 4. August, sondern der Nachmittag des 4. August 1914 ist es, was ihren Zunder zum Glühen gebracht hat.[216] Ist es so ganz sicher, dass diese hinkenden Führer des Geistes, die mehr den Eindruck von Marodeuren als von Pionieren machen, nicht dann, wenn erst die Regierungen Frieden schließen, aufs Haar und auf die Glatze die nämlichen sein werden, die sie waren, ehe die Regierungen bekannt gaben, dass nun der Krieg über die Völker und über die Stimmung dieser Geistigen kommen solle; die nämlichen, die sie waren, ehe diese Geisteshelden selbst, durch Bewunderung der anderen und Staunen über die noch prachtvoll vorhandene Gesundheit der Völker Europas, zum Pathos und zu der Einsicht kamen, dass sie selbst bisher leere Fässer gewesen waren? Man bedenke nur, dass - abgesehen von den ersten Spuren der holden Gründerzeit[217] und der Periode der Muschelaufsätze - der deutsche Geist 1872 nicht eigentlich besser aussah als 1869; und dass 1824, als Fichtes Reden An die deutsche Nation[218], ein Jahrzehnt nach den Freiheitskriegen, in zweiter Auflage erschienen, es um die Macht der Idee in Deutschland nicht besser, sondern schlimmer bestellt war als 1808, ein halbes Jahrzehnt vor der Befreiung, wo sie erstmals herausgegeben wurden. Es wäre gut, wenn sich die deutschen Denker und Dichter, die sich jetzt, und dazu noch mit etlichem Recht, am liebsten schämen möchten, dass sie nichts anderes sind, keinen Illusionen darüber hingäben: dass es ihnen nur während des Kriegs erlaubt ist, ihre leeren Fässer mit dem Aufschwung des Volks zu füllen und in ihre leeren Adern das in den Schlachtfeldern vergossene Blut zu pumpen, dass sie nach dem Krieg aber entweder Führende mit eigenem starkem Inhalt und selbst gewachsener Todbereitschaft oder bankerott sein werden wie Ulrik Brendel![219]

Zum Gedächtnis sind diese Worte gesagt: zur Stärkung des Gedächtnisses zunächst für alle, die jetzt am liebsten nicht nur die Vergangenheit, sondern sich selber vergessen und verleugnen möchten. Sie sollen nur an sich denken und sich zu sich bekennen und dürfen sicher sein: haben sie sich erst gefunden und glauben an sich, so wollen wir auch mit Freuden und Gründen Vertrauen zu ihnen fassen; wenn sie tapfer zu dem stehen, was sie sind, ja, wenn sie auch nur ein Millionstel der Begeisterung und Entschlossenheit für die Wahrheit aufbringen wie fürs Vaterland, dann soll all der Aufwand, den sie jetzt mit roter Tinte treiben, ihnen verziehen sein. Nicht freilich ist hier von den Wahrheiten die Rede, die man in Büchern begräbt; um die Wahrheit im öffentlichen Leben geht es, von der Schule angefangen; und nicht um die eingesehene und lau mit Worten umspülte Wahrheit, sondern um den Krieg endlich für die Verwirklichung. Dass der Krieg der Vater aller Dinge sei, hat ein alter Weiser[220] gesagt; ihr wisst es gut, da ihr jetzt alle brauchbaren Zitate der Philosophen mit der Wurzel ausrauft, um sie auf die Massengräber unserer Krieger zu pflanzen; bedenkt das Wort nur auch, wenn es bald gilt, es in seinem echten Sinne auf den Kampf des Geistes anzuwenden und eure Sehne zu spannen, ihr Bogenschützen der Möglichkeit und A-B-C-Schützen der Verwirklichung ! Am Ende könnten die Philosophen von Herakleitos[221] bis Nietzsche[222] euch ein anderes Streiten und anderen Angriff mit klingendem Spiel zugemutet haben, als ihr jetzt meint; vielleicht ist auch eure Kriegsbegeisterung nur die verkappteste Form eurer verruchten Bequemlichkeit, ihr Litteraten; und vielleicht hat auch Jesus Christus, als er sprach, er sei nicht gekommen den Frieden zu bringen, sondern das Schwert, eher den Krieg gegen euch, ihr Schriftgelehrten und Pharisäer[223], im Sinne gehabt, als den gegen die Franzosen. Es könnte doch sein -

Zum Gedächtnis sind diese Worte gesagt: zum Gedächtnis an all die Tapferen des Geistes, die nicht gewartet haben, bis ihnen von außen und von Massen der Anreiz kam, die Macht ihres Lebens über die Grenze des Todes hinauszutreiben. Allzeit, solange es Völker auf Erden gegeben hat, sind sie daher Völker gewesen, dass Einzelne unter ihnen erstanden waren, die nicht auf den Aufschwung und die Geschlossenheit der Massen warteten, um dann hinterher, in einem Tageblatt etwa, über die Todbereitschaft ihr Windei zu legen und zu begackern, sondern die, als ringsum alles in trägem Tode lag, sieghaft ihr Leben in die bleierne Masse spritzten. Das ist die echte Todbereitschaft des Geistes, und das ist die wahrhaft nationale Größe in Geistigen: die nicht den fertigen Nationen ängstlich, den Anschluss zu versäumen, hinterher läuft, sondern die durch die Kraft ihres Wesens und die Stärke ihrer Liebe zur schöpferischen Idee sich zu der Axe schmiedet, um die sich im Schwunge ein neues Volk anschließt. *Todbereitschaft des Geistes ist Ketzerei*: mögen die heutigen Schreiber an diesem ewig gültigen Merkmal prüfen, was es mit ihrem Leben und ihrem Tode und ihrem Pathos auf sich hat, und wie anders es ist, Quell zu sein, der sich auf dem Weg über den Himmel aus dem Meere speist, dem er ursprünglich und gewachsen sein Neues bringt, als ein polizierter Kanal zwischen den regulierten Flüssen. Verdächtig,, ihr heutigen Geistigen, ist euer Eifer, euch nicht mehr zu unterscheiden; leicht könnte es sein, dass ihr demnächst von nichts so gut als von diesem Kriege gelernt hättet, in Zukunft Frieden zu halten und die bestehenden Mächte, die ihren Wert ja erwiesen haben, von nun an in Ruhe zu lassen.

Zum Gedächtnis sind diese Worte gesagt: zum Ehrengedächtnis zweier Menschen, eines Mannes und einer Frau, die sich als Führer ins Reich des Geistes bewährt haben, da sie ohne Massensuggestion und als in der Wüste verlassene Ketzer, ohne Milieu und nicht als Nachläufer, sondern als Vorläufer ihrer Erkenntnis, ihrem Glauben und ihrem Willen bis in den Tod getreu geblieben sind. Zum Gedächtnis unserer Völker und zumal unseres deutschen Volkes seien diese Worte gesagt, damit wir inmitten all der teuren Toten, die jetzt in Massen gefallen sind und noch fallen werden, der Einzelnen nicht vergessen, die von den Massen und ihrer Trägheit für die Massen und ihre Erweckung geopfert worden sind. Zum Gedächtnis an *Francisco Ferrer*[224], den Spanier, und an *Voltairine de Cleyre*[225], die Amerikanerin, sind diese Worte gesagt, - und unbeschreiblich ist die Qual über unser nur durch Schuld der Geistigen, die keine Führer, sondern Trossknechte sind, geschändetes Geschlecht, mit der wir allerbitterst den Spaß hinzufügen, dass wir hier in Deutschland ihrer ja gedenken dürfen, da sie keinem feindlichen, sondern neutralen Ländern angehören!

Am 13. Oktober waren fünf Jahre vergangen, seit Francisco Ferrer im Graben der Folterfestung Montjuich[226] standrechtlich erschossen worden ist. In Brüssel haben ihm Freimaurer[227] und andere freie Denker auf öffentlichem Platze ein edles Denkmal[228] errichtet; in England hat ein führender Schriftsteller, William Archer[229], seinem Leben und Werk ein umfangreiches Buch[230] gewidmet; in Deutschland gehört er zu denen, an welche von all den Geistigen, die nicht über die Grenze der Gesellschaftsfähigkeit hinaus der Freiheit und Verwirklichung dienen wollen, nur einzelne unwillig und pflichtschuldig erinnern. Zum Gedächtnis sind diese Worte gesagt, - zum Gedächtnis auch, dass der deutsche Geist mit Hilfe seiner Schreiber recht bald von seiner Überhebung zurückkehren möge! Möge das Deutsche Reich sich gegen seine Widersacher behaupten, aber unter anderem auch so, wie Rom über Griechenland, wie der jüdische Hohepriester[231] über Jesus von Nazareth gesiegt hat! Möge alles, was romanische und britische Völker in Wahrheit an Freiheit und Frische des öffentlichen Lebens vor uns voraus haben, bei uns aus deutschem Geiste heraus nunmehr endlich nachgeboren werden; mögen unsere Talente tapfere Publizisten werden, die vorausgehen und aufwühlen und säen und pflügen, so wie sie jetzt kaum ein anderes Ziel haben, als sich ernten und einheimsen zu lassen; mögen in Bälde Publizisten wie Maximilian Harden[232] bei uns unmöglich sein, dem es an diesem Tag des Gedächtnisses nicht vergessen sein soll, dass er, ohne andere Not als die der diplomatischen Hintertreppenpolitik, in klerikalen Kloaken nach schändlichen Lügen gefischt hat, um das Andenken Ferrers, der rein gelebt hat und tapfer gestorben ist, zu beschmutzen[233], und dass er, als diese Lügen eingehend und aktenmäßig widerlegt worden waren, nichts getan hat, um sein Unrecht wieder gut zu machen.[234] Was wir von Francisco Ferrer zu wissen haben, möge in dieser und den nächsten Nummern Voltairine de Cleyre sagen.[235]

Voltairine de Cleyre (ihren seltsamen Vornamen erhielt sie in der Taufe, aus Laune ihres damals freigeistigen Vaters, der später bigott katholisch wurde und das Kind in ein Kloster steckte), ist im Sommer 1912 im Alter von sechsundvierzig Jahren friedlich in einem bescheidenen Stübchen im Bette gestorben. Zum Gedächtnis sind diese Worte gesagt: Denken wir daran, dass Helden der Idee und Opfer der Zeit nicht bloß die sind, die einen knallenden und pathetischen Tod finden, sondern vor allem auch solche, die sich mit allem Reichtum ihres Geistes und allem Glanz ihrer sprühenden Gaben freiwillig der Armut widmen. Der Armut gewidmet, in mehr als einem Sinn, hat sich diese groß-pathetische Natur; sie hat der Idee gelebt und ist ihr gestorben; ihrer war die wahre, ganze Todbereitschaft des Geistes, wennschon sie weder von der Kirche verbrannt noch vom Staate auf den elektrischen Stuhl geschnallt wurde, sondern nur ganz schlicht und unauffällig verhungert, an chronischer Unterernährung zu früh gestorben ist. Ganz gelten von dieser reinen, glühenden, schwungvollen und geistesstarken Frauennatur die Worte, die ihr Lieblingsdichter Freiligrath[236] gerufen hat:

Jedem Ehre, jedem Preis!
Ehre jeder Handvoll Schwielen!
Ehre jedem Tropfen Schweiß,
Der in Hütten fällt und Mühlen!
Ehre jeder nassen Stirn
Hinterm Pfluge! - doch auch dessen,
Der mit Schädel und mit Hirn
Hungernd pflügt, sei nicht vergessen![237]

Mit all ihren reichen Gaben hat sie nur immer das geschrieben und gesprochen, was den herrschenden Kasten, in Amerika wie anderswo, unangenehm zu hören ist und folglich gar nicht oder schlecht bezahlt wird, und hat ihr Leben aufs notdürftigste durch Sprachunterricht gefristet, den sie den europäischen Proletariern, vor allem Juden, die nach den Vereinigten Staaten auswanderten, für billigsten Lohn erteilte; so wurde sie früh anfällig und schließlich hinfällig und verzehrte sich in äußerer Not und innerem Feuer. Jetzt haben ihre Freunde eine Auswahl ihrer Schriften und Vorträge herausgegeben[238] und es ist zu sagen, dass sie mit ihrer Prosa zu den Klassikern der amerikanischen Litteratur gehört. Eine solche Vereinigung von Leidenschaftsgewalt und Klarheit, von Reinheit des Herzens und gerader Kühnheit des Denkens, und eine solche Wucht und lineare Sicherheit der Sprache, wie sie in manchen dieser Aufsätze leben, sind selten in allen Litteraturen; und wir wollen hoffen, dass uns von diesem edeln Gute, dessen noch mancherlei in Zeitschriften schlummert, noch mehr gegeben werde. Einer der in dem Band vereinigten Aufsätze, ursprünglich ein Vortrag zur ersten Wiederkehr des Todestages im Jahre 1910, ist die Arbeit über Ferrer, die wir zu ihrem und zu seinem Gedächtnis veröffentlichen.[239] Jedem Ehre, jedem Preis! Vergessen wir nur in diesen Tagen, wo Mannschaften und im Verhältnis noch viel mehr Offiziere[240] ihr Blut für das hingeben, was in allgemeiner Geltung steht, nicht die wenigen, die in Verlassenheit sich dem Unsichtbaren opfern, das erst später heilig gesprochen werden wird! Gedenket, ihr Männer des Geistes, in Deutschland zumal, als eurer Vorbilder derer, die euch vorangegangen sind in den Taten, die ohne jeden Zweifel auch in euch schlummernd lebendig sind und die ihr jetzt gleich rufen und ans Werk lassen müsst, wenn euch und uns allen aus der Todbereitschaft, die euch jetzt erst ergreift, das rechte Leben endlich erwachsen soll!

Denkt, gedenket der Toten! Wisset und fühlet, die ihr Führer zum Reich des Geistes zu sein noch mehr den Beruf habt als Gefolge des Deutschen Reiches, wisset und fühlet am Totensonntag und an Allerseelen und an jeglichem Tag dieses Jahres 1914, das Bußtage des Geistes hat, so viel an Tagen noch übrig sind, dass die wahren Schlachten der Völker im Unsichtbaren geschlagen werden und dass nicht Hass und Gewalt sie schlagen, sondern Liebe und Arbeit; dass nicht Menschen gegen Menschen sie kämpfen, sondern Menschen gegen Gespenster; dass in ihnen nicht Massen gegen Massen fallen, sondern Einzelne gegen die Massen und für die Menschheit.

Brief Gustav Landauers an Hugo Warnstedt vom 04.11.1914.[241]
[Auszug] (GLAA 146)

Lieber Freund Warnstedt[242],

[...] Ja, sie sind fast alle umgefallen, die Dichter und Denker! Dehmel[243] fast am schlimmsten von allen; er dichtet voller Ungerechtigkeit gegen die fremden Nationen und voller Überhebung[244]; und was das Schlimmste ist: selbst wenn man sich auf seinen verrohten Standpunkt stellt, ist das Zeug schlechte, gequälte Dichterei. Er ist übrigens, obwohl über fünfzig Jahre und obwohl er nie gedient hat, als Freiwilliger mitgegangen, war schon beim Abmarsch Unteroffizier und liegt im Schützengraben.

Auf mich darfst Du Dich verlassen; ich bin in meinem Wesen und Denken nur stärker geworden als vorher, aber derselbe, der ich war. Wir schreiben auch in unserem Blatt[245] so frei von der Leber weg, wie es geht; es wäre ja eine Kleinigkeit, sich verbieten zu lassen; aber das will Müller[246] nicht und er hat recht: Man muss am Leben bleiben, um auch in diesen Zeiten nach Möglichkeit zum Guten zu wirken. Ich hätte recht von Herzen den Wunsch, mit Dir zu reden; denn Du darfst glauben, dass Du mir große Freude machst. Aber wir müssen Geduld haben. Und dann, wenn es endlich soweit ist: an unsere Aufgabe mit vereinten Kräften.

Über Kropotkins Stellungnahme bist Du nicht ganz richtig informiert. Sein Standpunkt ist nicht der russische, sondern der französische.[247] Er hat diesen Standpunkt schon vor Jahren vertreten: wer Frankreich helfe, der helfe der weitergehenden und ins Stocken gekommenen Revolution. Aber er hat total Unrecht. Es war immer das Schlimmste, was der Revolution geschehen konnte, wenn sie zum Krieg und damit zum Cäsarismus wurde; aber das Umgekehrte, dass der Krieg, der siegreiche Krieg zu Freiheit führte, hat es gar nie gegeben. Er zeigt sich, so traurig das auszusprechen ist, in dieser Sache als falsch denkender Revolutionär und als gar kein Anarchist.

Schicke mir nur immer: interessante Drucksachen; die weiteren Nummern des „Landsturm"[248] und was Dir sonst in die Hände kommt. Ich unterlasse weitere Sendungen - hatte Dir einen Band Taine[249] angeboten -, bis ich Nachricht über die Ankunft der bisherigen habe.

Herzlichen Gruß und Händedruck, auch im Namen meiner Frau[250].

Dein Gustav Landauer

Gustav Landauer und Martin Buber an den Forte-Kreis.
[Ende November 1914] (GLAA 115-116)

An den Kreis[!][251]

Acht Personen[252], fünf Deutsche, zwei Holländer und ein Schwede, waren in Potsdam[253] zusammengetreten, um den Kreis zu bilden und noch weitere zu finden, die ihm von der Tagung in Forte[254] an angehören sollten. Zu dieser Tagung ist es nicht gekommen und damit auch nicht zu der Erweiterung; inzwischen aber ist die schriftliche Auseinandersetzung zwischen mehreren der ursprünglichen Personen der Art geworden[255], dass es sich empfiehlt, dass die Acht sich noch einmal persönlich treffen, ehe es zur Tagung des erweiterten Kreises kommt.

Zweierlei war es wohl bei uns allen, was wir von dem Kreise verlangten: einmal, dass die Glieder des Kreises, unbeschadet der Verschiedenheit ihrer Naturen und ihres Denkens, sich in voller Achtung und Erwartung dem gegenseitigen Verkehr überließen; und dann, dass aus diesem Verkehr eine Gemeinschaft erwüchse, die von Bedeutung wäre für das Werden der Welt.

In den Auseinandersetzungen zwischen einigen von uns, die an den Krieg anschlossen, sah es manchmal wohl aus, als meinte der eine oder andere, der Krieg und diese Debatten hätten eine Klärung über Menschen und Wege, eine Klärung also auch über den Sinn des Kreises gebracht; indessen herrscht darüber gewiss keine Einhelligkeit; andere unter uns sind vielleicht eher geneigt zu glauben, es sei für alles und alle eine vorübergehende Umdunkelung eingetreten; und wieder andere lehnen es schließlich ab, einen sprachlichen und sprachlich unvollkommenen, brieflichen Meinungsaustausch an die Stelle des Kreises treten zu lassen, nach einmaliger und nur vorläufiger Tagung und nach einer Reihe von Briefen ein Urteil über den Kreis, über seine Zusammensetzung, über die in ihn eingetretenen Männer zu haben.

Welchen Vorzug der persönliche Verkehr vor schriftlichen Gesprächen hat, braucht unter solchen, die zum Kreis zusammengetreten sind, nicht gesagt zu werden. Wir sind es uns schuldig, ehe wir irgendeine Entscheidung treffen, uns noch einmal zusammenzufinden, in der ursprünglichen Zahl, ohne Erweiterung.

Das sollte jetzt[256] geschehen. Es gibt keinen Grund, diesen Versuch nicht während des Krieges zu machen. Während des Krieges, in der strengsten Probe, sollen wir in unmittelbarem Zusammensein feststellen, ob wir die Rechten füreinander und für unsere erste Aufgabe sind: uns trotz und wegen der Verschiedenheit unserer Naturen und unseres Denkens in voller Achtung und Erwartung dem gegenseitigen Verkehr zu überlassen. Und dann wird sich vielleicht schon ergeben: ob die zweite Aufgabe, die vorhin genannt wurde, Sache dieses Kreises sei; ob sie jetzt schon irgendwie die Form der Sprache annehmen könne; oder ob geduldig und vertrauend zu warten sei, bis sie eben aus dem Beisammensein und Gegeneinanderwirken der sehr voneinander Verschiedenen erwachse.

Wir schlagen also vor: dass wir Acht um die Jahreswende zusammenkommen; dass die Begegnung nur stattfinde, wenn alle Acht kommen; dass wir einen Ort im Rheinland wählen, den Rang[257] vorschlagen soll; dass die Zeit zwischen Weihnachten und Neujahr gewählt werde; dass das Zusammensein nach Möglichkeit zwei bis drei Tage dauere.

Einige unter uns werden nicht im Stande sein, die Reise aus eigenen Mitteln zu bestreiten; es wird daher gebeten, in der Antwort mitzuteilen, wie dem etwa abzuhelfen wäre.

Vorbemerkung zu: Guy A. Aldred, Der Krieg und die englischen Arbeiter.
In: Soz, 20.12.1914

Guy A. Aldred[258] ist unseren Lesern kein Unbekannter. Diesen Aufsatz […] hat er jetzt, während des Krieges, in England in seiner Zeitschrift „The Spur"[259] veröffentlicht; einige Kürzungen mussten wir vornehmen. Ausdrücklich sei bemerkt, dass es für unser Gefühl etwas anderes ist, ob in dieser Zeit ein Engländer der Unzufriedenheit mit seinen Landsleuten Ausdruck gibt oder ob ein Deutscher auf den Feind des Deutschen Reiches schimpft. Aber unsere Leser werden diese Wiedergabe nicht missdeuten und mit uns finden, dass die spezifisch englischen Verhältnisse kennen zu lernen und von einem englischen Sozialisten kritisiert zu hören auch für uns Interesse haben muss. England ist das einzige Land Europas, wo niemand mit direkten psychischen Mitteln zum Kriegsdienst herangezogen werden kann[260]; da ist es für alle, die die Menschheit im Sinne tragen, wichtig zu erfahren, durch welche indirekten Methoden die englischen Machthaber die allgemeine Wehrpflicht ersetzen. So höre man denn also den grimmigen Engländer von und zu Engländern reden.[261]

Vorbemerkung zu: Ein Franzose, Romain Rolland, an die Geistigen aller Nationen.
In: Soz, Im Dezember 1914

Von einem Engländer[262] haben wir in der vorigen Nummer schildern lassen, wie es in der englischen Arbeiterklasse aussieht. Heute geben wir einem der ersten französischen Schriftsteller das Wort, der freilich (so wenig wie Guy A. Aldred oder Bernard Shaw[263] die Engländer) nicht die Franzosen und den über sie herrschenden Geist repräsentiert, sondern die kleine Nation über den Nationen. *Romain Rolland*[264] ist in jeglichem Sinn ein guter Franzose, auch insofern, als er sein Volk vor allen anderen liebt, als er durch diese Liebe und das furchtbare Leid, das sein Land betroffen hat, im Augenblick zur vollen Gerechtigkeit gegen alle und zum ganz klaren Sehen noch nicht imstande ist.[265] Aber er sieht die eigenen Ungerechtigkeiten, die er früher begangen hat und zu denen er noch die Neigung in sich spürt; er kämpft gegen die Lüge und den Dunst; er ist keiner von denen, die glauben, zu den Wunden, die die Waffen schlagen, müssten auch noch die Schläge und

Stiche der Zunge kommen. Was das Schwert tut, ist trotz allen entsetzlichen Folgen viel mehr eine Sache des Augenblicks, als was der Geist tut. Auch ein gütiger Mensch kann genötigt sein, dreinzuschlagen; aber nie kann ein wahrhafter Mensch die Wahrheit nicht sehen und nicht sagen, die Klarheit nicht erringen wollen. Was ausgesprochen wird, bleibt und hinterlässt seinen Stachel; darum ist es dringend nötig, dass Stimmen der Geistigen aus allen Nationen mitten im Krieg *dem Geiste* das Wort Jesu Christi zurufen: Stecke dein Schwert in die Scheide! Stecke es in die Scheide und lasse es darin, solange du nicht sicher bist, dass ein Krieg des Geistes, dass dein Krieg des Geistes geschlagen wird! Worte haben mit der Wahrheit zu tun; nur wenn du gewiss bist, dass aus dir nicht der Tag und seine leidenschaftliche Verzerrung schreit, darfst du reden; sonst schweig! Und nur wenn du gewiss bist übrigens, dass dein Gegner ein unabhängiger und ehrlicher Schriftsteller ist, hat es einen Sinn, dass du dich wider ihn ereiferst; erfahre, wenn du es bisher nicht gewusst hast, und vergiss es nicht, dass mancher, dessen Name geachtet wird, nur scheinbar toll geworden ist, in Wahrheit aber in einem Ministerium oder Regierungsamt sitzt und schreibt, wofür er bezahlt wird. [...]

Aus unstillbarem Verlangen.
(Privatdruck 1915).[266]

Aus unstillbarem Verlangen nach der Stunde, wo dieser Riese, der Krieg der anderen, rasselnd zu Boden bricht und, nach einem Augenblick zauberhafter Verwandlung und Erneuerung, aufsteht als mein Krieg um die Durchsetzung und den Umschwung, kann ich es nicht lassen, so knapp und zu einem geballt es nur geht, mit meinen Worten niederzuschreiben, was, so oder anders geformt, von jeher alle wissen und alle nicht wissen. Es gibt etwas, was jeder Wissende weiß und kein Täter tut. Jetzt kommt die Zeit, wo die Wissenden Täter werden sollen, auf dass sie denen, die ohne Gewissen oder gegen ihr allzu tief hinunter gerutschtes Wissen tun, das Handwerk abnehmen, um das Werk zu beginnen. Viele und mancherlei Reiche gibt es. Das Reich lebt nur im Wissen derer, die der ewigen Stimme nicht taub sein wollen. Jetzt kommt die Zeit, wo konkret, politisch, ökonomisch gemacht und gebaut werden soll, was von je die Dichter zu Bildern gewirbelt, die Propheten begehrt und zur Schau gestellt haben. Jetzt ist die Zeit, wo das Wirkliche sich als unmöglich herausstellt und wo das Unmögliche Wirklichkeit werden will. Ihr sagt und sagt nicht, ihr gesteht und gesteht nicht, aber wahrlich, ihr wisset alle: Diesem Krieg der Kriege fehlt die Idee? Er hat eine Idee und er spricht sie aus mit alledem, was er ist: Ich bin der Krieg der Kriege! Mein Name ist: Letzter Krieg! Er ist der letzte Krieg, wenn die heimlich Wissenden öffentlich Sprechende und offen Bekennende und freiweg Beginnende werden. In vielerlei Formen soll jetzt Gestalt gewinnen, was der Sinn des einzigen Augenblicks sein wird, in dem der Krieg sich todmatt hinlegt, um als Neues zu erstehen und Chaos zu Kosmos zu machen; mich will es dünken, es solle zu allererst nüchtern gesagt werden. Will das wortlos Gewusste allendlich zur Tat werden, so darf es den harten Dingen der Welt wirklicher Beziehungen nicht länger mehr ausweichen; so muss es lernen, zugleich unbeugsam zu sein und allen Biegungen des geschichtlich Gewordenen sich umgestaltend anzupassen; so muss es in aller hohen Würde der Idee sich bescheiden, ein Dasein zu führen. Der geistloseste aller Kriege, die je waren, wird darum mit der größten Begeisterung, die je war, geführt, weil der Geist es nicht mehr aushält, vom Leben getrennt zu sein. Jetzt kommt die Zeit, wenn dieser Krieg zu Ende gegangen ist, wo der Geist ins Dasein treten will. So ist es, wenn die geborenen Führer der Völker wollen, dass es so sei, und groß und nüchtern ans Werk gehen.

Wenn die Menschheit sich nicht durch ihre Unterjochung unter die Staatsidee zugrunde richten soll, wird sie bald daran gehen müssen, für die wirklichen Angelegenheiten der Völker eine Ordnung zu suchen, die nicht überliefertem Aberglauben und Götzendienst, sondern der Einsicht und den Tatsachen entspricht.[267]

Staat, Etat, Stand, Zustand ist nicht eine Örtlichkeit oder ein Landgebiet, sondern eine Art und Weise. Die Interessen, die der Staat den Menschen befriedigen soll, sind weder an Landesfürstentum (bei dem ursprünglich der Fürst Landesherr im wörtlichen Sinn, Eigentümer des gesamten Bodens ist) noch an Länderbeherrschung gebunden, sind überhaupt nicht lokal, sondern modal. Es ist die große Entdeckung oder Erfindung, die der Menschengeist der Natur hinzugefügt hat, dass es über den Räumen und Zeiten, über dem Wo und Wann noch die Modalität oder das Wie gibt. Dem Wo entspricht hier das Bodenmonopol; dem Wann die geschichtlich gewordene autoritäre Gewalt; dem Wie entspricht der Sinn, der Zweck und die Beziehung. Der Staat soll nicht mit Ländern und ihrer Beherrschung und Eroberung, sondern, da es sich schon längst nicht mehr um der Kultur gewonnenes, urbares Land inmitten der Wildnis, sondern um zivilisierte und in

Sicherheit wohnende Menschen handelt, mit deren Verhältnissen und Zwecken zu tun haben.

Alles, was heute im so genannten Staat eingeschlossen ist, soll befreit und neu gestaltet werden; was im Landesstaat vom überlieferten und nicht weiter untersuchten Schlendrian der Geschichte zu einer falschen Einheit zusammengeflochten worden ist, soll losgelöst werden zu Zweckvereinen.[268]

Die scheußliche Verwirrung, die in den Ländern mit gemischter Bevölkerung oder einem solchen Erdstrich wie dem Balkan von der Verkoppelung zwischen Nation und Staat hervorgebracht wurde, hört sofort auf, hört aber auch erst dann auf, wenn die öffentlichen Angelegenheiten jeder Nation nicht einem Staat abgetreten, sondern von der Nation selbst als Nation erledigt werden. Jede Nation kann dann so viele Schulen, Universitäten, Akademien, Theater und sonstige echt nationale Einrichtungen gründen, als sie durch ihren Zusammenschluss und ihre Beharrungs- und Expansionskraft eigens und lediglich für die Zwecke dieses Geist- und Sprachverbandes Mittel aufbringt. Und hinsichtlich des Geistes, der in den Schulen herrscht, der Methoden, nach denen unterrichtet wird, wird es innerhalb der Nation die größte Mannigfaltigkeit je nach Gemeinden, Gegenden und besonderen Schulgenossenschaften[269] geben. So sehr der Nationalverein nach außen in Sachen seiner Zwecke wie eine einheitliche, uneinnehmbare Festung wirken wird, so sehr wird er im Innern Selbständigkeit und mannigfaltige Gliederung aufweisen; und der Fall könnte sogar mehr als einmal vorkommen, dass einem Vater die Sprache nicht so wichtig ist wie der Geist, der sich in ihr ausdrückt, und dass zum Beispiel ein Tscheche sein Kind in eine deutsche Schule schickt oder umgekehrt. Für all solche Anschlüsse und Ausscheidungen wird im Zweckverband der Nation Freiheit herrschen, und zwischen Gemeinden, Genossenschaften und Nationalzentrale wird über das Verhältnis von Zentralisation und Dezentralisation der Mittel eine freie Verständigung erfolgen müssen. Aber jedenfalls hat die Nation nichts mit Herrschaft, nichts mit Unterdrückung, nichts auch mit parlamentarischer Majorisierung und Intrige und gar nichts mit Staat und Wirtschaft zu tun.[270]

Auch die Wirtschaft soll vom Staat abgezweigt werden und soll sich um nichts kümmern als um die Wirtschaft, das heißt um die zweckmäßige und also auch lustvolle Herstellung und den zweckmäßigen freien Tausch der menschlichen Bedürfnisse. Es wird sich dann bald genug zeigen, dass die Wirtschaftsgebiete auf Grund geographischer, geologischer, klimatischer, gewiss auch historisch erwachsener, völkerphysiologischer und psychologischer Bedingungen abgeteilt werden müssen; dass aber die politisch-fiktiven Grenzen der Länder und die wirklichen Grenzen der Nationen nicht identisch sind mit den zweckmäßigen Grenzen bestimmter Wirtschaftseinheiten; und dass für die Herstellung wirtschaftlicher Ausgleichungen die militärische Gewalt das verkehrteste aller Mittel ist.

Viele Betätigungen des Wirtschaftslebens, soweit sie nicht besser interkommunalen und internationalen Körperschaften anvertraut sind, und die Reste, die sonst noch von der Hinterlassenschaft des Staates fortzuführen sind, werden sich aufbauen auf dem Organismus der Gemeinde. Die Gemeinden werden alle Angelegenheiten, die nur sie selbst angehen und mit denen sie anderen nicht im Wege sind, selbständig, gemäß ihren Bräuchen und Einsichten, verwalten. Für Gemeinsames und für die gegenseitige Anpassung werden sich über den Gemeinden weitere Verbände, Bezirke, Kreise, Provinzen usw. erheben. Wo man sich des Vertretungs- und Beamtensystems bedienen muss, wird es sich immer um Delegationen handeln, die ununterbrochen mit ihren organisch verbundenen und wachenden Auftraggebern in Verbindung sind und stets abberufen und ersetzt werden können. So sehr die Menschheit ein Ganzes ist, so sehr erfordert es die Freiheit und Mannigfaltigkeit, dass die großen Verbände nicht oben herrschen und lasten, sondern von unten wachsen und von unten ernährt werden. Die Menschheit muss im einzelnen Individuum, im Paar, im Haus, im Dorf, im Sprengel, in der Gemeinde, im Amt Keim und Wurzeln haben, um zur Gesamtheit des Volkes und der Völkerbünde erblühen zu können.

Für sehr viele Methoden des bisherigen Staats im Innern und nach außen ist kein Platz mehr in einer Menschengesellschaft, die anfängt, die überlieferten Einrichtungen nach den Prinzipien von Sinn und Zweck umzugestalten. Aus der blinden und modrigen Höhle des Woher heraus haben wir lange genug gelebt; licht und sehend wollen wir jetzt endlich nach dem Wohin reisen: einem selbstbestimmten Ziele zu. Was daraus wird, wenn man die sinnlos gewordenen Reste der Vergangenheit als Mächte des Verhängnisses walten und toben lässt, erleben wir schaudernd. Versuchen wir einmal, alles, was von hinten treibt, erst durch unseren Geist zu filtrieren, ehe wir es nach vorne weiter wirken lassen.

Man hat gesagt und wir haben es erprobt, dass Kanonen und Flinten dazu da sind, um gebraucht zu werden.

Nun denn: Auch die Vernunft ist dazu da, um gebraucht zu werden. Lasst sie ans Werk! Und wartet lieber nicht zu lange damit; jedes Werkzeug, das nicht gebraucht wird, rostet; und die Vernunft hat es an sich, wenn man sie nicht übt, zu Dummheit und Wahnsinn zu werden.

Feine, tiefe, religiöse Menschen haben Angst vor der Vernunft und meinen, das sei ein Werkzeug der Analyse, der Zersetzung, der Negation; wir aber brauchten die Unterordnung unter ein großes Ganzes, die Synthese, das Opfer, die Hingebung, das Aufgehen des Individuums in der Gemeinschaft.

Ja, das brauchen wir; aber fürchtet euch nicht! Die Vernunft zersetzt nur das Sterbende, das dem Verfall geweiht ist; sie organisiert das Lebende, das wächst. Wachstum in den Beziehungen zwischen den Menschen, Wachstum der Verhältnisse gibt es nur durch die Vermittlung des in den Individuen wachsenden und fortschreitenden, mit Gefühl und Aktivität, mit Natur und Trieb, mit Liebe und Gemeinschaft unlöslich verbundenen Geistes.

Weil die Menschen Sehnsucht nach dem verbindenden Geiste, der verloren gegangen ist, nach dem Ersatz für die in ihren Formen gestorbenen alten Religionen haben, darum opfern sie sich in Myriaden von Hekatomben[271] dem Staat, der nur darum sein böses Scheinleben führt, weil die dem Geist erwachsenen Gemeinschaften dahingesunken sind.[272]

Als diese Religionen ihr Leben hatten, waren sie als Krönung und Verklärung über dem sinnvollen Zusammenleben von Völkern gewachsen.

Sorge dir erst für ein sinnvolles Zusammenleben, du Menschheit; Völker der Erde, bauet erst euer Haus und sorget für den rechten Austausch all eurer Güter; lasst erst die Güter in eurem Herzen und die Einsicht in eurem Kopfe wachsen; übt erst die angeborene und ewig gleiche Religion der Liebe im Kleinen und der Gerechtigkeit im Großen, - dann wird es nicht fehlen, dass die besondere Form der Menschheitsreligion aus eurem Leben erwächst. Aus dem Leben muss sie wachsen; aus geschichtlichem Wissen, Kenntnissen von längst dahingegangenen Ekstasen der Völker und erlesenen Geister, aus Philologie und Verliebtheit in alte Formen der Mythologie kommt denen, die nicht verdauend mit überlegenem, vorwärts gerichtetem Leben die ernährende Erinnerung der Geschichte aufnehmen, nur Bildungskram, der bereit ist, jede Missetat und jeden Irrwahn mit weich verworrenen Reminiszenzen zu bemänteln. Dass wissenschaftliche Bildung, archäologische Poesie und alexandrinisch-täuschende Mimikry der Mystik vor Aberglauben, Rohheit und Dummheit nicht schützt, - haben wir das noch nicht genug erlebt?

Krieg und Bühne. Ein Gespräch.
In: Die Volksbühne. Berlin: Neue Freie Volksbühne, Nr. 11, November 1915, S. 14ff.

Hermann: Guten Tag, Walter! Aber ich störe dich beim Lesen? Beim Lesen eines Buches? Ich freue mich, einmal einen Menschen zu treffen, der nicht bloß die Zeitung liest.

Walter: Du störst nicht. Ich gebe den Versuch auf. Ich habe in der Tat etwas gelesen, was mir in früheren Zeiten eine qualvolle Wonne und eine Erhebung gewesen wäre. Ich habe in den Briefen van Goghs[273] gelesen. Welch eine Tragödie! Wie kämpft dieser Mann Jahre und Jahre hindurch in völliger Einsamkeit um seine Kunst! Aber meine Gedanken schweiften beim Lesen immer wieder ab, zu unseren Heeren draußen im Felde, die mit Pulver und Blei kämpfen, und ich begreife nicht mehr, was dieses Ringen um Bilder, Töne, Farben, Stimmungen, dieses Ringen, das einen Mann bis in den Wahnsinn und den Tod steigerte, für einen Sinn haben soll?

Hermann: Und dabei gibst du dir selbst die Antwort. Du wendest doch solche Ausdrücke an wie Kämpfen, Ringen, Todbereitschaft... Ich meine im Gegenteil, die Tapferkeit, die Energie, die Zähigkeit, die jetzt im Felde bewährt werden, sind nur möglich geworden durch die erzieherische und geradezu umgestaltende Wirksamkeit der Kunst. Ja, ich behaupte, auch ein Kämpfer wie van Gogh wäre nicht der geworden, der er ward, wenn der Menschheit nicht durch eine ganz besondere Kunst immer wieder beigebracht worden wäre, dass ihr Miteinanderleben nicht Frieden, sondern Streit, dass selbst das Leben des Einzelnen mit sich selbst Zwiespalt und Aufruhr ist.

Walter: Und welche Kunst wäre das?

Hermann: Das ist die dramatische Kunst, die Kunst der Bühne. Hast du das noch nicht bemerkt? Gleichviel, ob du eine Burleske oder ein bürgerliches Lustspiel oder eine moderne oder klassische Tragödie siehst; gleichviel, welcher Stoff behandelt wird und um welchen Konflikt es geht, das Drama ist immer Krieg, immer die Verwandlung des scheinbar Glatten in ein Gegeneinander. Das war nur der Anfang dieser Kunst, dass Form und Inhalt sich deckten: dass auch die Handlung nämlich sich um tatsächliche Kriege drehte. Nun, da die Form des Bühnenspiels den Krieg schon in sich trägt, wird alles Leben in Streit und Widerspruch verwandelt, gleichviel, ob es sich um die Liebe oder die Familie oder den Beruf oder die Weltanschauung oder was immer handelt.

Walter: Ich glaube, du wärst imstande, die ganze Völker-, Staaten- und Kulturgeschichte auf den Einfluss des Theaters zurückzuführen.

Hermann: Der Versuch könnte gemacht werden und es müsste außer dem bisher Gesagten noch etwas dabei beachtet werden. Wenn den Menschen große Dinge in der Welt gelingen, gleichviel, ob Einzelnen oder ganzen Völkern, dann kommt es nur von der Einseitigkeit. Man wirft sein ganzes vielfältiges, zusammengesetztes Wesen auf eine einzige Seite, man vergisst alles andere und steht dann zur Verwunderung, zur Bewunderung der Welt als Held und als Sieger da. Und weißt du, was das ist? Das ist gar nichts anderes als: eine Rolle spielen. Das Wort „Charakter" kommt auch von der alten Bühnensprache, und, nimm es nicht als Ketzerei, in Wahrheit hat einer nur Charakter, wenn er diesen Charakter mit Willen annimmt, wenn er eine Rolle spielt. Nur dass freilich diese Wahl im Unbewussten vor sich geht. Es gibt gar keinen Tapferen, der nicht auch feige sein könnte, keinen Edlen, der nicht auch seiner Natur nach hundsgemein sein könnte. Nicht, was einer ist, hat ihm die Natur eindeutig mitgegeben; er ist von Natur aus alles; sondern wofür er sich schließlich entscheidet, was er wird, immer wieder von neuem in sich feststellt, das hängt freilich von seinem Wesen ab. Wie aber jeder gute Monolog ein Dialog ist, ein Selbstgespräch, Kultur der Menschheit auf unbewusster und selbstverständlich gewordener Sympathie beruht, auf dem lebendigen, zwingenden Mitfühlen der fremden Naturen als einer ebensolchen Notwendigkeit, wie unsere eigene Natur es ist, so kann man, da für alles Uranfängliche diese Wechselwirkung gilt, ebenso gut sagen, dass die Kunst aus dieser Sympathie, wie dass umgekehrt, diese Sympathie aus der Kunst geboren sei. Und aus keiner so stark, wie aus der dramatischen Kunst.

Walter: Was ich bezweifle. Denk nur an die Musik!

Hermann: Ich denke an sie, indem ich das sage, denn die Musik ebenso wie die nicht gelesene, sondern gesprochene und gesungene Lyrik gehört zu der dramatischen Kunst, von der ich rede. Beachte nur, von wo wir beide ausgehen. Du hast jetzt eben dein wunderschönes Buch nur zu gern weggelegt, weil die wilde Welt draußen immerzu eingegriffen und dich abgelenkt hat. Unmöglich, dass dir etwas Ähnliches in dem Theater begegnen könnte! Selbst ein mittleres, ja sogar ein schlechtes Stück in guter Aufführung hält dich fest von Anfang bis zu Ende, du vergisst alles andere; was die Personen da droben auf den Brettern erleben, ist für ein paar Stunden deine Welt. Glaube mir: Gleichviel, ob du nur in dem Charakter bleiben willst, den die Zeit verlangt, oder ob du für nötig hältst - wie ich zum Beispiel -, dass wir die Gabe, uns in fremde Naturen und fremde Nationen verstehend versetzen zu können, über diese Zeit hinweg in die Zukunft retten -, für beides ist die eindringlich erobernde und besetzende, die kämpferische, die sieghafte Bühnenkunst ein vorzügliches Mittel.

Walter: Recht hast du! Gehen wir also ins Theater!

Brief Gustav Landauers an Martin Buber vom 12.05.1916.
In: BuBr I, S. 433ff. [Auszug][274]

Lieber Buber,

Ich habe mich sehr gefreut in Ihrem schönen Hause gewesen zu sein und wäre gern noch ein paar Tage geblieben. Hoffentlich lässt sich's bald einmal machen.[275]

Diesmal, ebenso wie bei unserem Abschied in Berlin, ging es darum, unsere Gemeinschaft durch Zusammensein zu bestätigen, diese Gemeinschaft, die vor dem Krieg war und ihn überdauern soll. Ich kann auch nicht einmal sagen, dass die Dinge, von denen jetzt einmal zu reden ist, mir bei unserem Zusammensein sonderlich störend dazwischen gewesen wären: Ich war nicht bei dem Kriegsbuber und hatte ihn beinahe vergessen.

Ich habe nun aber nach meiner Heimkehr Ihre Losung im „Juden"[276] gelesen und will nun noch auf die erste Ihrer Reden im „Geist des Judentums"[277] zu sprechen kommen, die ich schon damals, vor Ihrer Abreise, gelesen hatte und die, mit bestimmten Stellen, schuld war, dass ich das Buch weglegte und nicht weiterkommen konnte. Ihre Losung und diese Stellen gehören zusammen und sind mir sehr schmerzlich, sehr widerwärtig und sehr nahe an der Unbegreiflichkeit.

Trotz all Ihrem Einspruch nenne ich diese Art Ästhetizismus und Formalismus und ich sage, dass Sie - sich selbst gegenüber - kein Recht haben, über die politischen Ereignisse der Gegenwart, die man den Weltkrieg nennt, öffentlich mitzureden und diese Wirrnisse in Ihre schönen und weisen Allgemeinheiten einzuordnen: es kommt völlig Unzulängliches und Empörendes heraus.

Ich gestehe, mir kocht das Blut, wenn ich [...] lese, wie Sie neben den Griechen der Perikleischen Zeit[278] oder den Italiener des Trecento[279] „den Deutschen unserer Tage" stellen, unter Ausschluss der Deutschen früherer Zeiten und unter Ausschluss aller anderen europäischen Nationen. Das ist die Sprache eines, der durch Bewirktheit in seiner Klarheit bedenklich getrübt ist, nicht eines Wirkenden noch eines Schauenden. [...] Mitten in diesem Kriege und im Zusammenhang mit der Kriegspolitik Deutschland abzusondern von allen anderen europäischen Staaten, diesen ihre Schuld an den Völkern des Orients vorzuhalten, Deutschland als einzig berufene Erlösernation hinzustellen, ohne Einschränkung, ohne Hinweis darauf, wie Deutschland in den letzten Jahrzehnten mit Eroberungskolonisation nachzuholen bemüht war, was es aus äußeren Gründen versäumt hatte -, „Völker Europas, wahrt eure heiligsten Güter usw., usw. -", das ist Kriegspolitik, ist Offiziosentum. Offiziöse, politische Rhetorik, ist die gesamte Motivierung, und - wenn schon Marx[280] und Lassalle[281] Juden waren, wie auch Heine[282] einer war, - es spricht für die anderen Nationen und gegen die deutsche, dass der Sozialismus dieser [...] Juden nur von ihr so völlig assimiliert wurde; die anderen nährten sich von einem reineren und edleren [...] Buber, Sie dürften so oberflächlich von Dingen reden, die besser zu kennen man Ihnen freilich Gelegenheit gegeben hat (ich verhehle nicht, dass ich mich an dieser Stelle persönlich verleugnet gefühlt habe), aber Sie dürften es nicht tun, wenn es klug ist, so und nicht anders zu reden. Was Sie von den anderen nicht sagen, ist noch schlimmer, als was Sie von den Deutschen sagen. Oder hindern Sie, den Politisierenden, vielleicht die Pogrome und die Judenpolitik Russlands[283] an der Erkenntnis, dass der russische Geist dem jüdischen und orientalischen unsäglich näher verwandt ist als der deutsche?

Was Sie in Ihrem Einführungsaufsatz „Die Losung" tun, ist desselben Geistes, wennschon komplizierter. [...]

Sie beschreiben also zunächst den Juden unserer Tage, den Juden im Feld, Hunderttausende bei den verschiedenen Heeren.[284] Die, in allen Staatsheeren, führen Krieg nicht aus Zwang, sagen Sie, sondern in Erfüllung übermächtiger Pflicht. Das ist eine fast kindliche Simplifikation; Psychologie ist freilich noch [nicht] das Letzte und Beste; aber Nichtpsychologie und Nichtanalyse, wenn es sich um

Tatsächlichkeiten handelt, ist doch noch schlimmer. Und wieder sage ich, sage es vor allem um der Kürze willen: Ich fühle mich bei dieser keine Ausnahme statuierenden Beschreibung von dem Seelenzustand der Juden, die das leidenschaftliche Verlangen hegen, die Schicksalsstunde Europas kriegerisch mitzuerleben und mitzuerleiden, persönlich verleugnet. Ich fühle aber auch die tausende und zehntausende armer Kerle verleugnet, die ihrer nicht eine Aufgabe wissen, sondern die allerdings aus übermächtiger Pflicht (zu leben nämlich!) sich dem Zwang fügen, weil sie so eher hoffen können, mit dem Leben davonzukommen. Buber, Sie liefern an dieser Stelle eine Beschreibung der Durchschnittsjuden, und in dieser Ihrer Psychologie gibt es keinen einzigen gewöhnlichen Menschen? Nein, in den Dumpfen, von denen Sie sprechen, lebt allermeist aber, was Sie vom Juden*tum* davon sagen, also das krause Zeug, was den ‚bewusstesten' Juden erfüllen soll, das Gefühl nämlich, dass dieser Wahnsinn sie nichts angeht, und dass sie erschossen werden, wenn sie sich nicht fügen, das Gefühl, dass es diesen Krieg zu überleben gilt, um dann weiter zu hausieren oder sonst Handel zu treiben und mit Frau und Kindern zu leben.

„Nur überhaupt Gemeinschaft" - das ist für Sie, was dieser Krieg gebracht hat, den Menschen im Allgemeinen und den Juden im Besonderen. Und eben das nenne ich ästhetisch und formalistisch. Kein lebendiger Mensch empfindet so und braucht solche Umwege; und der „Geist Europas", den Sie diesmal in diesem Kriege wirksam finden, ein Gemeinschaftsgeist der Zerreißung, ist eine völlig unlebendige Konstruktion. Von geschichtlichen Dingen ist nur geschichtlich zu reden, nicht in formalem Schematismus. Hier ist wahrlich keine intuitiv erfasste Synthese, sondern ein Mangel: Sie wollen das Verworrene durch die bloße Betrachtung in Eines fassen, ohne aber auch nur in Ihrem Blick das Neue zu haben, das die Einheit schaffen könnte. Sie verleugnen das gerade Ihnen Wesentliche in der Anwendung Ihrer leeren Methode: Sie betrachten die Alltäglichkeit und erklären sie als das Wunder, Sie betrachten sie aber nicht gestaltend, sondern sich einfügend. Dass dahinter Wunsch, Größe zu erblicken, steht, gebe ich gerne zu; aber aus verworrener Gemeinheit Größe zu machen, dazu reicht der Wunsch nicht aus. „Viril, mannhaft, Opfermut, Hingabe"-, ja das ist alles dabei, ist aber nicht in der Führung, nicht im Inhalt, nicht im Sinn dieser Untat. Nicht dadurch lernen wir Gemeinschaft wahren, dass wir uns dem fügen, was Sie den „Geist Europas" nennen, uns ihm erst als Juden fügen, und dann als Judentum entziehen; gar nicht zu staunen, dass der Zensor an ernst gemeinte Zweideutigkeit solcher Gestalt nicht glauben möchte. Die Gemeinschaft, die wir brauchen, entzieht sich von vornherein all dem, was heute Krieg heißt und was nach Entstehung und Wesensart durchaus zu erkennen ist, keiner Deutung bedarf und keine verträgt.

Lieber Buber, irgendwie hätte zum mindesten anerkannt werden müssen, dass unter den Hunderttausenden von Juden, sagen wir 23 bis 37 wären, die nicht aus Gefühl der übermäßigen Pflicht, nicht in leidenschaftlichem Verlangen in diesen Krieg gezogen wurden. Und wenn Sie das aus äußeren Gründen nicht konnten, dann hätten Sie, meine ich, nicht reden dürfen.

Dies Ihnen zu sagen, war um der Ehrlichkeit willen nötig. Es ist aber auch nötig, um verständlich zu machen, warum ich über den Aufsatz hinaus, den Sie schon haben[285], jetzt, solange der Krieg währt, nicht weiter mitarbeiten will. Ich will nicht, solange nicht der Widerspruch laut werden kann, klar und scharf und innig, gegen das, was Sie und manche Ihrer Mitarbeiter vertreten. Das ist z. B. das Erlebnis, das Hugo Bergmann S. 7 berichtet[286]; ihm ist es ganz klar, „was ein Kampf gegen Russland für uns Juden bedeute", d.h. was das Mitmachen des Krieges von Habsburg gegen das russische Reich, Mord von deutschen, slavischen, rumänischen, italienischen, ladinischen[287] und jüdischen Menschen österreichischer Staatsangehörigkeit an russischen (auch jüdischen) Menschen bedeute, und die Antwort: „Schade um das jüdische Blut", die ihm einer gab, der übrigens offenbar nicht zu Ihren Hunderttausenden gehörte, kann er nur als Individualismus, d.h. Gemeinschaftslosigkeit deuten. Ein Blatt, das veröffentlicht, veröffentlichen darf, was Habsburg, Hohenzollern und die damit verbundenen Interessengruppen gerne hören, das Entgegengesetzte aber nicht, kann nicht mein Blatt sein. Ich hoffe - und glaube -, dass die Zensur meinen Beitrag nicht durchlässt (bin aber zu gelinder Modifikation nach wie vor bereit) und dann soll, wenn's Ihnen recht sein wird, mein erster Beitrag vom Judentum und vom Deutschtum und vom Europäertum und vom Deutschen Reich handeln. Schade um das jüdische Blut, jawohl; schade um jeden Tropfen Blut, der in diesem Kriege vergossen wird; schade um die Menschen; schade auch, dass Sie sich in diesen Krieg hineinverirrt haben. [...]

Gründungsaufruf „Zentralstelle Völkerrecht"
(25.08.1916). [gemeinsam mit Ludwig Quidde]
(Bundesarchiv, Koblenz, NL Quidde/68)[288]

„Nachdem der ‚Deutsche Nationalausschuss'[289] und der ‚Unabhängige Ausschuss für einen deutschen Frieden'[290] den gegenwärtigen Zeitpunkt für geeignet gehalten haben, sich mit Kundgebungen zu Kriegszielen an die Öffentlichkeit zu wenden, haben sich deutsche Männer und Frauen, die einen dauernden Frieden auf der Grundlage des Selbstbestimmungsrechtes der Völker und einer neu einzuleitenden Verständigungspolitik erstreben, zu einer deutschen Zentrale für dauernden Frieden unter dem Namen Zentralstelle ‚Völkerrecht' zusammengeschlossen.

Der Friede, der diesen Krieg beendigt, soll selbstverständlich nach der Auffassung der Zentralstelle die Freiheit des deutschen Volkes, die Unabhängigkeit des Deutschen Reiches, die Unversehrtheit des deutschen Bodens, die Wahrung der deutschen Interessen im Auslande und die Erhaltung der wirtschaftlichen Entwicklungsmöglichkeiten des deutschen Volkes sicherstellen; aber er soll auch jede Gewähr der Dauer in sich tragen. Dazu ist erforderlich, dass er von allen Beteiligten als eine befriedigende Ordnung ihrer internationalen Beziehungen anerkannt werden kann, dass er also nicht die Unterlegenen durch gewaltsame Annexionen, durch Beeinträchtigung ihrer Selbstbestimmung oder durch andere unerträgliche Bedingungen zur Vorbereitung eines Vergeltungskrieges nötigt, dass er zugleich wirksame Einrichtungen schafft für friedliche Erledigung künftiger internationaler Streitigkeiten auf dem Wege geordneter Vermittlung oder rechtlicher Entscheidung, und dass er damit der alten friedensgefährdenden Politik des Wettrüstens ein Ende setzt. Um einem solchen Frieden volle Wirksamkeit zu geben, muss ein neuer Geist das nationale und internationale politische Leben erfüllen. Die deutsche Zentralstelle ‚Völkerrecht' ist der Überzeugung, dass im deutschen Volke, wie bei allen anderen Kulturvölkern, die Vorbedingungen für diese neue Politik gegeben sind, und dass nur ein solcher Friede der ‚Deutsche Friede' im besten Sinne des Wortes sein würde.

Zweigstellen der deutschen Zentrale ‚Völkerrecht' sind in allen Teilen Deutschlands gebildet oder in Bildung begriffen. Die Zentrale wird, sobald Freiheit für die Erörterung von Kriegs- und Friedenszielen gewährt ist, mit Kundgebungen an die Öffentlichkeit treten. Zustimmungserklärungen werden einstweilen erbeten an die Geschäftsstelle Charlottenburg, Kantstraße 159, Gartenhaus III."

Satzungsentwurf „Zentralstelle Völkerrecht", Ortgruppe Groß-Berlin (1916).

(GLAA 53)

§ 1
Die „Zentralstelle Völkerrecht, Ortsgruppe Groß-Berlin" ist ein Glied des Vereins Zentralstelle Völkerrecht und erkennt dessen Statut als bindend an.

§ 2
Es ist die besondere Aufgabe der Ortsgruppe, die Ziele der Zentralstelle in Groß-Berlin zu verbreiten und ferner unter ihren Mitgliedern selbst die Erkenntnis von den Notwendigkeiten und Möglichkeiten für Herstellung wahrer Kulturzustände und in den Völkern der Menschheit zu vertiefen und zu befestigen.

§ 3
Das Kalenderjahr gilt als Geschäftsjahr.

§ 4
Mindestens einmal im Jahr tagt die ordentliche Mitgliederversammlung, die den Geschäftsbericht prüft und den Vorstand der Ortsgruppe wählt. - Der Vorstand kann jederzeit beschließende Mitgliederversammlungen einberufen; er muss es, wenn ein Drittel der Mitglieder es verlangt.

§ 5
Die Einladungen zu beschließenden Mitgliederversammlungen erfolgt[sic] durch die Post. Über die Beschlüsse ist ein Protokoll zu führen, das allen Mitgliedern zugänglich gemacht wird.

§ 6
Der Vorstand soll aus 5 Personen bestehen, die das Recht haben, im Falle ihrer Einstimmigkeit, weitere Mitglieder in den Vorstand zuzuwählen.

§ 7
In Übereinstimmung mit der Mitgliederversammlung ist der Vor-

stand berechtigt, von den Mitgliedern der Ortsgruppe besondere Beiträge zu erheben.

§ 8
Alle Beschlüsse erfolgen mit einfacher Mehrheit, nur Statutenänderungen bedürfen einer ¾ Mehrheit.

§ 9
Die Ortsgruppe löst sich nicht auf, solange 5 Mitglieder für ihr Weiterbestehen eintreten.

§ 10
Im Falle der Auflösung der Ortsgruppe beschließt die letzte ordentliche Mitgliederversammlung, wem das Vermögen der Ortsgruppe zufällt.[291]

Stellungnahme.
In: Leipziger Abendzeitung, Osternummer 1918[292]

Es wird sich zeigen, dass auf der einen Seite *Schlechtigkeit und Verstand*, welcher das Interesse von Einzelnen oder Gruppen wahrt, auf der anderen aber *Güte und Vernunft*, welche die Gesamtheit im Sinne hat, zusammengehören.

Dadurch, dass das aufgewühlten und gewandelten Deutschen geschieht, werden wir den Trägern romanischen Geistes, besonders Franzosen, bis zum Bunde nahe kommen.

Der Krieg wird lange genug dauern und wird, was die Kriegsziele betrifft, so ausgehen, dass in einer verbreiteten Menschenschicht anstelle eines Anflugs von Schamröte dicke Haut und fröhliche rote Backen treten werden: Schamlosigkeit und Gier können sich mit einer eingewurzelten Beschränktheit decken, die wie Ehrlichkeit und gutes Gewissen aussieht. So wird's bei den Feinden sein.

Die Geistigen werden einen Terrorismus des Geistes aufrichten. Dummheit, Gewalttätigkeit und Phrase, besonders derer, die im Krieg Renegaten des Geistes geworden sind, werden verfemt werden. Von einem Mann wie z.B. XY[293] werden zwar die Hunde noch ein Stückchen Brot, die jungen, nach Lyrik hungrigen Menschen aber kein Gedicht mehr annehmen.

Dadurch aber wird sich eine Entwicklung, die der Krieg gebracht hat, fortsetzen: Sehr viel ansehnliches Talent wird seine Wohnung bei den Philistern aufschlagen; sehr viele flott, ernst und mystisch schreibende Federn werden offiziös sein; einer großen Zahl Schreiber wird der Stellungskrieg, den sie für ihre behagliche und angenehme Position im Krieg so erfolgreich geführt haben, auch im Frieden Sieg, Beute und - Verachtung eintragen.

Wie's nach dem Krieg stehen wird.
(GLAJ 165)

Die Guten werden besser und die Schlechten schlechter sein.

Es wird sich zeigen, dass Schlechtigkeit und Verstand, der das Interesse von Einzelnen oder Gruppen wahrt, und aber Güte und Vernunft, die die Mehrheit im Sinne hat, zusammengehören.

Anders gesagt: Das innige Gefühl, dessen schönste Blüte bisher Frömmigkeit war, wird jetzt Gefühl bleiben, aber sich mit Vernunft und leidenschaftlicher Tatenergie verbinden.

Der Krieg wird lange genug dauern, und wird so ausgehen, dass an die Stelle der Schamröte dicke Haut und fröhlich rote Backen getreten sind, so dass Schamlosigkeit und Gier sich hinter einer eingewurzelten Beschränktheit verstecken können, die wie Ehrlichkeit und gutes Gewissen aussieht.

Die Vertreter des Friedens und der Erneuerung werden ihre Kampftruppen da finden, wo bisher die Dumpfheit am größten war: bei der Jugend, bei den Frauen, bei den Bauern. Diese drei Schichten werden sagen: Euch anderen, den Alten, den Männern, den Städtern haben wir unser Schicksal bisher überlassen; Ihr seid nun beim Resultat und beim Bankerott; jetzt ist an uns die Reihe.

Die Geistigen werden einen Terrorismus des Geistes aufrichten. Die Dummheit, Gewalttätigkeit und Phrase, besonders derer, die im Krieg Renegaten des Geistes wurden, wird[sic] verfemt werden.

Anmerkungen

[1] 1906 kam es zur Gründung einer „Ständigen Ausstellungskommission für die deutsche Industrie", die Anfang 1907 ihre Arbeit aufnahm. Insgesamt jedoch scheiterten sämtliche Berliner Weltausstellungsprojekte seit Ende des 19. Jahrhunderts. Als Lokalexposition konnte 1896 lediglich die „Berliner Gewerbeausstellung" begangen werden. Die 28. Weltausstellung fand 1913 in Gent/Belgien statt.

[2] Quiriten (lat.: Quirites), dichterische Bezeichnung für die Bürger des alten Rom sowie als Anrede vor der Volksversammlung.

[3] Bernhard Fürst von Bülow (1849-1929), von 1900 bis 1909 Reichskanzler im wilhelminischen Deutschland.

[4] Wilhelm II. (1859-1941), von 1888 bis 1918 letzter deutscher Kaiser.

[5] Mit dem Gegensatz zwischen Kaiser und Kanzler ist die Unstimmigkeit zwischen Reichskanzler Fürst Otto von Bismark (1815-1898) und Kaiser Wilhelm II. (1859-1941) vor allem über den innenpolitischen Kurs des Deutschen Reiches gemeint, der mit dem Rücktritt Bismarcks 1890 endete.

[6] Seit 1909, in der Nachfolge Bülows, amtierte Theobald von Bethmann-Hollweg (1856-1921) als deutscher Reichskanzler (bis 1917).

[7] Chlodwig zu Hohenlohe-Schillingsfürst (1819-1901), vor in der Zeit von 1894 bis 1900 der unmittelbare Amtsvorgänger von Bernhard Fürst von Bülow im Reichskanzleramt.

[8] Unwägbarkeiten, nicht vorhersehbare Risiken.

[9] Im Sinne von: Qui parlement? Welches Parlament?

[10] Eine institutionelle Einrichtung zur Abwicklung der gegenseitigen Aufrechnung von Forderungen und Verbindlichkeiten, das sog. Abrechnungshaus.

[11] Stand damals für die angebliche Hinterhältigkeit der englischen Außenpolitik.

[12] Abdul Hamid II. (1842-1918), von 1876 bis 1909 Sultan des Osmanischen Reiches, ließ zwischen 1894 und 1896 bis zu 200.000 Armenier gezielt von türkischen und kurdischen Spezialeinheiten ermorden. Bereits damals sahen die Europäer diesem Genozid tatenlos zu. Weitere Genozide gegen die osmanischen Armenier folgen in den Jahren 1909 und 1915/16.

[13] Bis zur Unabhängigkeit 1947 befand sich der indische Subkontinent, das heutige Indien, Pakistan und Bangladesch, unter direkter britischer Kolonialherrschaft.

[14] Griechisch: Staat, Staatswesen, Verfassung. Siehe auch: Gustav Landauer, Die Politische Polizei. In: Soz, 01.06.1910. Abgedruckt in: Gustav Landauer, Ausgewählte Schriften. Hrsg. von Siegbert Wolf. Bd. 3.2: Antipolitik. Lich/Hessen 2010, S. 175ff. [über den Begriff der ‚Politeia']

[15] Der Ständige Schiedshof in (Den) Haag (seit 1900) beruht auf den Haager Friedenskonferenzen 1899 und 1907 und wurde eingerichtet zur friedlichen Beilegung internationaler, zwischenstaatlicher Konflikte.

[16] Bündnis zwischen Deutschland, Österreich-Ungarn und Italien aus dem Jahre 1882, dem sich 1883 noch Rumänien anschloss. Es zerbrach de jure 1915 mit dem Eintritt Italiens in den Ersten Weltkrieg auf der Seite der Entente (Frankreich, Großbritannien und Russland).

[17] Zwischen Italien und Österreich-Ungarn bestanden Rivalitäten auf dem Balkan und an der östlichen Adriaküste.

[18] Seit 1879 bestand zwischen Deutschland und Österreich-Ungarn der sog. Zweibund, der dann 1882 durch den Beitritt Italiens zum Dreibund erweitert wurde.

[19] 1866, im preußisch-österreichischer Krieg um die Vorherrschaft in Deutschland, ging Preußen im Rahmen der kleindeutschen Lösung, d.h. ohne Österreich, als Sieger hervor.

[20] So wurde etwa Elsass-Lothringen nach dem Deutsch-Französischen Krieg 1870/71 dem deutschen Hoheitsbereich angegliedert (1871).

[21] Gemeint sind die erfolglosen revolutionären Aufstände im zaristischen Russland in den Jahren von 1905 bis 1907.

[22] Im sog. Rückversicherungsvertrag zwischen Deutschland und Russland von 1887 versicherten sich beide Seiten ihre gegenseitige Neutralität für den Fall eines ‚Verteidigungskrieges'. 1890, infolge der Entlassung von Reichskanzler Otto von Bismarck und des Endes seines Bündnissystems, wurde der Vertrag nicht mehr verlängert.

[23] Gemeint ist hier die seit 1886 erscheinende italienische Tagungszeitung „Il Secolo XIX" (ital. ‚Das 19. Jahrhundert').

[24] Karl von Einem (1853-1934), von 1903 bis 1909 Königlich Preußischer Kriegsminister.

[25] „Thüringer Tribüne". Sozialdemokratisches Organ für Thüringen. Erschien in Erfurt von 1889 bis 1897 und wurde danach unter dem Namen „Tribüne". Organ der Sozialdemokratie für Thüringen und den Regierungsbezirk Erfurt fortgeführt (1897-Ende Februar 1933).

[26] Gemeint ist die Belagerung von Metz/Lothringen während des Deutsch-Französischen Krieges 1870/71 vom August bis Oktober 1870, die mit einer vernichtenden Niederlage der Franzosen endete. Von 1871 bis 1918 gehörte Metz zum deutschen Kaiserreich.

[27] Die Befreiungskriege zwischen den Truppen Napoléons I. und seinen Gegnern Preußen, Österreich, Russland und Schweden dauerten von 1813 bis 1815. Die Entscheidungsschlacht war die sog. Völkerschlacht bei Leipzig im Oktober 1813. 1913 wurde in Leipzig das Völkerschlachtdenkmal eingeweiht.

[28] Mit der Annexion von Bosnien und Herzegowina durch Österreich-Ungarn 1908, das bis dahin völkerrechtlich zum Osmanischen Reich gehört hatte, wurde die sog. „Bosnische Annexionskrise" ausgelöst - was die latente Kriegsgefahr auf dem Balkan deutlich erhöhte.

[29] Gemeint ist die Zeit des Dreißigjährigen Krieges (1618-1648).
[30] vorwegzunehmen.
[31] Gemeint sind der Deutsch-Französische Krieg 1870/71 und zuvor der Deutsch-Österreichische Krieg von 1866.
[32] Johann Wolfgang von Goethe, Die Braut von Korinth (Ballade, 1797). In: Goethes Gedichte in zeitlicher Folge. Hrsg. von Heinz Nicolai. Ffm 1990 (7. Aufl.), S. 447ff.
[33] Drommete, alt für Trompete.
[34] Damit ist zumeist der Zweite Burenkrieg (1899-1902) zwischen Großbritannien und den Burenrepubliken im heutigen Südafrika gemeint, der mit deren Eingliederung in das britische Kolonialreich endete - der Erste Burenkrieg ereignete sich 1880/81.
[35] Gemeint ist der von Gustav Landauer gegrundete „Sozialistische Bund" (1908-1915). Vgl. hierzu die Bde. 3.1 u. 3.2: Antipolitik der „Ausgewählten Schriften" Gustav Landauers. Hrsg. von Siegbert Wolf. Lich/Hessen 2010.
[36] Prinz Georg von Serbien (1887-1972), von 1903 bis 1909 Kronprinz von Serbien.
[37] Aufgrund der tödlichen Attacke auf seinen Diener für geisteskrank erklärt, gingen die Thronfolgerechte im Jahre 1909 an seinen jüngeren Bruder Alexander (1888-1934) über.
[38] Leo N. Tolstoi (1828-1910), russischer Schriftsteller, Schulreformer, christlicher Libertärer.
[39] Duchoborzen: „Geisteskämpfer", eine aus Russland stammende, von der russisch-orthodoxen Kirche abweichende, christliche Glaubensgemeinschaft. Sie traten erstmals in der Zeit des Zaren Peter der Große (1672-1725) in Moskau auf. Sie lehnten weltliche Regierungen ebenso ab wie jeglichen Kriegsdienst; ebenso die Göttlichkeit Jesu. Tolstoi setzte sich für diese von Diskriminierung und Vertreibung bedrohte Religionsgemeinschaft ein.
[40] Nazarener: jesuanische Gruppe seit dem 19. Jahrhundert, besonders in Ungarn und Serbien verbreitet, erkannte die Kirchenhierarchie nicht an und verweigerte den Militärdienst, was zu staatlichen Repressalien führte. Siehe: Leo N. Tolstoj - Briefe an Nazarener. In: Die neue Rundschau (Berlin) XXII (1911), Bd. 1, S. 67ff. (beinhaltet Briefe Tolstois aus den Jahren 1894-1908).
[41] Temesvár, ungarischer Name der Stadt Timişoara in Rumänien.
[42] Gemeint ist die Französische Revolution von 1789.
[43] Napoléon Bonaparte (1769-1821), 1804-1814 Kaiser Napoléon I. von Frankreich
[44] Georges Jacques Danton (1759-1794 in Paris hingerichtet), Rechtsanwalt, Jakobiner.
[45] Der Wohlfahrtsausschuss wurde im Frühjahr 1793 vom Nationalkonvent als „Ausschuss der öffentlichen Wohlfahrt und der allgemeinen Verteidigung" gegründet. Den Jakobinern gelang es, diesen Ausschuss unter ihre Kontrolle zu bringen.

[46] Lazare Carnot (1753-1823), frz. Offizier und Politiker, Mitglied der Nationalversammlung, innerhalb des Wohlfahrtsausschusses für Militärangelegenheiten zuständig.

[47] Die Marseillaise ist die 1792 entstandene französische Nationalhymne.

[48] Die politisch-soziale Revolution in Mexico 1910 wurde vor allem getragen von der zapatistischen Bewegung sowie von den Ideen der anarchistischen Magonistas mit ihrer Parole „Tierra y Libertad", ihren Zielen einer indigenen und kollektiven Selbstverwaltung und einem libertären Sozialismus. Hierzu ausführlich: Bd. 1: Internationalismus der „Ausgewählten Schriften" Gustav Landauers. Hrsg. von Siegbert Wolf. Lich/Hessen 2008. Darin auch die noch heute lesenswerten „Mexico"-Artikel Landauers (S. 131ff.).

[49] Gemeint ist die „Konstitutionelle Revolution" seit 1905 mit dem Ziel der Ablösung der absolutistischen Monarchie durch ein parlamentarisches Rechtssystem, das allerdings erst nach dem Ersten Weltkrieg gelang.

[50] Seit 1912 ist China Republik.

[51] Die Bewegung der Jungtürken setzte seit Ende des 19. Jahrhunderts auf liberale Reformen und eine konstitutionelle Staatsform. 1908 begann eine erfolgreiche Militärrevolte gegen den absolutistisch regierenden Sultan. Die Jungtürken erzwangen die Wiederinkraftsetzung der suspendierten Verfassung von 1876 und setzten den nur widerwillig kooperierenden Sultan 1909 schließlich ab. Insgesamt blieb der Versuch, die Türkei demokratisch-parlamentarisch zu reformieren, damals weitgehend erfolglos. 1912 stürzte dann die jungtürkische Regierung.

[52] Francisco Madero (1873-1913), mexikanischer Revolutionär, von 1911 bis 1913 Präsident Mexicos.

[53] Porfirio Díaz (1830-1915), mexikanischer General und Politiker, von 1884 bis 1911 Präsident Mexicos.

[54] Bernardo Reyes (1850-1913), mexikanischer General und Gouverneur, zunächst Unterstützer Maderos, später rebellierte er gegen ihn und wurde bei Kampfhandlungen in Mexico-Stadt erschossen.

[55] José F. Gómez, Militär, beteiligt an der Mexikanischen Revolution.

[56] Emiliano Zapata (1879-1919), mexikanischer Revolutionär.

[57] Emilio Salgado (18??-1912), Militär, beteiligt an der Mexikanischen Revolution.

[58] Mexikos Wirtschaft wandelte sich damals von einer zuvor lokal und regional strukturierten in eine exportorientierte, die immer stärker in die US-amerikanische Wirtschaft integriert und vom US-Kapital durchdrungen wurde. Amerikanische Unternehmer waren Anteilhaber oder Besitzer von zahlreichen mexikanischen Banken, Bergwerken und von sonstigen Unternehmen jeglicher Art, vor allem aber der Erdölgesellschaften.

[59] Bevölkerung in der Mandschurei im Nordosten Chinas.

[60] Die Ermordung deutscher Missionare in China 1897 nahm die deutsche Re-

gierung zum Anlass, die Bucht Kiautschou zu erobern. Als 1900 der deutsche Botschafter Clemens von Ketteler (1853-1900) ermordet wurde (Stichwort: Boxeraufstand), kam es zu einem gemeinsamen imperialistischen Expeditionskorps unter deutscher Führung. Peking wurde erobert. Die chinesische Regierung verlor weitgehend ihre Souveränität.

[61] Timur-Leng, auch Tamerlan genannt (1336-1405), Großkhan der Mongolen, strebte die Wiederherstellung des Mongolenreiches an, eroberte Mittelasien, Indien bis zur Gangesmündung, Persien und Russland bis Moskau. Förderer der Literatur und Kunst.

[62] Wichtig ist noch die Ergänzung: „Sed sine vita non navigamus" („Aber ohne Leben fahren wir nicht zur See.").

[63] Forderungssatz.

[64] Felix Mendelssohn Bartholdy (1809-1847), Sei getreu bis in den Tod. Aus: Paulus (Opus 36) (1835). Das Oratorium behandelt Leben und Werk des Apostel Paulus.

[65] Das Sandschak Novi Pazar ist eine historische Region Südosteuropas, die teils in Montenegro, teils in Serbien und im Kosovo liegt.

[66] Eine Region im Süden Kroatiens.

[67] Ferdinand I. von Bulgarien (1861-1948).

[68] Max Stirner (Pseudonym für Johann Caspar Schmidt) (1806-1856), Philosoph, Individualanarchist.

[69] frz.: „Wir werden es schaffen!"

[70] frz.: „Auf Kinder!"

[71] Brief Rahel Varnhagens (damals Robert) an Karl August Varnhagen (damals noch nicht ‚von Ense') vom 06.12.1808, fortgesetzt mit der hier von Landauer zitierten Passage am 08.12.1808. In: Briefwechsel zwischen Varnhagen und Rahel. Hrsg. von Ludmilla Assing. Leipzig 1874, Bd. 1, S. 183 (Aus dem Nachlass Varnhagens von Ense). Eine mögliche Quelle für Gustav Landauer könnte, falls er die Assing-Ausgabe von 1874 nicht zur Hand hatte, das Buch von Ellen Key: „Rahel. Eine biographische Skizze". Autorisierte Übertragung aus dem schwedischen Manuskript von Marie Franzos. Leipzig 1907, S. 39 (Zitat im Anmerkungsteil), gewesen sein oder auch: Rahel Varnhagen: Ein Frauenleben in Briefen. Ausgewählt und mit einer Einleitung versehen von Augusta Weldler-Steinberg. Weimar 1912, S. 77. [Für diese Angaben danke ich dem Vorsitzenden der Varnhagen Gesellschaft e. V. (Köln), Dr. Nikolaus Gatter]

[72] Rahel Varnhagen von Ense (1771-1833), Schriftstellerin, Vertreterin der europäischen Aufklärung, engagiert für die Emanzipation der Frauen und der Juden. Levin war ihr Geburtsname.

[73] (Nord-)Albaner.

[74] lat.: Brot und Spiele.

[75] Theobald von Bethmann-Hollweg (1856-1921), von 1909 bis 1917 deutscher Reichskanzler.

[76] Maximilian Harden (1861-1927), Publizist, Kritiker, Journalist.
[77] Ludwig van Beethoven (1770-1827), Komponist der „Wiener Klassik".
[78] Gebhard Leberecht von Blücher (1742-1819), preußischer Generalfeldmarschall, Beiname „Marschall Vorwärts". Einer der populärsten ‚Kriegshelden' der „Befreiungskriege" (1813-1815).
[79] Suffix, lat. „suffixum", „An-, Aufgestecktes"; wird einem Wortstamm als Endung angehängt.
[80] Präfix, lat. „prä", „vor", „fix", „fest"; wird einem Wort vorne angehängt.
[81] Der außerordentliche Internationale Sozialistenkongress der II. Internationale fand am 24./25.11.1912 in Basel statt.
[82] Keir Hardie (1856-1915), Mitbegründer der britischen „Labour Party", Streiter für das Frauenwahlrecht, gegen das Apartheidsystem in Südafrika und gegen den Kolonialismus in Indien. Als Pazifist Gegner des Ersten Weltkriegs und Organisator von Anti-Kriegsdemonstrationen.
[83] Über Landauers Internationalismus siehe Bd. 1 der „Ausgewählten Schriften" Gustav Landauers. Hrsg. von Siegbert Wolf. Lich/Hessen 2008 (vor allem die Einleitung des Herausgebers).
[84] Bei Marx findet sich keine stringente Theorie der sog. nationalen Frage bzw des Nationalismus - eines der „großen historischen Versagen des Marxismus". (Tom Nairn, Der moderne Janus. In: Ders./Eric Hobsbawn/Régis Debray/Michael Löwy, Nationalismus und Marxismus. Anstoß zu einer notwendigen Debatte. Berlin 1978, S. 7ff. [hier: S. 7]
[85] Karl Marx (1818-1883), Philosoph, Kritiker der bürgerlichen Gesellschaft und der klassischen Nationalökonomie.
[86] Friedrich Engels (1820-1895), Philosoph, Kapitalist, entwickelte gemeinsam mit Marx die heute als Marxismus bezeichnete revolutionäre soziale Gesellschafts- und Wirtschaftstheorie.
[87] Wilhelm Liebknecht (1826-1900), Journalist, einer der Gründerväter der SPD, langjähriger Chefredakteur des sozialdemokratischen Parteiorgans „Vorwärts".
[88] August Bebel (1840-1913), Drechsler, Mitbegründer der organisierten sozialdemokratischen ArbeiterInnenbewegung in Deutschland. Vorsitzender der SPD.
[89] Die täglich erscheinende „Neue Rheinische Zeitung" wurde 1848/49 von Karl Marx in Köln herausgegeben.
[90] Gemeint ist die Frankfurter Nationalversammlung, das erste frei gewählte Parlament für ganz Deutschland, das 1848/49 in der Paulskirche tagte.
[91] Der Deutsch-Dänische Krieg, auch Schleswig-Holsteinische Krieg (1848-1851), gründete auf dem Versuch der dänischen Seite, das Herzogtum Schleswig verfassungsmäßig in das Dänische Reich einzugliedern, bei gleichzeitiger Trennung des Gebiets vom ‚deutschen' Holstein. Der dänische Sieg bei Idstedt im Sommer 1850 beendete zunächst die deutschen Hoffnungen auf ein deutsches Schleswig-

Holstein. Zwar wurde noch im gleichen Jahr der „Frieden von Berlin" zwischen Dänemark und dem Deutschen Bund geschlossen, jedoch ohne dass die „Schleswig-Holsteinische Frage" gelöst werden konnte.

[92] Flugschrift. Berlin 1911: Abgedruckt in: Bd. 3.1: Antipolitik der „Ausgewählten Schriften" Gustav Landauers. Hrsg. von Siegbert Wolf. Lich/Hessen 2010, S. 265ff.

[93] 1899 fand die erste internationale Haager Friedenskonferenz zur Rüstungsbegrenzung statt. Die Teilnehmer beschlossen die Einrichtung eines Ständigen Schiedshofes, ohne allerdings für alle Staaten verbindliche Regelungen zu treffen. Die zweite Haager Konferenz fand 1907 statt - ebenfalls mit unbefriedigendem Ausgang.

[94] Ebd. S. 271.

[95] Römisches Priesterkollegium.

[96] Auf dem außerordentlichen Kongress der II. Internationale in Basel im November 1912, der wegen der Balkankrise und der damit verbundenen drohenden Kriegsgefahr einberufen wurde, beschlossen die Vertreter sozialistischer Parteien aus 23 Ländern ein Manifest, demzufolge sich alle ArbeiterInnen im Falle eines Krieges widersetzen sollten.

[97] Seit 1871 Teil des wilhelminischen Deutschen Kaiserreiches.

[98] Der zwischen Frankreich und Deutschland im Mai 1871 in der Mainstadt geschlossene „Friede von Frankfurt" beendete formell den Deutsch-Französischen Krieg.

[99] Gustav Landauer, Das glückhafte Schiff. Abgedruckt in Bd. 3.1: Antipolitik der „Ausgewählten Schriften" Gustav Landauers. Hrsg. von Siegbert Wolf. Lich/Hessen 2010, S. 293ff.

[100] Gottfried Keller (1819-1890), Schweizer Dichter und Politiker.

[101] Zur Person siehe oben.

[102] Johann Gottfried Herder (1744-1803), Dichter und Philosoph der „Weimarer Klassik". 1770 sammelte er im Elsass ‚Volkslieder'; dabei lernte er im Herbst d. J. in Straßburg Goethe kennen, der ihn bei diesem Projekt unterstützte.

[103] Johann Gottfried Herder, Volkslieder nebst untermischten anderen Stücken (1778/79; die 2. Aufl. erschien 1807 u.d.T. „Stimmen der Völker in Liedern").

[104] Gustave Hervé (1871-1944), Gymnasiallehrer, frz. Politiker, der sich nach einer mehrmonatigen Gefängnishaft wegen Antikriegsagitation vom antimilitaristischen Libertären zu Kriegsbeginn zu einem kriegsbefürwortenden, schließlich rechtsextremen Ultranationalisten wandelte und der dem italienischen Faschismus und dem aufkommenden deutschen Nationalsozialismus mit Sympathien begegnete.

[105] Gemeint sein könnte: Gustave Hervé, L'Alsace Lorraine. In: La Guerre sociale. Paris 1913. Eine seit 1906 von Gustave Hervé herausgegebene Wochenzeitung, die, so der „Herodot der Anarchie" Max Nettlau (1865-1944), „in der Kriegszeit in die tägliche ‚La Victoire', ein ultrapatriotisches Blatt, überging". (Geschichte der

Anarchie, Bd. V: Anarchisten und Syndikalisten. Teil 1. Vaduz/Liechtenstein 1984, S. 372). 1912 propagierte Hervé den deutsch-französischen Ausgleich, in dem er den Plan eines Austausches von Elsass-Lothringen gegen die Insel Madagaskar entwickelte.

[106] Paul Hyacinthe Loyson (1873-1921), Schrifsteller.

[107] Erschienen in Paris.

[108] Gemeint ist die von 1909 bis 1915 von Gustav Landauer herausgegebene libertäre Zeitschrift.

[109] Louis Pasteur (1822-1895), frz. Wissenschaftler, Pionier auf dem Gebiet der Mikrobiologie.

[110] Napoléon (Bonaparte) I. (1769-1821), frz. Kaiser.

[111] Gemeint ist die Schlacht von Sedan am 01.09.1870 während des Deutsch-Französischen Krieges. Die Kapitulation der französischen Armee sowie die Gefangennahme von Kaiser Napoleón III. waren kriegsentscheidend.

[112] Die 1894 gegründete „Leipziger Volkszeitung" gehörte zu den bedeutendsten überregionalen Zeitungen der deutschen Sozialdemokratie.

[113] Jean Jaurès (1859-1914), frz. sozialistischer Politiker, engagierte sich gegen den drohenden Ausbruch des Ersten Weltkriegs und wurde am 31.07.1914 von einem französischen Nationalisten ermordet.

[114] Karl Leuthner (1869-1944), Schriftsteller, Redakteur der „Arbeiter-Zeitung" (Wien), von 1911 bis 1918 Mitglied des Reichsrates, zählte zum rechten Flügel der Sozialdemokratischen Arbeiterpartei, nach dem Ersten Weltkrieg sozialdemokratisches Mitglied der österreichischen Nationalversammlung bzw. des Nationalrats (bis 1934).

[115] Seit 1876 erscheinendes, offizielles Parteiorgan der deutschen Sozialdemokratie.

[116] Während der zweiten Marokkokrise 1911 stritten sich Deutschland und Frankreich um Einflusssphären in Nordafrika. Infolge der Besetzungen der militärischen Festungen von Fes und Rabat durch Frankreich im Frühjahr 1911 sah das Deutsche Reich seine ökonomischen Interessen bedroht und schickte ein Kanonenboot nach Agadir. England schlug sich auf die Seite Frankreichs. Schließlich musste sich das wilhelminische Deutschland mit einem Kompromiss begnügen und verzichtete in einem im November 1911 in Berlin unterzeichneten Abkommen auf jeglichen politischen Einfluss in Marokko - deutsche wirtschaftliche Interessen waren davon allerdings ausgenommen. Frankreich musste für sein quasi-Protektorat über Marokko ein Teil des Kongo an Deutschland abtreten, wofür es wiederum Gebiete aus deutschem Kolonialbesitz in Kamerun und Togo erhielt. Siehe auch: Gustav Landauer, Marokko. In: Soz, 15.07.1911. Wieder abgedruckt in: Gustav Landauer, Ausgewählte Schriften, Bd. 1: Internationalismus. Herausgegeben von Siegbert Wolf. Lich/Hessen 2008, S. 126ff.

[117] Gerhard Hildebrand (geb. 1877), sozialdemokratischer Journalist. In seinem 1910

erschienenen Hauptwerk „Die Erschütterung der Industrieherrschaft und des Industriesozialismus" (Jena: Fischer), stellte er eine vollständige Vergesellschaftung der Nationalökonomie in Frage und forderte den Erwerb von Kolonien. Dies hatte 1912 seinen Ausschluss aus der SPD zur Folge; später Engagement in der Naturheilbewegung.

[118] Alexandre Millerand (1859-1943), frz. Staatsmann, ursprünglich Sozialist; 1904, wegen seiner konservativen Orientierung, Ausschluss aus der Sozialistischen Partei, 1920 bis 1924 Präsident Frankreichs.

[119] Charles Andler (1866-1933), von Pierre-Joseph Proudhon beeinflusst, Germanist u. Philosoph, Nietzschebiograph (6 Bde, Paris 1920-1931), Begründer der modernen französischen Germanistik.

[120] Philipp Scheidemann (1865-1939), sozialdemokratischer Politiker und Publizist. Verkündete am 09.11.1918 das Ende des Kaiserreiches und proklamierte die deutsche Republik.

[121] August Bebel (1840-1913), einer der Begründer der organisierten sozialdemokratischen Arbeiterbewegung in Deutschland.

[122] Karl Kautsky (1854-1939), Philosoph und sozialdemokratischer Politiker, innerparteilicher Kritiker des Bernstein'schen Revisionismus und des Revolutionskonzeptes von Rosa Luxemburg. Opponierte seit 1916 gegen die deutsche Kriegspolitik.

[123] Die 1870 gegründete „Deutsche Zentrumspartei" war die politische Vertretung des katholischen Deutschland.

[124] Anhänger des englischen Nationalökonomen Robert Malthus (1766-1834).

[125] Begriff für eine Herrschafts- und Regierungsform, die im Wesentlichen auf der Herrschaft einer charismatischen Einzelperson basiert.

[126] Der Dreißigjährige Krieg von 1618 bis 1648 war ein Konflikt um die Hegemonie in Deutschland und Europa und zugleich ein Religionskrieg.

[127] Dante Alighieri (1265-1321), italienischer Dichter und Philosoph.

[128] Varusschlacht (auch: Schlacht im Teutoburger Wald oder Hermannsschlacht), im Jahre 9 u.Zt. erlitt die römische Armee unter Publius Quinctilius Varus (47/46 v.u.Zt.–9 u.Zt.) gegen die Germanen unter dem Cheruskerfürsten Arminius (Hermann) (17 v.u.Zt.–21 u.Zt.) eine vernichtende Niederlage.

[129] Kaiser Augustus (63 v.u.Zt.-14 u.Zt.), seit 31 v.u.Zt. römischer Kaiser.

[130] Großbritannien gehörte zu denjenigen Mächten, die bis 1815 am hartnäckigsten die Französische Revolution von 1789 bekämpften und enge Beziehungen zu französischen Royalisten knüpften.

[131] Ludwig Philipp II. Joseph, Herzog von Orléans (1747-1793 guillotiniert, in Paris), Mitglied der Königsfamilie aus dem Hause Bourbon-Orléans, stand in Opposition zum Hof von Versailles.

[132] Gustav Landauer, Der europäische Krieg. In: Soz, 10.08.1914. [Abdruck im vorliegenden Band]

[133] Rüdersdorf bei Berlin ist eine Gemeinde im Landkreis Märkisch-Oderland in Brandenburg, bekannt durch seine Kalksteinbrüche. Die Kalkberge Rüdersdorf wurden Anfang des 20. Jahrhunderts als Kulisse für den Stummfilm entdeckt.

[134] Der Jura begann vor etwa 199 Millionen Jahren und endete vor etwa 145 Millionen Jahren. Es dominierten Nadelholzgewächse wie z.B. Mammutbäume und Kiefern, aber auch Palmfarne.

[135] Die Redensart, „Etwas ist was faul im Staate Dänemark", entstammt einem Zitat aus William Shakespeares Tragödie „Hamlet".

[136] Karl Liebknecht (1871-15.01.1919 ermordet), internationalistischer Sozialist, Antimilitarist, Mitbegründer der KPD.

[137] Von Beruf Ingenieur.

[138] Dresden.

[139] Die sog. „Völkerschlacht bei Leipzig" im Oktober 1813 gilt als die entscheidende militärische Auseinandersetzung der „Befreiungskriege", als die miteinander Verbündeten Preußen, Österreich und Russland gegen die napoleonischen Truppen siegten, die aus Deutschland abziehen mussten. 100 Jahre später wurde in Leipzig das „Völkerschlachtdenkmal" eingeweiht.

[140] Im Sommer 1888. Zur Person Wilhelms II. siehe oben.

[141] Die Doppelschlacht bei Jena und Auerstedt fand am 14.10.1806 statt und endete mit einer Niederlage Preußens gegen die Truppen Kaiser Napoleons I.

[142] Im Original! Johann Gottlieb Fichte (1762-1814), Philosoph, bedeutender Vertreter des „Deutschen Idealismus". Der Einfluss Fichtes auf Landauer wird Gegenstand von Band 5: Philosophie und Judentum der „Ausgewählten Schriften" Gustav Landauers, hrsg. von Siegbert Wolf, sein (geplant für 2012).

[143] Gemeint ist die sog. Völkerschlacht bei Leipzig im Oktober 1813. Im Rahmen dieser ‚Entscheidungsschlacht' der ‚Befreiungskriege' siegten die Truppen Preußens, Österreichs, Russlands und Schwedens gegen die Armee Kaiser Napoléons I.

[144] Gemeint ist Fichtes geschichtsphilosophische Abhandlung „Die Grundzüge des gegenwärtigen Zeitalters" (1806). Seine „Reden an die deutsche Nation" (1808), ein Plädoyer für Nationalerziehung, verstehen sich als Fortsetzungsschrift.

[145] Johann Gottlieb Fichte's sämmtliche Werke. Hrsg. von Immanuel Hermann Fichte, Bd. VII, Berlin 1846, S. 3ff.; Johann Gottlieb Fichte's sämmtliche Werke. Hrsg. von Immanuel Hermann Fichte. 8 Bde. Berlin 1845-1846. Der Herausgeber Immanuel Hermann (von) Fichte (1796-1879), Theologe und Philosoph, war der Sohn von Johann Gottlieb Fichte.

[146] Bei einer Bevölkerung von 67,5 Millionen Menschen gab das wilhelminische Kaiserreich 1913 1.009 Millionen Mark für seine Armee und 467 Millionen Mark für die Aufrüstung der Marine aus - soviel wie noch nie!

[147] Die Friedensstärke des Heeres umfasste im Jahre 1913 663.000 Soldaten (Landstreitkräfte). Zum Vergleich: 1914 standen im wilhelminischen Deutschland 761.000

Männer im Heer und 75.000 Männer in der Marine unter Waffen. Während dieses System auf der allgemeinen Wehrpflicht beruhte, gab es noch hunderttausende ausgebildete Reservisten. Zu Kriegsbeginn hätte man bis zu sechs Millionen Soldaten sofort mobilisieren können.

[148] Die Zabern-Affäre 1913 im Elsass nahm ihren Ausgang von Protesten der Bevölkerung, nachdem ein preußischer, dort stationierter Leutnant Ende Oktober 1913 abschätzige Bemerkungen über die Elsässer geäußert hatte. Das Militär reagierte daraufhin mit Willkürakten. Diese Übergriffe führten Anfang Dezember d. J. im Reichstag zu einer erregten Debatte über die militaristischen Strukturen der deutschen Gesellschaft. Es kam zum ersten, letztlich allerdings folgenlosen Missbilligungsvotum im wilhelminischen Kaiserreich gegen den Reichskanzler und führte in Folge zu einem erheblichen Ansehensverlust des deutschen Kaisers.

[149] Theobald von Bethmann-Hollweg: Zur Person siehe oben.

[150] Das Militärkabinett (seit 1814) unterstand unmittelbar dem preußischen König bzw. dem deutschen Kaiser und diente als Vermittlungsstelle zu den Militärbehörden. 1889 richtete Kaiser Wilhelm II. zusätzlich ein Marinekabinett ein.

[151] Winston Churchill (1874-1965), gilt als bedeutendster britischer Staatsmann im 20. Jahrhundert, zweimal Premierminister. 1911-1915 Erster Lord der Admiralität und Marineminister.

[152] David Lloyd George (1863-1945), britischer Politiker, von 1916 bis 1922 Premierminister.

[153] Thomas Woodrow Wilson (1856-1924), von 1913 bis 1921 US-Präsident.

[154] Nachdem infolge von Protesten in der nordirischen Region Ulster 1913 vom House of Lords vorübergehende Bemühungen einer Autonomieregelung für Irland abgelehnt worden waren, kam es schließlich im Frühjahr 1914 zu der vom britischen Unterhaus zugestandenen eigenen Verfassung und Selbstverwaltung für Irland („Home Rule Bill"). Vgl. auch Gustav Landauer, Friedensvertrag und Friedenseinrichtung. (Brief an Wilson von Weihnachten 1916). Abgedruckt in: Gustav Landauer, Ausgewählte Schriften, Bd. 1: Internationalismus. Hrsg. von Siegbert Wolf. Lich/Hessen 2008, S. 294ff.

[155] Sieben Thesen Landauers für einen übernationalen „Bund der Aufbruchsbereiten", vorgetragen auf der Gründungstagung des „Forte-Kreises" (09.-12.06.1914) in Potsdam am 10.06.1914. Handschriftliche Fassung vom Juni 1914, 3 Seiten.

[156] Zum „Forte-Kreis", der sich ab 1910 aufstellte, zählten neben Gustav Landauer sein Freund Martin Buber (1878-1965), der schwedische Psychologe Poul Bjerre (1876-1964), der niederländische Schriftsteller und Sinologe Henri Borel (1869-1933), der Dichter Theodor Däubler (1876-1934), der niederländische lebensreformerische Dichter, Arzt und Psychologe Frederik van Eeden (1860-1932), der Berliner Privatgelehrte Erich Gutkind (1877-1965) und der preußische Regierungsrat Florens Christian Rang (1864-1924). Der französische Schriftsteller Romain Rolland (1866-1944),

der Industrielle und Schriftsteller Walther Rathenau (1867-1922, ermordet) und der russische Maler Wassily Kandinsky (1866-1944) zählten zum Freundeskreis dieser Intellektuellenverbindung. Erst zu Pfingsten 1914 fand die offizielle Konstituierung dieses Kreises statt. Das im September 1914 geplante Folgetreffen im italienischen Fischerort Forte dei Marmi am Ligurischen Meer - daher der Name - fand infolge des Kriegsbeginns nicht statt. Bereits 1915 löste sich der „Forte-Kreis" infolge nationalistischer, kriegsbefürwortender Haltung fast aller Mitarbeiter des Kreises - mit Ausnahme Landauers - wieder auf.

[157] Unterstreichung von Landauer.

[158] [Anm. Landauers:] „Marko Kraljewitsch, das heißt Marko [der] Königssohn, der am Ende des vierzehnten Jahrhunderts, kurz vor der Vernichtung des großen serbischen Reiches, ein geschichtlich zweideutiges Kriegerleben führte, ist der große Held der serbischen Sage geworden und lebt in einer sehr großen Zahl Liedern und Sagen fort."

[159] [Anm. Landauers:] „Bundesbrüder, serbisch pobratim, nicht, wie brat der angeborene, sondern der erwählte, verbündete Bruder. Solche Verbrüderungen werden in Serbien, sofern die alte Sitte heute noch lebt, heiliger gehalten als Blutsverwandtschaft. Fortis sagt darüber in seiner Dalmatischen Reisebeschreibung 1770 (aus der der junge Goethe eines der schönsten serbischen Volksgedichte, den Klaggesang der Frau des Hasan Aga übersetzte): „Sie [die Morlachen, das heißt die serbischen Küstenbewohner Dalmatiens] haben gleichsam einen Punkt der Religion aus der Freundschaft gemacht; dies heilige Band wird von ihnen am Fuße des Altars geknüpft. In Gegenwart des ganzen Volkes wird alsdann auf die feierlichste Weise ein besonderer Segen über die beiden Freunde oder Freundinnen ausgesprochen. Ich war bei der Verbindung zweier Mädchen gegenwärtig, die sich in der Kirche zu Perusich zu posestrime [Bundesschwestern] einweihten. Man sah, nachdem sie das heilige Bündnis geschlossen hatten, die Freude aus ihren Augen glänzen: ein Beweis, welcher Zartheit der Empfindungen diese Menschen fähig sind. Die Freundschaft zwischen Männern und Frauen wird heutigentags nicht mit so großer Feierlichkeit geschlossen; allein man hat Ursache zu glauben, dass ältere und unschuldigere Zeiten eben diese Gewohnheiten gehabt haben. Die Pflichten der morlachischen Freundschaft erfordern, einander in jedem Bedürfnisse, in jeder Gefahr beizustehen, das seinem Freunde geschehene Unrecht zu rächen und so weiter. Sie treiben den Enthusiasmus bis zur willigen Entschlossenheit, ihr Leben füreinander hinzugeben oder zu wagen." So der Abbate Fortis vor hundertfünfzig Jahren. Unsere Zeitungsschreiber würden solche Bundesbrüder, wenn sie nach kühner Tat nicht sofort Reue zeigten, wenn gar ihr Auge strahlte, zynische Wichte nennen." [Anm. S. W.:] Abbate (Alberto) Fortis (1741-1803), italienischer Naturforscher, veröffentlichte: „Viaggio in Dalmazia". 2 Bde. Venezia 1774. (Nachdruck München 1974) [darin enthalten das Kapitel: Die Sitten der Morlacken]. - Goethes Version des Klagge-

sangs erschien unter dem Titel „Klaggesang von der edlen Frauen des Asan Aga."
In: Johann Gottfried Herder (Hrsg.), Volksliedern, Teil 1. Leipzig 1778, S. 308ff.

[160] Demetertag, vergleichbar mit dem alljährlichen Erntedankfest. „Demeter" ist eine dreifache Muttergöttin aus dem griechisch-kleinasiatischen Raum, zuständig für die Fruchtbarkeit der Erde.

[161] Leo N. Tolstoi (1828-1910), Schriftsteller, Reformpädagoge, christlicher Libertärer.

[162] Baruch de Spinoza (1632-1677), niederländischer Philosoph mit sephardischen Vorfahren. Begründer der modernen Bibelrezeption.

[163] Nedeljko Čabrinović (1895-1916), ein Druckergeselle, neben Gavrilo Princip (1894-1918) und Trifun „Trifko" Grabež (1895-1918), ein Schulabbrecher, einer der Hauptattentäter beim tödlichen Anschlag auf den Thronfolger Österreich-Ungarns, Erzherzog Franz Ferdinand (1863-1914), und seine Lebensgefährtin Sophie Chotek (1868-1914), Herzogin von Hohenberg, am 28.06.1914 in Sarajevo. Das Attentat von Sarajevo führte zur Julikrise und zum von Deutschland und Österreich-Ungarn ausgelösten Ersten Weltkrieg.

[164] Gavrilo Princip (1894-1918), ein Gymnasiast, erschoss den Thronfolger Österreich-Ungarns, Erzherzog Franz Ferdinand (1863-1914), und seine Lebensgefährtin Sophie Chotek (1868-1914), Herzogin von Hohenberg, am 28.06.1914 in Sarajevo.

[165] Wilhelm Tell, ein sagenhafter schweizerischer Freiheitskämpfer, der an der Wende vom 13. zum 14. Jahrhundert gelebt haben soll. Gilt heute als Nationalheld der Schweiz.

[166] Die berühmte Skolie aus Athenäus I. 15. c. 15. Als Skolien galten bei den Griechen kleine Lieder oder Gesänge.

[167] Harmodios, ein Tyrannenmörder, der 514 v.u.Zt., gemeinsam mit Aristogeiton, Hipparchos, von 527 bis 514 Tyrann von Athen, den Bruder des Hippias, von 527 bis 510 Tyrann von Athen, ermordete. Beide Attentäter wurden unmittelbar nach dem Anschlag getötet.

[168] Achilleus (latinisiert „Achilles"), in der griechischen Mythologie ein unverwundbarer Held der Griechen vor Troja.

[169] Diomedes, in der griechischen Mythologie Sohn des Tydeus und der Deipyle, wurde König von Argos.

[170] Siehe oben.

[171] Eigentl. Sarajevo, dt. auch Sarajewo.

[172] Diese Gedichtzeilen werden dem Dichter Johann Gottfried Seume (1763-1810) zugeordnet. Siehe hierzu sein Gedicht „Die Gesänge" (1804).

[173] Der Konflikt zwischen Serben (christlich-orthodox) und Kroaten (römisch-katholisch) kulminierte Ende des 19. Jahrhunderts im Zuge sich herausbildender Nationalismen - zumal Österreich-Ungarn antiserbisch ausgerichtet war. Die beiden unterschiedlichen christlichen Kirchen in Serbien und Kroatien verhinderten die Bildung einer gemeinsamen Nation bzw. Nationalität.

[174] Zur Person siehe oben.

[175] Therese Albertine Louise von Jacob (Pseudonym Talvj u. Ernst Berthold) (1797-1870), Schriftstellerin, Slawistin. Hrsgin: (als Talvj): Volkslieder der Serben, metrisch übersetzt und historisch eingeleitet. 2 Bde. Halle 1825/26.

[176] Gemeint sind die nationalistischen Übergriffe auf SerbInnen in Sarajevo nach dem Attentat auf den Thronfolger Österreich-Ungarns am 28.06. d. J., von denen Landauer im vorliegenden Beitrag berichtet.

[177] Deutschland erklärte am 01.08.1914 Russland und am 03.08. d. J. Frankreich (als Bündnispartner Russlands) den Krieg - der Erste Weltkrieg nahm seinen Verlauf.

[178] Im Frühjahr 1915 trat Italien auf Seiten der Entente - England, Frankreich und Russland - in den Krieg.

[179] Im Siebenjährige Krieg (1756-1763) kämpften Preußen und Großbritannien/Kur-Hannover gegen Österreich, Frankreich und Russland. Die Hauptkonfliktgegner waren Österreich und Preußen, die sich um den Besitz der Provinz Schlesien und der Grafschaft Glatz stritten.

[180] Der Dreißigjährige Krieg von 1618 bis 1648 war ein Konflikt um die Hegemonie zwischen den Mächten Europas und zugleich ein Religionskrieg zwischen Katholiken und Protestanten. Er endete mit dem Westfälischen Frieden vom Oktober 1848.

[181] Siehe oben.

[182] Siehe oben.

[183] Der russisch-japanische Krieg 1904/05 um den Einfluss in der Mandschurei und Korea endete mit der Niederlage Russlands.

[184] Siddharta Gautama (563-483 v.u.Zt.), Begründer des Buddhismus.

[185] Jesus von Nazareth, jüdischer Wanderprediger, zielte auf eine Reform des Judentums. Er erfüllte zeit seines Lebens die Gebote der Tora und brach nie mit dem Judentum. Für die Christen ist er der Messias und Sohn Gottes.

[186] Die Pharisäer waren eine jüdische Laienbewegung, die, von der Bevölkerung überaus geschätzt, für die Einhaltung der mosaischen Gebote vor allem im Alltag eintraten. Im Neuen Testament werden die Pharisäer abschätzig als ‚heuchlerisch' bezeichnet. Dies ging durch die christliche Tradition des Antijudaismus in den deutschen Sprachgebrauch bis heute als Schimpfwort ein. Auch Landauer übernimmt hier die vorherrschende, christlich-abwertende Sichtweise.

[187] 1866 wurde die erste Berliner Volksküche eröffnet, begründet von der Schriftstellerin Lina Morgenstern (1830-1909).

[188] 1895 gehörte Gustav Landauer zu den Begründern der Berliner Arbeiterkonsumgenossenschaft „Befreiung".

[189] Oberste militärische Kommando- und Verwaltungsbehörde eines Armeekorps bzw. eines Korpsbezirks mit einem kommandierenden General an der Spitze.

[190] Platon (428/27-348/47 v. u. Zt.), antiker griechischer Philosoph aus Athen. Der

Eros ist für Platon der Helfer auf dem Weg der Erkenntnis, die maßgebliche Triebkraft des philosophischen Erkenntnisstrebens.

[191] Verweigerung von Schwangerschaften bzw. deren Abbruch als politische Forderung. 1913 wurde innerhalb der deutschen ArbeiterInnenbewegung der Gebärstreik als politisches Druckmittel debattiert - der SPD-Parteivorstand sprach sich dagegen aus (auch Clara Zetkin).

[192] Gustav Landauer nimmt hier Stellung zu einem Brief des von ihm geschätzten französischen Schriftstellers Romain Rolland (1866-1944) an Gerhart Hauptmann vom 29.08.1914 (In: Journal de Genève, 02.09.1914). Rolland kritisierte Hauptmanns Rechtfertigung der deutschen Bombardierung der belgischen Stadt Mechelen und der Vernichtung der Bibliothek von Löwen am 03.08.1914. (Gerhart Hauptmann, Gegen Unwahrheit. In: Berliner Tageblatt, 26.08.1914). Rollands Brief an Gerhart Hauptmann ist u.a. in der „Frankfurter Zeitung" vom 12.09.1914 (Nr. 253) veröffentlicht worden. Dort erschien auch die Antwort Hauptmanns (zuerst: Vossische Zeitung, 10.09.1914) sowie die Stellungnahmen von Karl Wolfskehl und Norbert Jacques. Siehe auch Landauers Vorbemerkung: Ein Franzose, Romain Rolland, an die Geistigen aller Nationen. In: Soz, Im Dezember 1914 [Abdruck im vorliegenden Band].

[193] Gerhart Hauptmann (1862-1946), Dramatiker und Schriftsteller, 1912 Literaturnobelpreis. Bejahte den Beginn des Ersten Weltkriegs und unterzeichnete das „Manifest der 93" („Aufruf an die Kulturwelt") vom September 1914, in dem namhafte deutsche Intellektuelle (Richard Dehmel, Max Planck, Ludwig Fulda u.a.) die Vorwürfe der Kriegsgegner bestritten, vor allem die eindeutige Kriegsschuld Deutschlands.

[194] Karl Wolfskehl (1869-1948), Schriftsteller und Übersetzer, aktiv im Münchner Kreis um Stefan George, begrüßte den Beginn des Ersten Weltkriegs.

[195] Norbert Jacques (1880-1954), Schriftsteller luxemburgischer Herkunft, stand 1914 auf der Seite Deutschlands.

[196] Väterlicherseits stammte Gustav Landauer aus Buttenhausen (gehört heute zu Münsingen/Landkreis Reutlingen), mütterlicherseits aus (Bad) Buchau am Federsee.

[197] Gerhart Hauptmann: „Krieg ist Krieg. Sie mögen sich über den Krieg beklagen, aber nicht über Dinge wundern, die von diesem Elementarereignis unzertrennlich sind." (a.a.O. Zitiert aus: Gerhart Hauptmann, Sämtliche Werke. Hrsg. von Hans-Egon Hass u. Martin Machatzke. Bd. 11, Ffm 1974, S. 848).

[198] Die deutsche Invasion in Belgien war der offizielle Grund für Englands Kriegseintritt. Zum Ziel der Befreiung Belgiens traten die Zerschlagung des preußischen Militarismus sowie die Entledigung der wachsenden Wirtschaftskraft Deutschlands. Deutschland führte einen Präventivkrieg gegen Russland, konkurrierte mit England um die Weltherrschaft und zielte letztendlich darauf, Hegemonialmacht in

Europa zu sein. (Grundlegend: Fritz Fischer, Griff nach der Weltmacht. Die Kriegszielpolitik des kaiserlichen Deutschland 1914/18. Düsseldorf 1961 [zahlr. Aufll.])

[199] Wilhelm Wundt (1832-1920), Philosoph und Psychologe, gilt als Begründer der Psychologie als eigenständiger Wissenschaft. Unterzeichner des kriegsbefürwortenden „Manifest der 93" (siehe oben).

[200] Rudolf Eucken (1846-1926), Philosoph, 1908 Literaturnobelpreis. Unterzeichner des kriegsbefürwortenden „Manifest der 93" (siehe oben).

[201] Henri Bergson (1859-1941), frz. Philosoph, 1927 Literaturnobelpreis. Landauer bezog sich hierbei auf Fritz Mauthners Aufsatz „Wer ist Henri Bergson?" In: Berliner Tageblatt, 13.09.1914. Darin hatte der Autor Bergson als „Schneiderlein der philosophischen Mode" kritisiert. Siehe auch den Brief Gustav Landauers an Fritz Mauthner vom 29.09.1914 (GLAA 135).

[202] Matthäus 13,57: „Jesus aber sprach zu ihnen: Ein Prophet gilt nirgends weniger als in seinem Vaterland und in seinem Hause."

[203] Horaz (65-8 v.u.Zt.), römischer Dichter.

[204] Hermannsschlacht, auch Varusschlacht bzw. Schlacht im Teutoburger Wald im Jahre 9 u. Zt. Damals erlitt das römische Heer unter Publius Quinctilius Varus (47/46 v.u.Zt.-9 u.Zt.) gegen ein germanisches Heer unter Arminius („Hermann der Cherusker") (um 17 v.u.Zt.-21 u.Zt.) eine vernichtende Niederlage. Die Hermannsschlacht ist auch Titel zweier Dramen von Heinrich von Kleist (1808) und von Christian Dietrich Grabbe (1835/36).

[205] Stammt vom Schriftsteller, Theaterkritiker und Journalisten Alfred Kerr (1867-1948). Siehe Alfred Kerr, Der Krieg. In: Pan 2 (1912), H. 22, 18.04.1912, S. 656; ders., Der Türmer. In: ebd. 3 (1913), H. 28, 01.06.1913, S. 672f. Kerr, bis 1913 nachgewiesenermaßen ein Kriegsgegner, schwenkte danach auf eine pro-Kriegshaltung um und schrieb während des Ersten Weltkriegs kriegsverherrlichende, deutschfreundliche Gedichte.

[206] Zur Person siehe oben.

[207] Michael Bakunin, Die Lust der Zerstörung ist gleichzeitig eine schaffende Lust! In: Jules Elysard (d.i. Michail Bakunin), Die Reaction in Deutschland. Ein Fragment von einem Franzosen. In: Deutsche Jahrbücher für Wissenschaft und Kunst (Leipzig) 5 (1842), Nr. 247, 17.10.1842, S. 985ff., Nr. 248, 18.10.1842, S. 989ff., Nr. 249, 19.10.1842, S. 993ff., Nr. 250, 20.10.1842, S. 997ff. und Nr. 251, 21.10.1842, S. 1001f. [hier: S. 1002]. Wieder abgedruckt in: Michail Bakunin, Philosophie der Tat. Auswahl aus seinem Werk. Eingeleitet u. hrsg. von Rainer Beer. Köln 1968, S. 61ff. [hier: S. 96] [weitere Aufl.]

[208] Heinrich Friedrich Karl Reichsfreiherr vom und zum Stein (1757-1838), preußischer Staatsmann und Reformer („Stein-Hardenbergschen Reformen", 1807ff.).

[209] Gerhard von Scharnhorst (1755-1813), preußischer General, Organisator der Preußischen Heeresreform (1807ff.).

[210] Ferdinand von Schill (1776-1809), preußischer Offizier. Starb am 31.05.1909 beim Straßenkampf gegen holländische Truppen in Stralsund. Für den preußischen König Friedrich Wilhelm III. (1770-1840) galt Schill als Deserteur.

[211] Heinrich von Kleist (1777-1811 Freitod), Dramatiker, Lyriker, Publizist.

[212] Joseph Görres (1776-1848), Gymnasial- und Hochschullehrer, Publizist.

[213] Ernst Moritz Arndt (1769-1860), Schriftsteller, Abgeordneter der Deutschen Nationalversammlung in der Paulskirche, bedeutender Lyriker der antinapoleonischen „Freiheitskriege" (1813-1815), Judenfeind.

[214] Zur Person siehe oben.

[215] Befreiungskriege oder „Freiheitskriege" gegen Napoléon von 1813 bis 1815, die mit der Niederlage der französischen Armee in der „Völkerschlacht bei Leipzig" 1813 zugunsten der antinapoleonischen Koalition (Preußen, Österreich, Russland und England) endeten und in den „Wiener Kongress" (1815) mündeten.

[216] Am 04.08.1914 erklärte Deutschland Belgien und Großbritannien dem Deutschen Reich den Krieg.

[217] Die Gründerzeit umfasst die wirtschaftliche Phase in Deutschland und Österreich-Ungarn im 19. Jahrhundert bis zum großen Börsenkrach von 1873, die eine ca. zwei Jahrzehnte andauernde ökonomische Stagnationsphase einleitete.

[218] Johann Gottlieb Fichte, Reden an deutsche Nation. Berlin 1808. Neuauflage Leipzig 1824.

[219] Ulrik Brendel (d.i. Leopold Liegler) (1882-1949), Schriftsteller u. Literaturkritiker.

[220] Der Satz „Der Krieg ist aller Dinge Vater" stammt vom Philosophen Heraklit von Ephesos (Fragmente, B 53).

[221] Heraklit (um 520-um 460 v.u.Zt.), griechischer Philosoph.

[222] Friedrich Nietzsche (1844-1900), Philosoph, Dichter, Philologe. Dem Einfluss seiner Kulturkritik verdankte Gustav Landauer viel.

[223] Eine der zahlreichen Richtungen im antiken Judentum (Sadduzäer, Essener, Zeloten, Täufer, Hellenisten, Samaritaner, Minäer usw.) die in der Zeit des zweiten Tempels bestand (ca. 530 v.u.Zt.-70 u.Zt.). Dieser reformerische Gruppe, eine „Kult- und Mahlgenossenschaft" ging es „vor allem darum […], die Idee der Heiligung des Lebens nicht nur im Tempelgottesdienst, sondern im ganzen Alltag gelten zu lassen". (Micha Brumlik, Der Anti-Alt. Wider die furchtbare Friedfertigkeit. Frankfurt am Main 1991, S. 45; über die Pharisäer, S. 61ff.). Heute stellt die „Pharisäerpolemik", die ursprünglich als ein Ausdruck „innerjüdischer Konkurrenzsituation" zu gelten hat, „faktisch" eine „antijüdische Polemik" dar (ebd. S. 63, 70).

[224] Francisco Ferrer i Guàrdia (1859-1909), libertärer spanischer Pädagoge, gründete 1901 die Reformschule „Escuela Moderna". Im Zusammenhang mit den anarchistischen Aufständen in Barcelona 1909 der Rädelsführerschaft beschuldigt, nach einem Prozess zum Tode verurteilt und am 13.10.1909 in Barcelona hingerichtet. Siehe: Gustav Landauer, Ferrer. In: Soz, 15.10.1909; ders., Die Ferrerbewegung. In:

Soz, 01.11.1909. Abgedruckt in: Gustav Landauer, Ausgewählte Schriften, Bd. 1: Internationalismus. Hrsg. von Siegbert Wolf. Lich/Hessen 2008, S. 251ff. u. 255ff.; ders., Die Fortführung von Ferrers Werk. In: Soz, 15.11.1909. Abgedruckt in Bd. 3.1: Antipolitik der „Ausgewählten Schriften" Gustav Landauers. Hrsg. von Siegbert Wolf. Lich/Hessen 2010, S. 207ff.

[225] Voltairine de Cleyre (1866 Leslie/Michigan - 1912 Chicago), US-amerikanische Anarchistin, Frauenrechtlerin u. Autorin.

[226] Auf dem ‚Hausberg' der katalanischen Hauptstadt Barcelona.

[227] Seit dem 18. Jahrhundert, ein ethischer Bund freier Menschen, mit den Grundidealen Gleichheit, Freiheit, Brüderlichkeit, Toleranz und Humanität.

[228] Das Denkmal für Francisco Ferrer in Brüssel steht gegenüber der alten Bibliothek der Freien Universität Brüssel. Abbildung dieses Denkmals in: Kampf. Organ für Anarchismus und Syndikalismus (Hamburg) 1 (1912), No. 4, Oktober, Beibl.

[229] William Archer (1856-1924), schottischer Theaterkritiker, Bühnendichter und Übersetzer von Werken Henrik Ibsens (1828-1906).

[230] William Archer, The Life, Trial, and Death of Francisco Ferrer. London 1911 [Reprint: Honolulu/Hawaii 2001]; ders., Leben und Tod Francisco Ferrers. In: William Archer/David Poole/Pierre Ramus, Francisco Ferrer. Über den Begründer der anarchistischen modernen Schule. Wilnsdorf-Anzhausen 1982, S. 17ff.

[231] Im Judentum ist der Begriff „Hohepriester" in der Zeit des Jerusalemer (auch: Salomonischen) Tempels (951 v.u.Zt. eingeweiht, bestand bis zur babylonischen Gefangenschaft 586/87 v.u.Zt.) ein religiöser Titel (hebräisch: Kohen).

[232] Maximilian Harden (1861-1927), Publizist, Kritiker, Journalist.

[233] Maximilian Harden, Tybald und Ferrer, Occident. In: Die Zukunft 18 (1909), Bd. 69, Nr. 6, 06.11.1909, S. 177ff. Bereits im Zusammenhang mit dem Artikel „Die Fortführung von Ferrers Werk" (Soz, 15.11.1909; abgedruckt in: Gustav Landauer, Ausgewählte Schriften, Bd. 3.1: Antipolitik. Hrsg. von Siegbert Wolf. Lich/Hessen 2010, S. 207ff. [hier: S. 209]) sprach Landauer vom „schmutzigen Klatsch" gegen Francisco Ferrer, „der in der ausländischen und auch in der deutschen Presse aus klerikalen Unratkanälen herausgefischt [...] wurde." Siehe auch den Brief Gustav Landauers an Erich Mühsam vom 05.11.1909 (NL Mühsam). Noch Jahre später äußerte sich Landauer über Harden abweisend: „Harden ist und bleibt der Mann der Ferrerkloake und jeder schmiergen Hintertreppe; ich habe nichts mit ihm zu tun." (Brief Gustav Landauers an Erich Mühsam vom 14.05.1916, NL Mühsam)

[234] Dem in „Rechenschaft" (Berlin 1919) wieder abgedruckten Aufsatz „Zum Gedächtnis" fügte Landauer an der Stelle „um sein Unrecht wieder gut zu machen" eine Anmerkung bei: „Das ist geschrieben worden und soll stehen bleiben. Nachträglich (1918) aber sage ich: [Maximilian] Harden hat inzwischen in diesen Kriegsjahren Entscheidendes tapfer bereut und wieder gut gemacht; trotz allem und allem tut der Publizist und Pamphletist Harden unserem geistigen Leben not."

[235] Voltairine de Cleyre, Francisco Ferrer. In: Soz, 20.10.1914 (I), 10.11.1914 (II), 01.12.1914 (III), 20.12.1914 (IV) u. im Dezember (Nr. 21) 1914 (V).

[236] Ferdinand Freiligrath (1810-1876), Lyriker, Dichter, Übersetzer.

[237] Ferdinand Freiligrath, Ehre der Arbeit. In: Ders., Gedichte. Stuttgart/Tübingen 1838.

[238] [Anm. Landauers:] Selected Works of Voltairine de Cleyre. New York: Mother Earth Publishing Association, 1911.

[239] Siehe oben.

[240] An dieser Stelle vermerkt Landauer in „Rechenschaft" (1919): „Auch das mag stehen bleiben. Ich habe es damals, in der allerersten Zeit des Krieges, um der Gerechtigkeit willen gesagt. Dass es je wahr gewesen sei, glaube ich nicht mehr. Dass bald das Gegenteil wahr wurde, und der größte Teil der Offiziere sich schändlich hintenherum drückte, weiß jeder Soldat."

[241] Abgedruckt in: LBr II, S. 10f. [Auszug]

[242] Hugo Warnstedt (1877-1947), Anarchist, Hrsg. des „Anarchist. Organ zur Propaganda des Anarchismus und Sozialismus" (Leipzig): Jg. 1 (1909) - Jg. 5 (1913); April 1924 Herausgeber der Zeitung „Leipziger Lerche". mit dem Untertitel: „Überpolitische Zeitschrift für erwachende Menschen in Stadt und Land".

[243] Richard Dehmel: Zur Person siehe oben.

[244] Siehe oben.

[245] Gemeint ist der von Gustav Landauer herausgegebene „Sozialist" (1909-1915).

[246] Der Verleger, Redakteur, Expedient und Setzer des „Sozialist" Max Müller (geb. 1887) zählte neben Landauer zu den ‚Motoren' des „Sozialist" und des „Sozialistischen Bundes".

[247] Der russische Anarchist Peter Kropotkin (1842-1921) wich zu Beginn des Ersten Weltkriegs vom anarchistischen Prinzip der generellen Kriegsverneinung ab, in dem er sich, aufgrund seiner antideutschen Haltung, auf die Seite Frankreichs und Englands stellte - was innerhalb der anarchistischen Bewegung zum geringeren Teil befürwortet, zum größeren Teil heftig kritisiert wurde (Errico Malatesta, Rudolf und Milly Rocker, Hedwig Lachmann, Gustav Landauer).

[248] Der „Landsturm" (Infanterie), von 1914 bis 1918, bestand ausschließlich aus ausgedienten Männern, den älteren und ältesten Reservisten. Die Zeitschrift „Der Landsturm" (Druck: Leipzig), erschien ab 11.10.1914 (Nr. 1) bis Oktober 1915.

[249] Hippolyte Taine (1828-1893), frz. Philosoph und Historiker. Hauptwerk: Les origines de la France contemporaine (6 Bde, 1875ff.).

[250] Hedwig Lachmann (1865-1918), Dichterin und Übersetzerin, strikte Kriegsgegnerin.

[251] Über den Forte-Kreis siehe oben und die Einleitung zum vorliegenden Band.

[252] Siehe oben.

[253] Gründungstagung des Forte-Kreises im Juni 1914.

[254] Das im Anschluss an die Potsdamer Tagung für den Herbst 1914 geplante Folgetreffen im italienischen Fischerort Forte dei Marmi am Ligurischen Meer - daher der Name - fand infolge des Kriegsbeginns und der nationalistisch-kriegsbefürwortenden Haltung fast aller Mitarbeiter des Kreises - mit Ausnahme Landauers - nicht statt.

[255] GLAA 24-26, 87, 113, 115-116, 118.

[256] Unterstreichungen (auch im Folgenden) im Original.

[257] Zur Person Florens Christian Rangs siehe oben.

[258] Guy Alfred Aldred (1886-1963), englischer Anarchist, Schwiegersohn von Rudolf Rocker (1873-1958) und Milly Witkop-Rocker (1877-1955), gab gemeinsam mit seiner Lebensgefährtin, der Anarchistin und Feministin Rachel, genannt Rose, Witkop (1890-1932) die libertären Zeitungen „The Herald of Revolt" (1910-1914) und „The Spur" (1914-1921) heraus. Über Aldred's Verständnis als Anarchokommunist siehe: ders., The possibility and philosophy of anarchist communism. London 1907; ders., Socialism and war. London 1915.

[259] London: Bakunin Press.

[260] Die allgemeine Wehrpflicht wurde in England, Schottland und Wales im Jahre 1916 eingeführt. In den ersten beiden Kriegsjahren verließ man sich noch auf Freiwillige.

[261] Der Kriegsgegner und Antimilitarist Guy A. Aldred benannte in seinem Artikel Gründe, warum die Herrschenden in Großbritannien anfänglich auf freiwillige Rekrutierung setzen konnten: aufgrund der Armut unter den Arbeitern: „Der Hunger hat ihn gezwungen, unter die Fahne zu eilen". Hinzu kommen Patriotismus sowie eine Gewerkschaftsbewegung, die nur eigene, partikulare Interessen vertritt, etwa die in der Rüstungsindustrie beschäftigten ArbeiterInnen: „Das besagt, dass die rüstige Arbeiterklasse, dass die in den Gewerkschaften organisierte Arbeiterschaft an den Schrecknissen des Krieges interessiert ist." Auf die eigene Lebenshaltung bedacht, „kommt es", so Aldred, „dass die englischen Arbeiter es sich nicht einfallen lassen, auf den Charakter oder die Bestimmung dessen, was sie erzeugen, zu achten."

[262] Guy Alfred Aldred: Zur Person siehe oben. Siehe: Ders., Der Krieg und die englischen Arbeiter. In: Soz, 20.12.1914. [Vorbemerkung Landauers als Abdruck im vorliegenden Band]

[263] George Bernard Shaw (1856-1950), irischer Dramatiker, 1925 Literaturnobelpreis. Landauer zählt zu seinen Übersetzern (siehe Bibliographie am Ende des Bandes).

[264] Zur Person siehe oben. Rolland gehörte zum Umkreis des „Forte-Kreises" (siehe oben). Romain Rollands von Landauer übersetzter Artikel „An die Geistigen aller Nationen" erschien gekürzt und mit Auslassungen im „Sozialist" vom Dezember 1914 (Nr. 21). Der Aufsatz wurde zuerst im „Journal de Genève" vom 22.09.1914 im Rahmen einer Artikelserie „Au-dessus de la mêlée" (dt. „Über dem Schlachtge-

tümmel" - ein Antikriegsmanifest) veröffentlicht. Siehe auch: Gustav Landauer, An Romain Rolland. In: Die Schaubühne (Berlin) 10 (1914), Bd. 2, Nr. 38, 24.09.1914, S. 196ff. [Abdruck im vorliegenden Band]

[265] Der ansonsten um eine deutsch-französische Verständigung bemühte Rolland betonte zu Kriegsbeginn 1914 deutlich die Hauptkriegsschuld des wilhelminischen Deutschland und forderte von den deutschen Intellektuellen eine Distanzierung von der völkerrechtswidrigen deutschen Kriegsführung etwa in Belgien.

[266] Das handschriftliche Manuskript befindet sich im Deutschen Literaturarchiv Marbach (75.788, Bl. 1-4). Eine von der Pressezensur mit vier Streichungen versehene Fassung dieses Artikels erschien in: Zeit-Echo. Ein Kriegs-Tagebuch der Künstler. Hrsg. von Otto Haas-Heye, 1 (1914/15), H. 13, April 1915, S. 188ff.; auch in: Masken. Halbmonatsschrift des Düsseldorfer Schauspielhauses 14 (1918/19), Heft 8/9, Mai 1919, S. 310ff. Wieder abgedruckt in: ders., Rechenschaft. Berlin 1919 [weitere Aufl.], S. 191ff. mit der folgenden Fußnote Landauers: „Dieser Aufsatz war im ‚Zeit-Echo' von der Zensur verstümmelt. Ich gebe ihn hier nach dem Privatdruck wieder, der den vollständigen Text brachte." Dieser Artikel, eine anarchistische Kriegskritik, erschien erstmals mit militärzensurbedingten Leerstellen und der Erklärung: „Diese Stellen mussten auf Geheiß des Bayerischen Kriegsministeriums unveröffentlicht bleiben", so die Redaktion. Es ist der erste Beitrag im künstlerisch-literarischen „Zeit-Echo", „der sichtbare Eingriffe in das Textcorpus von seiten der Pressezensurstelle aufweist" und zwar überall dort, „wo Landauer revolutionäres Gedankengut äußert, das zum Umbruch bzw. [zur] Abschaffung der geltenden Staatsform aufruft." (Vera Grötzinger, Der Erste Weltkrieg im Widerhall des „Zeit-Echo" (1914-1917). Zum Wandel im Selbstverständnis einer künstlerisch-politischen Literaturzeitschrift. Bern u.a. 1993, S. 117ff., 322ff.)

[267] Dieser Absatz blieb auf Geheiß des bayerischen Kriegsministeriums im „Zeit-Echo" unveröffentlicht.

[268] Dieser Absatz fiel im „Zeit-Echo" der Pressezensur zum Opfer.

[269] Die Gründung freier, genossenschaftlicher Schulen lag Landauer sehr am Herzen. Siehe hierzu Band 3.1: „Antipolitik" der „Ausgewählten Schriften" Gustav Landauers. Hrsg. von Siegbert Wolf. Lich/Hessen 2010, S. 227ff.

[270] Dieser Absatz fiel im „Zeit-Echo" der Pressezensur zum Opfer.

[271] Myriade steht für eine Anzahl von 10.000, der Plural für eine unzählbare Menge. - Hekatomben: Bei den antiken Griechen ursprünglich ein Opfer von 100 Rindern. Im übertragenden Sinn eine erschütternd hohe Zahl von Opfern.

[272] Die Passage ab: „...der nur darum sein böses Scheinleben führt" (bis zum Satzende) fiel im „Zeit-Echo" der Pressezensur zum Opfer.

[273] Vincent van Gogh (1853-1890), niederländischer Maler; ders., Sämtliche Briefe. Hrsg. von Fritz Erpel. 6 Bde. Berlin 1965/68 [Nachdruck 1985].

[274] Martin Bubers Antwort auf dieses Schreiben fehlt. Die Herausgeberin der Buber-

briefe, Grete Schaeder, geht davon aus, dass sich die Freunde mündlich ausgesprochen haben (ebd. S. 438 A 4). Zur Person Bubers siehe oben.

[275] Die Familie Buber war 1916 von Berlin ins südhessische Heppenheim umgezogen, wo sie bis 1938 lebte.

[276] Gemeint ist die von Martin Buber gegründete und herausgegebene kulturzionistische Zeitschrift „Der Jude. Eine Monatsschrift" (Berlin/Wien: R. Löwit Vlg, 1916-1928). Mit dem Artikel „Die Losung" leitete Buber im April 1916 (H. 1, S. 1ff.) diese neue Zeitschrift ein.

[277] Martin Buber, Vom Geist des Judentums. Leipzig 1916. Die erste Rede, „Der Geist des Orients und des Judentums", die Landauer hier kritisiert, findet sich so nur in der Erstausgabe. In der Neuauflage, München/Leipzig 1919 (4.-5. Tsd.), strich Buber am Schluss der ersten Rede die Passagen, „in denen das deutsche Volk aufgerufen wurde, in der Umkehr voranzugehen und eine neue Ära des Einvernehmens mit dem Orient zu begründen. Das deutsche Volk hat die ihm in jenen Sätzen zugedachte Funktion nicht auf sich genommen und kann sie nun nicht mehr auf sich nehmen. Aber Europa steht die Entscheidung noch bevor."

[278] Die Perikleische Zeit gilt als Blütezeit des Klassischen Griechenlands im 5. Jahrhundert v.u.Zt.: Ausbau der Attischen Demokratie, Vormachtstellung Athens im Attischen Seebund und umfangreiche Bauprogramme auf der Athener Akropolis.

[279] Das 14. Jahrhundert in Italien: Blüte des geistigen Lebens, Entstehung des Humanismus, bedeutende Malerei, Entstehung der Trecentomusik als exklusive Gesellschaftskunst.

[280] Zur Person siehe oben.

[281] Ferdinand Lassalle (1825-1864), Schriftsteller, Mitbegründer und Präsident des 1863 gegründeten „Allgemeinen Deutschen Arbeitervereins" (ADAV) - gilt als ‚Gründervater' der deutschen Sozialdemokratie.

[282] Zur Person siehe oben.

[283] Zar Nikolaus II. (1868-1918), von 1894 bis 1917 letzter russischer Zar, betrieb offiziell eine judenfeindliche Politik, die zahlreiche Pogrome (z.B. 1903 in Kischinjow und 1906 in Bialystok und Siedlce) zur Folge hatte und die Massenauswanderung jüdischer Menschen andauern ließ.

[284] Die Zahl deutsch-jüdischer Soldaten im Ersten Weltkrieg betrug 100.000. Davon fielen 12.000 Personen.

[285] Landauer veröffentlichte wiederholt in Bubers Zeitschrift „Der Jude", erstmals: Ostjuden und Deutsches Reich. In: Der Jude 1 (1916/17), H. 7, Oktober, S. 433ff. Vgl. auch den Brief Martin Bubers an Gustav Landauer vom 24.12.1915. In: BuBr. I, S. 413ff. sowie den Brief Gustav Landauers an Martin Buber, Weihnachten 1915. In: ebd. S. 415f.

[286] Hugo Bergmann, Der jüdische Nationalismus nach dem Krieg. In: Der Jude 1 (1916/17), S. 7ff. Samuel (Shmuel) Hugo Bergman(n) (1883-1975), Philosoph, Schriftsteller, Bibliothekar, sein Denken war von Martin Buber geprägt.

[287] Die Ladiner sind eine romanischsprachige Ethnie im Norden Italiens mit einer eigenen Sprache (Ladinisch).

[288] Vgl. hierzu den Brief Gustav Landauers an die befreundete Schriftstellerin und Mäzenin Auguste Hauschner vom 07.09.1916: „Den Aufruf der Zentralstelle ‚Völkerrecht' werden Sie wohl im Tageblatt von heute morgen oder schon vorher in schlesischen Blättern gelesen haben (in Berlin war er bis heute verboten); ich habe an der Sache mitgearbeitet und tue es noch: aber es nützt ja alles so gut wie nichts; und überdies: Die Streitigkeiten in Deutschland, ob man annektieren soll oder nicht, nimmt man ja jetzt schon im Ausland nur komisch." (Martin Beradt/Lotte Bloch-Zavřel (Hrsg.). Briefe an Auguste Hauschner. Berlin 1929, S. 135ff. [hier: S. 136]). Die Mitautorenschaft Gustav Landauers an diesem Dokument wird auch von Ludwig Quidde bestätigt. In: Ludwig Quidde, Der deutsche Pazifismus während des Weltkrieges 1914-1918. Aus dem Nachlass Ludwig Quiddes hrsg. von Karl Holl unter Mitwirkung von Helmut Donat. Boppard am Rhein 1979: „Der Gründungs-Aufruf wurde nach Maßgabe der am 30. Juli besprochenen Richtlinien von Gustav Landauer und mir verfasst." (S. 113). Der Gründungsaufruf wurde unterzeichnet u.a. von Eduard Bernstein, Minna Cauer, Helene Stöcker, Hellmut von Gerlach, Walter Schücking, Julius Hart, Friedrich Wilhelm Foerster und Curt von Tepper-Laski. Unter dem Aufruf fehlt der Name Landauers - was eventuell mit dessen Bekanntheit als Anarchist zu tun hatte. Der Aufruf erschien am 27.08.1916 in der „Frankfurter Zeitung" (Nr. 237), in der „Friedenswarte" XVIII (1916), S. 274, sowie in weiteren linksliberalen und sozialdemokratischen Presseerzeugnissen. Außerdem wurde er Mitte November d. J. als „Flugblatt Nr. 1" der „Zentralstelle Völkerrecht" verbreitet (Bundesarchiv, NL Quidde/70). Landauer und Quidde schätzten einander sehr. In seiner Rede vor dem Provisorischen Nationalrat des Volksstaates Bayern am 18.12.1918 bekannte Landauer: „Ich kenne Herrn Professor Quidde lange, ich achte ihn, er ist ein Ehrenmann durch und durch […]" (In: Verhandlungen des Provisorischen Nationalrats des Volksstaates Bayern im Jahre 1918/19. Stenographische Berichte Nr. 1 bis 10. 1. Sitzung am 08.11.1918 bis zur 10. Sitzung am 04.01.1919. München 1919, S. 113) - Ludwig Quidde (1858-1941), Historiker, Publizist, linksliberaler Politiker, Pazifist, langjähriger Vorsitzender der „Deutschen Friedensgesellschaft", 1927 Friedensnobelpreis. Verfasste 1916 gemeinsam mit Gustav Landauer den Gründungsaufruf der „Zentralstelle Völkerrecht", die 1919 in der „Deutschen Friedensgesellschaft" aufging. Landauer wurde Vorsitzender der Ortsgruppe Groß-Berlin (Zur Satzung der Ortsgruppe Groß-Berlin siehe den Abdruck im vorliegenden Band).

[289] Der „Deutsche National-Ausschuss für einen ehrenvollen Frieden" konstituierte sich im Juli 1916 in Berlin, vertrat in der Kriegszielpolitik eine gemäßigte Linie und propagierte zugleich eine öffentliche Kriegszieldebatte.

[290] Der im Sommer 1916 entstandene „Unabhängige Ausschuss für einen deutschen

Frieden" vertrat eine uneingeschränkte annexionistisch-imperialistische deutsche Politik (Stichwort: Siegfrieden). Gefordert wurde der uneingeschränkte U-Boot-Krieg.

[291] Die auf einen Verständigungsfrieden ausgerichtete, 1916 gegründete „Zentralstelle Völkerrecht" ging in der „Deutschen Friedensgesellschaft" auf. Landauer, der gemeinsam mit Prof. Ludwig Quidde (1858-1941) den Gründungsaufruf formuliert hatte [Abdruck im vorliegenden Band], übernahm den Vorsitz der Ortsgruppe Groß-Berlin.

[292] In der „Leipziger Abendzeitung" erschienen Ende März 1918 Stellungnahmen bekannter Persönlichkeiten, Georg Kaiser, Walter Schücking u.a., zur Situation nach dem Krieg. In einer Vorbemerkung der Redaktion heißt es: „Ein Blick über Gustav Landauers Schriften zeigt, dass er im Sozialismus und in der Mystik wurzelt. Wie seltsam dies auch scheint, so ist damit doch die Wesensart eines eigenartigen Denkers enthüllt, der in den irdischen Fragen, die der Sozialismus aufrollt, keinen Endpunkt sieht, sondern nur eine Station auf dem Wege zu unserer Bestimmung: Menschen der Seele zu sein." Vgl. auch den Brief Gustav Landauers an Fritz Mauthner vom 16.05.1918 (GLAA 96), in dem er seinen Freund auf diesen Artikel hinwies.

[293] Mit XY meinte Landauer wohl vor allem den Kriegspropagandisten Richard Dehmel (1863-1920).

SELBST WERDEN DURCH DIE REVOLUTION

Vorwort.

[Juni 1918] In: Briefe aus der Französischen Revolution. Ausgewählt, übersetzt und erläutert von Gustav Landauer. 2 Bde. Frankfurt am Main: Literarische Anstalt Rütten & Loening, 1919, S. XI-XXXII. [weitere Aufll.]

Einem Buche[1], das nicht von irgendeinem nachträglichen Standpunkt aus über die Revolution sprechen will, sondern in dem die Revolution selbst sich aussprechen soll, will ich nur das Notwendige vorausschikken. Den Brauch, dem ich in den letzten Jahren öfter begegnet bin, gerade bei Briefbüchern eine Art Essay vorauszuschicken, der einen Teil der im Buche selbst folgenden Briefe im voraus kunstvoll in kleine Fetzen zerreißt, um sie dann mit eigenem Kleister zusammenzukleben, halte ich nicht eben für nachahmenswert. Und was an Kenntnis der Einzelvorgänge der Revolution nicht vorausgesetzt werden darf, findet sich in den Anmerkungen jeweils an Ort und Stelle erklärt. Ich will aber hier mit kürzesten Worten auszudrücken versuchen, was dieses Buch mir vor sämtlichen Darstellungen der Französischen Revolution vorauszuhaben scheint; auch vor solchen, die sich stark, aber immer mit parteiisch zerfetzender Auswahl und mit Vernichtung der Seelenfülle, auf die Briefliteratur stützen.

Diese Briefe als Gesamtheit in ihrer zugleich einheitlichen und gegensätzlichen Haltung zeigen, dass die Menschen und Parteien der Revolution einander nicht kannten, dass sie also auch von sich und dem Zusammenhang, mit dem sie sich bewegten, indem sie ihn bewegen wollten, das Ganze und Wahre, das Wesentliche nicht wussten. Wer das aber gewahrt, weiß viel; nichts tut unserer Zeit mehr Not, nichts auch kann unsere Zeit uns eindringlicher lehren, als dass die Französische Revolution mit ihren Methoden und ihren Ergebnissen unsere Vergangenheit werden muss; dass wir das Recht zu erlangen die Pflicht haben, uns ihre Erben und ihre Überwinder zu nennen. Wer wahrhaft erkennt, wie damals guter Wille sich in Nuancen manifestierte und wie diese Schattierungen einander in Wut zerrissen, der weiß, dass und wieso wir auf keinem der damaligen Standpunkte unseren Platz einnehmen können und dass wir eine andere Aufgabe haben, anderen Weg zu gehen haben als jene. So klar, wie es uns ist, dass in dem Streit der Parteien in der mittelalterlichen Scholastik[2], in dem Streit der Parteien auch in der Reformationszeit[3] jeweils beide Teile unrecht hatten, weil die Voraussetzung, die ihnen gemeinsam war und um deren Folgeerscheinungen sie stritten, für uns ein Nichts ist; so sicher es ist, dass wir von Erkenntnissen und Betrachtungsweisen nicht loskommen, die uns jene leidenschaftlichen Kämpfe nur noch historisch nehmen, historisch verstehen lassen, eine so sichere Klarheit kann die intime Kenntnis der Menschen und Vorgänge aus der Revolutionszeit zu der, glaube ich, diese Briefe verhelfen können, uns geben: dass die innigsten Vertreter der Revolution in ihren reinen Stunden, gleichviel, in welches Lager sie schließlich von den tobenden Wogen geworfen wurden, glaubten und wollten, sie solle die Menschheit zu einer Wiedergeburt führen; dass es aber nicht dazu kam und sie zugleich sich gegenseitig daran hemmten und einander die Schuld beimaßen, weil die Revolution sich mit dem Krieg, mit der Gewalttat, mit der Befehlsorganisation und autoritären Unterdrückung, mit der Politik verband.

Der Mann, den ich für den echtesten Repräsentanten der Französischen Revolution, wie sie in ihrem Ursprungsgeist und ihren Anfängen tatsächlich war, und für die größte Natur und den stärksten Kopf unter allen Revolutionären halte, hat an eine Wiedergeburt der französischen Nation und der Menschheit nicht in einem überschwänglich absoluten, sondern in einem wirklichkeitsfrohen und doch resignierten, konkreten, begrenzten Sinn geglaubt: Mirabeau[4] war zugleich enthusiastisch und skeptisch, revolutionär und politisch, und wenn es je in der Welt so etwas wie eine saftige Trockenheit und strotzende Zurückhaltung geben könnte, so wäre das sein Teil gewesen. Er wollte mit einer unvergleichlichen Kühnheit einen großen Schritt vorwärts machen und mit einer Zügelung, deren nur der ursprünglich maßlos Wilde fähig zu sein scheint, dann sofort innehalten, begrenzen und sichern. Die anderen wollten das Unbegrenzte, wurden schließlich dahin gedrängt, um der größten Freiheit willen die ärgste, die größte und kleinlichste Gewalttätigkeit zu üben, und was am Ende übrigblieb, war nicht Mirabeaus erreichbarer großer Schritt, sondern ein paar weitaus kleinere, die nicht einmal Eindeutigkeit und Übereinstimmung untereinander hatten.

Mirabeau gehört mindestens so sehr der Renaissance an wie der Revolution; republikanische Seelen wie Frau Roland[5], Buzot[6], Georg Forster[7], Lazare Hoche[8] gehören mindestens so sehr echter Wiedergeburt an wie der Französischen Revolution. Sie waren schönere Seelen, aber kraftlosere Naturen; und wegen ihrer größeren Schwäche mussten sie Männer wie Danton[9], Marat[10], Robespierre[11] und Saint-Just[12] ans Werk der Nothilfe lassen, die an Gewalttätigkeit weit über alles hinausgingen, was Mirabeau je getan oder geduldet hätte; und als dann einer kommen musste, um dem neuen Despoten, dem Staat, und dem neuen Privilegierten, der Bourgeoisie, zu konsolidieren, was von der Revolution übrig geblieben war, da war es Napoleon[13], in dem der Geist der Revolution nur noch kümmerlich und verzerrt lebte und die Natur der Renaissance eng, launisch und komödiantisch geworden war. „Das Interim hat den Schalk hinter ihm" - jawohl, man muss nur wissen, dass dieser Schalk der Teufel ist. Von den Versuchen zur provisorischen Sicherung der Freiheit durch gewalttätige Hilfsmittel in größter Gefahr des Übergangs und des Chaos ist viel mehr organisierte Tyrannei als Freiheit übrig geblieben; und die Tyrannei bürgerlicher Farbe, die schließlich gierig und in angstvoller Dankbarkeit die Reste des ancien régime[14] hätschelt und die verstreuten Knochen des Gerippes wieder zusammenzusetzen sucht, ist nicht lieblicher als die feudale.

Was mich an dieser Sammlung von Briefen also wichtig dünkt, ist, dass wir in ihnen den Revolutionären der verschiedenen Richtungen, den gegenseitigen Feinden ins Herz sehen. Diese Briefe sollen in ihrem Ensemble die Wirkung des Dramas tun: Wir sollen das Recht aller und das Unrecht aller gewahren. Wo Briefe fehlten, habe ich hie und da mit Anmerkungen helfen können; und so hoffe ich, dass man z. B. in dem Drama Marat-Corday[15] nicht bloß die Mörderin, sondern auch den Ermordeten etwas von innen sieht und zum wenigsten den Wunsch verspürt, dem verzweifelten Revolutionär Marat tiefer ins Herz sehen zu können, wozu es in seinen Schriften Gelegenheit genug gibt.

Wo von einem Briefschreiber oder einer zusammengehörigen Gruppe eine größere Zahl Briefe mitzuteilen war, habe ich sie in ihrem Zusammenhang gelassen. Auf diese Weise spiegelt sich die große Tragödie in manchen kleinen, wenn auch eine Komposition von der Geschlossenheit und lieblichen Erhabenheit, wie sie der romantisch-heroischen Tragödie der Frau Roland eignet, sich nur dieses eine Mal fand. Dass dann manchmal chronologisch zurückgegriffen werden musste und es so aussieht, als fange die Bewegung immer wieder von neuem an, schien mir weniger störend, als es das Zerreißen eines menschlichen Zusammenhangs gewesen wäre.

Aus der ungeheuren Menge von Briefen, die aus der Zeit der Französischen Revolution von damals an veröffentlicht worden sind und noch immer weiter veröffentlicht werden, habe ich ausgewählt:

1. Briefe von Repräsentanten der Revolution

Leider müssen sie sehr ungleich zu Wort kommen; von den einen sind reiche Briefschätze da; von anderen wenigstens Charakteristisches aus den Höhepunkten ihrer Teilnahme an der Revolution; wieder von anderen gar nichts oder so gut wie nichts. Amtliche Eingaben oder Berichte, soweit sie nicht mit menschlichen oder unmenschlichen Tönen hergehörten, habe ich nicht aufgenommen, obwohl ich gestehen muss, dass ich lange zögerte, ob ich nicht z. B. Danton und Robespierre, von denen keine in Betracht kommenden Briefe da sind, wenigstens auf diese Weise anwesend sein lassen sollte. Ebenso habe ich eine Weile geschwankt, ob nicht Marat mit seinen Alarmbriefen ans französische, vor allem ans Pariser Volk und an den Konvent, wie er sie in Flugschriften und in seinem „L'Ami du Peuple»[16] veröffentlichte, vertreten sein sollte. Ich habe es schließlich unterlassen, weil es sich in diesen Kundgebungen eben doch trotz aller leidenschaftlichen Unmittelbarkeit des Ausdruckes um komponierte literarische Arbeiten, nicht um Äußerungen von Mensch zu Mensch handelt. Auch habe ich nicht aus Verlegenheit Briefe zufälligen Inhalts, die sich zufällig erhalten haben, aufnehmen wollen, wie es solche von Marat z. B. in Sachen seiner physikalischen Forschungen und Autoreninteressen gibt.

Wie sich die Revolution in den Geistern und Gemütern vorbereitete, habe ich fast ausschließlich in den Briefen Mirabeaus gezeigt, mit denen die Sammlung beginnt und den Aufruhr eines großen Einzeldaseins stufenweise in den Aufruhr und Aufschwung der Nation hinüberführt. Er war ein so eminenter Briefschreiber, und von seinen Briefen sind so viele und mannigfache erhalten, dass ich jeder Verzettelung und mosaikartig künstlichen Zusammensetzung diesen natürlichen Zusammenhang in Briefen einer überragenden Persönlichkeit vorzog; denn nach dem Plan meines Buches durfte die Zeit vor der Revolution nur knapp einleitend dargestellt werden; ein Werk im Umfang etwa der hier vorliegenden zwei Bände könnte die Vorbereitung der Revolution in den Geistern überaus interessant in Briefen einer größeren Zahl Personen darstellen, und es bleibt mein Wunsch, diese Vorbereitungszeit eines Tages ebenfalls an Hand der vielen Briefschätze vorzuführen.

Auf Mirabeau habe ich Camille Desmoulins[17] darum folgen lassen, weil dieser leicht bewegliche, leichtfertige, liebenswürdige und eitle Junge tätig oder leidend in allen großen Stadien der Revolution bis zu seinem Ende dabei war, so dass seine Briefe einen raschen Überblick über äußere Ereignisse und innere Wandlungen von der Eröffnung der Generalstaaten[18] bis zum Sturz der Dantonisten[19] gewähren.

Repräsentanten der Revolution nenne ich die Großen, Mittleren und Kleinen, in denen der Geist und die Stimmung der Revolution in irgendeinem Grad wirksam ist; wo die Revolution ihren Einzug gehalten hat, ist, solange sie lebendig, wärmend und fortreißend da ist, kein Mann und kein Weib klein; solche aber, die in der Revolutionszeit bloß eine, wenn auch noch so wichtige, politische Rolle gespielt haben, zählen mir nicht zu den repräsentativen Gestalten der Revolution. Die du Barry[20] und ihr galanter Ritter, die, einer endgültig versinkenden Zeit angehörig, von der Nacht des 4. August[21] her noch einmal in einem späten Schimmer stehen, ehe sie aufs entsetzlichste von den Wirbeln der Revolution verschlungen werden, sind mir nicht bloß Opfer, sondern in einem leichten Grade Repräsentanten der Revolution. Und in diesem Sinne gehört mir auch Ludwig XVI.[22] durchaus mit zu ihren repräsentativen Gestalten; die Revolution hat, indem sie zu diesem König in Beziehung trat, eine seltsame Gestalt angenommen, aber ohne Zweifel steht er in seinen Briefen und seinem Vermächtnis so da, wie er ohne die Revolution nicht gewesen wäre; er ist in ganz geringem Maße ein aktiver, in sehr starkem Maße ein passiver und schließlich nicht ganz unbeträchtlich ein konträrer Vertreter der Revolution. Er gehört zuletzt in der Tat zu den Menschen, die von der Revolution so innig oder leidenschaftlich in eine entgegengesetzte Richtung geworfen oder so stark in ihr befestigt werden, dass man sie in konträrem Sinne zu den Repräsentanten der Revolution rechnen darf; manche, wie Chateaubriand[23] und de Maistre[24], gehören einer späteren Zeit an, die hier nicht behandelt wird; aber die Vendée[25] z. B. hat solche Männer und Frauen hervorgebracht, und wenn ich bedeutende Briefe von ihnen gefunden hätte, wären sie hier an ihrem Platze gewesen. Ich fand nichts von entscheidender Wichtigkeit; und um diese Lücke auszufüllen, stehe hier eine Stelle aus einem wenig bekannten Brief eines Deutschen an einen Deutschen, eines französischen Emigranten an den Spross einer französischen Réfugiéfamilie, Chamissos[26] nämlich an Fouqué[27] vom 17. November 1810 aus der Vendée:

„... Hier in der Vendée, unter den unendlichen Trümmern, die noch der Stolz dieser verwüsteten Erde sind, hab ich mémoires manuscrits über den herrlichen Krieg gelesen - da zeigen sich noch reine Motive, große Handlungen, ja von beiden Seiten, und große Charaktere. Man muss auch dieses Land sehen, um zu begreifen, wie das Volk dieser Ebenen ein wahres Bergvolk sein kann. - Die Taten sind enorm, der Sinn kindlich, Selbstbewusstsein und Selbstzutrauen erwachsen nur aus den Taten. Die Bauern fordern die Edlen auf, sie anzuführen, und die Edlen wiederum erwählen zu ihrem General einen Bauern.

- Bauern schlagen die zahlreichen Armeen der Republik, von den talentvollsten Generalen angeführt, in unzähligen Schlachten und Gefechten, schlagen sie nicht nur hinter ihren Hecken, sondern auch auf dem rechten Loire-Ufer mit ihren Weibern flüchtig, auf fremdem Boden und in der Ebene, in zahlreichen geordneten Schlachten und Treffen. Keine fremde Hilfe, kein Ausländer, keine Politik, keine unreinen Mittel, keine unreinen Motive. - Es ist noch eine herrliche Regung der Kraft, und nur ganz zuletzt, nachdem die Heroen gefallen, werden Spuren der kleinlichen Leidenschaft sichtbar. - Wer die Menschen der Städte kennt, muss die Geschichte Lügen strafen und sagen: Das sind Mären aus einer anderen Zeit..."

Dagegen habe ich, soviel ich mich mit ihr beschäftigte und so eifrig ich suchte, in Marie-Antoinette[28] nur eine Politikerin, aber in keinem, auch nicht im passiven oder konträren Sinne eine Repräsentantin der Revolution finden können. Von ihr habe ich keine Zeile aufnehmen dürfen; ihr Abschiedsbrief an ihre Schwägerin Madame Elisabeth[29] ist gefühlvoll und würdig, aber doch nur eine Art Kopie von Ludwigs XVI. Testament. Was aber ihre Aktion während der Revolution angeht, so ist es erschreckend, wie in ihren Briefen nicht nur jeder Funke vom Geist der Revolution, sondern auch alles Persönliche fehlt; sie treibt Politik und nur Politik. Ginge es in diesem Buch um Zusammenstellung von Briefen oder Briefstellen, die als Quellen dokumentarischen Wert haben, so dürften ihre Briefe, zumal die an den Grafen von Fersen[30], gewiss nicht fehlen. Aber es handelt sich hier nicht um Quellenmaterial, sondern um Briefe solcher Personen, die, schöpferisch oder geschaffen, eine innere Beziehung zur Revolution eingegangen sind; zu ihnen gehört diese Königin nicht.

Zuzugeben habe ich aber, dass viele Briefe, die hier aufgenommen sind, nebenbei Tatsächliches über die Revolution und ihre Parteien, zumal über das Verhältnis der inneren Gegensätze zum Krieg mit den äußeren Feinden beibringen; da nun in dieser Hinsicht der Briefwechsel der Königin mit Fersen, der sehr politisch, sehr unpersönlich und ganz und gar keine Liebeskorrespondenz ist, überaus wichtige Aufschlüsse gibt (die den Geschichtsforschern seit langem, dem politisch interessierten Publikum viel zu wenig bekannt sind), möge das Paar hier in diesen Vorbemerkungen, vor der Schwelle, die es nicht überschreiten darf, mit einigen Stellen aus diesen Briefen vertreten sein. Am 5. Juni 1792, schon während des Krieges also, den ihr Mann, der König, im Namen der französischen Nation erklärt hat, schreibt sie an den Grafen von Fersen, der beim Feind steht, chiffriert: „Es sind Befehle gegeben worden, dass Luckners[31] Armee sofort angreift; er weigert sich, aber das Ministerium will es. Es fehlt den Truppen an allem; es herrscht die größte Unordnung bei ihnen."

Am 30. Juni schreibt dann Graf Fersen an die königliche Landesverräterin:

„... Besonders sehen, Paris nicht zu verlassen. Dann wird es leicht sein, zu Ihnen zu kommen, und das ist der Plan des Herzogs von Braunschweig[32]. Er wird seinem Einmarsch ein sehr starkes Manifest vorhergehen lassen, im Namen der koalierten Mächte, die ganz Frankreich und besonders Paris für die königlichen Personen haftbar machen. Dann marschiert er direkt auf Paris, indem er die vereinigten Armeen an den Grenzen lässt, um die Plätze zu maskieren und die Truppen, die dort sind, zu verhindern, anderswo handelnd aufzutreten und sich seinen Operationen entgegenzustellen...

Sie haben sehr wohl daran getan, sich von La Fayette[33] und den Konstitutionalisten nicht fortführen zu lassen. Wir haben nicht aufgehört, auf das Manifest und die Operationen zu dringen; sie werden am 2. oder 3. August beginnen. Das Manifest ist fertig, und Herr von Bouillé[34], der es gesehen hat, hat darüber zum Baron von Breteuil[35] gesagt: Wir haben darauf gedrungen, dass das Manifest drohend sei, besonders was die Verantwortlichkeit hinsichtlich der königlichen Personen angeht, und dass darin niemals von Konstitution oder Regierung die Rede sei."

28. Juli

„Ich erhalte in diesem Augenblick die Erklärung des Herzogs von Braunschweig, sie ist sehr gut; es ist die des Herrn von Limon[36]... usw."

Man weiß, wie das mordbrennerische Manifest des Oberbefehlshabers der koalierten Armeen, des Herzogs von Braunschweig, auf das französische Volk gewirkt hat; verfasst worden ist es, wie diese Briefe uns sagen, nach langen Erwägungen und in stetem Einvernehmen mit der Königin von Frankreich und der Hofpartei, von einem französischen Emigranten. Wenn noch etwas zum Sturm auf das Königsschloss, zum Sturz des Königtums, zum 10. August gefehlt hatte, so war es diese fürchterliche Drohung des Feindes, von der die Revolutionäre wussten, dass ihr eigener Hof dahinter steckte. Die Beweise, die wir heute haben, kannten sie nicht; aber gerade, dass ihr Wissen in der Sphäre der Kombination, der Ahnung und des Instinktes blieb, machte ihre rechtzeitige Abwehr in höchster Gefahr so furchtbar zur maßlosen blutigen Rache. Proben dieser Dokumente, die zum unveräußerlichen Krongut jedes politisch mündigen Volkes gehören sollten, hier anzuführen, hielt ich für nötig, damit die im Text folgenden Berichte über den 10. August und die Septembermorde[37], den gleichzeitigen Auszug der Freiwilligen und die bald einsetzenden Siege der Revolutionsarmeen von Valmy[38] an, damit die ungeheure, verzweifelte und vor nichts mehr zurückschreckende Tatkraft Dantons und Marats und auch die menschlich ergreifenden, aber sehr kritisch zu betrachtenden Äußerungen Ludwigs XVI. besser verstanden werden.

2. Briefe von Berichterstattern

Hier gibt es aber keine scharfe Trennung; es sind nur solche Berichterstatter aufgenommen, die irgendwie auch innerlich von der Revolution berührt sind. Da ist eine Skala von glühenden oder innigen Revolutionären, die aktiv teilnehmen und nur gerade in der Lage sind, Abwesenden Bericht zu erstatten, wie z. B. Madame Jullien[39] oder Georg Forster, über Delegierte, die ihren Auftraggebern Rechenschaft ablegen, wie Gaultier von Biauzat[40], und Reisende, die manchmal wie von ungefähr in die Revolution hineinkommen, wie den wackeren Engländer Dr. Rigby[41], bis zu ausländischen Diplomaten, von denen die amerikanischen ein Gemisch aufweisen von der Revolution, die noch in ihrem Herzen lebt, und der schon sich entwickelnden Sonderpolitik für ihr junges Staatswesen, während der preußische Gesandte Graf von der Goltz[42] immerhin noch Stoff zum Nachdenken in den großen Umwälzungen und grotesken Vorgängen findet. Und dann sind wieder die Schweizer Soldaten da, die die Eroberung der Bastille[43] und den Tuileriensturm[44] als gemietete Opfer der Revolution mitmachen und deren Menschliches so besonders tief aufgerührt wird.

Dass Ausländer, und besonders auch Deutsche, unter denen, die von ihrem Miterleben der Revolution Kunde geben, hier gut vertreten sind, wird man hoffentlich richtig finden. Es liegt in der Natur der Sache, dass Fremde, die in ihre Heimat berichten, auf interessante Dinge eingehen, die von den unmittelbar Beteiligten nur gelegentlich erwähnt und als bekannt vorausgesetzt werden; und wie die Französische Revolution in deutschen Liberalen, Revolutionären oder aufgerührten Gemütern wirkte, geht uns nahe an. Auch sind Männer wie Georg Forster, Georg Kerner[45], Justus Erich Bollmann[46] bei uns viel zuwenig bekannt; und es kann gewiss nichts schaden, dass die Gesinnungen der von der Französischen Revolution entflammten deutschen Radikalen und Liberalen, die schließlich zur Rheinbundpolitik führten, nicht bloß vom Standpunkt der späteren preußischen Erhebung aus beurteilt werden. Von diesen Männern, zu denen auch der spätere Graf von Napoleons Gnaden Reinhard[47] gehört, führen Fäden zu Goethe[48] und seiner Stellung gegenüber der Revolution und ihrem Vollstrecker Napoleon und zu seinem Misstrauen gegen den königlich preußischen Freiheitskrieg.[49]

Eine besondere Stellung nimmt Lavater[50] ein, um seiner innigen Seele und seines tiefen, die Wallungen der Oberfläche durchschauenden Geistes willen und weil er zugleich mit Schweizern und Franzosen, mit Royalisten, Konstitutionalisten, Girondisten und Dantonisten, mit Mystikern und Freigeistern in guten menschlichen Beziehungen stand.

3. Briefe von Soldaten und Heerführern

Die Soldatenbriefe nehmen in der Briefliteratur darum einen verhältnismäßig breiten Raum ein, weil sie von den Empfängern und Nachkommen sorgfältiger behandelt wurden. Uns sind sie wichtig, weil die Französische Revolution vom Krieg nicht zu trennen ist, weil ihre unheilvolle Wendung daher kam, dass sie Krieg nach innen und außen wurde, weil die Freiwilligen alle Schichten des Volkes repräsentieren und weil sie auf dem Kriegsschauplatz vom Zentrum der Revolution entfernt sind und sich also schriftlich ausführlich über die Dinge aussprechen, die ihnen am Herzen liegen. Es sind Männer, die fast allesamt der Revolution und nur der Revolution ihr Leben zur Verfügung stellen; und nirgends so rein wie in diesen Briefen der Freiwilligen kann man sehen, wie den einfachen Menschen in Massen die Revolution ein Stück ihres Lebens, gar nicht so selten ihr ganzes Leben geworden ist und wie die privatesten Angelegenheiten zusammen mit den öffentlichen und untrennbar an sie geknüpft behandelt werden. Das Schreckenswerk der Guillotine und die Ruhe der Todesopfer wie der Zuschauer wie der Richter wären nicht möglich gewesen, wenn nicht vorher diese Vermählung des privaten Lebens mit dem öffentlichen in den breiten Schichten des Volkes vor sich gegangen wäre.

Mit der Schreckensherrschaft und ihrem Sturz schließt die Revolution, wie sie in unseren hier vorliegenden zwei Bänden geschildert wird, ab. Eine Ausnahme wird nur mit Briefen einiger Soldaten und des Heerführers Lazare Hoche gemacht, dessen reines, starkes Leben bis zu seinem frühen Ende verfolgt werden sollte; dieses Leben ist ein Beispiel, wie für die revolutionäre Karriere vom Sohn eines Stallknechts, der noch vom ancien régime zum Soldaten gepresst wird, bis zum Oberbefehlshaber, so auch für den seltenen Schlag Menschen, denen das Erlebnis der Revolution nicht nur den Geist aufschließt und das Gemüt erfüllt, sondern zur Achse ihres Charakters wird. Gewiss hat es in den Zeiten des Direktoriums, Konsulats und Kaiserreichs noch viele Revolutionäre und viel Revolutionäres gegeben; die Soldatennaturen Lazare Hoche und Napoleon Bonaparte aber sind doch Repräsentanten für aneinander grenzende und einander entgegenstehende Zeiten, wie zwei Pole, der eine der Revolution, der andere der Konsolidation und zugleich des Imperialismus.

Wer die immense Literatur kennt und auch, wer nur gelegentlich das eine oder andere Stück kennengelernt hat, wird mir mit Leichtigkeit Briefe nennen können, die ebenso gut wie manches, was aufgenommen wurde, hier hätten Platz finden können. Das weiß ich; der Kenner wird schon merken, dass fast meine größte Arbeit die Durchforschung eines Materials war, von dem in dem fertigen Buch keine Zeile zu finden ist. Gewiss aber habe ich das und jenes Übersehen oder nicht auftreiben können, was nach dem Plan dieses Buches in ihm nicht auch hätte sein können, sondern hätte sein müssen, weil es eine Seite revolutionären Geistes in einer Art repräsentiert, die durch nichts anderes so gezeigt werden kann. Für solche Nachweisungen werde ich sehr dankbar sein.

Doch will ich einiges nennen, was in aller Absicht keine Aufnahme fand. Von La Fayette[51] und Männern ähnlicher Art gibt es eine große Menge Briefe; es wird in meiner Sammlung von bleibenden oder vorübergehenden Anhängern und von Gegnern so reichlich über sie gesprochen, dass ich das Buch mit ihren eigenen politischen Gesprächigkeiten nicht aufschwemmen wollte. - Literarische und akademische Korrespondenzen blieben unberücksichtigt. - Dass in der Revolutionszeit auch sehr viele Briefe geschrieben wurden, die sich nur um Alltag, Wissenschaftsbetrieb, Klatsch, Eitelkeit und andere persönliche Interessen drehten, wollte ich nicht erst an Beispielen zeigen. Wichtiger ist eine Abkehr und Schweigsamkeit, die einmal in einem Briefe erwähnt wird; von einem Manne, von dem sonst leider Briefe fehlen. Der bedeutende Girondist Lanjuinais[52] schreibt in einem Brief vom 26. April 1793 an seine Freunde in Rennes: „Glauben Sie nur ja nicht, dass die Bürger von Paris diesen sträflichen Ausschreitungen zustimmen. Sie weinen bei sich zu Hause im Kämmerlein oder gehen ins Theater."

Ich habe den Dokumenten den Charakter von Briefen dadurch gelassen, dass ich Stellen mit harmlosem Geplauder oder weniger interessanten Betrachtungen, Ergüssen und Mitteilungen nicht entfernt habe. Trotzdem waren reichliche Kürzungen nötig und möglich. Sie sind jedesmal, gleichviel, wie viel oder wenig wegblieb, durch ... angedeutet. Einige Male habe ich, um den Zusammenhang herzustellen oder um ein ungefähres Bild von der Breite des gesamten Briefes zu geben, den Inhalt von Weggebliebenem in eckigen Klammern kurz mitgeteilt.

Meine Quellen habe ich überall angegeben, so dass der ernsthafte Forscher wie der Liebhaber eines besonderen Gebietes mein Verfahren jeweils nachprüfen und auch noch weitere Briefe, die ihn interessieren, aufsuchen kann.

Die Erklärungen, die ich für erforderlich hielt, wollte ich nicht in einem Apparat als Anhang bringen, sondern zur Bequemlichkeit des Lesers als Fußnoten unter den Text setzen. Ich habe wohl manchmal etwas, was aufmerksame Leser von früheren Stellen her wissen könnten, trotzdem noch einmal erklärt, weil unmittelbares Verstehen jedes Briefes und jedes Briefbündels erwünscht ist und ich überdies gar nicht erwarte, dass das Buch nur einmal hintereinander gelesen wird. Mancher wird manche Partien besonders lieb haben und wird wohl auch manchmal im Zusammenhang einer anderen Lektüre den einen oder anderen Brief aufschlagen. Für alle solche Veranlassungen, außerhalb des Zusammenhangs besondere Stellen des Buches aufzusuchen, wird hoffentlich das Register gute Dienste tun.

Im Allgemeinen habe ich es unterlassen, falsche, einseitige oder parteiische Nachrichten und Äußerungen der Briefschreiber zu berichtigen; das besorgen sie am besten untereinander.

Textkritische Bemerkungen habe ich, wo sie nicht ganz ausnahmsweise unentbehrlich schienen, ebenfalls unterlassen. Ich weiß, dass einige wenige von den Büchern, die ich benutzt habe, im Verdacht stehen, gefälschte oder zweifelhafte Stücke zu enthalten; die Echtheit der Briefe, die ich in solchen Fällen aufgenommen habe, ist entweder bewiesen oder noch nie mit Gründen bezweifelt worden.

Wer die französische Literatur dieser Art kennt, weiß, dass die philologisch genauen Ausgaben selten, die von Liebhabern oder Angehörigen, die es mit dem Wortlaut oder gar der buchstabengetreuen Wiedergabe nicht gar genau nehmen, die Regel sind und dass eine

Nachprüfung an Hand der Originale meistens unmöglich wäre. Für die Zwecke, die das vorliegende Werk verfolgt, war nichts der Art notwendig. Ich hatte nicht im geringsten den Ehrgeiz, Ungedrucktes beizubringen; die Sucht nach den ‚lettres inédites' grassiert bei den französischen Herausgebern fast noch mehr als bei unseren, woher es kommt, dass man das Uninteressante meist in den neuen, das Interessante in den alten Publikationen findet; dem deutschen Publikum wird von dem, was hier folgt, sehr vieles, ich glaube, das allermeiste, völlig neu sein, und ich glaube, dass meine Zusammenstellung auch für die Franzosen selbst wertvoll sein müsste. Jedenfalls weiß ich nichts davon, dass sie oder eine andere Nation ein Werk dieser Art hätten; ich könnte es mir für Frankreich bisher auch kaum denken, da die Forscher, ihre Gesellschaften und Zeitschriften, sich heute noch, wo es sich um die Geschichte der Revolution handelt, wie in der Revolution selbst nach scharf gegeneinander stehenden Parteien gruppieren.

Mancher wird mich schließlich für zuständig halten, ihm zum noch besseren Verständnis dieses Werkes und der Revolution im Allgemeinen eine Geschichte der Französischen Revolution zu empfehlen. Ich kann nur sagen: Wer Zeit hat, halte sich an die Quellen und nur an die Quellen; und wer keine Zeit hat, begnüge sich lieber mit gesicherten Teilausschnitten als mit Gesamtdarstellungen, die allesamt in ihrer Zuverlässigkeit, was Tatsachen und Urteil angeht, bedenklich sind. Will man aber solche zusammenfassenden Darstellungen lesen, so empfehle ich, nie eine einzelne vorzunehmen, sondern sich eines Paars von Historikern zu bedienen. In der Tat, wer etwa Michelet[53] und Kropotkin[54], Taine[55] und Louis Blanc[56], Jaurès[57] und Lamartine[58] zusammen liest, kann großen Nutzen davon haben, sei es durch die Sicherheit, sei es durch die Unsicherheit, die er gewinnt.

Die abschließenden Arbeiten zu diesem Buch habe ich von 1914 an in den Kriegsjahren gemacht. Man wird das, glaube ich, immer wieder merken, und ich verhehle, indem ich das Buch jetzt in die Öffentlichkeit gebe, meinen Wunsch nicht: Die intime Kenntnis des Geistes und der Tragik der Revolution möchte uns in den ernsten Zeiten, die vor uns stehen, eine Hilfe sein.

Zur Frage der deutschen Verfassung und der Nationalversammlung.
(Ende November 1918). (GLAJ 86)

Für das einige Deutsche Reich fordert ein Aufruf zur Gründung einer großen demokratischen Partei auf.[59] Die Worte, in denen bewegt vor der Diktatur und Ordnungslosigkeit gewarnt wird, sind recht sympathisch; sympathisch auch die Namen mancher Männer und Frauen, die den Aufruf als erste unterzeichnet haben. Ich glaube, einige von ihnen überzeugen zu können, dass sie auf verkehrtestem Wege sind; andere abhalten zu können, diese 48er Verkehrtheit mitzumachen. Darum rede ich.

Das alte Deutsche Reich existiert nicht mehr; es ist in Schmach zusammengebrochen; Schmach offenbart sich, wenn eine Scheinmacht in Staub zerfällt, weil niemand da ist, der zu ihr steht und sie hält. Die Fiktion des alten Reiches zerschellte an den neuen Mächten, die ihre Lebenskraft wundervoll, keineswegs bloß stürzend, sondern im Umsturz bauend, mit Bauen einreißend betätigten. Ich rede von den kommunalen und soldatisch demokratischen Bewegungen, die an der Wasserkante und in Westdeutschland einsetzten, von der unerhörten Ursprünglichkeit und Gleichheit, mit der die Dynastien und ihre Regierungen in ganz Deutschland mit einem Schlage entfernt wurden, von der prachtvollen, fast humoristischen Leichtigkeit und Selbstverständlichkeit, mit der das von so genannten Utopisten geführte Volk ein Problem löste, das den Staatsgelehrten, Politikern und Intellektuellen aller Grade schwerstes, bedenklichstes Kopfzerbrechen machte; ich rede von der Gründung der Republik Bayern und des republikanischen Österreichs.[60] All diese Dinge sind im Werden, im Wachsen, neue Angliederungen und Verbündungen kann jeder Tag bringen; ein wundervoller öffentlicher Geist weht einheitlich durch ganz Deutschland, mit einer einzigen Ausnahme, dünkt mich: nach Berlin und den Teilen Preußens, die zu ihm gehören, scheint sein Wehen noch nicht gekommen; da waltet noch scheinlebendiger Tod; da wird der kuriose Versuch angestellt, die Kontinuität zu wahren, die Kontinuität des alten Reichs mit der Vormacht Preußen und die Kontinuität seines öden Parteiwesens. Da kann man, obwohl die Föderation, die den gestorbenen Bundesrat ersetzen soll, noch gar nicht da ist, Verfügungen fürs ganze Reich, vermengt mit Erledigungen rein preußischer Angelegenheiten, ausgeheckt von ein paar zufälligen Berlinern, ohne dass man die neuen Republiken auch nur gefragt hatte, ob sie diese

Erlasse brauchen und brauchen können. Wäre es nicht entschieden besser, fühlt nicht jeder, wie die Natur es erfordert, dass die Preußen für jetzt lediglich so für sich sorgen, wie es z. B. die Republiken Bayern und Österreich tun? Fühlt nicht jeder, dass so das neue Reich herrlich und sicher zusammenwächst, und dass jetzt noch keineswegs die Zeit ist, nach dem Muster der Paulskirche[61] dieses Werdende angeblich zusammen, in Wirklichkeit aber auseinander zu beraten, zu schwatzen und zu kompromittieren?

Die deutsche Nationalversammlung[62] wird kommen; sie soll nicht jetzt kommen. Sie soll Tatsächlichem die letzte Form geben; sie soll nicht doktrinär vorgreifen und sich in Debatten zermürben; es sollen nicht die alten Parteien durch schnelle Verschwägerungen und Firmenänderungen galvanisiert werden. Die alten Parteien haben ohne eine einzige Ausnahme die nämliche Schuld zu tragen wie die alten Regierungen; wie diese unter der sündhaften Last in lächerlicher Verlassenheit zusammengebrochen sind, so sind, mögen sie es mir glauben, die alten Parteien gestorben, wenn sie's schon noch nicht merken. Sie haben sich tot gestellt, als erschütternd und durchdringend der Ruf an die Gewissen erging; nun die Gewissen in den Menschen erwacht sind, stellen sie, die Parteien, sich lebendig.

Ich würde die Diktatur des Proletariats auch fürchten, wenn sie drohte; sie steht nicht bevor; bevorsteht, früher als irgendjemand ahnt, die Abschaffung des Proletariats durch die Entstehung der neuen Menschengesellschaft. Ich wünsche dagegen das, was da ist und noch eine ganze Weile nicht verschwinden darf, wenn die Erneuerung, die gerade erst begonnen hat, sich vollenden soll: die Diktatur, nenne man's meinetwegen so, die Diktatur der Revolution oder, was das Nämliche bedeutet, des Geistes.

Der Geist, meine Herren Intellektuellen, der Geist hat das alte Reich gestürzt[63] und die Gliederungen des neuen, die in Ausbildung sind, ins Leben gerufen; der Geist, der unseren herrlichen, unseren gepeinigten Soldaten, einer Schar Arbeiter und junger Leute und einigen unverwüstlichen Freiheitskämpfern unsterblicher Jugend in die Hände und, wo's einen Augenblick Not tat, in die Fäuste gefahren ist. Er ist diesmal so, wie er in allen Revolutionen gewesen ist: Er braucht und kann nicht mehr gefragt werden, ob die Menschen, die die neuen Grundlagen errichten, eine alte Mehrheit oder Minderheit vertreten: Sie vertreten als Wirkungsmächtige, was vorher die Propheten als ganz Vereinsamte vertreten hatten: das Neue, das Werdende, das, was die Welt vorwärts bringt und beglückt; sie vertreten nicht eine zahlenmäßige, zufällige Mehrheit aus der stets noch gegenwärtig scheinenden Vergangenheit, sondern eine geschichtliche Gesamtheit und Gemeinschaft, die kommende Menschheit. Was da im Werden ist und neue Einrichtungen schaffen wird, Einrichtungen der neuen Demokratie und des Weges zum Sozialismus, welche neuen Geist und mit ihm auch neue Parteien im Gefolge haben müssen, das wird und soll jetzt beginnen und angebahnt werden, ehe solche zur Nationalversammlung zusammentreten, die von diesem neuen Geist erst erfasst und erzogen werden sollen. Der Geist, meine Herren, ist keine Lokalität, wo es am Platze ist, sich vorzudrängen; eher ist er so etwas wie magisch erfüllte Zeit; allen, die zu ihrem Unglück und vielleicht auch schon ein wenig zu ihrer Reue zurückgeblieben sind, werden etliche Augenblicke der Besinnung und einer andächtigen und demütigen Stille sehr gut tun.

Die Sonderbünde der geistigen Arbeiter und Professoren, die jetzt wie Pilze emporschießen, während sie und ihre Schüler, die Studenten, in dieser Revolution und ihrer Vorbereitung unsichtbar blieben, sind gut und notwendig wie die Gewerkschaften zur Vertretung von Berufsinteressen: Sie sind nicht gut, sofern sie aus Misstrauen und Angst vor dem arbeitenden Volk hervorgehen oder das Werk der geschlossen vorwärts stoßenden Revolution ergänzen oder vertreten oder hemmen wollen. Es soll künftig, in nächster Zukunft, in keinerlei Gestalt mehr ungeistige Arbeit geben; ich für meinen Teil bin nicht in irgendeinen Rat geistiger Arbeiter, sondern mit größtem Vertrauen in den Arbeiterrat der bayerischen Republik gegangen und habe vorgeschlagen, da nach meinen Kräften mitzuarbeiten, nur in der Gegenseitigkeitsgemeinschaft des Gebens und Nehmens kann einer geben; nur im Lernen kann einer lehren. So kann jeder der Revolution helfen, indem er durch irgendeine Tür, deren viele geöffnet sind, herzhaft in sie hineingeht; dann wird ihr Geist in ihn eingehen, in ihm aufgehen, und es wird ihm nicht mehr so vorkommen, als ob er irgendwo draußen vor der Tür stände.

Gustav Landauer
Mitglied des Arbeiterrats in der Republik Bayern.

Die vereinigten Republiken Deutschlands und ihre Verfassung.

(25.11.1918) In: Das Flugblatt. Hrsg. von Norbert Einstein. Frankfurt am Main 1918, Heft 3 [7 S.]

Seliger Pufendorf[64], ich habe Dir längst abgebeten, und ich bitte Dir nochmals ab. Etwa 15 Jahre mochte ich alt sein, da kaufte ich mir für 20 Pfennig aus Reclams Universalbibliothek deine Verfassung des Deutschen Reiches und war erstaunt und betrübt, damit eine Beschreibung zu erhalten, dazu noch eine Beschreibung des längst Vergangenen, statt der Verfassungsurkunde des von Bismarck[65] gegründeten Reiches.[66]

Inzwischen habe ich aber gelernt, dass eine Verfassung nicht ein Papier mit Paragraphen, sondern ein tatsächlicher Zustand ist.

Nun ist wieder ein deutsches Reich gestorben, das in der Geschichte als vorübergehende Schöpfung der Gewalttat leben wird; der kriegerisch roh zurechtgehauene und zugleich diplomatisch klug gesponnene Fürstenbund mit scheindemokratischem Einschlag, den der Realpolitiker Bismarck den 48er Ideen entgegensetzte[67], ist tot, ist von der Revolution zertrümmert worden. Das alte Deutsche Reich, 1871-1918, existiert nicht mehr; es ist in Schmach zusammengebrochen; Schmach tritt da zu Tage, wo eine Scheinmacht in Staub verweht, weil niemand da ist, der zu ihr steht und sie hält.[68]

Jetzt gilt es, klar zu sehen, wollend zu sehen, was da ist und wird. Das Phantom zersplitterte an neuen Mächten, die ihre Lebenskraft wundervoll, keineswegs bloß stürzend, sondern im Umsturz bauend, mit Bauen einreißend, betätigten. Das waren die soldatisch-demokratischen, rebellisch-kommunalen Bewegungen, die an der Wasserkante und in Westdeutschland einsetzten, war die fegende Bewegung, mit der die Dynastien in ganz Deutschland entfernt wurden, war zumal die Gründung der Republiken in Österreich und in Bayern.[69]

Diese Dinge sind im Werden, im Wachsen, neue Abtrennungen und Angliederungen und Verbündungen sind gekommen und werden weiter kommen; ein prachtvoller öffentlicher Geist - gelegentliche Dummheiten und Auswüchse sind, wie die süddeutsche Redensart sagt, gleichgültig wie ein Kropf - weht durch ganz Deutschland, mit einer einzigen Ausnahme aber, dünkt mich, wo es sich nur dann um Nebensächliches handelt, wenn wir unsere Schuldigkeit tun: nach Berlin und den Teilen Preußens, die zu ihm gehören, scheint der neue Geist noch nicht gedrungen; da waltet noch scheinlebendiger Tod;

da wird der Versuch gemacht, der so lange gefährlich ist, wie wir ihn nicht dazu verdammen, bloß kurios zu sein, die Kontinuität zu wahren, die Kontinuität des alten Reiches und die Kontinuität seiner irgendwie preußisch-cäsarischen Zentralregierung und seines öden Parteiwesens. Da regnet es Verfügungen fürs ganze Reich, ausgeheckt von ein paar zufälligen Berlinern, deren Mutter die Revolution sein mag, die in väterlicher Linie aber ganz gewiss vom Prinzen Max[70] und vom Kaiser und von Ludendorff[71] abstammen, ohne dass man die neuen autonomen Republiken auch nur gefragt hätte, ob sie diese Erlasse brauchen und brauchen können. Wäre es nicht einstweilen besser, fühlt nicht jeder, wie die Natur es erfordert, dass die Brandenburg-Preußen mit einiger Bescheidung für jetzt lediglich so für sich selber sorgen, wie es die anderen Republiken in Deutschland und Österreich tun? Fühlt nicht jeder, dass so und nur so das neue Reich herrlich und sicher zusammenwächst? Ich sage: die Brandenburg-Preußen; denn Preußen, das unorganisch zusammengestohlen ist, wird jetzt sofort wieder in seine natürlichen Bestandteile zerfallen. Schleswig geht; die Gebiete an der Wasserkante gehen; Hannover geht. Aus Rheinhessen, Kurhessen, Frankfurt, Nassau, der übrigen Rheinprovinz, Westfalen und Lippe-Detmold bildet sich eine westdeutsche Republik; sie ist unausbleiblich; diese Stämme taugen zusammen und taugen nie mit dem übrigen Preußen anders zusammen, als all die deutschen Republiken untereinander einen Bund bilden werden. Widerstrebt aber Großpreußen, will es nicht ein Glied unter Gliedern sein, sondern ein Haupt mit Vormacht, will es das alte Reich fortsetzen, dann wird sich Nordwest- und West- und Süddeutschland und Österreich zunächst als selbständiger Bund zusammenschließen; das ist die organische Entwicklung und wird ein Gebilde schaffen, das unüberwindlich ist.

Gegen diese frohe, sichere Stimmung, die mit Klarheit sieht und akzeptiert und fordert, was da ist und wird, regen sich zwei Bedenken: die Furcht vor der Entente und ihrem Verlangen nach einer verhandlungsfähigen und aus der Demokratie hervorgegangenen Spitze, und die Furcht vor der Diktatur des Proletariats, welche Furcht nicht nur in weiten Teilen des deutschen Volkes, sondern eben auch wieder bei den regierenden Kreisen der Entente besteht. So gehören die beiden Bedenken eng zusammen.

Wer zuletzt lacht, lacht am besten, und wer zuletzt die politische Revolution macht, darf und soll sich die beste Demokratie erlauben.

Demokratie, Selbstbestimmung des Volkes und der einzelnen Gliederungen im Volk, ist ganz etwas anderes als der verruchte Wahlunsinn, welcher Abdankung des Volkes und Regierung durch eine Oligarchie ist.

Unsere Revolution hat schon angefangen, zu der echten Demokratie zurückzukehren, wie sie in den Gemeinde- und Landesversammlungen der mittelalterlichen Verfassungen, Norwegens und der Schweiz, vor allem aber in den Tagungen der Sektionen in der französischen Revolution vorgebildet ist.

Es soll keine atomisierten und abdankenden ‚Wähler' mehr geben; es soll Gemeinden und Korporationen und Verbände geben, die in Gesamtversammlungen und durch Delegierte ihr Schicksal bestimmen. Delegierte der beschließenden Korporationen, Delegierte, die dauernd in engem Einvernehmen mit ihren Auftraggebern stehen, und jederzeit von ihnen abberufen und durch andere ersetzt werden können; imperatives Mandat, das sich nicht auf Regieren und Gesetze machen überhaupt, sondern auf die bestimmten Vorlagen bezieht, die die Exekutive oder die Initiative von Körperschaften dem Volk vorlegen. Dass die organischen Gliederungen des Volkes wirklich über ihr Schicksal selbst bestimmen, dazu taugt nicht das atomisierende, ‚direkte' und noch weniger das abscheuliche, geheime Wahlverfahren; beide gehören einer Zeit der Entrechtung, der Vergewaltigung, der cäsaristisch-demagogischen Beschwindelung der Völker durch Privilegierte und ihre Parteien an; die Republik ist die öffentliche Sache, das gemeine Wesen; da erledigt das Volk in seinen Korporationen öffentlich, unter eigener Verantwortung und permanenter Überwachung seine eigenen Angelegenheiten; weh dem, der politisch oder wirtschaftlich einen Druck ausüben wollte! Die Schmachzeit des Wahlklosetts, des Stimmzettelumschlags und des Suppentopfes oder der Urne mit dem Schlitz muss für immer vorbei sein.

Es muss wieder werden, wie es einst war: Da stellten die Männer das Werkzeug in die Ecke und nahmen die Waffen oder den Stock zur Hand und gingen zum Thing[72]. Da berieten sie über bestimmte Dinge der Gemeinschaft und all ihre überflüssige Arbeitslust strömte nun zusammen zu den öffentlichen Angelegenheiten. So traten die Dorfgemeinden und Stadtgemeinden zusammen, so gaben die Beauftragten Rechenschaft, so wurden neue Beauftragte ernannt, so gab es heiße Köpfe und Streit und Wut und Einigkeit und Beschluss und das war eine freie öffentliche Sache, und jeder stand seinen Mann und stand bieder und ehrenfest in seinen Stiefeln und wirkte fürs gemeine Ganze.

Es muss Gleichheit und Freiheit, es muss Föderation werden - von unten nach oben muss die Gliederung gehen. Bunt und mannigfaltig muss die deutsche Freiheit zumal sein: Was nur die Gemeinden angeht, ordnen die Gemeinden für sich, in Selbstverwaltung, der niemand hineinredet, und so weiter zum Bezirk, zum Kreis, zur Landschaft, zur Provinz, zur autonomen Republik, zum Bund deutscher Republiken und zum Völkerbund. Man wird nicht in romantischen Gelüsten altes ständisches Wesen nachahmen; es wird nicht alles in persönlichen Versammlungen geordnet werden müssen, wo der Funke der Mitteilung elektrisch von Ort zu Ort, von Land zu Land, über die Welt hin sprüht; man wird Vertrauen zu Mandataren haben und wird Genialität des Wirkens und Durchführens nicht beschränken; der Geist wird im Volk stehen und in ihm sein Recht und seine freie Bewegung finden. Aber das Volk in seinen Körperschaften wird bei seinem eigenen Schicksal dabei sein.

Dass diese Demokratie in unlöslicher Verbindung mit dem Sozialismus steht, erwähne ich hier nur; davon will ich besonders handeln. Eine Demokratie und ein Sozialismus wird es sein, wo jeder mit seinen Berufsgenossen und Gemeindekameraden beisammen ist, wo es Individuen als Isolierte, Losgelöste, Zersprengte gar nicht mehr gibt; wo aber Demokratie und Sozialismus mit ihrer korporativen und kommunalen Gliederung doch gerade bloß die Formen und Bedingungen sind, aus denen die in Geist und Beseelung ursprünglichen und selbständigen Individuen erwachsen.

Zu all dieser Entwicklung sind nun die Arbeiter-, Bauern- und Soldatenräte, wie sie die Revolution nach altrevolutionärem und neurussischem Muster sofort gebracht hat, der trefflichste Beginn. Wer ist denn kein Arbeiter? Die tüchtige Hausfrau ist eine Arbeiterin, der in seinem organisierenden Beruf tätige Kaufmann oder Fabrikant, ist ein Arbeiter, der Maler, der Bildhauer, der Musiker, der Schriftsteller sind Arbeiter, die Beamten sind Arbeiter. Dass da später manches anders werden wird, zumal in dem grässlichen Unfug und Unglück der rein geistigen Berufe, ändert fürs Erste nichts an der Sache. Ungeistige Arbeit hat es, absolut betrachtet, gar nie gegeben; von nun an wird es so etwas ganz gewiss nicht geben. Der Aktionär, wenn er sonst nichts ist, der Kuponabschneider und dergleichen Leute sind keine Arbeiter, sondern Schmarotzer; wie ihre wirtschaftliche Lage späterhin sein wird, darüber rede ich in diesem Zusammenhang nicht, deute nur an, dass ich zu allen, die sich nicht mehr umstellen können, als zu Invaliden sehr menschlich empfinde, und sie wie andere Hilfsbedürftige zu unterstützen vorschlage; - politisch kann keiner ein Recht haben, der nicht in dem weiten Sinn des produktiven Wirkens ein Arbeiter oder ein Bauer oder ein Soldat ist und also einer Berufskorporation angehört oder von ihr als Gast aufgenommen ist.

Keineswegs aber wird es so sein, dass es Fabrikantenräte oder Ladeninhaberräte und dergleichen als politische Körperschaften geben wird; zur Vertretung ihrer Klasseninteressen mögen sie private Vereine bilden, so viele sie wollen, und ebenso etwa die Schriftsteller und Künstler; aber für die Dinge des Gemeinwesens sitze der Fabrikant mit seinen technischen und kaufmännischen Gehilfen und seinen Arbeitern zusammen, ein Tätiger unter vielen; diese Gemeinschaft wird allen Teilen sehr gut tun; der Schriftsteller schließe sich an Verleger und Drucker und Buchhändler und Zeitungsverkäufer an; der Pfarrer an Ärzte und Totengräber; und wenn der Kunstmaler die Delegierten zu einem Arbeiterrat zusammen mit den Stubenmalern und Anstreichern, der Minister die seinigen mit den Kanalräumern und Straßenkehrern ernennt und überredet und informiert, so wird es für alle Teile und für den Geist unseres Volkes ein Segen sein. Für die Gesellschaft, die Jesus von Nazareth aufsuchte, werden auch unsere Intellektuellen nicht zu schade sein; der Geist, der ehrlich und Gemeingeist ist, übt seine Überlegenheit überall und setzt sich schließlich durch; nur ist es im Einzelfall keineswegs ausgemacht, ob das Herz des Arbeitsmannes nicht eine bessere und sicherere Entschließung trifft als das Hirn des Gelehrten oder die nach Reizen schweifende Phantasie des Dichters.

Wer sieht nun nicht, dass diese politische Gliederung der neuen, der echten Demokratie auf dem besten Wege ist, und dass sie auch auf organische Art von unten nach oben, zu der Spitze, zu dem Bundesrat führt, der Verhandlungen und Bünde mit dem Ausland nach dem gemeinsamen Willen des Volksganzen zu Stande bringt? Und wer fürchtet jetzt noch eine Diktatur des Proletariats? Ich würde sie auch, nein, nicht fürchten, sondern hassen und bekämpfen als Pest, wenn sie drohte; sie steht nicht bevor; bevorsteht, früher als irgendjemand ahnt, nicht die Diktatur, sondern die Abschaffung des Proletariats und die Erstehung der neuen Menschengesellschaft.

Und die Nationalversammlung? fragt vielleicht doch noch einer. Dem ginge es aber wie mir, dem Knaben, als ich im Pufendorf vergebens die Reichsverfassung suchte. Die Nationalversammlung habe ich mit alldem, was ich hier sagte, beschrieben. - Die Versammlungen aller in ihren Berufsgruppen eingegliederten arbeitenden Deutschen beiderlei Geschlechts haben in immer höher hinaufgehenden Stufen für die verantwortlichen Lenker ihrer Landesrepubliken gesorgt; diese treten durch ihre Delegierten - alles in voller geziemender Öffentlichkeit und unter Verantwortung - zum Bundesrat zusammen; soll nun etwa, wenn so das neue deutsche Reich sich in all seinen Gliedern zusammengefunden hat, noch einmal extra abgestimmt werden, ob es sein dürfe, was es ist, ob es werden dürfe, was es wird?!

Wir brauchen das organische Erwachsen von Tatsächlichem; es ist auf schönstem Wege; es muss nur weitergehen, im Geiste dieser Revolution.

Der Geist nämlich, meine Herren Intellektuellen, der Geist hat das alte Reich gestürzt und die Gliederungen des neuen, die im Werden sind, die schön sind, wie alles ist, was Jugend und Wachstum hat, ins Leben gerufen; der Geist von dem ihr töricht und anmaßend genug vermeint, ihr müsstet ihn nun als nachhinkender Tross der Revolution erst nachträglich liefern. Der Geist hat es angebahnt und durchgeführt und wird's weiterführen, der unseren herrlichen, unseren gepeinigten, unseren nun befreiten und beglückten Soldaten, einer nicht allzu großen Schar Arbeiter und junger Leute und ihren Führern, unverwüstlichen Freiheitskämpfern unsterblicher Jugend, die ihr Utopisten gescholten habt, in die Hände und, wo es einen Augenblick Not tat, in die Fäuste gefahren ist. Fürs Wesentliche aber waren Fäuste keineswegs nötig; es ging nach dem fürtrefflichen Rezept, dass der jugendliche Präzeptor aller Revolutionäre, Étienne de La Boétie[73], im 16. Jahrhundert gegen die Tyrannis verschrieben hat: Das Volk half den kleinen Schmarotzern nicht mehr gegen sich selbst; das Volk setzte seine Regierung ein und ignorierte die Anwesenheit der Privatpersonen, die sich für die Herrschenden hielten. Da des Volkes allzu große Gnade nicht mehr bei ihnen war, hörte Gottes Gnade von selber auf. Was anderes soll denn diese humoristisch einfache Lösung eines Problems, das den Staatsgelehrten und Politikern das schwerste Rätsel war, mit dem sie in jahrzehntelangem Kopfzerbrechen nicht fertig geworden wären, zustande gebracht haben, ihr Klugen, Witzlosen, Gebildeten und Professoren, als der Geist?

Die Revolution ist der sieghafte Geist, der endlich, endlich sich verwirklicht hat; und die Nachzügler, die so ungeduldig jetzt dabei sein möchten, wie sie vorher vom Schuss geblieben sind, die jetzt so eifrig nach der Nationalversammlung rufen, wie sie beflissen sind, ihren Parteien neue Firmenschilder aufzukleben, sollten bedenken, dass der Geist keine Lokalität ist, wo es am Platze ist, sich vorzudrängen, dass er eher magisch erfüllte Zeit ist: Stille, Demut, Besinnung, Warten auf sich selbst wird denen gut tun, die zurückgeblieben und also von der Revolution im wahren Sinne überrascht, überholt worden sind.

Das alte Reich ist tot, seine Dynastien sind nichts mehr, seine Regierungen sind zusammengestürzt, auch seine Parteien sind in Wahrheit tot. Als der Ruf erschütternd an die Gewissen ging, als es galt, Schuld zu bekennen und Reue zu üben, da haben sie sich tot gestellt; jetzt, wo die Revolution gekommen ist, die ihnen niemals wie das alte System des Gewaltstaates Trog sein wird, möchten sie sich, um die Revolution zu erdrosseln und die Republik in schein-demokratische Herrschaft der Geriebenheit zu verwandeln, lebendig stellen. Sie appellieren an die Wählerei, an die Mehrheit derer, die noch nicht von der Revolution erfasst sind, an das, was sie ihre Nationalversammlung nennen! Der Geist der Revolution aber vertritt immer die Gesamtheit: Die Wirkungsmächtigen, die jetzt die Revolution durchgeführt haben und sie weiterführen sollen, vertreten genau das nämliche, was vorher die Propheten als ganz Vereinsamte vertreten haben; nicht eine zweckmäßige, zufällige Mehrheit der stets noch gegenwärtig scheinenden Vergangenheit, sondern das Kommende, das Werdende, das, was die Welt vorwärts bringt und beglückt, eine geschichtliche Gesamtheit und Gemeinschaft, die kommende Menschheit.
25. November 1918.

Nachschrift vom 6. Dezember: Inzwischen hat der Schlendrian des Parteiwesens schnödeste Siege über die Revolution errungen, die sich auf ihren Lorbeeren verschnaufte; so wird also die weitergehende Revolution längeren und schwereren Weg haben![74]

Rechenschaftsbericht des „Zentralarbeiterrates" an die bayerischen Arbeiterräte.
Rede vor den bayerischen Arbeiterräten am 09.12.1918:
In: Verhandlungen des provisorischen Nationalrates des Volksstaates
Bayern im Jahre 1918/19. Beilagen-Band. München 1919, S. 134ff.[75]

Genossen und Genossinnen! Ich habe es im Namen des provisorischen revolutionären Arbeiterrats für die Republik Bayern übernommen[76], Ihnen zu sagen, wie wir unser Amt in den paar Wochen, in denen wir es ausüben, aufgefasst haben und Ihnen Bericht und Rechenschaft zu erstatten, was wir bisher getan haben. Nicht bloß anderswo, sondern auch heute wieder war es mir charakteristisch, charakteristisch für die Revolution, die sich vollzogen hat, die Revolution, die noch im Gange ist, dass alle Redner sich zunächst entschuldigten, dass sie reden.

Alle sagen, jetzt ist nicht die Zeit zum Reden, jetzt ist nicht die Zeit zu Worten, jetzt ist die Zeit zu handeln, die Zeit zum Durchführen. Das ist wahr, und ich muss mich dem anschließen als Dritter, der heute hier im Saale spricht. Nur allerdings muss ich hinzufügen: Manchmal kann auch das Wort, wenn es das ist, was der Tat vorhergeht, wenn es der Vorsatz, das Gelöbnis, der Schwur ist, manchmal kann auch das Wort eine Tat sein.

Arbeiterrat! Man hat oft gesagt, und auch, wie das Wort in Bayern auftauchte: „Arbeiter-, Soldaten- und Bauernrat", nachdem spontan die Soldatenräte in Kiel, Westdeutschland, an der Wasserkante vorangegangen waren, hat man oft gehört: also nach russischem Muster.[77] Das ist wahr und nicht wahr. In Russland gibt es die Arbeiter-, Soldaten- und Bauernräte, gibt es die Republik der Räte. Sie haben sich durchgesetzt, nachdem die bürgerliche Kompromissregierung gescheitert war. Aber die Räterepublik, die föderative, sozialistische Republik braucht keineswegs identisch zu sein mit der vielleicht vorübergehenden Herrschaft einer bestimmten Partei, der Bolschewiki, über diese Räte. Die Räte werden in Russland bleiben, das ist sicher. Die Arbeiter- und Bauernräte werden so bleiben und demokratisch-soziale Arbeit tun, so dass die Soldatenräte verschwinden werden, weil eben keine Soldatenräte mehr nötig sind, weil der Militarismus zusammenbricht. Aber heute brauchen wir sie noch, die Soldaten der Revolution.

(Rufe: Sehr richtig!)

Wir haben ihnen zu danken, dass wir sie gehabt haben. Wir haben ihnen zu danken, dass wir sie fernerhin haben.

Aber nicht erst in Russland hat sich dies ganz selbstverständlich ergeben, dass nach der Herrschaft der Privilegien sich die arbeitenden Mächte und Elemente des Volkes wie von selbst organisiert und ihre Geschicke in die eigene Hand genommen haben. Wir haben, was den Arbeiterräten entspricht, permanent tagende Sektionen in der Französischen Revolution in Paris, Marseille und überall in den Zentren gehabt. Sie hatten in den Revolutionskriegen, wo die Freiwilligen auszogen, Soldatenräte, die über ihr Schicksal, über die Manneszucht und das Schicksal ihrer Mannschaften in den Kompanien bestimmten. Wir haben das dort genau so gesehen, das ergibt sich immer aus der Lage der Tatsachen. Jetzt - Eisner[78] hat uns das schon auseinandergesetzt, und ich will Sie mit Wiederholungen nicht aufhalten - jetzt soll der Arbeiter-, Soldaten- und Bauernrat als lebendige Organisation und Körperschaft, als Träger des Volkes uns das leisten, was bisher denen anvertraut war, die bevorrechtet waren, die eine Herrschaft der Wenigen, eine Herrschaft der Unterdrücker aufgerichtet hatten.

Ich habe Ihnen jetzt zu sagen, was der Zentral-Arbeiterrat bisher getan hat. Es wird von manchen gefragt werden, und ich glaube sogar, es gibt welche, die widerwillig oder höhnisch fragen werden: Habt ihr denn überhaupt etwas getan? Und da darf ich sagen: Allerdings waren die Arbeiter, die zusammentraten, geboren aus einer revolutionären Macht, bisher nicht übermäßig parlamentarisch geschult, sie haben sich schwer in ihre Arbeit hineinfinden müssen, genau so, wie wir, die hier beisammen sitzen, nicht gerade elegant im Laufe der heutigen oder morgigen Tagung den Parlamentarismus handhaben werden. Aber das darf ich Ihnen doch sagen und kann es durch Tatsachen beweisen: Es ist da tüchtig gearbeitet worden, es ist da etwas durchgesetzt worden, was Ihnen allen, den Arbeiterräten in ganz Bayern - davon bin ich überzeugt - eine wertvolle Hilfe sein kann. Es sind vor allem diese Richtlinien, die Sie kennen, die aber noch lange nicht genug in ihrer Bedeutung verstanden worden sind. Diese Richtlinien sind nicht einfach so dekretiert worden von den Ministern, die hier unterschreiben, sie sind nicht gleich so durchgegangen, sondern wir vom Zentralarbeiterrat haben kämpfen müssen, dass wir sie überhaupt bekamen, dass wir sie in dieser Form bekamen.

(Rufe: Sehr richtig!)

Und noch heute, wie sieht es denn da in den kleinen und mittleren Städten und auf dem flachen Lande aus? Ich habe Beweise dafür, dass allüberall gerade jetzt Notizen, die einen amtlichen Charakter zu haben scheinen und die von außerordentlichem Einfluss auf Bezirksämter, Gemeindebehörden usw. sind, erscheinen, die eine absolut falsche Darstellung über die Rechte und Befugnisse der Arbeiterräte geben. Ich habe da z.B. - und ich weiß, dass man es in anderen Kreisen Bayerns genau in derselben Art gemacht hat - ich habe da aus dem Bayerischen Walde, aus Zwiesel, unter dem Datum des 29. November, der vorigen Woche also, eine Auskunft vom Ministerium des Innern, worin es heißt:

„Den Arbeiterräten kommt im Wesentlichen lediglich die Aufrechterhaltung der Ruhe und Ordnung innerhalb der Gemeinden im Benehmen mit der Gemeindeverwaltung zu."

(Lebhafte Rufe: Hört, hört!)

„Die bisherigen Gesetze bleiben in Kraft und sind auch von den bisher zuständigen Behörden zu vollziehen. Den Arbeiterräten kommen keinerlei Befugnisse an Stelle der bisherigen staatlichen oder gemeindlichen Behörde zu. Eine Mitwirkung bei gemeindeamtlichen oder polizeilichen Geschäften ist nur in Form einer Hilfeleistung und nur dann angängig, wenn eine solche Beihilfe von der zuständigen Aufsichtsbehörde für notwendig oder nützlich erachtet wird. Eine selbstständige Ausübung amtlicher Befugnisse durch den Arbeiterrat ist ungesetzlich. Für entsprechende Aufklärung ist Sorge zu tragen."

(Lebhafte Rufe: Hört, hört!)

Das ist eine Polizeiverordnung ältesten Stiles, das ist vorsintflutlich aus dem vorigen Jahrhundert und das ist nicht, was uns vom Gesamtministerrate nicht bewilligt, sondern zuerkannt worden ist als unsere Pflicht, als unsere Aufgabe; denn unser Recht ist unsere Pflicht, für die Vervollkommnung der Zustände, für die Weiterbildung des bayerischen Volkes zu sorgen.

(Beifall.)

Hier sind unsere Richtlinien, unterschrieben nicht bloß von Kurt Eisner, unterschrieben vom Gesamtministerium, von demselben Ministerium des Innern auch, das noch vor kurzem solche Auskünfte gegeben hat. Und die Sache ist die: Es gehen diese Auskünfte immer weiter durch die Presse, aber es geht keine Berichtigung durch die Presse. Wohl ermahne ich uns alle, wir sollen an Ort und Stelle, vor allem auf dem flachen Lande und in den kleinen Städten solche Berichtigungen schicken; aber die Presse mit ihrer berühmten Pressfreiheit ist ja nicht verpflichtet, die Wahrheit zu sagen. Wir haben ja nicht die Freiheit der öffentlichen Meinung, wir haben ja nicht die Freiheit des Geistes, der Redebefugnis, sondern wir haben die Freiheit derer, die das Monopol auf die Presse haben und nur ihre Interessen wahren.

(Rufe: Sehr richtig!)

In diesen Richtlinien, die vom Zentralarbeiterrat ausgearbeitet wurden. -

(Staatsminister Auer[79] lässt sich am Ministertische nieder.)

Wenn Herr Auer eine Bemerkung dazwischen machen will, werde ich gern eine Pause machen.

(Zuruf des Staatsministers Auer.)

Wir vom Zentralarbeiterrat, die wir uns an der Ausarbeitung dieser wirklichen Richtlinien ein Verdienst zusprechen können, wir wünschen, dass, was da steht, sinngemäß ausgelegt und ausgeführt wird von den Arbeiterräten im Lande. Wir wollen daran denken, dass die Arbeiterräte die Pflicht haben, die Massen des Proletariats unmittelbar zur politischen Mitarbeit heranzuziehen. Wir sollen daran denken, dass durch ein Redaktionsversehen sogar zweimal, in Ziff. II und in Ziff. VI uns eingeschärft wird:

„Die Arbeiterräte bilden mit den Soldaten- und Bauernräten bis zur endgültigen Regelung durch die Nationalversammlung die revolutionäre Grundlage des neuen Regierungssystems."

Das heißt nicht, bis die Nationalversammlung zusammentritt, sondern heißt, bis eine Nationalversammlung endgültig die revolutionäre Grundlage des neuen Volkstums herstellt.

(Sehr richtig!)

Solange sie das nicht getan haben, bilden die Arbeiter-, Soldaten- und Bauernräte die verpflichtete revolutionäre Grundlage der Regierung des neuen Systems.

Es heißt weiter von den Arbeiterräten:

„Sie haben durch ihre Tätigkeit, die auch die propagandistischen Aufgaben nicht außer Acht zu lassen hat, dahin zu wirken, dass der neue demokratische und sozialistische Geist in Staat und Gesellschaft fest und tief Wurzel fasst."

Und da erlaube ich mir zu sagen, weil auch das vorläufig noch einige Schwierigkeiten hat: Wenn die Arbeiterräte allüberall die propagandistischen Aufgaben nicht außer Acht lassen sollen, so muss man uns für die Propagandazwecke auch die Mittel zur Verfügung stellen.

(Sehr richtig!)

Und nun, was die Mitwirkung an der Tätigkeit der Gemeinde- und Staatsbehörden angeht, so ist ganz klar gesagt:

„Die gemeindlichen Behörden und Stellen haben den berufenen Vertretern - den Delegierten der Arbeiterräte - über alle öffentlichen Angelegenheiten angemessene Auskunft zu erteilen."

Außerdem haben sie über alle öffentlichen Angelegenheiten die Vorschläge und Anregungen der Arbeiterräte anzuhören. Aber noch mehr - das gilt auch für die Staatsbehörden, für die Vollzugsausschüsse in den Distrikten, in den Kreisen, in den Bezirken usw. -; es ist über das, was hier steht hinaus, zunächst vom Demobilmachungskommissar die Verfügung ergangen - wer das nicht weiß, der soll es sich merken für seine Arbeit in den heimischen Arbeiterräten -, dass die Arbeiterräte zu allen Arbeiten der Gemeinden zuzuziehen sind. Außerdem steht zwar selbstverständlich eine exekutive Gewalt unseren Arbeiterräten nicht zu, dazu sind vom Ministerium abwärts die Exekutivbehörden da und selbstverständlich haben wir Eingriffe in die staatliche und gemeindliche Verwaltungstätigkeit zu vermeiden. Aber tun Sie doch das, was als Recht und Pflicht Ihnen an die Hand gegeben wird, wenn es nun im Folgenden heißt: wenn die örtlichen Arbeiterräte sich überzeugen, dass die gemeindlichen und staatlichen

Organe ihre Tätigkeit in schlechter oder in ungenügender Weise erfüllen, so dass sie, die Arbeiterräte, in ihrer Tätigkeit für die Interessen des Volksganzen durch Organe der Staats- und Gemeindeverwaltung gehemmt werden, dann sollen sie Anträge auf Absetzung dieser Gemeinde- und Staatsbeamten an die Regierung der Republik richten, und die Regierung verpflichtet sich ausdrücklich, in dieser Beziehung gemeinsam mit den Arbeiterräten zu entscheiden. Ich kenne etliche Bezirksamtmänner in Bayern, und Sie werden andere kennen, die schon nicht mehr an ihrer Stelle wären, wenn die Arbeiterräte ihre Schuldigkeit getan hätten.

(Sehr richtig!)

Wenn die Arbeiterräte die Regierung in sachlicher Weise mit tatsächlichen Unterlagen informiert hätten: Das und das haben bisher unsere Bezirksämter getan und das und das fahren sie nach begonnener Revolution fort zu tun, wenn das der Regierung in angemessener Weise berichtet worden wäre, bin ich überzeugt, dass die Leute geflogen wären und dass andere, geeignetere, wahrhafte Republikaner und Demokraten und Sozialisten, die man wahrhaftig finden kann, an ihre Stelle gekommen wären.

Wir haben nebst dem, dass wir mitgeholfen haben, diese Richtlinien, diese unsere Rechte und Pflichten durchzusetzen, mitgearbeitet durch unsere Delegierten, die wir vom Zentralarbeiterrat in dem Ministerium haben, an der bisherigen Gesetzgebung und Verfügungsgebarung der Ministerien. Da handelt es sich vor allen Dingen um die Umstellung der Kriegswirtschaft in die Friedenswirtschaft. Zum Beispiel hat der Zentralarbeiterrat wesentlich dabei mitgewirkt, dass es im Gange ist, auf unsere Veranlassung, dass die Artilleriewerkstätten sofort in Friedenswerkstätten, in Werkstätten zur Herstellung von Waggons und Lokomotivteilen umgewandelt werden.

Es ist eine sofortige Einstellung der Rüstungsbetriebe durchgesetzt worden. Wir haben aber dafür gesorgt und daran mitgearbeitet, dass eine vierwöchige Kündigungsfrist mit voller Bezahlung der Arbeitslosenunterstützung innegehalten werden musste. Wir haben durch unsere Kommissare und Delegierte mitgearbeitet an der Versorgung Bayerns mit Kohle, an der Verstaatlichung des Lastkraftwagenverkehrs, wir haben dahin gewirkt, und es ist durchgesetzt worden, dass die Verwertungsstelle von Heeresgerät nicht wie allüberall vom Reiche ausging, sondern dass diese Verwertungsstelle von Heeresgerät unabhängig vom Reiche zugunsten der bayerischen Bauern und Produzenten geschaffen wurde, so dass Wagen, Pferde, Vieh, Gerät aller Art bei uns im Lande bleibt und vor allen Dingen von unseren Produzenten, von unseren Bauern verwertet wird. Wir haben durch den Druck und vor allen Dingen durch Delegierte, die als Redner ins Land hinausgeschickt wurden, für Aufklärung im Lande gesorgt. Noch lange nicht genug ist das geschehen. Das kann nicht bloß von der Zentralstelle aus geschehen, das muss an Ort und Stelle durch eigene Initiative geschehen,

(sehr richtig!)

das alles muss dezentralisiert werden, muss aus freier Initiative heraus erfolgen. Wir haben mitgewirkt an dem, was nun nicht wieder den Arbeitern zu nehmen ist, an der Durchführung der 44-Stunden-Woche mit freiem Samstagnachmittag. Wir haben ferner das Verlangen gestellt und hoffen, dass es durchgeht, dass die Arbeiterschaft jährlich 14 Tage Urlaub bekommen muss bei Weiterzahlung des Lohnes, und wir wünschen auch, dass die Arbeiter, die Proletarier, für diese Zeit des Urlaubs Reisevergütung erhalten.

Wir haben nicht bloß für diese Umstellung von Kriegswirtschaft in Friedenswirtschaft und nicht bloß für die rein wirtschaftlich-sozialen Angelegenheiten der Arbeiterschaft uns zu sorgen bemüht, sondern wir haben daran gedacht: um die Sozialisierung, die Befreiung, die Verschönerung des Lebens wahrhaft durchzusetzen, brauchen wir eine neue Generation. Wohl ist es wahr, dass die Revolution, wenn sie erst tief hinein Wurzeln geschlagen und die Geister erfüllt hat, auch uns Erwachsene zu anderen Menschen macht, nicht auf die Art des blödsinnigen Wunders, dass das, was nicht in uns ist, uns irgendwie von außen eingetrichtert werden könnte, sondern auf die Art, wie jeder ein anderer Mensch werden kann, indem er der Möglichkeit nach, der Anlage nach, alles und alles in sich hat. In der Revolution kommt über alle Masken, über alle Kostüme, über alle Uniformen hinweg wie ein Lavastrom des Geistes, der sich von innen herauf wühlt, das wahre Ich zum Vorschein, das unter Feigheit, unter Niedertracht, unter Ducksamkeit und knechtischer Gesinnung bisher verborgen war.

(Sehr richtig!)

Wir sind imstande, wir selbst zu werden durch die Revolution, *(bravo!)*

aber wir müssen vor allen Dingen in der Mußezeit, die wir nun für uns selber durchgesetzt haben, dafür sorgen, dass unser etwas eingerostetes nicht bloß Denken sondern auch Fühlen, dass unsere Empfindung und unser Geist rege und beweglich wird[sic], dass wir die wahrhafte Bildung gewinnen, die nicht ein Besitz ist, auf dem wir sitzen, sondern ein Werden, ein Immerweiterwachsen, ein Jungsein.

So, wie wir selbst wieder jung werden müssen in diesem Jungbrunnen der Revolution, so müssen wir für unsere Jugend sorgen, so müssen wir daran denken, dass das Schulwesen gründlich umgestaltet werden muss,
(sehr richtig!)
und dass diese neue Schule im Verein mit dem neuen Elternhaus eine neue Generation, eine Generation der Freude, des Schaffens, der Arbeit herstellen kann. Man spricht so ängstlich in den Bürgerkreisen von der Diktatur des Proletariats. Uns von der Revolution fällt es nicht ein, das Proletariat, die Entbehrung, Entrechtung, Knechtung verewigen zu wollen. Uns fällt es nicht ein, dem Proletariat zu einer Herrschaft oder einer Diktatur verhelfen zu wollen, sondern der Sinn der demokratisch-sozialistischen Revolution kann nur sein, das Proletariat ein für allemal abzuschaffen.
(Lebhafter Beifall!)
Es soll keine Proletarier, keine Entbehrenden, keine Geknechteten, keine an Geist und Seele Gedrückten mehr geben, es soll Menschen geben mit freier Beweglichkeit des Geistes- und des Herzenslebens.
(Stürmischer Beifall und Händeklatschen.)
Von diesem Gedanken ausgehend, haben wir eine Schulkommission eingesetzt, welche ausarbeiten soll, was wir fordern, was wir umgestalten wollen. Kamerad [Ernst] Toller[80], der in dieser Schulkommission wesentlich tätig war, hat bereits im Münchener Arbeiterrat den dort Anwesenden berichtet; aber ich glaube, es ist nicht zuviel, zumal darüber in den Zeitungen fast nirgends etwas zu lesen war, wenn wir diese Punkte, worauf wir besonderes Gewicht legen, Ihnen mitteilen, indem ich hinzufüge: Das sind nicht unsere endgültigen Forderungen, nicht unsere positiven neuschöpferischen Forderungen, sondern das ist, was wir als mindestes sofort einzuführen vorschlagen. Es sind darüber Verhandlungen im Gange mit Kultusminister Hoffmann[81], und ich darf heute schon sagen, dass das Wesentliche dessen, was wir mitzuteilen haben, bereits bewilligt ist und ich glaube nicht, dass irgendein Wort als Mindestforderung zuviel gesagt ist. Da heißt es:
„Der Arbeiterrat verlangt vorläufig sofortige Durchführung folgender Mindestforderungen auf dem Verordnungswege:
A) für Mittelschulen.
Die geistliche Schulaufsicht ist durch eine fachliche zu ersetzen.
(Sehr richtig!)
Aufhebung jedes Zwanges zur Teilnahme an kirchlichen oder religiösen Veranstaltungen einschließlich des Religionsunterrichts. Über Teilnahme oder Nichtteilnahme an diesen Veranstaltungen entschei-

den Schüler über 16 Jahre selbst, bei jüngeren Schülern entscheiden die Eltern oder der gesetzliche Vertreter.

Die in den Schulsatzungen enthaltenen Einschränkungen, betreffend die Bildung unpolitischer Vereine im Rahmen des geltenden Rechts, fallen fort.

Durch die Schuldisziplin dürfen keinerlei Beeinträchtigungen staatsbürgerlicher Rechte stattfinden.

Das Leben der Schüler außerhalb der Schule untersteht nicht dem Bestimmungsrecht der Schule.

Schüler über 18 Jahre besitzen dieselben bürgerlichen Rechte wie die Gleichaltrigen aller unserer schaffenden Stände.

Das nächste versteht sich wohl von selbst, aber es ist gut, dass man es sagt: Das Einjährigenprivileg[82] tritt außer Kraft.

(Sehr richtig!)

Die Reifeprüfung für die Mittelschüler ist aufgehoben; an ihre Stelle tritt eine Qualifikation der gesamten Jahresleistung. Der Befähigungsnachweis für solche Personen über 18 Jahre, welche am normalen Bildungsgang nicht teilgenommen haben;

- so dass also jeder seine Reife beweisen kann, auch wenn er nicht die Mittel hatte oder nicht in der Lage war, auf eine Mittelschule zu gehen, wenn er nur etwas gelernt hat, etwas Tüchtiges ist -

(Bravo!)

Ausführungsbestimmungen über den Befähigungsnachweis folgen.

Bis zur endgültigen Durchführung einer neuzuschaffenden Verfügung ist in jeder Stadt ein Vertrauensmann vom Kultusministerium zu bestimmen, der den Schülern als kameradschaftlicher Berater an den schulfreien Nachmittagen zur Verfügung steht. Name, Wohnung, Sprechstunde müssen an jeder Schule aushängen. Der Vertrauensmann kann von der Schülerschaft abgelehnt werden.

Aus der Schulbibliothek sind alle Bücher zu entfernen, welche militärischen Geist pflegen und den Krieg verherrlichen."

(Lebhafter Beifall!)

Es steht nicht darin, aber es sollte als Mindestforderung sich von selbst verstehen, dass jeder Geschichtslehrer verpflichtet wird, ebenfalls alles dessen sich zu enthalten, was militärischen Geist pflegt und den Krieg verherrlicht.

(Lebhafter Beifall!)

Nirgends, nicht einmal im Religionsunterricht von den Zurückgebliebensten, nirgends ist so schamlos gelogen worden wie bisher im Geschichtsunterricht.

„B. Bestimmungen für Hochschulen.
1. Völlige politische Vereins- und Versammlungsfreiheit für alle Studierenden und Dozenten. Ausschluss der Anmeldefrist beim Rektor.
2. Zulassung der Dozenten und Studenten unabhängig von ihrer Zugehörigkeit zu politischen Parteien, einer Konfession, einem Geschlecht oder Staat. - Zulassung also aller fremden Studenten, die bisher aufs schlimmste in Deutschland immer wieder drangsaliert und ausgewiesen worden sind. -
3. Aufhebung jeder Sondergerichtsbarkeit der Hochschulbehörden.
4. Aufhebung aller studentischen Vereine, welche durch die Forderung der unbedingten Satisfaktion, durch den Duellzwang ihre Mitglieder zur Übertretung bestehender gesetzlicher Bestimmungen verpflichten.
5. Überlassung von zeitlich unbenutzten Hörsälen an studentische Organisationen zu Versammlungszwecken ohne besondere Genehmigung des Rektors allein nach rechtzeitiger Anmeldung bei der Hausverwaltung. Zulassung jeglicher Anschläge der Studenten an den Anschlagbrettern ohne Kontrolle des Rektors.
6. Überlassung von Hörsälen auch an außerhalb der Hochschule stehende Wissenschaftler zu Vorlesungen, sobald 20 Studenten den Antrag stellen.

- Das heißt, es sollen nicht mehr bloß die geeichten Zünftler die vom Staate zur Verfügung gestellten Räume zum Zwecke des Studiums und der Wissenschaft benützen dürfen, sondern wenn nur 20 Studenten es beantragen, soll jeder Freidenkende und Forscher das Recht haben, in den Hörsälen der Universitäten seine Auffassungen, seine Kenntnisse denen, die ihn hören wollen, mitzuteilen. - *(Bravo!)*

7. Vollberechtigte Zulassung von Volksschullehrern und -lehrerinnen zum Hochschulstudium.
8. Recht der Dozenten, jeden geeignet Erscheinenden zur Teilnahme an ihren persönlichen Vorlesungen und Übungen zuzulassen.

- Das heißt, das Recht der aus der Arbeiterschaft hervorgehenden Bildungsfähigen und Bildungseifrigen, sich auch dem Höchsten des wissenschaftlichen Studiums, dem Universitätsstudium, zuzuwenden, wenn nur der Dozent es gestattet; niemand hat da hineinzureden. -

9. Vollwertige Bezahlung der Privatdozenten und Assistenten."

Bisher war bei uns wie in England die wissenschaftliche Laufbahn ein Privileg der von Geburt aus oder durch Heirat Reichen, der Begüterten. Jetzt, wenn die Hingabe an die Wissenschaft und ans Lehrfach vollwertig bezahlt wird, wie es sich gehört, nicht erst, wenn die betreffenden durch ein Sieb hindurchgegangen sind, wenn sie ordentliche Professoren sind, sondern wenn von vornherein jeder junge Mann, der etwas zu sagen hat und von den Kollegen an der Universität als Privatdozent zugelassen wird, vollwertig bezahlt wird, wird das meiner und unserer Überzeugung nach etwas Außerordentliches für die Freiheit der Wissenschaft nicht nur, sondern auch für den Fortschritt der Wissenschaft bedeuten; denn das haben wir doch wahrhaftig gemerkt: Nicht in den Bevorrechtigten sitzt der Geist als Privileg. Das was die Arbeiter und Soldaten und einige Unverbesserliche, die man Utopisten genannt hat, dazu gebracht hat, in der Nacht vom 7. auf 8. November die Revolution durchzusetzen und die staatsrechtlichen Verhältnisse in ganz Deutschland mit einem Schlage umzuwandeln, wozu die Herren Staatsrechtslehrer jahre-, jahrzehnte- und jahrhundertelang den Kopf hätten in die Hände stützen müssen, um sich zu fragen: Wie wird es möglich sein, mit den so und so viel zwanzig Dynastien in Deutschland fertig zu werden -, ich sage, wenn das Arbeiter und Soldaten und ein paar Utopisten wie mit einem Kehrbesen durchgesetzt haben, so war das revolutionäre Staatswissenschaft, so war das die Anwendung dessen, was jegliche Wissenschaft erfüllen muss, wenn sie nicht Pfuscherei und Zünftelei sein will, Anwendung des Geistes! Dieser Geist der Revolution muss lebendig bleiben, dieser Geist, der das Deutsche Reich, so wie es war, zu den Toten geworfen hat, der im Begriffe ist, ein neues Reich, eine Föderation, einen Bund autonomer Republiken im deutschen Volke herzustellen, dieser Geist, der noch auf dem Wege ist, der sich aber die Diktatur einer preußischen, einer Berliner Zentralregierung, wie sie auch heißt, wenn sie auch das Erbe des Prinzen Max von Baden[83] und des Kaisers Wilhelm[84] ist, niemals gefallen lassen wird, dieser Geist der Revolution, der die Freiheit und den Bund herstellen wird, der lebt, der bleibt weiter lebendig. Da habe ich keine Angst vor dem Wahlklosett, vor dem Suppentopf mit dem Schlitz, vor dem allgemeinen, gleichen, direkten und geheimen Wahlrecht derer, die noch [ein] Bestandteil der Vergangenheit sind. Die werden es einmal als selbstverständlich, als ganz trivial nehmen, was wir heute, die wir die Revolutionäre sind, tun und für geboten halten. Immer noch war es so, dass erst die Propheten als ganz einzelne, isolierte gekommen sind, dass dann die Männer der Tat, die sich nicht zählten, sondern handelten, gleichviel wie viele, oder wie wenige sie waren, das in Wirklichkeit verwandelten, was die Propheten geschaut hatten, und dass dann, als die Massen so weit waren, dass sie das für richtig anerkannten, was die Gewalt des Geistes durchgesetzt hat, die Männer des Geistes schon wieder weiter waren, dass sie schon merkten, es gibt noch mehr zu tun, noch mehr zu erneuern. Ich fürchte keinerlei Parlamente alten Systems, ich fürchte keinerlei Beschluss, es sei um die Revolution geschehen, sie dürfe nicht weitergeführt werden, irgend etwas vom alten System müsse wiederkehren, so lange wir da sind, die echte, die neue Demokratie, wo das Volk Selbstbestimmung übt in seinen eigenen Körperschaften, wo es nicht für drei oder fünf oder irgendeine Zahl von Jahren seine Rechte abdankt, sondern, wo es bei seinem Schicksal immerwährend dabei bleibt. Wenn wir diese Demokratie, die Arbeiter-, Soldaten- und Bauernräte haben, dann sind wir unüberwindlich und wir dürfen schwören: Keine Nationalversammlung der Welt soll die revolutionären Bünde hindern, das durchzuführen, was die Revolution begonnen hat. Ich vom revolutionären Arbeiterrat der Republik, ich schwöre es.

(Stürmischer anhaltender Beifall.)

Gegen den alten Parlamentarismus, für das Rätesystem.
Rede vor den bayerischen Arbeiterräten am 10.12.1918:
In: Verhandlungen des provisorischen Nationalrates des Volksstaates Bayern im Jahre 1918/19. Beilagen-Band. München 1919, S. 186f.

Genossen und Genossinnen vom Arbeiterrat! Ich habe mich zu einer persönlichen Bemerkung gemeldet, weil ich zweimal daraufhin angeredet wurde, dass ich in meiner schönen Wahrheitsliebe zugegeben hätte, ich sei ein Gegner des Parlamentarismus. Da ich nun zur Sache nicht mehr zu Wort komme, so will ich erklären, dass ich meine Meinung niemals bekenne oder zugebe in diesem Sinne, dass man mir irgendwie die Pistole auf die Brust setzen muss. Andererseits möchte ich auch nicht, dass diese Gegnerschaft gegen den Parlamentarismus in anderer Weise verstanden wird als so, wie es der Ministerpräsident Eisner[85] z.B. Ihnen sehr klargemacht hat. Der hat's gelernt nach den letzten Erfahrungen im Laufe des Krieges. Wenn ich es schon ein bisschen vorher gelernt habe, brauche ich mir darauf nichts einzubilden. Ich bin nicht unpraktisch, ich meine nicht, dass das Volk in Massen immer alles selber erledigen kann, ich bin durchaus, wie sich das von selbst versteht, fürs Delegationswesen; aber ich bin nicht für das Vertretersystem in dem Sinne, dass das Volk abdankt, nachdem es seine Vertreter gewählt hat. *(Sehr richtig!)*

Ich bin dafür, dass die, die das Mandat bekommen, und die, die das Mandat erteilt haben, in dauernder Verbindung miteinander bleiben müssen. Ich bin dafür, dass das Mandat erteilt wird zu bestimmten Gesetzesvorlagen, die dem Volke vorher bekannt sein müssen. Ich bin dafür, dass, wenn die entsandten Delegierten etwas tun, was gegen das Interesse und gegen den Wunsch derer ist, die sie entsandt haben, sie sofort zurückgezogen und durch andere ersetzt werden können. *(Sehr richtig!)*

Ich bin dafür, dass Geistige und Volk miteinander in einer Körperschaft arbeiten. ich bin dafür, dass nicht die Wähler einen Vertreter wählen und sich dann zurückziehen, sondern dass die Versammlungen derer, die Aufträge erteilen, dauernd beisammen sind und die Geschicke des Volkes beraten.

Ich bin für das korporative System, ich bin, auf Deutsch gesagt und kurz in unserer Sprache gesagt, für das System der Arbeiter-, Soldaten- und Bauernräte. *(Lebhafter Beifall.)*

Der Krieg und die Revolution.
Rede vor dem Provisorischen Nationalrat des Volksstaates Bayern am 18.12.1918.
In: Verhandlungen des provisorischen Nationalrates des Volksstaates Bayern im Jahre 1918/19.
Stenographische Berichte Nr. 1 bis 10. 1. Sitzung am 08.11.1918 bis zur 10. Sitzung am 04.01.1919. München 1919, S. 107ff.[86]

Meine Damen und Herren! Ich rede mit all dem, was ich hier sagen werde, nicht gerade im Namen der Unabhängigen sozialdemokratischen Partei, ich will sie wenigstens keineswegs für alles haftbar machen. Ich rede mit Zustimmung der Unabhängigen sozialdemokratischen Fraktion.[87]

Meine Damen und Herren! Wenn Sie an den bisherigen Verlauf dieser Revolution denken und wenn Sie weiter in Betracht ziehen, dass hier im ersten Parlament nach vollzogener Revolution z.B. Worte gesprochen werden konnten, wie von Herrn Dr. Hohmann[88], wie von dem Herrn Hauptmann[89], der hier gestern auftrat, und wenn Sie dann diese Umstände vergleichen mit dem Eindruck glühender Energie und nicht von seinem Ziel abzubringender Festigkeit, wie ihn gerade gestern unser Ministerpräsident Kurt Eisner[90] hier in diesem Saale machte, dann könnten Sie sagen: Wie ist das eigentlich zu deuten? Einerseits, die gutmütigste und humanste Revolution, die es jemals gegeben hat, ganz abgesehen davon, dass sie völlig ohne Blutvergießen, besonders hier in Bayern, abging, diese Duldsamkeit gegen das Reden, gegen das Schreiben, und man hat ja auch den Eindruck, dass beinahe am Tage nach vollzogener Revolution die Parteien der alten Art sich wunderbar schnell erholt, man darf sagen, vielleicht vom Schrecken und der Überraschung erholt und in die neue Situation eingefügt haben. Ich weiß nicht, worüber man sich mehr wundern soll, über die bürgerlichen Parteien, die sich - ich meine es nicht bös, gestatten Sie schon das populäre Wort - mit einer wirklich affenartigen Geschwindigkeit umkostümiert haben, oder soll man sich mehr wundern über die Sozialdemokratie, über die Regierungssozialdemokratie früherer Regierungsart, die sich so benimmt, als ob überhaupt gar nichts geschehen wäre, die gar nicht das Bedürfnis fühlt, die Revolution als einen erschütternden Umschwung zu betrachten, die höchstens in manchen ihrer Glieder beinahe geärgert erscheint, dass da ein Zwischenfall gekommen ist, der im Programm und in der Taktik nicht vorgesehen war, der in die bisherigen, so sehr bewährten Parteiorganisationen und gewerkschaftlichen Organisationen, in dieses ganze Richtungsprogramm nicht hineinzupassen scheint. *(Zuruf.)*

Unangenehm berührt sind auch viele andere Richtungen, besonders wenn man von der Herkunft, von dem Ursprung, von dem geistig-seelischen Ursprung dieser Revolution, von der Bedeutung dieser Revolution spricht. Man kann nämlich von dem Ursprung dieser Revolution nicht sprechen, ohne von diesem Krieg und dem Ursprung dieses Krieges und von der Schuld an diesem Krieg zu sprechen. Vielleicht entsinnen Sie sich noch an den über die Maßen plumpen Vorstoß, den der längst verflossene Reichskanzler Herr Michaelis[91] selig zusammen mit Herrn von Capelle[92] gegen einige Mitglieder, eigentlich gegen die gesamte Unabhängige sozialdemokratische Partei gemacht hat im Zusammenhang mit gewissen Aufruhrbewegungen in der Flotte.[93] Damals wurde gesagt, die Partei der Unabhängigen sei des Landesverrats schuldig, sei dieser Umtriebe schuldig. Es lag aber noch nicht einmal ein gerichtliches Verfahren vor, es lag nicht einmal die Spur eines Beweises vor. Wenn wir aber jetzt, wo wir ja nicht mehr in dem alten Regime drin sind, wenn wir uns jetzt besinnen, müssen wir sagen: Das waren für eine größere Öffentlichkeit die ersten

Symptome, dass eine ernsthafte Aufruhrbewegung, eine ernsthafte revolutionäre Bewegung unter den Soldaten im Gange ist und dass diese revolutionäre Bewegung nicht bloß von irgendwelcher Unzufriedenheit mit Vorgesetzten oder sonst mit irgendwelchen lokalen Angelegenheiten kam, dass diese Unzufriedenheit auch keineswegs bloß daher kam, dass unsere Matrosen und Soldaten auf der Hochseeflotte so überaus viel Zeit hatten, sich mit geistigen, geschichtlichen und sonstigen Dingen zu beschäftigen, sondern dass diese Bewegung zusammenhing mit einer kleinen Gruppe von Menschen, die über den Ursprung dieses Krieges und über die Schuld Deutschlands ihre ganz besonderen Gedanken sich machten. Das war eine Gruppe, die keineswegs bloß parteimäßig formiert war, das waren Menschen, die einen gewissen Flügel im Bund „Neues Vaterland"[94] z.B. bildeten, das waren solche, die wussten, was andere nicht wissen wollten, wohl aber wissen konnten.

Es ist hier gestern gesagt worden, das könnte nur in Deutschland vorkommen, dass man so - das Wort ist wohl nicht gewählt worden, aber gemeint war wohl so etwas Ähnliches - sein eigenes Nest beschmutzt. Aber man muss wohl unterscheiden das deutsche Land, das deutsche Volk und eine verflossene, mit Schmach bedeckte deutsche Regierung und dieses Regierungssystem. Der Engländer sagt nicht: „Right or wrong, my government", er sagt nicht: „Recht oder Unrecht, meine Regierung", der Engländer sagt: „Recht oder Unrecht, mein Land". Wer würde nicht zu seiner Heimat, zu seinem Lande, zu seinem eigenen Volke halten, auch wenn dieses eigene Volk durch Nichtwissen, durch Ducksamkeit, durch Fügsamkeit und durch knechtische Gesinnung, die ihm auferlegt und anerzogen wurde, schwere Schuld auf sich geladen hat? Was bedeutet die passive Schuld des Duldens, des Gewährenlassens, des Nichtwissens, des Augenschließens, der Gedrücktheit auf Seiten des deutschen Volkes gegenüber der Riesenschuld derer, die sehr wissend, sehr bewusst diesen Krieg gemacht haben, *gemacht haben*, man kann es nicht anders ausdrücken? Nun sagt man wohl: Na, na! Wir werden doch wohl nicht die einzig Schuldigen sein? Es ist doch im Laufe der Jahrzehnte dieser Krieg langsam heraufgekommen, man hat beobachtet, wie die Zustände in allen Ländern immer kriegerischer wurden, man hat den Präsidenten Poincaré[95], man hat die Verhältnisse politischer Art in Russland gesehen usw., man hat das gesehen, was man Einkreisung Deutschlands nennt. Darüber habe ich meine eigenen Gedanken. Die Sache ist die: Man muss unterscheiden zwischen der Möglichkeit, ja, ich gebe sogar zu, Wahrscheinlichkeit, dass früher oder später hätte ein Krieg kommen müssen, und dem Ausbruch dieses Krieges. Es ist sehr wahr, die Verhältnisse hatten sich - auch durch die Hauptschuld Deutschlands - von 70/71[96] an allmählich so zugespitzt, dass wieder ein Krieg kommen musste. Als dann die Bismarcksche Ära[97], die eine Gewaltära war, vorbei war, als dann die Anträge auf Abrüstung, auf internationale Verständigung überall, in allen Ländern bis in die Regierungen hinein großes Verständnis fanden, als dann die Haager Konferenzen[98] kamen, da allerdings - wer die Haager Konferenzen wirklich studiert hat, muss mir das zugeben - kam es zu dem, was die freiwillige Isolierung Deutschlands war. *(Sehr richtig!)*

Wenn ein Land sich mit kriegerischen Gesten und mit geschwungenem Schwerte freiwillig abseits stellt, während die anderen ihre Bünde zum Frieden hin, zur Verständigung hin, miteinander schließen, dann sieht es freilich für den naiven Deutschen, für den in seiner kriegerischen Art bedrohten Deutschen so aus wie eine Einkreisung.

(Rufe: Sehr richtig!)

Aber die anderen, die nicht diese mittelalterliche, ritterlich-kriegerisch drohende Haltung haben wollten, die dadurch, dass sie die Revolution durchgemacht haben, die Deutschland gefehlt hat, schon zu einem gewissen Liberalismus vorgedrungen waren, die sich dann verbündeten, um zu sagen, wir sind zwar nicht so, aber wenn es darauf ankommt, können wir auch so, haben sich zur Verteidigung gerüstet,

(Rufe: sehr richtig)

weil sie wussten, dass Deutschland für sich allein auf Grund seiner militärischen Organisation, seiner militärischen Art, seiner ganzen militärischen Vorbereitung, nahezu so mächtig war, wie die anderen Staaten alle zusammengenommen. *(Sehr richtig!)*

Das war die so genannte Einkreisung Deutschlands, und nun gab es Männer - es waren auch ein paar Frauen dabei -, Menschen, wenige, die das anerkannt haben, was die ganze Welt außerhalb Deutschlands, Neutrale wie so genannte Feinde, von Juli 1914 an gewusst haben, dass dieser Krieg aufs Datum von Deutschland gemacht worden war.

(Sehr richtig!)

Ja, man kann behaupten und beweisen, dass, wenn der Erzherzog Franz Ferdinand von Este[99] heute noch friedlich irgendwo als entthronter Thronfolger lebte, der Krieg im August 1914 trotzdem ausgebrochen wäre,

(Rufe: sehr richtig)

dass man einen anderen Grund, einen anderen Anlass, einen anderen Vorwand gefunden hätte. *(Sehr richtig!)*

Vorwände zu diesem Krieg hat man mindestens von der Marokkokrise[100] an hie und da von Deutschland aus gesucht. Es ist nicht immer geglückt. 1911 hätte er kommen sollen, 1913 im Frühling hätte er kommen sollen, da brach von außen her der Widerstand ein und man wartete noch ab. 1914 - wir haben dafür den Beweis, ein wichtiger wurde uns hier dankenswerterweise von der bayerischen revolutionären Regierung geliefert - 1914 schien es dem deutschen Militärregiment höchste Zeit, die Sache war reif und dieser Krieg wurde gemacht,

(sehr richtig!)

wurde gemacht in der Verblendung, die viel größer war - ich rede rein vom militärischen Standpunkt aus -, die viel größer war als die Verblendung der hockengebliebenen, schlafengegangenen Nachfolger Friedrichs des Großen[101] vor der Schlacht von Jena.[102]

Rein militärisch haben die Leute ein Fiasko ohnegleichen erlebt. Sie glaubten: ach, die Engländer, was können die uns tun, die sind nicht vorbereitet wie wir jahrzehntelang. So hat man weiter geglaubt: ach, die Amerikaner, das ist Humbug, „das ist Barnummilitär"[103], so hat unser höchster Militär gesagt. Und was hat sich gezeigt? Dass die Leute, die um einer Idee, eines Ideals willen in den Krieg zogen, imstande waren, binnen einem Jahre nicht bloß nachzuholen, sondern zu überholen, was von dem verrotteten Schlendrian des Militarismus, der nur für Macht, nur für Herrschaft und nicht in Verteidigung, nicht für eine Idee kämpfte, gemacht worden war.

Man hat hier gesagt - ich komme darauf zurück -, nur der Deutsche hätte diesen fanatischen Gerechtigkeitssinn, dass er gegen sein eigenes Land wütet. Das ist nicht wahr. Die meisten von Ihnen kennen, wenigstens dem Titel nach, das Buch eines Deutschen, das während des Krieges im Ausland erschien: „J'accuse" Sagt dieser Titel nichts? Hat dieser Deutsche [Richard Grelling][104], der den französischen Titel wählte, aus Liebe zum Fremden diesen Titel gewählt oder gesagt: Ich schließe mich Émile Zola[105] an, der um der Wahrheit willen auch sein eigenes Land, seine eigene Regierung und seine eigenen Zustände nicht schonte? Wissen Sie nichts mehr? Erinnern Sie sich nicht mehr an den Dreyfusprozess? Da führten die Franzosen, die Minderheit, Jahre hindurch tapfer den Kampf gegen die Regierung, gegen ihre Offiziellen, gegen ihre Militärs, und haben den Sieg errungen. Bei uns wurden ab und zu solche Versuche gemacht, aber gesiegt, gesiegt über den Militarismus hat die Revolution, hat *diese* Revolution.

(Sehr richtig!)
Es war ja ein Anblick, dass man vor Scham in den Boden sinken musste, wie dieselben Menschen, dieselben Liberalen, Demokraten, Sozialdemokraten, die Jahrzehnte hindurch in Friedenszeiten den Parteienkampf gegen den Militarismus geführt haben, auf einmal in öffentlichen Erklärungen ans deutsche Volk, an die Feinde, an die Neutralen sich wandten: Wir kennen in Deutschland keinen Militarismus, es gibt keinen Militarismus, wir sind stolz auf unser Volksheer, es ist nur ein einiges deutsches Heer usw. *(Zuruf.)*
Welche Weisheit? Dass das erklärt wurde, woher ich das weiß? Ich möchte die Frage aufwerfen: woher Sie das nicht wissen, geehrter Herr!
(Lebhafter Beifall und Händeklatschen.)
Sie haben doch unmöglich alle die Jahre hindurch geschlafen! Das weiß doch jeder. Das Symptom für diese sofortige Wandlung der sozialdemokratischen, demokratischen, liberalen Parteien, das ganz kleine Symptom ist der Simplizissimus,
(lebhafte Zustimmung)
der in diesen Parteien sein Publikum hat und der sofort die große Wendung nahm,
(sehr richtig!)
nur noch die Feinde, die Feinde, die Feinde in den Kot und Schmutz zu ziehen in der geistlosesten und witzlosesten Art, während er früher den Leutnant, den Leutnant, den Leutnant und den ganzen Militarismus in derselben Weise behandelt hatte. Und so war es in der gesamten Presse, so war es in Aufrufen, so war es überall, das weiß jeder. *(Zuruf.)*
Na, Sie kommen ja dann noch zum Worte!
Wenn ich an das französische Beispiel vor dem Kriege erinnert habe, so gibt es auch Beispiele von England, die während des Krieges ihr Vaterland nicht geschont haben. Wir haben da z.B. den prachtvollen Bernard Shaw[106]; ich weiß nicht, ob Sie seine Schriften kennen. Zugegeben, er hat uns Deutsche wahrhaftig nicht geschont, er hat das wundervolle Wort - ich glaube, es war noch 1914 - „Potsdamnation", das ist die Potsdamer Nation, zugleich mit dem „Potsdamer Fluch" erfunden, aber er hat auch den Merkantilismus, das ganze System seines Vaterlandes, seiner Regierung, aufs schärfste gegeißelt, und ich muss gestehen, da wir Deutsche die Pflicht haben, vor allen Dingen vor der eigenen Tür zu kehren; ich habe die Dinge, die er als Schäden Englands sah, nicht so erkannt, wie er sie als Heimatgenosse, als Landsge-

nosse erkannt hat, und das ist wichtig für unsere eigene Aufgabe. Wir sind die, die uns am besten kennen. Wie, gestatten Sie das Gleichnis, wir Juden in Wahrheit die einzig berechtigten und allerbesten Antisemiten sind, d.h. die, die die Schäden an unserem Volkskörper am allerbesten und allertiefsten erkennen und aussprechen können, weil wir mit dieser Nation verwachsen sind, genau so stehen wir Deutsche unter der Schuldigkeit, das schonungslos auszusprechen, was wir nicht bloß irgendwie von außen, wie es ein Fremder könnte, beobachten, sondern was uns tief im Herzen brennt, wo wir empfinden: Das ist etwas, was im Keime jeder Deutsche als Schuld in sich trägt, das ist etwas, was überwunden werden kann nur von innen heraus, nur durch eine Erneuerung, nur durch eine Regeneration unseres ganzen Wesens, nur dadurch, dass Tapferkeit, Tapferkeit der Gesinnung hereinkommt.

Dann ist gefragt worden: Was hätte man denn tun können unter der Herrschaft der Zensur? Und auch Kurt Eisner ist gefragt worden, was er denn zu der und der Zeit getan hat. Er hat dann geantwortet, er sei im Gefängnis gesessen.[107]

Ich habe mir erlaubt, dazwischen zu rufen: Warum ist er denn im Gefängnis gesessen? Man sagte: Ja, wegen des Streiks! Als ob der Streik mit diesen Dingen nichts zu tun hätte, als ob man während dieser Streikbewegungen keine Reden in der Öffentlichkeit und im Geheimen geführt hätte! Ich kann es sagen, wenn Sie es nicht wissen, Jahre hindurch hat Kurt Eisner mit einer Zähigkeit ohnegleichen diese Revolution durch Rede und Schrift vorbereiten helfen, hat er hier in den kleinen Diskussionsversammlungen, die in München stattfanden - man darf jetzt ja wohl über die Geschichte dieser Revolution ganz frei sprechen -, eine kleine Gruppe, einen kleinen Stamm einsichtiger, wissender und entschlossener Menschen zu sich herangezogen und das war der Kern, der eingriff, als es reif war. Die anderen standen im Großen und Ganzen bereit, der Stimmung nach, dem Gemüte nach. Als man ihnen die Kasernen aufschloss und ihnen sagte: Brüder, heraus auf die Straße, zeigt euch! Da gingen sie mit, ohne dass sie vorher negativ oder positiv etwas Bestimmtes gewusst oder gewollt hätten. Und die anderen noch, die Bürger, standen, gleichviel in welchem psychologischen Zusammenhang, beiseite, so dass sich ergab, zunächst hier, wo die Republik Bayern dann gegründet wurde und überall nachher dann, beinahe zu gleicher Zeit, in Deutschland: Zum alten Regime steht nichts, gar nichts! Es waren Tote, Scheinlebendige, sie waren da und waren nicht da. In dem Moment, wo es zur Entscheidung kam, hatten sie niemand, der zu dieser Puppe noch hielt, und der tönerne Götze brach zusammen als das Nichts, das er schon lange gewesen war. *(Sehr richtig!)*

Dann aber ergab sich's, dass die wenigen, die, weil die Zeit reif war, die Revolution gehört und sie gemacht hatten, auch wussten, was sie wollten, positiv wussten, dass aber die Massen, sowohl die, die abseits standen, wie auch die, die in der Erregung und Leidenschaft, in dem Hass gegen das schmachwürdige Regiment, das uns ins Verderben geführt hatte, mitmachten, nunmehr nicht so recht weiter wussten, weil sie nur aus dem Gefühl und der Stimmung heraus gehandelt hatten. Da, glaube ich, wäre es nun in jedem Lande so gekommen, dass mit einer Glut, mit einer Begeisterung, mit einer Innerlichkeit, mit einer Dankbarkeit ohnegleichen den Führern der Revolution von diesen Leuten gesagt worden wäre: Wohl, ihr habt's gemacht, ihr habt's gefühlt, ihr habt uns errettet aus eurem Geiste heraus und eurer Einsicht und Erkenntnis, zeigt uns jetzt den Weg, wir wollen euch folgen, wir wollen euch hören, wir wollen zur Besinnung kommen, die wir unbewusst Jahre und Jahrzehnte uns haben treiben lassen. Aber das Schauspiel, das sich nach vollzogenem ersten Akt der Revolution in Deutschland ergab, wäre meiner innersten Überzeugung nach in jedem anderen Lande unmöglich gewesen. Es kam nämlich das Schauspiel, dass die, die maßlos im großen Ganzen überrascht worden waren, die auch erschreckt waren, auf einmal sich wieder erholten und sich sagten, nicht bloß sich sagten, sondern sofort in die Welt schrieen: Es ist noch nichts geschehen, es ist gar nichts geschehen; erst müssen wir mitstimmen, erst muss die Nationalversammlung kommen, es ist noch gar nichts getan, erst muss auf Grund des Wahlrechts das Volk zusammentreten und muss beschließen; da muss natürlich die Frage vorgelegt werden: Ist die Revolution zu Recht vollzogen worden? Erkennen wir sie an? Wollen wir die Republik, wie sie sich die Revolutionäre denken, oder wollen wir sie anders? Wollen wir das Haus Wittelsbach[108] wieder zurückrufen usw.? Das alles soll die Nationalversammlung erst noch einmal entscheiden. Ich bin überzeugt, es gibt einige gutgläubige Professoren, die sich gar nichts Schlimmes dabei denken, sondern die meinen, es muss alles auf diesem Wege Rechtens vollzogen werden. Revolution bricht Recht, Revolution schafft neues Recht, und das neue Recht ist nicht da, solange die Revolution da ist; das neue Recht wird gemacht, das neue Recht wird von schöpferischer Kraft gemacht. Da fragt kein Mensch mehr, ob es eine Mehrheit der Vergangenheit ist, die da zuständig ist, oder ob vielmehr die Gesamtheit der Zukunft es ist, die, wie sie in den vereinsamten Propheten Jahrzehnte und Jahrhunderte hindurch ganz alleiniglich gelebt hat, so jetzt vielleicht bloß in einer kleinen Gruppe lebt. Es ist die Zukunft, es ist die Gesamtheit, die immer sich kristallisiert zeigt in der Revolution; und die, die jetzt die Mehrheit spielen wollen, das sind Vergangenheitsmächte, das sind solche, die in Wahrheit, obwohl sie sich noch lebendig stellen, genau so tot sind wie das alte System. Die Revolution wird Parteien zeugen, das haben die bürgerlichen Parteien gemerkt und haben sich darum gleich am 9. oder 10. November umkostümiert. So geht das nicht, dass man mit neuer Tracht eine neue Partei ist. Darauf fällt ein großer Teil des politisch unerzogenen deutschen Volkes vielleicht herein, vielleicht aber auch nicht. Nun, ich möchte, dass die Revolution so gut, so friedfertig und so kurz wie nur möglich geht; sollte es aber so kommen, dass die kommende Nationalversammlung z.B. oder der Landtag in Bayern eine Mehrheit des alten, des gar nicht mehr Seienden präsentiert, so ist das bloß ein Zeichen, dass der Weg der Revolution schwieriger und länger sein wird.[109] *(Sehr gut!)*

Ich sage das nicht zur Warnung, ich sage das noch weniger zur Drohung, das liegt mir durchaus fern, ich sage es, weil ich Revolutionäre und Revolution kenne, weil ich weiß, die Revolution weicht nicht, das Weichende, das Schwankende, das liegt in all denen, soweit sie ehrlich sind, die von der Revolution noch nicht ganz und recht berührt sind; und die Hoffnung ist, ich sage das frei heraus, dass auch unter denen, die irgendwie von Parteien unter irgendwelcher Schlendrianparole gewählt sind, wenn sie unter die Einwirkung von Revolutionären kommen, gar manche innerlich erweicht, innerlich zart werden, dass sie dem Neuen, dem uralt Echten, Gerechten und Freiheitlichen zugänglich werden. Das wollen wir hoffen, um des Friedens willen, damit wir schnell zu den ruhigen, geordneten Zuständen der Zukunft kommen, die wir wünschen. Wenn es aber nicht möglich ist: Das erste auf unserer Fahne ist nicht Ruhe und Ordnung, das erste auf unserer Fahne ist die neue Welt, der neue Geist, das neue Volk, der neue Zustand. Wir Deutschen sind die letzten in der Revolution, das legt uns die letzte Verpflichtung auf; wer zuletzt lacht, lacht am besten, wer zuletzt die politische Revolution macht, hat sie am gründlichsten und am besten zu machen. Was sich aus der Französischen Revolution ergeben hat, die westliche Demokratie, die Börsenrepublik, kann nicht unser Muster, nicht unser Ziel sein. Wir sehen anderes vor uns, die neue Demokratie ist vor uns.

Nun sind uns die Gedanken, wie sie der vortreffliche Ministerpräsident Kurt Eisner, der Führer der Revolution, gestern entwickelt hat, sehr neu und einige von Ihnen sind vielleicht geneigt zu sagen, wenn man sie weiter verfolgt, kommt man wieder zu einer Art ständischen Vertretungssystems, wie es gerade die liberale Revolution überwunden hat, zu Korporationen, zu Berufsverbänden usw. Dieser Gedanke würde mich nicht schrecken, ich weiß, dass die Geschichte allmählich immer hochsteigt, indem sie sich im Kreise um sich selbst bewegt. Ich weiß, dass, wenn wir wieder Berufsverbände bekommen zur Angliederung des ganzen Volkes, dass das ganz etwas unvergleichlich anderes sein wird, als was bis jetzt die Welt an ständischen Vertretungen gesehen hat. Ich für meinen Teil - gestatten Sie mir die persönliche Bemerkung - bin aufs innigste beglückt, dass Kurt Eisner, den ich erst während des Krieges kennen zu lernen Gelegenheit hatte, und ich auf ganz verschiedenen Wegen und in verschiedener Ausdrucksweise zu dem nämlichen Resultat gekommen sind. Es ist übrigens nichts so Funkelnagelneues, sondern ein Mann, auf den ich vor dem Krieg schon und Professor [Friedrich Wilhelm] Foerster[110] während des Krieges sehr eindringlich hingewiesen hat, Constantin Frantz[111], der Föderalist, hat die schärfste Kritik an dem Wahlsystem geübt, wie es bisher war, und an dem gesamten Parlamentarismus und hat, was auch für den Proporz gelten würde, für das von Bismarck[112] eingeführte Wahlsystem[113] nachgewiesen, dass es noch nicht einmal in Wahrheit die Mehrheit des Volkes vertritt, ganz abgesehen davon, dass die Vertreter zwei, drei und fünf Jahre vollständig von ihren Wählern losgelöst sind. Das Entscheidende scheint mir folgendes zu sein. Der Mensch ist nicht allein, er ist kein Individuum für sich, das, was neue Demokratie heißt, ist am nächsten verwandt mit dem Geistigsten und Wichtigsten in dem, was wir Sozialismus nennen. Der Mensch ist ein Gesellschaftstier, nicht in dem Sinne, dass das ganze Große und Allgemeine, die Volksgesamtheit oder die Menschheit in Europa das Band ist, was die Einzelnen gliedert; Gesellschaften gibt es nur als Gesellschaften von Gesellschaften und Gesellschaften, die sich von unten herauf gliedern. Wie der Mensch in seiner Familie, so muss er in der Gemeinde, in seiner Körperschaft stehen. So muss sich das wieder hinaufgliedern. Der Mensch, der allein steht, ist ein verlorenes, ein vor allen Dingen jeder Demagogie preisgegebenes Wesen. Der Mensch soll mit seinesgleichen zusammen richten, zusammen raten, zusammen taten. Es soll nicht mehr diese isolierten Individuen geben, die von Hause kommen, ins Klosett gehen, dort den Suppentopf mit dem Schlitz vorfinden, dann den Stimmzettel hineinstecken und dann gehen sie wieder nach Hause. Das ist eine Lächerlichkeit, das ist das Kennzeichen, dass nach der großen Periode der Kultur in Europa im Mittelalter die Auflösung gekommen ist, dass das Neue, dass das Wahre, das Große, das Synthetische erst geschaffen werden muss. Wir sind hindurchgegangen durch den Übergang von Jahrhunderten, und der Sozialismus, der jetzt seine Revolution begonnen hat, der ist berufen, im gesamten öffentlichen Zusammenleben der Menschen wieder die Gliederung, wieder die Zusammengehörigkeit, wieder den Bund und die Korporation zu schaffen. So denke ich, so ähnlich ist es gemeint, so meine ich es wenigstens, was als neue Demokratie kommen soll, dass die Menschen bestimmen in ihren Zusammengehörigkeitsversammlungen, dass sie von da Delegierte entsenden und dass diese Delegierten immer in Verbindung stehen mit dem in seinen Gliederungen tagenden Volke, dass sie nicht irgendwelche Selbständigkeit gegen das Volk und ohne das Volk haben.

Man wird sagen, das wäre eine Bindung vor allem des Geistigen, die unerträglich ist. Im Gegenteil, genauso wie im Volk alle isoliert sind, Nichtse sind, einzelne sind, genauso ist es die Tragik des Geistes, der Genialität, der Künstler, der Weisen, der Propheten, dass sie isoliert sind, dass sie - ich drücke es so aus - Volk in sich hinabgeschlungen haben, in ihnen ist das Volk konzentriert und sie bringen es heraus in ihrer großen künstlerischen oder prophetischen Gestaltung. Aber sie stehen wie in leerer Luft. Wenn der Geist wieder ins Volk hineingeht, dann werden wir ganz andere Zeiten haben, dann wird der Geist Einfluss üben tiefschürfender Art aufs Volk, wird aber auch vom Volke her durch den guten Instinkt des Volkes, durch die Bedürfnisse des Volkes, durch die Einfachheit des Volkes, die vor Verstiegenheit warnt, die allerbesten Quellen empfangen. Ich sehe in dem, was da begonnen hat und was sich jetzt revolutionär genug, so wie es in allen Revolutionen gewesen ist, Arbeiterräte, Soldatenräte, Bauernräte nennt, ich sehe darin die Gliederung des gesamten Volkes in organischen Korporationen, ich sehe darin die Erneuerung des verrotteten und verfluchten, nichtswürdigen Parlamentarismus, der ab ist, tot ist, der von der Revolution beseitigt ist und der in keiner Gestalt, nennen Sie es Nationalversammlung oder sonst wie, je wieder kommen kann.

Und da will ich hinzufügen, genauso wie ich föderativ, korporativ, aufbauend, gegliedert, lebendig die neue Demokratie im Lande empfinde, genauso scheint mir jetzt schon nicht mehr bloß zu fordern, sondern zu beschreiben zu sein, das, was die Revolution gemacht hat aus dem Verhältnisse der einzelnen deutschen Stämme, dem so genannten Deutschen Reich. Das Deutsche Reich - geben wir uns keinem Zweifel darüber hin - in der Gestalt, wie es 1871 und schon vorher vorbereitend von Bismarck geschaffen worden ist, war nicht dieses Gewaltige, Großartige, als das die Professoren es gepriesen haben. Es wird - ich glaube, Kurt Eisner hat es gestern auch gesagt - in der Geschichte als eine Episode leben. Das Deutsche Reich in dieser Gestalt, als Vormacht Preußens usw., dieses Flickwerk der Gewalttätigkeit, ist tot. Ich gestehe zu, in dieser entsetzlichen Übergangskrise, wo wir den Krieg liquidieren müssen, wir, die ihn nicht gemacht haben, in dieser entsetzlichen Übergangskrise brauchen wir irgendwie die Reichsregierung alten Stils, und das ist die Funktion der Herren Scheidemann[114], Ebert[115] und wie sie alle heißen, die sich da in Berlin zusammengefunden haben, und da brauchen wir sie dringend genug, aber nur zur Liquidation des unheilvollen Erbes des Militarismus und seiner Nöte. Aber was sie gemacht haben in Kiel, in Bremen, in Hamburg, an der Wasserkante, in Bayern, Württemberg, Baden, was sie machen werden in der deutschen Westrepublik, in den Bezirken von Frankfurt an über Kurhessen, Nassau, Rheinland, Westfalen, Lippe-Detmold - dass das bei Preußen bleiben wird, glaubt kein Mensch, der die Geschichte, auch die Geschichte der Revolution in diesen paar Wochen kennt. Dass Hannover sich von Preußen loslösen wird, ist ganz sicher. Dass ein kleineres Brandenburg-Preußen mit der Hauptstadt Berlin übrig bleiben wird und dass wir von ihm hoffen dürfen, dass es genau so segensreich innerhalb des großen Rahmens der deutschen Verfassung, des deutschen Zusammenlebens mitwirken wird, wie die anderen Republiken, davon bin ich fest überzeugt. So wie die Gesellschaft sich aufbauen wird als Gesellschaft von Gesellschaften, so wird entstehen der Bund der Bünde, wird entstehen die föderative deutsche Republik, der Bund der autonomen deutschen Republiken, gleichviel, wo der Rat dieser Bünde dann tagen wird. Ich halte es für unnötig, dass es Berlin sein muss. Es ersteht ein neues Reich. Das kann nicht schnell gelingen, kann nicht sofort gemacht werden. Man kann im Augenblick nicht sagen, wir wollen mit gar keiner Reichsregierung etwas zu tun haben. Der Anfang ist gemacht: Wir wollen mit einer solchen Sorte vom Auswärtigen Amt, wie sie in Berlin von dieser Reichszentralregierung geduldet wird, wahrhaftig nichts zu tun haben.

(Lebhafte Zustimmung!)

Aber dahin führen wird meiner besten Überzeugung nach die Revolution, dass das, was die Gemeinde angeht, nur von der Gemeinde geregelt, was die Kreise angeht, nur von den Kreisen geregelt wird usw., aufgestaffelt, was Bayern angeht, regelt Bayern. Und das große Gemeinsame, dessen es viel, sehr viel gibt, wird gemeinsam geregelt von dem Bund deutscher Republiken. Das große Gemeinsame, dessen es auch sehr viel gibt, wird gemeinsam geregelt vom europäischen Bund, und das weitere Gemeinsame, dessen es auch beträchtlich viel gibt, das der ganzen Menschheit angehört, wird geregelt vom Völkerbund, der da kommen muss, gleichviel, wie schwer es ist, bis wir hindurchkommen können. So fasse ich den neuen Weg auf, zu dem Kurt Eisner durch das Wort und vor allen Dingen durch die Tat der Revolution uns aufruft.

Da muss ich sagen, ist es mir eine komische Vorstellung, dass es möglich war, dass unter dem Datum München, 17. Dezember 1918, hier im ersten Parlament der revolutionären Republik Bayern der Antrag gestellt wurde, es soll eine fünfgliedrige Kommission aus Mitgliedern des provisorischen Nationalrates gebildet werden, die dem Ministerium des Äußeren in den Fragen der auswärtigen Politik beigegeben wird. Wenn es so gemeint wäre, dass gradatim, stufenweise der Geist des Neuen, der im Ministerium des Äußeren lebendig ist, hineinsickern soll in die verschiedenen Richtungen dieses Nationalrates, dass also diese fünfgliedrige Kommission dem Ministerium des Äußeren beigegeben wird, damit es dann zunächst Vernunft lehrt, damit das dann weitergehe und uns allen in dieser größeren Körperschaft gelehrt werde, würde ich sagen, das ist nicht so dumm gedacht. Aber dazu hat er keine Zeit. Das kann auch in anderer Form gemacht werden, durch das, was er tut, dadurch, dass wir nicht sofort, wenn er etwas sagt oder tut, den Mund aufmachen. Es gibt ein Wort - ich weiß es jetzt nicht wörtlich - von dem großen, wundervollen Fichte[116], das heißt dem Sinne nach: Es weiß jeder, ob ihm zum Reden der Mund aufgebrochen wird oder nicht, und ich sage, ich wage zu sagen und bitte, keiner soll es persönlich nehmen, von innen her, durch einen Zwang seelisch notwendiger Art ist keinem einzigen, der so schnellfertig an der neuen Demokratie Kritik geübt hat, der Mund aufgebrochen worden. Sie hätten still sein können, sie hätten schweigen können. Alles, was mit dem Geiste zusammenhängt, ist nicht eine Lokalität, ist nicht ein Platz, wo man sich vordrängen muss. Es hat Zeit. Der Geist hat Zeit, der Geist ist irgendwie magisch erfüllte Zeit, man kann warten, man kann sich besinnen, man kann demütig sein, man kann sich stille halten. Und die Aufgabe für alle die, die von der Revolution noch nicht gepackt sind und trotzdem die Ehre haben, hier

zu sein und mitwirken dürfen, ist die, zunächst einmal sich etwas zu bescheiden. Ich finde es unerhört, ich sage es frei heraus, was hier gesagt wird, ich finde es beinahe unerhört, aber unerhört schön, was hier geduldet wird; denn wahr ist es, mit der Humanität, mit der Menschheit in jeglichem Sinne, kann keine Revolution so innig in Verbindung gestanden haben wie diese. Aber wenn dann diese Leute so schnell fertig sind, wie z.B. dieser Berufsverband, der sich hier in München politisiert hat, der Münchener Handelsverein[117], der wohl den liberalen Parteien etwas nahe steht, der sogar auch der Münchener Handelskammer[118] in seinen wirklichen Aufgaben nahe stehen soll, wenn dieser Münchener Handelsverband erklärt, von der Revolution sei alles Staatserhaltende, sei das ganze Bürgertum, unsere ganze Wirtschaftsordnung auf das äußerste bedroht, wenn er dann wiederholt sagt, dieser Handelsverein habe mit den staatserhaltenden Parteien Fühlung genommen und im bevorstehenden Wahlkampf müsse der Handelsverein Gelder zusammenbringen, um die staatserhaltenden Parteien zu unterstützen,
(Zurufe)
so muss ich sagen: Das Lied kennt man, den Text kennt man und ob man die Verfasser kennt, ist wahrhaftig ganz gleichgültig. Die Sache ist die, ich akzeptiere diesen Scherz, den nicht ich gemacht habe, die Sache ist die: Die wollen den Staat ‚erhalten',
(Zurufe)
die wollen den Staat in ihre Taschen stecken,
(lebhafte Zustimmung)
die wollen den Staat für sich, für ihre Interessen monopolisieren.
(Sehr richtig!)
Das Schmachvolle an all dem, was jetzt so schnell, so fingerfertig, so mundfertig vor sich gegangen ist, das ist gerade das, dass die alten Parteien, die toten Parteien sich eingerichtet haben in dem, was die Revolution ihnen als Raum, als Sprungbrett zur Verfügung gestellt hat, und dass sie glauben, da können sie auch ganz gut wirtschaften, und wenn nicht *eine* Partei die Macht erlangt im Staat und dekretieren und diktieren kann, dann wird es eine Koalition sein, eine Koalition nach dem alten Muster, eine Koalition, wie es z.B. der „Fränkische Kurier" in seiner Nummer vom 10. Dezember abends anempfohlen hat, in einer sehr merkwürdigen Stilisierung und mit sehr merkwürdigem Inhalt, wo es heißt: „Das, was Eisner will, ist Anarchie, ist Bolschewismus. *(Lachen rechts.)*

Das, was Auer[119], was Scheidemann aufstellen, deckt sich mit den

Forderungen der Deutschen Volkspartei[120], ermöglicht eine praktische Arbeit des liberalen Bürgertums mit der organisierten sozialdemokratischen Arbeiterschaft. *(Rufe: Hört, hört!)*

Dieses Zusammenarbeiten der Mehrheitssozialisten und des freiheitlichen Bürgertums aber ist das Gebot der Stunde, soll nicht das Ergebnis der Revolution untergehen in einem Chaos."

Die Leute also dieser Koalition, die nicht dabei waren, die zum großen Teil gehindert haben, die sollen ihren Feind, die Revolution, retten! Was für gute Christen! Liebe Deinen Feind als Dich selbst,

(stürmischer Beifall)

rette die Revolution, die Dein größter Feind ist! *(Erneuter Beifall.)*

Noch weiter: „Einer der Männer, die München mitregieren, hat uns gesagt", -schreibt der „Fränkische Kurier" - „dass es nimmer lange dauern wird und Eisner sei Ministerpräsident gewesen."

(Hört, hört! rechts.)

Im Interesse unseres Landes ist dringend zu wünschen, dass er nebst Jaffé[121] und Unterleitner[122] sobald als möglich Männern Platz machen[sic], die im Geiste Auers und dem der Deutschen Volkspartei die Geschicke unseres Bayernlandes lenken."

Aber, ich gestehe es frei heraus und will es auch denen sagen, die es nicht gern hören wollen: Diese Revolution kann keine Parteiherrschaft bringen, und die Leute, die sich Bolschewisten und Spartacusgruppe nennen, wenn die uns nicht bald sagen, was sie wollen, wie sie die menschliche Gesellschaft, das deutsche Volk organisieren wollen, wenn sie uns nur immer bedeuten, sie wollen die Herrschaft haben - denn nichts anderes steckt hinter der so genannten Diktatur des Proletariats -,

(sehr richtig!)

dann gehören sie in denselben Kessel hinein, in dem die stehen, die nur um die Herrschaft von Parteien kämpfen, in anderer Form, in anderen Ausdrücken,

(sehr richtig!)

aber es ist genau dasselbe. *(Sehr richtig!)*

Wir brauchen keine Parteiherrschaft. Wir brauchen neue Ziele, neue Wege, neue Demokratie, neuen Aufbau, wir brauchen - und ich hoffe, dass wir es bald erleben werden - wir brauchen, dass wenigstens die arbeitenden, die entbehrenden, die enterbten Massen, dass die Massen aller Schichten sich einhellig zur Revolution stellen. Revolution heißt ein neuer Geist. Und ist denn nicht in Wahrheit ein neuer Geist, ein wahrhafter Geist, nämlich ein schaffender Geist, ein einigender Geist, mit dem, was die wenigen vorbereitet haben, mit dieser Revolution über das ganze deutsche Volk gekommen? Sehen Sie Herrn Professor Quidde![123] Ich kenne Herrn Professor Quidde lange, ich achte ihn, er ist ein Ehrenmann durch und durch, er ist auch der Einsicht zugänglich wie wenige in seiner Partei, er ist ein nicht mehr so ganz junger Mann, wie ich auch nicht, und er ist noch bereit zu lernen, so viel er nur lernen kann. Aber Herr Professor Quidde, der Geschichtslehrer und Staatsrechtslehrer, und alle Staatsrechtslehrer, auch die radikalsten hätten, wenn sie Jahre, Jahrzehnte, Jahrhunderte angestrengtest nachgedacht hätten, hätten sie je das Problem, bloß dieses eine Problem gelöst: Wie wird Deutschland seine 22 Bundesfürsten los? *(Sehr richtig! und Heiterkeit.)*

Wie kann man das bewirken? Sie haben immer gesagt: „Ja, Revolution, unsere Staatsverfassung ist so, da kann bei uns keine Revolution sein. Den Kaiser könnt Ihr nicht abschaffen, es gibt keinen Kaiser, es gibt bloß einen König von Preußen, der per se Deutscher Kaiser ist, und dann ist noch da der König von Bayern und der König von Württemberg usw. usw. bis herunter zu Greiz-Schleiz-Lobenstein.[124]" Das Problem war wissenschaftlich nicht zu lösen, es ist wissenschaftlich nicht gelöst worden, es ist vom Geiste her gelöst worden. Geist ist etwas ganz anderes als Wissenschaft. Geist ist, wenn Wissen, Fühlen, Wollen sich zu einer Einheit zusammenschmelzen und tun. So ist es gemacht worden. Ob es einfache Soldaten waren, ob es Proletarier waren, ob es Frauen waren, die bis dahin gar kein Recht hatten im Staate, das ist ganz egal. Der Geist hat sie ergriffen, der Geist der verlachten Utopisten, Visionäre, Idealisten, wie man sie nennen will, der Geist derer, die immer in der Ecke gestanden haben, die immer vereinzelt gewesen sind in ihrer Partei, außerhalb jeder Partei, gleichviel, wo sie standen, sie waren die Einsamen, und auf einmal, weil die Zeit reif war, ist das Prophetische Wirklichkeit geworden. Und wenn Sie das erkennen - darum rede ich, nicht vom Standpunkt irgendeiner Partei aus - wenn Sie das erkennen, dann weg mit dem Rest, weg mit der Kruste des Alten, die wir alle an uns haben. Jeder ist berufen, die Partei in sich zu töten, jeder ist berufen, bescheiden zur Revolution zu stoßen und zu sagen: Ja, ich habe es nicht gewusst, ja, es ist neu über mich gekommen, aber nicht von außen her, sondern irgendwo verborgen, hinuntergerutscht hat es in mir gelebt, es soll jetzt herauf, ich will es pflegen, ich will mitarbeiten. Das kann jeder sagen, gleichviel wo er gestanden hat. Und der das sagt, der braucht nicht einmal zu sagen: Ich bereue, er braucht nicht einmal zu sagen: Ich habe mich geirrt, er braucht nur zu sagen: Ja, ich kann mit, ja, das ist mein Weg, ja, jetzt kommt ein bisschen Freude über mich! Jeder, der das sagt, gleichviel wo er vorher gestanden hat, gleichviel wie er es parteimäßig in Worte formt, was er nun will, jeder, der das erklärt, das sagt und das will, der ist der Revolution willkommen, der kann mithelfen und mitarbeiten. Wer aber unberührt geblieben ist und im alten Stil seine Partei, seine Interessen, sein Steckenpferd, das Vermoderte und Tote retten will, der gehört nicht zur Revolution, der wird nicht mitarbeiten können, und sollte es die Mehrheit eines Parlaments sein. Die Revolution wird dann auch über die Mehrheit dieses Parlaments hinwegschreiten müssen. *(Lebhafter Beifall.)*

Aufruf zum Sozialismus.
Vorwort zur Neuauflage (Revolutionsausgabe).
Berlin 1919, S. VIIff. [vom 03.01.1919]

Die Revolution ist gekommen, die ich so nicht vorausgesehen habe. Der Krieg ist gekommen, den ich vorausgesehen habe; und in ihm habe ich dann frühzeitig schon Zusammenbruch und Revolution unaufhaltsam sich vorbereiten sehen.

Mit einer wahrhaft grenzenlosen Bitterkeit spreche ich aus: Es zeigt sich, dass ich in allem Wesentlichen Recht hatte mit dem, was ich vor langer Zeit in diesem „Aufruf"[125] und in den Aufsätzen meines „Sozialist"[126] gesagt habe. Eine politische Revolution in Deutschland stand noch aus; nun ist sie gründlich vollbracht, und nur die Unfähigkeit der Revolutionäre beim Aufbau der neuen Wirtschaft vor allem und auch der neuen Freiheit und Selbstbestimmung könnte schuld sein, dass eine Reaktion käme und die Einnistung neuer Gewalten des Privilegs. Dass die marxistisch-sozialdemokratischen Parteien in ihren sämtlichen Tönungen unfähig zur politischen Praxis, zur Konstitution der Menschheit und ihrer Volkseinrichtungen, zur Begründung eines Reichs der Arbeit und des Friedens, und gleichermaßen unfähig zur theoretischen Erfassung der sozialen Tatsachen sind, haben sie überall aufs grässlichste, im Krieg, vor ihm und nach ihm, von Deutschland bis Russland, von der Kriegsbegeisterung bis zum geistlos unschöpferischen Schreckensregiment, zwischen welchen Wesensverwandtschaft ist und ja auch seltsamste Verbündung war, gezeigt. Wenn es aber wahr ist, wofür manche Nachricht und unsere nach Beseligung und Wunder zitternd verlangende Hoffnung spricht, dass russische Bolschewiki, in ähnlich schönem, aber noch sprengenderem Wachstum, wie es in Österreich Friedrich Adler[127], in Deutschland Kurt Eisner[128] zeigen, über sich selbst, ihren theoretischen Doktrinarismus und die Ödigkeit ihrer Praxis emporgestiegen sind, dass in ihnen Föderation und Freiheit über Zentralismus und militärisch-proletarische Befehlsorganisation Herr geworden sind, dass sie schöpferisch geworden sind und der Industrieproletarier und Professor des Todes in ihnen vom Geist des russischen Muschik[129], vom Geist Tolstois[130], vom ewig einen Geist besiegt worden ist, dann spricht das wahrlich nicht für den in ihnen überwundenen Marxismus, sondern für den himmlischen Geist der Revolution, der, unterm klammernden Griff und der schnellenden Schleuder der Notwendigkeit, in den Menschen, zumal den russischen Menschen, das Verschüttete freilegt und das heilig Verborgene zum Quellen und Rauschen bringt.

Der Kapitalismus ferner hat nicht die Entwicklungsfreundlichkeit geübt, sich langsam und brav in den Sozialismus umzuwandeln; er hat auch nicht das Wunder getan, in seinem platzenden Zusammenbruch den Sozialismus zu gebären. Wie sollte das Prinzip des Schlechten, des Drucks, der Beraubung und der Philisterroutine auch Wunder tun? Der Geist, der in diesen Zeiten, wo der Schlendrian bösartige Pest wird, Rebellion sein muss, der Geist tut Wunder; er hat sie getan, als er in einer Nacht die Verfassung des Deutschen Reiches änderte und aus einem unantastbar heiligen Staatsgebilde der deutschen Professoren eine Vergangenheitsepisode deutscher Kraut- und Schlotjunker machte. Der Zusammenbruch ist da; Rettung kann nur der Sozialismus bringen, der nun wahrlich nicht als Blüte des Kapitalismus erwachsen ist, sondern als Erbe und verstoßener Sohn vor der Tür steht, hinter der der Leichnam des unnatürlichen Vaters verwest; der Sozialismus, der nicht in einem Höhepunkt des Nationalreichtums und üppiger Wirtschaft als Feiertagsgewand über den schönen Leib der Gesellschaft gezogen werden kann, sondern im Chaos fast aus dem Nichts geschaffen werden muss. In Verzweiflung habe ich zum Sozialismus aufgerufen; aus der Verzweiflung habe ich die große Hoffnung und freudige Entschlossenheit geschöpft; die Verzweiflung, die ich und meinesgleichen im voraus in der Seele trugen, ist nun als Zustand da; möge denen, die jetzt sofort ans Werk des Bauens müssen, Hoffnung, Lust zum Werk, Erkenntnis und ausdauernde Schaffenskraft nicht fehlen.

Das alles, was hier vom Zusammenbruch gesagt wird, gilt in dem

Maße für den Augenblick nur für Deutschland und die Völker, die, gern oder ungern, sein Schicksal geteilt haben. Nicht der Kapitalismus als solcher ist an seiner immanenten Unmöglichkeit, wie es hieß, in sich zusammengebrochen; sondern der mit Autokratie und Militarismus zusammengespannte Kapitalismus eines Ländergebiets ist von den liberaler verwalteten Kapitalismen eines anderen, militärisch schwächeren, kapitalistisch stärkeren Gebiets in schließlichem Zusammenwirken mit dem vulkanisch losbrechenden Volkszorn im eigenen Volk ruiniert worden. In welchen Formen der Zusammenbruch den anderen, den klügeren Repräsentanten des Kapitalismus und Imperialismus kommt, und zu welchem Zeitpunkt, darüber möchte ich gar nichts voraussagen. Die sozialen Gründe, ohne die es nirgends eine Revolution gibt, sind überall da; das Bedürfnis nach politischer Befreiung aber, aus welchem heraus allein die Revolution sich einem Ziele zu bewegt und zu mehr wird als Aufruhr, ist in den einzelnen Ländern, die ihre demokratisch politischen Revolutionen gehabt haben, verschieden stark. So viel glaube ich zu sehen: Je freier in einem Lande die politische Beweglichkeit, je größer die Anpassungsfähigkeit der Regierungseinrichtungen an die Demokratie ist, um so später und schwerer wird die Revolution kommen, um so entsetzlicher und unfruchtbarer wird aber auch das Ringen sein, wenn endlich soziale Not, Ungerechtigkeit und Würdelosigkeit das Phantom einer Revolution und in seinem Gefolge den allzu wirklichen Bürgerkrieg aus sich heraustreiben, statt zum Aufbau des Sozialismus zu schreiten. Die Symptome, die sich vorerst in der Schweiz[131] - in ekler Verfilzung freilich mit Krieg, Kriegsgeschäft, schweizerischem Kriegsersatz und nichtschweizerischer Kriegskorruption - gezeigt haben, sind deutlich genug für jeden, der schöpferisches Werk von hilflos grauenhaften Wildheiten und Zuckungen unterscheiden kann.

Denn Revolution kann es nur eine politische geben. Sie brächte es nicht zur Unterstützung durch geknechtete Massen, wenn aus ihnen nicht auch soziale Gedrücktheit und wirtschaftliche Not aufbegehrte; aber die Umwandlung der Gesellschaftseinrichtungen, der Eigentumsverhältnisse, der Wirtschaftsweise kann nicht auf dem Wege der Revolution kommen. Von unten kann da nur abgeschüttelt, zerstört, preisgegeben werden; von oben, auch von einer revolutionären Regierung, kann nur aufgehoben und befohlen werden. Der Sozialismus muss gebaut, muss errichtet, muss aus neuem Geist heraus organisiert werden. Dieser neue Geist waltet mächtig und innig in der Revolution; Puppen werden zu Menschen; eingerostete Philister werden der

Erschütterung fähig; alles, was feststeht, bis zu Gesinnungen und Leugnungen, kommt ins Wanken; aus dem sonst nur das Eigene bedenkenden Verstand wird das vernünftige Denken, und Tausende sitzen oder schreiten rastlos in ihren Stuben und hecken zum ersten Mal in ihrem Leben Pläne aus fürs Gemeinwohl; alles wird dem Guten zugänglich; das Unglaubliche, das Wunder, rückt in den Bereich des Möglichen; die in unseren Seelen, in den Gestalten und Rhythmen der Kunst, in den Glaubensgebilden der Religion, in Traum und Liebe, im Tanz der Glieder und Glanz der Blicke sonst verborgene Wirklichkeit drängt zur Verwirklichung. Aber die ungeheure Gefahr ist, dass Schlendrian und Nachahmung sich auch der Revolutionäre bemächtigen und sie zu Philistern des Radikalismus, des tönenden Wortes und der Gewaltgebärde machen; dass sie nicht wissen und nicht wissen wollen: Die Umwandlung der Gesellschaft kann nur in Liebe, in Arbeit, in Stille kommen.

Noch eines wissen sie nicht, trotz allen Erfahrungen vergangener Revolutionen. Die sind alle große Erneuerung, prickelnde Erfrischung, die hohe Zeit der Völker gewesen, aber was sie Bleibendes brachten, war gering; war schließlich nur eine Umwandlung in den Formen der politischen Entrechtung. Auch politische Freiheit, Mündigkeit, aufrechten Stolz, Selbstbestimmung und organisch-korporative Verbundenheit der Massen aus einigendem Geiste heraus, Bünde der Freiwilligkeit im öffentlichen Leben kann nur der große Ausgleich, kann nur die Gerechtigkeit in Wirtschaft und Gesellschaft, kann erst der Sozialismus bringen. Wie sollte es in unserer Ära, der vom christlichen Geiste her in den Gewissen die Gleichheit aller Menschenkinder nach Ursprung, Anspruch und Bestimmung feststeht, ein Gemeinwesen aus wahrhaften Gemeinden, wie sollte es ein freies öffentliches Leben, durchwaltet von dem alles erfüllenden und bewegenden Geiste vorwärts befeuernder Männer und innig starker Frauen geben, wenn in irgendwelcher Form und Maskierung die Sklaverei, die Enterbung und Verstoßung aus der Gesellschaft besteht?

Die politische Revolution, in welcher der Geist an die Herrschaft, ans starke Gebot und entschiedene Durchsetzen kommt, kann dem Sozialismus, der Wandlung der Bedingungen aus erneuertem Geiste heraus, die Bahn freimachen. Aber durch Dekrete könnte man die Menschen höchstens als Staatsheloten in ein neues Wirtschaftsmilitär einreihen; der neue Geist der Gerechtigkeit muss selbst ans Werk gehen und muss sich seine Formen der Wirtschaft schaffen; die Idee muss die Erfordernisse des Augenblicks mit ihrem weiten Blick umspannen und mit ballender Hand gestalten; was bisher Ideal war, wird in der aus der Revolution geborenen Erneuerungsarbeit Verwirklichung. Die Not zum Sozialismus ist da; der Kapitalismus bricht zusammen; er kann nicht mehr arbeiten; die Fiktion, dass das Kapital arbeite, zerplatzt zu Schaum; was den Kapitalisten einzig zu seiner Art Arbeit lockt, zum Risiko des Vermögens und zur Leitung und Verwaltung von Unternehmungen, der Profit winkt ihm nicht mehr. Die Zeit der Rentabilität des Kapitals, die Zeit des Zinses und Wuchers ist vorbei; die tollen Kriegsgewinne waren sein Totentanz; sollen wir nicht zugrunde gehen in unserem Deutschland, wirklich und wortwörtlich zugrunde gehen, kann Rettung nur bringen die Arbeit, wahrhafte, von gierlosem, arbeitsbrüderlichem Geist erfüllte, geführte, organisierte Arbeit, Arbeit in neuen Formen und befreit von dem ans Kapital zu leistenden Tribut, rastlos Werte schaffende, neue Wirklichkeiten schaffende Arbeit, welche die Erzeugnisse der Natur dem menschlichen Bedarf gewinnt und verwandelt. Das Zeitalter der Produktivität der Arbeit hebt an; oder wir sind am Ende. Uralt bekannte und neu entdeckte Naturkräfte hat die Technik in den Dienst der Menschheit gestellt; je mehr Menschen die Erde bestellen und ihre Produkte umformen, um so mehr gibt sie her; die Menschheit kann würdig und sorgenlos leben, keiner braucht Sklave der anderen, keiner verstoßen, keiner enterbt zu sein; keinem braucht das Mittel zum Leben, die Arbeit, zur Mühsal und Plage zu werden; alle können dem Geiste, der Seele, dem Spiel und dem Gotte leben. Die Revolutionen und ihre peinlich lange, drückende Vorgeschichte lehren uns, dass nur die äußerste Not, nur das Gefühl des letzten Augenblicks die Massen der Menschen zur Vernunft bringt, zu der Vernunft, welche Weisen und Kindern allezeit Natur ist; auf welche Schrecknisse, auf welche Ruinen, auf welche Nöte, Landplagen, Seuchen, Feuersbrünste und Gräuel der Wildheit sollen wir warten, wenn nicht in dieser Schicksalsstunde den Menschen die Vernunft, der Sozialismus, Führung des Geistes und Fügung in den Geist kommt?

Das Kapital, das bisher der schmarotzende Genießer und der Herr war, muss der Diener werden; der Arbeit Dienst leisten kann nur ein Kapital, das Gemeinschaft, Gegenseitigkeit, Gleichheit des Tausches ist. Steht ihr immer noch hilflos vor dem Selbstverständlichen und Kinderleichten, leidende Menschen? Auch in dieser Stunde der Not, die euch im Politischen eine Stunde der Tat war? Bleibt ihr immer noch die durch die Gabe der Vernunft dumm gewordenen, instinktverlassenen Tiere, die ihr so lange wart? Seht ihr immer noch nicht den Fehler, der einzig in eurer zum Himmel schreienden Großprahlerei und Herzensträgheit liegt? Was zu tun ist, ist klar und einfach; jedes Kind versteht es; die Mittel sind da; wer um sich sieht, weiß es. Das Gebot des Geistes, der die Führung in der Revolution hat, kann durch große Maßnahmen und Unternehmungen helfen; fügt euch dem Geiste, kleine Interessen dürfen nicht hindern. Aber dem Durchsetzen ins Große und Ganze hinein stehen die Schuttberge im Wege, die von der Niedertracht des Bisher auf die Zustände und zumal auf die Seelen der Massen getürmt worden sind; ein Weg ist frei, freier als je, Revolution und Einsturz helfen: im Kleinen und in Freiwilligkeit zu beginnen, sofort, allenthalben, *du* bist gerufen, du mit den Deinen!

Sonst ist das Ende da: Dem Kapital wird die Rente genommen, von den wirtschaftlichen Zuständen, von den Staatserfordernissen, von den internationalen Verpflichtungen; Schuld eines Volkes an den Völkern und an sich selbst äußert sich finanzpolitisch immer in Schulden. Das Frankreich der großen Revolution hat sich von den Schulden des alten Regimes und den eigenen Finanzwirren wunderbar erholt durch den großen Ausgleich, der mit der Verteilung der Ländereien eintrat, und durch die Arbeits- und Unternehmungslust, wie sie die Befreiung aus den Fesseln gebracht hat. Unsere Revolution kann und soll Ländereien in großem Maße verteilen; sie kann und soll ein neues und erneuertes Bauerntum schaffen; aber sie kann dem Kapital gewiss keine Arbeits- und Unternehmungslust bringen; für die Kapitalisten ist die Revolution nur das Ende des Krieges: Zusammenbruch und Ruin. Ihnen, ihren Industriellen und Händlern, fehlt nicht nur die Rente; es fehlen ihnen und werden ihnen fehlen die Rohstoffe und der Weltmarkt. Und überdies ist der negative Bestandteil des Sozialismus da und kann durch nichts mehr aus der Welt geschafft werden: die völlige, von Stunde zu Stunde wachsende Abneigung der Arbeiter, ja ihre seelische Unfähigkeit, ferner sich unter den Bedingungen des Kapitalismus zu verdingen.

Der Sozialismus also muss gebaut werden; mitten im Zusammenbruch, aus den Bedingungen der Not, der Krise, der Augenblicksvorkehrungen heraus muss er ins Werk gesetzt werden. In den Tag und in die Stunde hinein werde ich jetzt sagen, wie aus der größten Not die größte Tugend, wie aus dem Einsturz des Kapitalismus und aus der Notdurft lebendiger Menschenmassen die neuen Arbeitskörperschaften errichtet werden müssen; ich werde nicht verfehlen, denen, die sich heute mehr als je für die einzigen Arbeiter halten, den Proletariern der Industrie, ihre Beschränktheit, die wilde Stockung,

Unwegsamkeit und Unfeinheit ihres Geistes- und Gefühlslebens, ihre Verantwortungslosigkeit und Unfähigkeit zur positiv wirtschaftlichen Organisation und zur Leitung von Unternehmungen vorzuhalten; denn damit, dass man die Menschen von Schuld freispricht und als Geschöpfe der sozialen Bedingungen erklärt, macht man diese Produkte der Gesellschaft nicht anders als sie sind; nicht mit den Ursachen der Menschen soll die neue Welt aufgebaut werden, sondern mit ihnen selbst. Ich werde nicht versäumen, die Beamten des Staates, der Gemeinden, der Genossenschaften und großen Werke, technische und kaufmännische Angestellte und Leiter, die Ehrenhaften und nach Erneuerung Begehrenden unter den vielen jetzt in diesen Rollen überflüssig gewordenen Unternehmern, Juristen, Offizieren zur bescheidenen, sachgetreuen, eifrigen, vom Geist der Gemeinschaft wie der persönlichen Originalität getriebenen Mithilfe aufzurufen.[132] Ich werde mich aufs schärfste gegen die papierene Falschmünzerei des Staates wenden, die jetzt Geldwesen heißt, und zumal gegen die von diesem so genannten Geld besorgte Entlohnung der Arbeitslosigkeit, wo doch jeder Gesunde, gleichviel welchen Beruf er bisher ausgeübt hat, sich am Aufbau der neuen Wirtschaft, an der Rettung in größter Gefahr beteiligen muss, wo gebaut und gepflanzt werden muss, so viel und so gut nur irgend geschehen kann; ich werde die Benutzung der jetzt leer laufenden Militärbürokratie empfehlen, damit die Arbeitslosen des Kapitalismus an die Stellen geführt werden, wo die Notwirtschaft, welche eine Heilswirtschaft werden muss, sie braucht; nach der stärksten revolutionären Energie rufe ich, welche die Rettung und den Sozialismus der Wirklichkeit anbahnen soll. An dieser Stelle sei nur im vorhinein zusammengefasst: was ich in dem Aufruf, der hier folgt, und in den Aufsätzen meines „Sozialist", die zur Ergänzung dazu gehören (1909-1915), immer wieder gesagt habe: dass der Sozialismus in jeder Form der Wirtschaft und Technik möglich und geboten ist; dass er nicht an Weltmarktgroßindustrie gebunden ist, dass er die industrielle und kaufmännische Technik des Kapitalismus so wenig brauchen kann wie die Gesinnung, aus der diese Missform sich gebildet hat; dass er, weil er anfangen muss und die Verwirklichung des Geistes und der Tugend nie massenhaft und normal, sondern nur als Aufopferung der wenigen und Aufbruch der Pioniere kommt, aus kleinen Verhältnissen, aus Armut und Arbeitsfreude heraus sich von der Verworfenheit loslösen muss; dass wir um seinetwillen, um unserer Rettung und um des Erlernens der Gerechtigkeit und Gemeinschaft willen zur Ländlichkeit zurückkehren müssen und zu einer Vereinigung von Industrie, Handwerk und Landwirtschaft; was Peter Kropotkin[133] uns von den Methoden der intensiven Bodenbestellung und der Arbeitsvereinung, auch der Vereinigung geistiger Arbeit mit Handarbeit in seinem jetzt eminent wichtigen Buch „Das Feld, die Fabrik und die Werkstatt"[134] gelehrt hat; die neue Gestalt der Genossenschaft und des Kredits und des Geldes: All das muss jetzt in dringendster Not, kann jetzt in zeugender Lust bewährt werden; die Not erfordert, in Freiwilligkeit, aber unter der Drohung des Hungers, den Aufbruch und Aufbau, ohne den wir verloren sind.

Ein letztes Wort noch, das ernsteste. Wie wir aus der größten Not die größte Tugend, aus der Notstandsarbeit der Krise und des Provisoriums den anhebenden Sozialismus zu machen haben, so soll uns auch unsere Schmach zur Ehre gereichen. Fern bleibe uns die Frage, wie unsere sozialistische Republik, die aus Niederlage und Zusammenbruch ersteht, unter den siegreichen Völkern, unter den Reichen, die zur Stunde noch dem Kapitalismus verschrieben sind, den Reichen der Reichen dastehen wird. Betteln wir nicht, fürchten wir nichts, schielen wir nicht; halten wir uns wie ein Hiob unter den Völkern, der in Leiden zur Tat käme; von Gott und der Welt verlassen, um Gott und der Welt zu dienen. Bauen wir unsere Wirtschaft und die Einrichtungen unserer Gesellschaft so, dass wir uns unserer harten Arbeit und unseres würdigen Lebens freuen; eins ist gewiss: wenn's uns in Armut gut geht, wenn unsere Seelen froh sind, werden die Armen und die Ehrenhaften in allen anderen Völkern, in allen, unserem Beispiel folgen. Nichts, nichts in der Welt hat so unwiderstehliche Gewalt der Eroberung wie das Gute. Wir waren im Politischen zurückgeblieben, waren die anmaßendsten und herausforderndsten Knechte; das Unheil, das sich daraus für uns mit Schicksalsnotwendigkeit ergab, hat uns in Empörung gegen unsere Herren getrieben, hat uns in die Revolution versetzt. So sind wir mit einem Schlag, mit dem Schlag, der uns traf, zur Führung gekommen. Zum Sozialismus sollen wir führen; wie anders könnten wir führen als durch unser Beispiel? Das Chaos ist da; neue Regsamkeit und Erschütterung zeigt sich an; die Geister erwachen; die Seelen heben sich zur Verantwortung, die Hände zur Tat; möge aus der Revolution die Wiedergeburt kommen; mögen, da wir nichts so sehr brauchen als neue, reine Menschen, die aus dem Unbekannten, dem Dunkel, der Tiefe aufsteigen, mögen diese Erneuerer, Reiniger, Retter, unserem Volk nicht fehlen; möge die Revolution lange leben und wachsen und sich in schweren, in wundervollen Jahren zu neuen Stufen steigern; möge den Völkern aus ihrer Aufgabe, aus den neuen Bedingungen, aus dem urtief Ewigen und Unbedingten, der neue, der schaffende Geist zuströmen, der erst recht neue Verhältnisse erzeugt; möge uns aus der Revolution Religion kommen, Religion des Tuns, des Lebens, der Liebe, die beseligt, die erlöst, die überwindet. Was liegt am Leben? Wir sterben bald, wir sterben alle, wir leben gar nicht. Nichts lebt, als was wir aus uns machen, was wir mit uns beginnen; die Schöpfung lebt; das Geschöpf nicht, nur der Schöpfer. Nichts lebt als die Tat ehrlicher Hände und das Walten reinen wahrhaften Geistes.

München, 3. Januar 1919.

Gustav Landauer

Anmerkung zu einer Rede Kurt Eisners über ‚Staat und Kunst'.
In: Masken. Halbmonatsschrift des Düsseldorfer Schauspielhauses 14 (1918/1919), H. 11, S. 161.[135]

Der Herausgeber der „Masken" will bei guter Gelegenheit sagen, warum er Staatstheater und Stadttheater so wenig für das Rechte hält, wie staatliche und städtische Universitäten. Auch der demokratische Staat wird zu bürokratischem Schematismus neigen; und selbst in einer Gemeinde wie Athen war die Bühne nicht der Polis[136], sondern einer *Stiftung* anvertraut, und wie weit war doch diese Politeia[137] entfernt von unserer Polizei! Die Polizei wache darüber, dass das Theater künftig eine gemeinnützige Einrichtung sei und bleibe; im Übrigen aber braucht die Kunst Freiheit nach außen, aller Nichtkunst gegenüber; und braucht Autorität des Geistes in ihrer inneren Organisation, wiederum allen Auflehnungen der Nichtkunst und der aus der geordneten Gliederung ausbrechenden Einzel- und Massenwillkür gegenüber.

Die Verbesserung der Lebensverhältnisse der Verarmten.
Rede vor dem Provisorischen Nationalrat des Volksstaates Bayern vom 04.01.1919. In: Verhandlungen des provisorischen Nationalrates des Volksstaates Bayern im Jahre 1918/19. Stenographische Berichte Nr. 1 bis 10. 1. Sitzung am 08.11.1918 bis zur 10. Sitzung am 04.01.1919. München 1919, S. 307.

Meine Damen und Herren! Unser Antrag, der sich der Ärmsten der Armen annehmen soll, lautet:

Der provisorische Nationalrat[138] wolle beschließen, die Regierung zu ersuchen, auf dem Verordnungswege sofort, ohne Rücksicht auf bisherige Zuständigkeit vom Reich, vom Einzelstaat oder Gemeinde, die Lebensverhältnisse der auf Invaliden-, Altersrente und Gemeindeunterstützung angewiesenen Personen sowie aller durch Schuld unserer sozialen Zustände Verarmter, was Wohnung, Kleidung und Nahrung angeht, menschenwürdig zu gestalten.

Wir beantragen das um eines Schuldgefühles willen, weil wir diesen Armen und Ärmsten der Armen, diesen Enterbten gegenüber mit unserer Revolution eine große Verantwortung haben und eigentlich beschämt und errötend vor ihnen stehen müssen. Ich habe mit solchen Menschen gesprochen und habe Briefe, erschütternde Briefe von solchen Menschen erhalten, wo sie uns sagen: Wir sollen uns über eure Revolution freuen? Eure Revolution, die nun schon seit Wochen und Wochen vollbracht ist, hat uns nichts gebracht, hat uns in unserem elenden Leben, in unserer Entbehrung in nichts erleichtert. *(Rufe: Sehr richtig!)*

Man kann wohl sagen und hat auch bei einem der vorhergehenden Anträge so etwas Ähnliches gesagt: Dafür ist der Staat Bayern nicht zuständig, da ist vielleicht die Gemeinde München oder sonst irgendeine Gemeinde zuständig. Darum sind wir aber in der Revolution, dass das, was unbedingt geschehen muss, jetzt getan werden muss *(Rufe: Sehr richtig!)* ohne Rücksicht auf irgendwelche Zwirnsfäden, die uns im Wege liegen könnten oder die man uns in den Weg legen könnte. Wir müssen dafür sorgen, dass durch das, was wir tun, diesen Allerärmsten, ich sage ausdrücklich durch Schuld unserer sozialen Zustände Verarmten, geholfen wird. Darunter mögen welche sein, die, wie man gewöhnlich auffasst, auch eine eigene Schuld in erheblichem oder weniger erheblichem Maße haben; aber jeder, der die Insassen der Gefängnisse, z.B. die Angehörigen der Verbrecherklasse kennt, die zum großen Teil durch die Schuld unserer sozialen Zustände Verarmten, der muss sagen, das, was einem am meisten, am absonderlichsten auffällt, das ist, dass sie eigentlich durchaus moralisch, durchaus Philister sind, dass sie den Frevelmut, die innere Eigenschaft, die zum Brechen der Gesetze gehören müsste, durchaus nicht haben. Sie sind ganz normale Menschen in sehr großer Zahl, bloß unsere sozialen Verhältnisse haben sie herabgedrückt, herabgewürdigt. Das wollte ich bei der Gelegenheit sagen, dass ich niemand ausnehme, der durch die Schuld unserer sozialen Zustände verarmt ist, er kann im Übrigen auf einer Stufe der Gesellschaftsordnung sein, auf welcher er will. Es muss ganz unabhängig von allen bisherigen Kompetenzen die Regierung irgendwie - und ich glaube, sie hat auch selbst dieses Bedürfnis - dafür sorgen, dass die allergrößte Not den Ärmsten der Armen erspart wird. Wenn man diese Weiblein und Männlein, diese alten, die auf die Altersversicherung, auf die Invalidenversicherung angewiesen sind, sieht, wenn man sieht, wie sie bis zuletzt, d.h. weit über ihre Kräfte hinaus noch als Zugeherinnen[139], als Aushelfer oder sonst wie tätig sind, weil sie sonst nicht leben könnten, wenn man sieht, wie die Nachbarsfrau, die Familien, die im selben Hause wohnen, sich ihrer annehmen müssen durch freiwillige Hilfeleistung, weil der Staat, wie die Gemeinde versagt hat, muss man sagen: Solche Zustände dürfen von einer revolutionären Regierung nicht einen Tag länger geduldet werden, wenn überhaupt irgendwelche Fonds, irgendwelche Mittel dazu da sind. Ich wende mich da vor allem an das Ministerium für soziale Fürsorge. Ich weiß, dass Mittel zur Verfügung gestellt werden können, und es muss irgendetwas für diese Ärmsten der Armen geschehen; denn wenn man von der Revolution sagt, dass sie dem Leben Lust und Freude bringen will, so wollen wir doch wenigstens verlangen, dass sie den Allerärmsten, den Enterbten, eine Erleichterung ihres Lebens, ein menschenwürdiges Dasein bringt. *(Beifall.)*[140]

Bayern und Preußen.
Petition
(ca. Anfang Januar 1919). (GLAA 162)

An das Ministerium des Äußeren, München.[141]

Männer und Frauen Krumbachs[142] ersuchen die Regierung des Volksstaates Bayern: sofort als Notsprecher und berufener Schützer der Regierungen Württembergs, Badens, Hessens, der thüringischen

Staaten, der überwiegenden Volksstimmung in Frankfurt, Kurhessen, Nassau, den Rheinlanden, Westfalen, Hannover, Schleswig, welche alle innerlich nicht mehr zu Preußen gehören, den beiden in Berlin im Bürgerkrieg[143] sich zerreißenden Parteien und der Öffentlichkeit in Deutschland und der ganzen Welt die bündige Erklärung abzugeben: dass diese Kämpfe keineswegs um ein Regiment über Deutschland oder um eine Entscheidung gehen können, die für das deutsche Volk in Betracht käme. Niemals mehr wird sich das deutsche Volk eine Zentralregierung oder eine preußische Vorherrschaft auferlegen. Der Bundesrat, der die Einheit der Vereinigten Republiken Deutschlands[144] darstellen wird, wird nicht in Berlin tagen und wird die Herrschaftswünsche eines größeren oder kleineren Teils der Berliner Bevölkerung nicht mehr zu beachten haben als die eines anderen Industriezentrums.

Die Wählerei.
(17.01.1919). GLAJ 85.[145]

Zwei Tage, ehe die Wahlen zur deutschen Nationalversammlung[146] stattfinden, werden diese Worte geschrieben. Gäbe es ein von der Revolution neu geschaffenes deutsches Volk, so würden zwei Listen die größte Stimmenzahl auf sich vereinigen. Auf der einen stünde der Name „Karl Liebknecht"[147] oben an; auf der anderen der Name „Rosa Luxemburg"[148]. Diese beiden, mehr als irgend sonst wer, haben während des Krieges die Ehre des deutschen Namens gerettet; sie waren die Führer zur Revolution und in der Revolution; im Zusammenhang mit dem von Gegenrevolutionären militärisch geleiteten Sieg der sozialdemokratischen Regierung sind sie schändlich ermordet worden.[149] Und diese Regierung ist noch da; sie bereitet sich auf weitere Kriegführung vor; sie will vor die Nationalversammlung des deutschen Volkes treten. Bis zur Revolution hatten wir eine Gewaltregierung, und das Volk hat sich stumm gefügt; jetzt nach der Revolution haben wir eine Gewaltregierung und die Mehrheit des Volkes folgt ihr mit frohlockendem Zuruf. In all diesen Jahren deutscher Siege, bis zur schmachvollen Niederlage, war es eine sehr zweifelhafte Ehre, ein Deutscher zu sein; jeder Zweifel ist jetzt genommen.

Dies musste ich vorausschicken; um meiner Menschenehre willen. Im Übrigen will ich von den Wahlen sprechen, nein, von der Wählerei, mit der diese Deutschen ihre Revolution in den Sumpf begraben wollen. Sie hatten offenbar, noch als Karl Liebknecht, Rosa Luxemburg und die anderen Tapferen lebten und wirkten, das Bedürfnis, festzustellen: dass nur eine geringe Zahl Verbrecher die Revolution gemacht hatten; sie wollten feststellen, dass die übergroße Mehrzahl der Deutschen keinerlei Umwälzung gebraucht hatte. Das wird ihnen völlig gelungen sein; ich sage es voraus, und der Leser kann es im Augenblick nachprüfen. Der, ach, so revolutionäre Proporz im Verein mit dem Frauenwahlrecht[150] werden den deutschen Reichstag wieder hergestellt haben; ich schlage vor, Herrn Fehrenbach[151] zu seinem Präsidenten und den Prinzen Max von Baden[152] zum Präsidenten der deutschen Republik zu wählen.

Kann es denn einen größeren Wahnsinn geben? Dieses ist der Sachverhalt: Ganz vereinzelte Menschen lehnen sich von Anfang an gegen den deutschen Krieg auf und erkennen, dass er das ist, als was seine Urheber ihn von vornherein bezeichneten: ein deutscher Krieg. Dieser Krieg hat solche militärischen, politischen und wirtschaftlichen Folgen, dass eine große Zahl Soldaten, eine nicht kleine Zahl Arbeiter und Frauen in revolutionäre Stimmung kommen. Mit vehementer Energie führen die paar Entschlossenen, die ihre Festigkeit daher nehmen, dass sie die Zukunft, den Sozialismus in sich tragen, dass sie nicht bloß nicht mehr dulden wollen, sondern schaffen wollen, die Revolution durch. Die ihnen halfen, waren eine Minderheit im deutschen Volke; alle anderen bedurften zunächst einer langen eindringlichen Aufklärung und Erziehung in wahrhaft demokratischen Körperschaften; und von dieser Minderheit verlieren die Revolutionäre am Tag nach der Revolution noch viele, denen sofort die Angst vor dem Sozialismus kommt; vor der Revolution waren sie bis zum Unerträglichen gequälte Soldaten, in der Revolution waren sie todesmutige Rebellen; am Tag des Sieges waren sie erlöste Soldaten; am Tag darauf waren sie ängstliche Bürger.

So war die Situation, so und nicht anders. Und in diesem Zusammenhang gelingt es in Berlin, wo die Revolution nicht durchgeführt, sondern von skrupellosen Politikern als Kulisse erst effektvoll beleuchtet und dann in die Ecke gestellt wurde, gelingt es, diesen schon während des Krieges gänzlich vom letzten Rest Sozialismus, von der Internationale Abgefallenen, den Kompromittierten, den Mitschuldigen des Militarismus und der Rüstungsindustrie, die sich Sozialdemokraten nannten, an die Regierung zu kommen oder sich in der Regierung, die schon vorher eingesetzt war, zu behaupten. Und diese Regierung - beruft das deutsche Volk zu Wahlen, zur Nationalversammlung, zur Abstimmung über die Revolution! Die wenigen, die Revolutionäre wehren sich, mit verzweifeltsten Mitteln, leider - das war der ungeheure Fehler - mit den Mitteln, die vom technisch vollkommenen Krieg her noch im Lande lagerten; auf die versteht sich die sozialdemokratische Regierung mit ihren Militärs, denen es eine Wonne ist, den Krieg, der schon gar sein sollte, im eigenen Lande gegen den revolutionären Pöbel, weiterführen zu dürfen, noch besser: Die Rebellion ist niedergeschlagen, ihre Führer, die Führer der Revolution, sind ermordet; die Nationalversammlung ist da.

Was aber wären für andere Mittel möglich gewesen? Was hätte geschehen sollen, was könnte selbst jetzt noch geschehen, um die Revolution, um die Freiheit des öffentlichen Lebens, die wahrhafte Selbstbestimmung des Volkes, die Erziehung des Volkes und den Aufbau des Sozialismus zu retten?

Ich habe das Mittel angegeben (in meiner Flugschrift „Die vereinigten Republiken Deutschlands und ihre Verfassung"[153]), und ich nenne es hier mit anderen Worten, zu anderem Zeitpunkt, zu schwererer Stunde noch einmal. Diesen Berliner Leuten hätte man das Recht, sich als deutsche Regierung aufzutun, sofort absprechen müssen. Ein fortlaufendes Recht war nicht da, die Revolution hatte es unterbrochen, nur die revolutionären Regierungen in den deutschen Ländern im Einvernehmen mit ihren revolutionären Räten hätten ein solches Recht, provisorische Regierung in Deutschland zu sein, übertragen können. Sie haben nichts derart getan; aber sie haben die Anmaßenden geduldet, ihre Verfügungen hingenommen und sich mit ihnen in Verhandlungen eingelassen, haben es sich auch gefallen lassen, dass man von dieser Zentrale aus daran ging, eine Verfassung fürs Deutsche Reich auszuarbeiten, die der Vertretung der alten, unschöpferischen Geistlosigkeit, der Nationalversammlung, vorgelegt werden soll. Bayern hat einen Anlauf genommen, dieser falschen Regierung den Gehorsam aufzusagen; so glücklich er sich anließ, es blieb bisher beim Anlauf, und Bayern gleich den anderen Republiken wich zurück, ahmte das Beispiel nach, berief die Landtage, natürlich mit demselben Resultat, dass die Vertreter der Nichtrevolution sich als Parlament versammeln und koalieren werden. Aber noch heute wäre es Zeit, höchste Zeit allerdings, das zu tun, was, wenn es zur rechten Zeit geschehen wäre, den Bürgerkrieg verhindert hätte: keinerlei Zentralregierung anzuerkennen; die einzelnen Republiken für autonom zu erklären; in diesen Republiken das System der Räte auszubauen; Preußen um Hannover, Nassau, Kurhessen, die Rheinlande, Westfalen zu verringern und so die deutsche Westrepublik zu gründen; als neues Deutsches Reich nur einen Bund dieser autonomen Republiken und als seine Regierung nur den aus Delegierten dieser Freistaaten zusammengesetzten Bundesrat anzuerkennen. Ja oder nein, unselige Berliner Freunde, die ihr in Wahrheit von eurem marxistischen Zentralismus und von eurem Nichtwissen um echte Freiheit besiegt worden seid: hättet ihr euren Straßenkrieg um die Herrschaft gekämpft, wenn ihr gewusst hättet, dass wir keinerlei Berliner Herren dulden werden?, dass es mit preußischer Vorherrschaft vorbei sein wird?, dass wir Freiheit der selbständigen Glieder und wahrhaften Bund verlangen?, dass wir auch als Provisorium und Vorbereitung zur sozialistischen Wirtschaft nur eine solche Regierung anerkennen, an der wir selber mitwirken?

Aber die Furcht vor der Entente[154]? Schwindel! Die Furcht vor der Entente war und ist in erster Linie eine Erfindung derer, die etwas anderes fürchten: den Beginn und die Durchsetzung des Sozialismus. Die Entente verhandelt mit einer preußisch-deutschen Herrenmacht, die als Erbin des Kriegsverbrechens auftritt, als diktierender Sieger; wie sie mit der Delegationsregierung der Vereinigten Republiken Deutschlands verhandeln würde, welche als Anklägerin der gestürzten Gewaltherrschaft und in Reue über die bisherige Knechtschaffenheit des deutschen Volkes vor sie träte, könnte sich erst zeigen, wenn wir sie hätten.

Gedächtnisrede auf Kurt Eisner.
Gehalten am 26. Februar 1919
bei der Totenfeier im Münchner Ostfriedhof.
In: Bayerischer Staatsanzeiger (München), Nr. 54, 28.02.1919.[155]

Anverwandte und Freunde Kurt Eisners[156]! In Trauer vereinte Genossen!

Kurt Eisner soll heute noch einmal zu uns sprechen. Zuvor aber nenne ich den Spruch aus Goethes heiliger Schrift, der uns heute geleiten soll:

„Die wenigen, die was davon erkannt,
Die töricht genug ihr volles Herz nicht wahrten,
Dem Pöbel ihr Gefühl, ihr Schauen offenbarten,
Hat man von je gekreuzigt und verbrannt."[157]

Ganz ähnlich hat diese Empfindung der Jüngling Kurt Eisner ausgedrückt in Versen, die er „Martyrium" überschrieb:[158]

> Das ist der Jammer dieser Welt,
> Dass all die Dummheit der Millionen
> Den wenigen, deren Geist erhellt,
> Den Weisen wird zu Dornenkronen;
> Dass sich der Massen Unverstand
> Frech an des Genius Schwingen heftet,
> Ihn zerrt aus seinem hohen Land,
> Bis er zu Boden sinkt entkräftet."

Er ist aber nicht entkräftet zu Boden gesunken. Er war einer wie Jesus, wie Hus[159] - o sancta Simplicitas! -, die von der Dummheit und dem Eigennutz hingerichtet wurden: er, der nun von der Kugel eines Meuchelmörders[160] aus dem Hinterhalt umgebracht worden ist, war ein Streiter, ein Wachsender, ein Kraftvoller bis zuletzt, getreu seinem Leitspruch, den er auch in früher Jugend gedichtet hat:

> „Mit Schurken streiten,
> Die Dummen leiten,
> Sein Hirn stets weiten,
> Das ist das Leben
> Der Gebenedeiten[161]."

Der Gebenedeiten! Dieser ernste, spröde, strenge Mann, der von sich wie von anderen so viel forderte, dem das Lachen so fast körperlich schwer fiel, kannte eine andere Glückseligkeit als behaglichen Genuss. Er war nicht froh; er wusste von der Freude; aber er kannte Freude nur in der frohen Gemeinschaft:

> „O Welt werde froh!
> Welt werde froh!"[162]

Dieser Mann des Geistes, der für sich und sein inneres Leben die Einsamkeit brauchte, verlangte um seines Seelenfriedens willen nach der schönen Verbindung mit den Menschenbrüdern. So hat er schon als Achtzehnjähriger den Spruch aufgeschrieben:

> „Nur der lebt wahr, der lebt in andern,

Und sterben ist's, allein zu wandern."

Er wollte mit den Menschen gehen, er wollte auf die Menschen wirken, aber nichts lag ihm ferner als Herrschaft oder unterdrückende Überlegenheit. Früh hat er seine Wahl getroffen, und hat es ausgesprochen in den denkwürdigen Worten, die er „Wahl" überschrieben [hat]:

„Spinnen oder Fliegen
Das ist die Wahl.
Giftgeschwollen siegen,
Schuldlos unterliegen,
Mord oder Qual.
Das ist die Wahl."

Der Gedanke, nicht nur an den Tod, das Totsein im Leben, das mit anderem Namen Tapferkeit, Dienst an der Idee und am Ganzen heißt, hat ihn sein Leben lang geleitet: Heute kann es uns zwischen Rührung und Lächeln ergreifen, wenn wir im Tagebuch[163] des Neunzehnjährigen die Worte lesen:

„... Es wäre mir freilich lieber, wenn ich überhaupt nicht mehr aufzuwachen brauchte, sondern still des Nachts verschiede. Mag man mich immerhin tadeln, ich habe jederzeit, selbst in meiner frühesten Jugend, gern sterben wollen. Der Tod erschien mir nie als etwas Furchtbares. Stets dachte ich mir ihn als einen Heiland, der die armen, mühgepeitschten Menschen bettet im ewigen Frieden." Ihm könnte der Spruch auf dem Grabstein stehen:

„Die Tränen tun nicht Not, ihr braucht hier nicht zu klagen;
Wer schon im Leben tot, der kann es alles tragen.
Mensch, stirb dem Leben ab, bevor du weiter streitest,
Dass du gar sanft ins Grab, wie in dein Bette gleitest."

Viele, die meisten, die hier sind, haben den stillen, sanften, in Milde und verklärter Hoheit leuchtenden Toten Kurt Eisner gesehen. - O, hätten die Menschen doch hinter der stachelnden Strenge, die gegen Menschen so nötig ist wie die Peitsche Jesu Christi, als er die Wechsler aus dem Tempel jagte, hätten sie doch als er lebte, die Güte, die Kindlichkeit, die Sehnsucht, kindfroh sein zu dürfen, gesehen!

An einem erschütternden Erlebnis, das ich in diesen Tagen hatte, sollen Sie teilnehmen. Wir saßen bei der Arbeit in unserem Aktionsausschuss[164], als eine Deputation von Proletariern zu uns kam. Es waren Proletarier im wahren erschütternden Sinne des Wortes, wilde, aufgeregte, verzerrte, gepeinigte Menschen, sie begehrten nach Erleichterung, nach Heil, nach Trost - nicht in den Worten, nicht für künftig, sondern für jetzt, fürs wirkliche Leben. Und da brach einer stammelnd, schluchzend, überstürzt, heiser, mit einer zuinnerst aus gequälter Seele strudelnden Wahrheit in die Worte aus: Als ich unseren Kurt Eisner da tot liegen sah, hätte ich wahrhaftig mich lieber selbst hingelegt, damit nur dieser Mann der Menschheit weiterleben könnte.

O, wenn die Menschen nur auch im Leben füreinander wären - wie einer den anderen im Tode erkennt! Da gewahren sie den Meister in seinem ganzen Umfang, wie er gewesen ist, und seiner ganzen Innerlichkeit, die sich nun nicht mehr ergießen kann, wenn er tot ist.

Froh war Kurt Eisner, als ein lebendig Toter, ein in Tod und Ewigkeit Lebender, gemäß seinem Lieblingsspruch, den er uns so oft mit seiner sanften, musikalischen Stimme vorgesagt hat, den Spruch aus dem Mittelalter, den auch Martin Luther[165] geliebt hat:

„Ich leb' und weiß nit wie lang,
Ich sterb' und weiß nit wann,
Ich fahr' und weiß nit wohin,
Mich wundert, dass ich so fröhlich bin."[166]

Gedeutet hat er uns diesen Spruch in seiner Rede im Nationaltheater vor den bayerischen Soldatenräten:
„Der Weg der Menschheit ist ein Leidensweg. Was für den Einzelnen gilt, gilt für die Menschheit. Auch sie weiß nicht, woher sie kommt, auch sie weiß nicht, wie lange sie auf diesem Sterne lebt, auch sie weiß nicht, wohin sie entschwinden wird. Doch blüht in ihr und pocht in ihr ein fröhliches Herz, nicht im Sinne des Leichtsinns, aber im Sinne eines tiefen Glaubens, einer festen Zuversicht, und je hoffnungsvoller der Wahn uns umkreist, um so gewaltiger hebt sich im letzten Augenblick jenes fröhliche Herz und verheißt Erfüllung, Erlösung."[167]

Das sprach er in einer der vielen, starken Reden, die er in dieser Revolutionszeit, am liebsten zu Arbeitern und Soldaten, gehalten hat. Ein Redner war er, ist es spät erst geworden, weil er ein Schweigender war. Und wer ihn öffentlich reden gehört hat, der weiß, dass er jeden seiner Sätze aus dem Schweigen, aus der Einkehr und auch aus dem tiefen Widerwillen, das, was sich ihm von selbst verstand, erst sagen zu müssen, geholt hat.

Kurt Eisner, der Jude, war ein Prophet, der unbarmherzig mit den kleinmütigen, erbärmlichen Menschen gerungen hat, weil er die Menschheit liebte und an sie glaubte und sie wollte. Er war ein Prophet, weil er mit den Armen und Getretenen fühlte und die Möglichkeit, die Notwendigkeit schaute, der Not und Knechtung ein Ende zu machen. Er war ein Prophet, weil er ein Erkennender war, dieser Dichter, der zugleich von der Schönheit, die kommen sollte, träumte und den harten, bösen Tatsachen unerschrocken ins Gesicht sah. Er war ein Prophet, und wurde so zum Satiriker und zum Geißler der Verlogenheit und Verkleisterung, wie er sie zumal bei seinen Kollegen von der Presse fand; er war ein Schwärmer und zugleich ein unermüdlicher, trockener Erforscher der Wirklichkeit. So war er, der Schauend-Gestaltend-Erkennende, auch ein Prophet in dem Sinne, dass er die Zukunft voraussah. Wir lesen in der Vorrede seines wichtigen Buches „Das Ende des Reiches", das von Deutschland im Zeitalter der Revolution und Napoleons handelt und das 1907 erschien:

„Die Zerrissenheit Europas ist noch eine Tatsache der Gegenwart und der Zukunft; sie birgt die dringendste Gefahr, dass der letzte Klassenkampf der Geschichte, der zwischen den Monopolisten des Besitzes und den Enteigneten der Lohnarbeit, in seiner reinen Entwicklung durch nationale Kriege und dynastisch-feudale Überfälle gestört, gehemmt und durchkreuzt wird."[168]

Ist es aber nicht so in dieser düsteren Welt, in der Tod und Leben ineinander gewoben sind, dass unsere größte Furcht zugleich unsere größte Hoffnung sein muss? Ist es nicht auch heute so, dass wir grauenvolles Entsetzen fürchten müssen und doch dabei hoffen dürfen, wenn die Menschheit am Rande des Untergangs, vor dem Abgrund des Äußersten steht, werde sie zu Vernunft und zu religiöser Schwungkraft kommen?

Kurt Eisner hat früh gesehen, und sich darum - unter dem Hohn vieler Genossen - dem Studium der auswärtigen Politik zugewandt, dass der drohende europäische Krieg nicht nur störend, sondern auch fördernd in den ‚letzten Klassenkampf' eingreifen, dass er die Revolution herbeiführen könne. Und so hat er sich in die Entwicklung, die er prophetisch und wissend sah, eingestellt und wurde ein Führer zu unserer, zur Weltrevolution, der Führer in dieser Revolution, in der wir nun sind. Er hat gewusst und hat gesagt - in einem klassischen Dokument der Publizistik, das er am 14. Februar 1917 an das Generalkommando des 1. Armeekorps richtete:

„Ein Staat, ein Volk, ein System, in dem die Wahrheit unterdrückt wird oder sich nicht hervorwagt, ist wert, so rasch und so endgültig wie möglich zugrunde zu gehen.... Wo ein solches Vertuschen, Verhehlen und Verdunkeln um sich greift, ist - das habe ich als Historiker immer wieder bestätigt gefunden - die nationale Katastrophe nahe."[169]

Das war Anfang 1917 - in der Ära der Siege!

Im Januar 1918 - erst recht wieder auf dem Gipfel der Siege - sah er dann den Augenblick zur Tat gekommen, das deutsche Volk zu retten, der Menschheit Blutvergießen zu ersparen und aus der - trotz aller Tod- und Mordsiege - unausweichlich nationalen Katastrophe das Heil der Welt, die große Revolution zum Sozialismus hin zu machen. Er bereitete den Generalstreik vor, der scheiterte, der ihn für 8 1/2 Monate ins Gefängnis brachte, das er dann im entscheidenden Augenblick verließ, um sofort die Revolution vorzubereiten, auf die er in all der Zeit der Einkerkerung gesonnen hatte, die Revolution, die er nun siegreich durchführte, die sein Vermächtnis an die Menschheit ist, die wir in seinem Geiste, fest und human, weiterzuführen haben.[170]

Damals aber, Januar 1918, als man ihn nach Berlin gerufen hatte, damit er auch dort half, das Werk vorzubereiten, das den Krieg beenden sollte, schrieb er einen Brief nach Hause, den Sie, Freunde Kurt Eisners, den die Welt vernehmen soll, die dumme verhetzte Welt der Halbheit, Feigheit, Unehrlichkeit, die Welt der Gier, die sich an Leben, an Besitz, an Unrecht und Gewalttat klammert! Noch einmal, für heute zum letzten Mal, spreche Kurt Eisners Geist zu uns. So schrieb er am 10. Januar 1918 an seine Frau[171]:

„Als ich gestern Nacht einsam durch die Stadt zum Hotel wanderte - am Landwehrkanal entlang -, überfielen mich schwermütige Gedanken. Da beschloss ich, mich von ihnen zu befreien, indem ich sie Dir anvertraute. Es bedrängte mich eine trübe Ahnung, als ob sich mein Schicksal bald vollenden könnte. Ich weiß, dass ich durch Gefahren wandere, die ich deutlich sehe, und gegen die ich doch blind sein will. Aber ich kann nicht anders. Ich könnte niemals mehr frei atmen, wenn ich nicht jetzt das täte, was ich für meine Pflicht halte. Dieser persönlichen Verantwortung und Verpflichtung kann ich nicht mehr ausweichen - um meiner Seele willen. Aber ich gestehe: Ich bringe damit ein sehr schweres Opfer. Niemals war ich so innig und freudig ins Leben verflochten wie in diesen Jahren: Ich hänge an Dir, an den Kindern, an der vielen Arbeit, die noch nicht getan, an den Gedanken, die in mir noch keimen, an dem Häuschen in der Stille, an den Büchern. Dennoch muss ich mit all dem spielen. Ich sehe klar das Licht in der

Finsternis, zu dem ich wandern muss. Ich kann nicht los davon. Aber dieser Weg wird mir nicht leicht, gerade jetzt nicht, wo ich mich in der Blüte der Kraft unvollendet fühle... Das wollte ich Dir einmal sagen! Diese Zeilen sollen Dich nicht ängstigen, es liegt ja nichts Greifbares vor, nur jene nächtliche Ahnung von Wesenlosem. Aber es soll mich nicht überraschen, bevor ich Dir nicht einmal gebeichtet. Sei fröhlich und voll Zuversicht - wie ich auch - trotz alledem."

Und nun sagen wir nichts mehr. Der Held, der sich hingab zum Opfer, hat gesprochen:

> „Giftgeschwollen siegen,
> Schuldlos unterliegen,
> Mord oder Qual,
> Das ist die Wahl."

Er hat gewählt, er ist vollendet. Möge den Leib die Flamme verzehren; die Flamme seines Geistes lebt in Ewigkeit.

Bildung des Aktionsausschusses: die Frage der Teilnahme des Revolutionären Arbeiterrates.

Rede vor dem Kongress der bayerischen Arbeiter-, Bauern- und Soldaten-Räte vom 1. März 1919.
In: Stenographischer Bericht der Verhandlungen des Kongresses der Arbeiter-, Bauern- und Soldatenräte vom 25. Februar bis 8. März 1919.
München 1919, S. 80ff. [Auszug, S. 81f.]

Landauer: Hier redet einer, der sein Recht, unter Ihnen zu wirken, nur daher hat, dass der revolutionäre Arbeiterrat ihn hierher delegiert hat. *(Rufe: Sehr richtig!)* Und in diesem Augenblicke geschieht der Antrag, wir sollen von der Mitarbeit ausgeschlossen sein[172], Genosse Niekisch[173], wollen Sie die Liebenswürdigkeit haben, mich zur Ordnung zu rufen; denn ich muss jetzt, ich kann nicht anders, etwas sagen, was sehr unparlamentarisch ist: In der ganzen Naturgeschichte kenne ich kein ekelhafteres Lebewesen, als die sozialdemokratische Partei. *(Rufe: Bravo!) (Unruhe und Zurufe.)* Ich muss das hier sagen. *(Zuruf.)* Allerdings, das Land soll die „Münchener Post" von Tag zu Tag lesen.

Vorsitzender Niekisch: Herr Landauer! Eine derartig unerhörte Beleidigung ist in keiner Weise geduldet.

Landauer: Ich verweise auf diese Art, auf vollzogene Beschlüsse immer wieder zurückzukommen. Jetzt eben ist einhellig mit großer Begeisterung beschlossen worden, zum ersten Mal endlich, einmal wollen wir das schimpfliche Parteiwesen, das in den Rätekongress nicht gehört, weglassen. Jetzt eben waren wir zusammengetreten - es geht natürlich - nach Arbeiter-, Bauern- und Soldatenräten. Gestern hat man eine Kommission eingesetzt, die im heißen Bemühen etwas zustande gebracht hat. Das ist dem Plenum vorgelegt worden. Das Plenum hat angenommen und nach diesen Beschlüssen sollen dreimal sieben und viermal drei in den Aktionsausschuss hineinkommen, die drei Vollzugsausschüsse, Arbeiter, Bauern, Soldaten, und dann Vertreter der sozialdemokratischen Mehrheit der Unabhängigen Partei, des parlamentarischen Bauernbundes und des revolutionären Arbeiterrats. Das sind gewisse Rücksichten, das sind gewisse Bevorzugungen, da werden die Parteiverhältnisse noch in Betracht gezogen und in diesem Moment kommt eine dieser Parteien, die viermal drei zu senden haben und sagt: von denen, die mit ihnen in einer Reihe stehen, soll der revolutionäre Arbeiterrat ausgeschlossen sein. Die Mitwirkung des revolutionären Arbeiterrats im Rätekongress ist ein Vermächtnis Kurt Eisners.[174] *(Sehr richtig!)* Kurt Eisner hat von vorneherein zur Bedingung gemacht, dass der revolutionäre Arbeiterrat in corpore mit allen seinen 50 Mitgliedern in dem Münchener Rat aufgeht. Es ist zur Bedingung gemacht worden, dass zehn vom revolutionären Arbeiterrat in den Landesarbeiterrat kommen und als solche in den provisorischen Nationalrat. *(Zuruf: Münchener Diktatur!)* Das ist die Diktatur der Revolution. *(Rufe: Sehr richtig!)* Das ist nichts anderes. Der revolutionäre Arbeiterrat hat in allen Momenten der Krisis seine Arbeit getan, hat seinen Mann gestanden. Das muss ich meinen Genossen zum Zeugnis sagen, und wenn ich für meine Person reden soll, so glaube ich, gereicht es dem Arbeiterrat, gereicht es diesem provisorischen Nationalrat nicht zur Unehre, dass der revolutionäre Arbeiterrat mich hierher delegiert hat. Jetzt hier zu sagen, mit solchen Leuten können wir nicht zusammenarbeiten, das ist unrecht. *(Zuruf.)* Es ist nicht wahr, dass man mit Dr. Levien[175] und Hagemeister[176] nicht zusammenarbeiten kann, und wenn Sie ein bisschen praktische Erfahrung und politische Klugheit hätten, würden Sie sich sagen, wenn der Levien zu praktischer Arbeit Tag für Tag zugezogen wird, so ist das viel zweckmäßiger und eher geeignet, Mäßigung zu erzielen, als wenn man ihn auf der Straße stehen lässt. *(Sehr richtig! rechts.)* Er hat in seiner Arbeit in den Kommissionen und hier gezeigt, dass er die Situation erfasst, dass er kein Freund von Gewalttätigkeiten ist, dass er eine geschlossene Masse arbeitenden Volkes hinter sich haben will. Er hat seine Meinung, ich die meine, wir sind einander oft aufs äußerste entgegengetreten, aber zu sagen, ein Levien, ein Hagemeister müssten ausgeschlossen sein, das kann ich parlamentarisch nicht bezeichnen.

Die Würde des souveränen Rätekongresses gebietet auch, dass dieser seinen eigenen Schutz organisiert.
Rede vor dem Kongress der bayerischen Arbeiter-, Bauern- und Soldaten-Räte vom 6. März 1919.
In: Stenographischer Bericht der Verhandlungen des Kongresses der Arbeiter-, Bauern- und Soldatenräte vom 25. Februar bis 8. März 1919. München 1919, S. 156.

Genossen![177] Ich meine, es muss für dieses Räteparlament von großem Interesse sein, dass wir den Herrn Seyffertitz[178], einen Vertreter des neuen Sozialmilitarismus, hier kennen gelernt haben. *(Sehr richtig!)* Wir haben damit gesehen, dass es gelehrige Schüler von Noske[179] & Komp. auch in Bayern gibt. *(Beifall und Händeklatschen.)* Es ist hier in einem Ton und mit einem Inhalt zu uns gesprochen worden, dass wir uns wahrhaft merken können, wie das mit der Schutztruppe aussieht, die angeblich das Landtagsgebäude zu bewachen hat. Wir haben, Herr Seyffertitz, andere Dinge beschlossen, und zwar hat Herr Dürr[180], der wohl auch Ihr Vorgesetzter ist, uns ausdrücklich in einem Schriftstück, das er hierher geschickt hat, anerkannt, dass wir die einzige souveräne Gewalt gegenwärtig in Bayern haben. *(Rufe: Sehr richtig!)* Wir haben beschlossen, nicht das Landtagsgebäude soll etwa vor uns oder sonst jemanden bewacht werden, wie es Ihre Unterführer hier im Hause in schmachvollster Weise gegen Mitglieder dieses Räteparlaments getan haben, sondern dieser Kongress soll bewacht werden und es war von jeher so in jedem republikanischen, in jedem revolutionären Parlament, dass die Truppe, die zur Bewachung, zum Schutze eines solchen Parlaments da war, unmittelbar dem Präsidenten dieser Versammlung unterstellt war. *(Rufe: Sehr richtig!)* Niemand hat uns etwas hineinzureden. Wir haben hier als souveräne Macht im Volksstaate Bayern der Landtagswache den Auftrag gegeben, nicht vom Platze zu weichen und uns zu schützen gegen freche Eindringlinge. Wir haben dieser Landtagswache ausdrücklich unseren Dank ausgesprochen dafür, dass sie uns geschützt hat gegen die frechen Eindringlinge, die hier im Saale Verhaftungen vorgenommen, Misshandlungen gegen Mitglieder des Räteparlaments sich erlaubt haben, Leute, die noch nicht zur Verantwortung gezogen sind. Und nun erklärt man uns, indem man in diesen Saal als Gast hereinkommt, dass die Landtagswache gar nicht das Recht gehabt hatte, uns gegen diese Eindringlinge zu schützen, *(Rufe: hört, hört!)* dass sie erst hätte abwarten müssen, ob nicht etwa ein Gegenbefehl erfolgte. Wir sagen hier: Nein! und wir haben zu wiederholen: Wir danken der Landtagswache, und wir wünschen diese Landtagswache zu unserem weiteren Schutz, und wir wünschen, dass niemand von außen sich einmischt in die Frage, wer uns zu beschützen hat und in welcher Art. Wir trauen diesem von Herrn Seyffertitz gelieferten Schutz des Landtagsgebäudes durchaus nicht über den Weg. *(Lebhafter Beifall und Händeklatschen.)* Wenn hier gesagt wird in einem Tone, der dieses Hauses nicht würdig war, das darf ich sagen, *(Rufe: sehr richtig und Gegenrufe, lebhafte Zurufe)* - das hat jetzt hier nichts zu tun, Sie sollten jetzt daran denken, dass wir uns allesamt einmütig zu wehren haben, nachher können Sie wieder mit mir diskutieren, jetzt spreche ich, darf ich wohl sagen, im Namen des ganzen Hauses, ohne dass irgendeine Differenz hier zum Austrage kommen sollte - *(Rufe: sehr richtig!)*, wenn gesagt wird, wir sollen uns die Landtagswache selbst anstellen, so bin ich der Meinung, das akzeptieren wir gern, wir haben Soldaten genug, die sich unter den Befehl unseres Präsidenten stellen, die uns beschützen. Wir wünschen, dass die Wache, die Herr Seyffertitz abschickt, abzieht und uns nie mehr belästigt. *(Beifall.)*

Von der Rätedemokratie und dem Weg der Revolution.
(Ein Brief).
In: Neue Zeitung (München) vom 29.03.1919, Beilage.[181]

Sehr geehrter Herr! In engeren Kreisen ist Ihr Vorschlag, aus den Tagungen der Räte ein Oberhaus zu bilden, schon öfter gemacht worden. Ich kann mir nichts daraus machen; die wichtigste Aufgabe ist gerade, aus den aufreibenden Kompetenz-Streitigkeiten heraus und endlich an die Arbeit zu kommen. - Sie sehen vielleicht aus der Entfernung - bei sehr ungenügenden Berichten - nicht ganz klar, dass es zwei sehr verschiedene Auffassungen von der Rätedemokratie gibt;

die eine sagt „Räte" und will ihre jetzige unvollkommene, für die drängende Notwendigkeit des Augenblicks gebildete Gestalt zu einer - nicht allzu kurzen - „Diktatur des Proletariats" benutzen; die andere hat Vertrauen zu dem neuen Instrument und zu dem Geist, der sich in diesen Korporationen durchsetzen soll, und will eine allgemeine Verwaltung der öffentlichen Angelegenheiten durch diese Körperschaften des gesamten arbeitenden Volkes, wobei nicht in allererster Linie an die Ersetzung des Parlaments durch die Rätekongresse, sondern vor allem an die lokale Tätigkeit der Räte zu denken ist. Nun kommt aber - und das ist das dringendste, was uns jetzt beschäftigt - die große Frage: Wie sollen die Räte gebildet, wie sollen ihre Delegierten „gewählt" werden? Die Ministeriellen, die so dürr und verstockt im Alten stehen, dass man bei ihrem Vorgehen noch nicht einmal an die bewusste Absicht des Unschädlichmachens denken muss, verlangen die Verhältniswahl; ohne Frage das Verkehrteste, weil man dann wieder Wählermassen und Parlamentarier, aber keine selbstbestimmenden, organischen Volksglieder hätte. Wir anderen aber stehen vor der sehr großen Schwierigkeit, dass die Betriebe und Berufe, nach denen gewählt werden soll, auch keine organischen Volksglieder sind, sondern dem Untergang bestimmte Zerreißungen des Kapitalismus. Ich denke dabei weniger an das Problem der Kapitalisten, Halbkapitalisten, Wirtschafts- und Staatsbureaukraten, die in gewissen Graden auch Arbeiter sind; ich denke vielmehr an die Tatsache, dass kapitalisiert alle Schichten unserer Gesellschaft sind und dass die Betriebe und Berufe, in denen die Arbeiter und Arbeitslosen des Kapitalismus stehen, Verfallsgebilde einer untergehenden Welt, aber nicht die von Gemeingeist erfüllten, geschlossenen Körperschaften sind, wie sie die neue Demokratie braucht. Eine Lösung sagt: Die Räte sind nicht, sie werden; und Umwandlung der Wirtschaft zum Sozialismus hin muss Hand in Hand mit Wachstum und Wandlung der Räte gehen. - Eine andere Lösung wäre: nicht Berufskörperschaften, sondern Gemeinde- und Stadtviertel-Körperschaften; fürs flache Land, auch für kleinere Städte ginge das allenfalls; Dorfgemeinden und Landstädte bilden in der Tat eine natürliche Einheit, und man könnte meinen, diese Einheit würde allen Wandlungen der Wirtschaft widerstreben; aber man vergisst dabei, dass, wenn unsere Revolution vollständig werden soll, die Aufklärung, die Umgestaltung der Schule, die neue Stellung der Kirche und der anderen, bisher kaum vertretenen Gemeinschaften des Geistes, die Umwandlung des Beamtentums, die Aufteilung der großen Güter und Ansiedlung bisheriger Stadtarbeiter, die Begabung sämtlicher Knechte, Mägde, Landarbeiter mit Land und die daraus und aus der dichteren Bevölkerung von selbst sich ergebende Verkürzung der ländlichen Arbeitszeit - warum soll man, wenn die Jahreszeit die Ausnützung des langen Tages erfordert, nicht in mehreren Schichten arbeiten? -, die Ansiedlung von Werkstätten und Fabriken auf dem Lande, die Gemeinwirtschaft und die intensive Wirtschaft, man vergisst, dass all diese Erneuerung, die unverzüglich einsetzen muss, auch die Landbevölkerung und ihren politischen Geist erst reif zur neuen Gemeinschaft machen muss. Da ist aber kein so großer Unterschied zwischen Land und Industriestadt: ist die Art des Zusammenwohnens in Städten nichts Organisches und wiederum etwas dem Kapitalismus Zugehöriges und also Untergehendes, so findet man auch auf dem Lande nur die leere Form, aber nicht die geisterfüllte Wirklichkeit der Gemeinde. Jeder Lösungsversuch läuft also darauf hinaus: dass die neue Wirtschaft und das neue Gemeinwesen sich nur zusammen ausbilden können; dass es ohne Sozialismus keine echte Demokratie, wie ohne diese öffentliche Selbsttätigkeit des ganzen Volkes keine gerechte Wirtschaft gibt. Diese beiden dringenden Erfordernisse, die jetzt keine Fragen der Zukunft mehr, sondern Notwendigkeiten der Stunde sind, zu erfüllen, die Wirtschaft, indem sie neu belebt wird, schön und gerecht zu machen und zugleich den Geist ins Volk zu tragen, der es zur selbständigen Lenkung seiner Geschicke in Freiheit und Verantwortung befähigt, kann nur ein Provisorium berufen sein, das ich für meinen Teil zwar nie Diktatur des Proletariats nennen würde, das aber in der Tat dadurch bezeichnet ist, dass nicht nach der formalen Mitbestimmung aller, sondern nur nach dem Inhalt und Geist, nach der Richtung des Weges, der mit Energie beschritten wird, gefragt werden kann. Wie unausweichlich dieser Weg ist - was könnte es dafür für ein deutlicheres Zeichen geben, als die feige und heuchlerische Karikatur einer Diktatur, wie sie die gegenwärtige Episode in Bayern aufweist? Das Ministerium[182], das nicht mit den Räten des arbeitenden Volkes zusammenarbeiten will, herrscht unumschränkt, nachdem es die Komödie einer ‚kurzen Tagung' des Landtags inszeniert hat, der ihm seine Vollmachten gab! Das ist die schlimmste Diktatur, die es jetzt geben kann, die nämlich der Unentschiedenheit; der Esel, der zwischen zwei Heubündeln stand, war wenigstens nur in Gefahr, selber zu verhungern; aber die wackeren Mittelmäßigkeiten, die jetzt zwischen Altem und Neuem, zwischen Parlamentarismus und Räterepublik, ihr Parteiheu fressen wollen, könnten leicht ein ganzes Volk, dazu noch die Revolution, die uns nicht bloß für Bayern aufgegeben ist, in die größte Gefahr bringen. Ich verkenne nicht, dass in dem Provisorium, das sein Mandat von der Zukunft nimmt, da die Gegenwart, die Erbin der Vergangenheit, es ihm nicht geben kann, eine ungeheure Gefahr des Missbrauchs und der Verwirrung in jedem Falle liegt; wo nicht nach dem formalen, sondern nach dem inhaltlichen Recht gefragt wird, ist das Tor für Willkür und doppelte Moral geöffnet und es muss nach dem Spruch gehen: Wenn zwei dasselbe tun, ist es nicht dasselbe. Wie sollte eine Revolution, wo sie selbst erst neues Recht zu schaffen berufen ist, ihren Feinden die Anwendung derselben Mittel erlauben, die sie in ihrem Kampf anwenden muss? Dieser Weg ist nur zu gehen, wenn Männer an der Spitze stehen, die so lauter wie stark sind; von hier aus erklärt sich der Sturz des genialen Danton[183] und seiner lebenslustigen Freunde und die Macht des beschränkten, pfäffischen, aber ‚unbestechlichen‘, unverderblichen Robespierre[184]; hier ist in der Tat die Ecke, wo jede Revolution in der Gefahr allergrößter Korruption ist. Aber die Menschheit, da sie mit der Gabe, die sie vor der ganzen übrigen Natur auszeichnet, der Gabe des Weiterdenkens und des Verlassens alter Standpunkte auch die Zurückgebliebenheit beschert bekommen hat, die Menschheit kommt nicht um ihr Schicksal herum, das Gute im Material des Schlechten vorbereiten und erkämpfen zu müssen. Auf allen Gebieten ist es dasselbe Dilemma wie bei der Erziehung: Die Erwachsenen sollen die Kinder zur Reinheit erziehen und zum Gegensatz zu den Verhältnissen, in denen sie aufwachsen, sind aber selbst - durch ihre Erziehung und Gewöhnung - unrein und die Träger dieser Verhältnisse. Helfen kann nur die Revolution selbst, die das Verborgene hochbringt, in Erwachsenen die Kindlichkeit weckt und uns bewährt, dass alle Möglichkeit zum Guten erschütterbar und förderbar irgendwo in uns wohnt. Wenn wir bloß die wären, die wir als Alltagsmenschen sind, wäre jede Revolution nicht bloß ein verzweifeltes, sondern ein hoffnungsloses Unternehmen; denn wie sollten Verhältnisse geändert werden können, wenn wir unser Verhalten zueinander und zu uns selbst nicht ändern? Die aber, die am ehesten befähigt sind, über den Alltag, über den des Durchschnitts und über den eigenen, hinauszusteigen, sind berufen, die Träger der Revolution zu sein; das sind als Einzelne die Geisterfüllten, wie Kurt Eisner[185] einer war, und als Klasse das Proletariat, wenn es vom Geiste der wenigen und von verzweifelter Not seiner Schicksalsstunde zu dem Bewusstsein und Willen gebracht wird, dass es nichts zu verlieren hat als seine Ketten und dass es eine Welt zu gewinnen hat. Es gilt darum, all die Gefahren der Revolution zu sehen und doch weiterzugehen: sich zu wagen und sogar andere zu wagen, so lange die Revolution lebendig ist. Einer, dem ich etwas Ähnliches sagte, hat mir darauf vorwerfen wollen, ich sei also ein Hasardeur wie Ludendorff.[186] Ich erwidere darauf, dass jetzt die Stunde der Entscheidung ist, wo nicht mehr nach formaler Ähnlichkeit gefragt wird, sondern nach dem inhaltlichen Gegensatz. Nur die, die selber kein Ziel haben, werfen den anderen die Gewagtheit ihrer Mittel vor.

Ludendorff hat die schauderhaftesten Mittel für etwas benutzt, was uns weniger als nichts, was uns Verrottung und Verderben ist. Wir wollen im Guten nach dem Guten trachten, wollen uns nicht selbst schlechter Mittel bedienen, sehen nur vor Augen, dass die Gefahr der Verirrung und des Missbrauchs besteht; wir sagen es uns, um uns davor zu bewahren. Wendet man uns ein, die schlechtesten und fürchterlichsten Dinge der Weltgeschichte wären unter dieser Losung geschehen, dass man das Gute erkämpfen wollte, so erwidern wir, dass wir lieber unser Menschenschicksal erfüllen und die Weltgeschichte wiederholen wollen, als uns durch unsere Kenntnis der Weltgeschichte in einem Augenblick zum Nichtstun zu verdonnern, wo Tat und Rettung und Erlösung geboten ist. So ist es ganz in Ordnung, dass alle die, in denen und um die die Revolution nicht lebt, uns für verwegene Verbrecher oder fanatische Narren ansehen müssen. Ich hoffe, Sie erkennen, dass ich nicht abgeschweift bin, sondern dass das alles zum Kern unserer Sache gehört.

Mit gutem Gruß!
Ihr Gustav Landauer

Fragment der 1. Proklamation der Räterepublik.
[vom 04.04.1919] (Staatsarchiv München, Staatsanwaltschaft München I, Nr. 2131/II).[187]

An das bayerische Volk.

Die Entscheidung ist gefallen.

Über alle Parteigrenzen hinweg, die es von nun an nicht mehr geben darf, sind sich die Revolutionäre Arbeiterschaft und Bauernschaft Bayerns einig, die Geschicke des Volkes in die eigene Hand zu nehmen.

Bayern ist Räterepublik.

Das Volk ist von jetzt ab Herr seines Landes. Bis auf die letzten Reste werden sofort Ausbeutung und Unterdrückung abgeschafft werden:
Der freie Volksstaat Bayern wird ein sozialistisches Gemeinwesen.
[Eine] Form der gerechten Wirtschaft, mag sie sich Sozialismus oder Kommunismus nennen, soll sich in voller Freiheit entfalten.
Der Landtag, der sich zu keinerlei ersprießlicher Arbeit fähig gezeigt hat, ist aufgelöst. Damit ist auch das von ihm eingesetzte Ministerium zurückgetreten. An seine Stelle tritt eine einheitliche zusammenarbeitende Gemeinschaft von Volksbeauftragten.

Unter den bis zur Entscheidung des Rätekongresses provisorisch [bestellten] Volksbeauftragten befinden sich altbewährte Genossen der organisierten Arbeiterschaft und der Bauernschaft, die sich rückhaltlos auf den Boden der Räterepublik gestellt haben, wie [Martin] Segnitz[188], [Josef] Simon[189], [Ernst] Schneppenhorst[190], [Martin] Steiner[191], [Hans] Unterleitner[192]. Dazu kommen die neuen Männer: [Wilhelm] Muehlon[193] ist in Aussicht genommen, der wegen seines kühnen Auftretens gegen den Krieg des gestürzten preußisch-deutschen Imperialismus das Ansehen der ganzen Kulturwelt genießt und dem die Aufgabe zufällt, unser Volk mit allen freien Völkern der Erde zu verbinden und mit größter Energie die noch beträchtlichen Reste des alten verrotteten deutschen Reiches beseitigen und einen wahren Bund deutscher sozialistischer Republiken aufrichten zu helfen. Ferner Gustav Landauer, der für die Räterepublik und die Verwirklichung des Sozialismus schon zu einer Zeit eingetreten ist, als in Deutschland noch kein Mensch an Krieg oder Revolution dachte. Das Militärwesen wird den Händen eines tatkräftigen kommunistischen Genossen anvertraut.

Ebenso wie unter den Volksbeauftragten werden im neu gebildeten Zentralrat alle revolutionären Richtungen vertreten sein. Von den Mehrheitssozialisten, die auch weiterhin den Vorsitz führen, bis zu dem neu hinzugetretenen freien Kommunisten Erich Mühsam[194], der nun endlich die Erfüllung seines Traums einer einigen Menschheit hoffentlich bald erleben wird.

Die bayerische Räterepublik gibt damit den Völkern Deutschlands und aller Länder der Welt das Beispiel weiter, das uns die Brüder in Russland und Ungarn[195] gegeben haben. Sie entbietet den kämpfenden Proletariern in Württemberg, im Ruhrgebiet und überall wo sie für die Freiheit und den Sozialismus ihr [...][196]

„An das Volk in Baiern!"
Proklamation der ersten bayerischen Räterepublik.
München, 06.04.1919.
In: Münchner Neueste Nachrichten, 07.04.1919[197]

An das Volk in Baiern![198]

Die Entscheidung ist gefallen. **Baiern ist Räterepublik.** Das werktätige Volk ist Herr seines Geschickes. Die revolutionäre Arbeiterschaft und Bauernschaft Baierns, darunter auch alle unsere Brüder, die Soldaten sind, durch keine Parteigegensätze mehr getrennt, sind sich einig, dass von nun an jegliche Ausbeutung und Unterdrückung ein Ende haben muss. Die Diktatur des Proletariats, die nun zur Tatsache geworden ist, bezweckt die Verwirklichung eines wahrhaft sozialistischen Gemeinwesens, in dem jeder arbeitende Mensch sich am öffentlichen Leben beteiligen soll, einer gerechten sozialistisch-kommunistischen Wirtschaft.

Der Landtag, das unfruchtbare Gebilde des überwundenen bürgerlich-kapitalistischen Zeitalters, ist aufgelöst, das von ihm eingesetzte Ministerium zurückgetreten. Von den Räten des arbeitenden Volkes bestellte, dem Volk verantwortliche Vertrauensmänner erhalten als Volksbeauftragte für bestimmte Arbeitsgebiete außerordentliche Vollmachten. Ihre Gehilfen werden bewährte Männer aus allen Richtungen des revolutionären Sozialismus und Kommunismus sein; die zahlreichen tüchtigen Kräfte des Beamtentums, zumal der unteren und mittleren Beamten, werden zur tatkräftigen Mitarbeit im neuen Baiern aufgefordert. Das System der Bürokratie aber wird unverzüglich ausgetilgt.

Die Presse wird sozialisiert.

Zum Schutz der baierischen Räterepublik gegen reaktionäre Versuche von außen und von innen wird sofort eine rote Armee gebildet. Ein Revolutionsgericht wird jeden Anschlag gegen die Räterepublik sofort rücksichtslos ahnden.

Die Baierische Räterepublik folgt dem Beispiel der russischen und ungarischen Völker. Sie nimmt sofort die brüderliche Verbindung mit diesen Völkern auf. Dagegen lehnt sie jedes Zusammenarbeiten mit der verächtlichen Regierung Ebert[199], Scheidemann[200], Noske[201], Erzberger[202] ab, weil diese unter der Flagge einer sozialistischen Republik das imperialistisch-kapitalistisch-militaristische Geschäft des in Schmach zusammengebrochenen deutschen Kaiserreiches fortsetzt.

Sie ruft alle deutschen Brudervölker auf, den gleichen Weg zu gehen. Allen Proletariern, wo immer sie für Freiheit und Gerechtigkeit, wo immer sie für den revolutionären Sozialismus kämpfen, in Württemberg und im Ruhrgebiet, in der ganzen Welt, entbietet die Baierische Räterepublik ihre Grüße.

Zum Zeichen der freudigen Hoffnung auf eine glückliche Zukunft für die ganze Menschheit wird hiermit der 7. April zum **Nationalfeiertag** erklärt. Zum Zeichen des beginnenden Abschieds vom fluchwürdigen Zeitalter des Kapitalismus ruht am Montag, den 7. April 1919, in ganz Baiern die Arbeit, soweit sie nicht für das Leben des werktätigen Volkes notwendig ist, worüber gleichzeitig nähere Bestimmungen ergehen.

Es lebe das freie Baiern! Es lebe die Räterepublik! Es lebe die Weltrevolution!

München, 6. April 1919
Der revolutionäre Zentralrat Baierns.[203]

Vollmacht (I)
betr. Revolutionärer Hochschulrat.
(07.04.1919).
(Staatsarchiv München, Staatsanwaltschaft München I, Nr. 2973/II)[204]

Der revolutionäre Hochschulrat[205] hat bis auf weiteres das alleinige Recht, in Sachen der Universität und Technischen Hochschule alle Maßnahmen zur Verwaltung und Umgestaltung zu treffen.

Gültig sind die Unterschriften der Herren: Strasser[206], Wertheimer[207], Zillibiller[208] sowie Beck[209] für die Technische Hochschule.

Diese Vollmacht erlischt am 12. April 1919.

Der Volksbeauftragte für Volksaufklärung in der Räte-Republik Baiern.
Gustav Landauer

Vollmacht (II)
betr. Technische Hochschule München.
(09.04.1919).
(Bayerisches Hauptstaatsarchiv München, Akten des Kultusministeriums, Nr. 14020)

Vollmacht.

Der Kommissar für die technische Hochschule / Beck[210] / legt sein Mandat in die Hände der Regierung zurück. Das Ministerium für Volksaufklärung überträgt die gesamte Vollmacht zur Umgestaltung der technischen Hochschule dem vom Kommissar heute berufenen revolutionären Senat.[211] Der revolutionäre Senat ist oberste Hochschulbehörde und führt die Kontrolle aller Hochschulinstanzen durch. Sämtliche Hochschulbehörden einschließlich des allgemeinen Studentenausschusses führen ihre Geschäfte weiter.

9.4.1919
Ministerium für Volksaufklärung
gez. Landauer

Hochschulrevolution.
An die Universität München (09.04.1919).
In: Die Universität München während der dritten Revolution
5. April bis 1. Mai 1919. München 1919, S. 14.

Volksbeauftragter für Volksaufklärung

München, den 9. April 1919

An die Universität München.

Die Universität München wird mit Wirkung vom 13. April 1919 geschlossen. Der Lehrbetrieb endet an diesem Tage. Die Verwaltungsgeschäfte laufen weiter.

Mit Schluss des Semesters tritt für die Zeit der Ferien ein Zwischenstadium vorbereitender Umgestaltung ein, nach dessen Verlauf zur Teilnahme an der erneuerten Hochschule Dozenten und Beamte durch den revolutionären Senat neu berufen, Studenten neu zugelassen werden.

Die Anstellung und Tätigkeit von Hochschullehrern an staatlichen und Universitätsanstalten bleibt dadurch unberührt. Die staatlichen Bezüge der Dozenten und Beamten laufen weiter.

Für die Einrichtung einer neuen Hochschule wird ein revolutionärer Hochschulrat gebildet, welcher die Verwaltung übernimmt und einen revolutionären Senat einsetzt. Der revolutionäre Senat beschließt in Fühlungnahme mit dem Volksbeauftragten und unter Zuziehung von Fachkommissionen über Aufbau und Verfassung der neuen Hochschule und regelt die Zahl der Lehrstühle und ihre Besetzung.

Die Lehrfreiheit an der neuen Hochschule wird vorbehaltlos zugesichert. Die Bildung der neuen Hochschule muss zum Beginn des Sommersemesters 1919 soweit erfolgt sein, dass die Vorlesungen aufgenommen werden können.

Beauftragt mit der Bildung des revolutionären Hochschulrates ist Wilhelm Hagen[212].

gez. Gustav Landauer
Der provisorische Volksbeauftragte für Volksaufklärung.

Zwei Welten.
In: Münchner Neueste Nachrichten, Nr. 166, 11.04.1919.[213]

Das Bewusstsein davon, dass wir in einer Zeit der Revolution leben, verblasst mehr und mehr. Mit Angst und Schrecken sind große Teile des Volkes, insbesondere das Bürgertum, der Revolution begegnet. Sie hatten ein böses Gewissen und durch den Ballast an materiellen Gütern, mit dem sie beladen waren, eine kleine, verengte und feige Seele. Sie benahmen sich wie die Kinder, die sich vor einem Gewitter fürchten, oder wie die vertrockneten und im Kleinkram des Lebens aufgehenden Männlein und Weiblein, denen das Organ verloren gegangen ist, empfänglich zu sein für das Erhabene und Große. Wie diese eindruckslos gegenüberstehen dem unendlich bestirnten Himmel, so haben sie auch kein Gefühl für übermächtiges kosmisches Geschehen. Sie wollen es aber auch nicht haben, denn ihre materielle Lage ist gefährdet, und die Zeiten drohen, die bequeme Gewohnheit ihrer dumpfen Lebensweise umzustoßen. Sie haben aber auch scheinbar einen gewichtigen Bundesgenossen: nämlich die Vernunft, auf die sie sich stützen und sagen: Die Kontinuität des Wirtschaftslebens, so wie wir es jetzt haben, ist nicht aufrecht zu erhalten, wenn man sofort und mit aller Energie den entscheidenden Schritt zum Sozialismus tut; und an eine organische Fortführung unserer politischen Beziehungen zum Ausland, nämlich zu den Westmächten und Amerika, die wir hatten, auch als wir mit diesen Mächten im Kriege waren, ist ebenfalls nicht zu denken. Das ist - von ihrem Standpunkt gesehen - ganz richtig. Es ist eben die vollkommene Sozialisierung nicht bloß der Wirtschaft, sondern des ganzen gesellschaftlichen Lebens nicht anders durchführbar als revolutionsmäßig, plötzlich abrupt, unter dem Bruch mit der Vergangenheit. Und dazu müssen wir uns entschließen. Wenn dies bloß eine leere Forderung wäre, dann könnte man ja allenfalls streiten, indem man die Güte der sozialistischen Weltordnung in Zweifel zieht und die gegenwärtige für besser erachtet. Dem ist aber nicht so. Der elementare Zusammenbruch ist bereits da, er hat die aktuelle Revolution, wie sie seit dem 9. November ist, zuallererst hervorgerufen. Und dieser Zusammenbruch in wirtschaftlicher, gesellschaftlicher, politischer Beziehung hat es bereits unmöglich gemacht, dass eine organische Fortentwicklung aus dem bisherigen, eine Evolution, die Wahrung der Kontinuität möglich ist. Es ist nur noch die geistige Verfassung der Menschen, die Ideologie, in der sie befangen sind, die sie gegen die Revolution Stellung nehmen und Zweifel in die Möglichkeit der radikalen Durchführung des Sozialismus setzen lässt. Es gilt heute daher allen zuzurufen: Befreit euch aus der Enge eures Gesichtskreises! Dann werdet ihr das Organ gewinnen, die Größe der gegenwärtigen Zeit, so elend, so schrecklich elend sie für unser gegenwärtiges Geschlecht auch ist, ehrfürchtig zu begreifen.

Ihr werdet dann auch erkennen, dass die Form unseres bisherigen sozialen Lebens durch die ausbrechende Revolution endgültig zerschmettert ist. Dass dasjenige, was uns, trotz aller Opposition unsererseits, bisher durch Jahrhunderte hindurch über größte und furchtbarste Konflikte hinweg zusammengehalten hat, jetzt endgültig dahin ist: Das ist der Staat. Der Staat ist tot. Wir mögen die ungeheuren Werte, die in seiner Idee und in seiner Wirklichkeit steckten, anerkennen, die Geschichte ist über ihn dahingerollt - er ist vorbei. Und die Gegenrevolution erhebt ihr Haupt, dann tragen die Schuld hieran die regierenden Männer, die leider nichts anderes sind, als kleinbürgerliche, engherzige, arme Kreaturen, die nichts spüren von dem Rhythmus der Zeit, in der sie leben, die stolz darauf sind, jetzt ihrerseits die Stellung einnehmen zu können, die früher ihre Gegner behaupteten und von der sie ausgeschlossen waren, deren Eitelkeit sie reizt, sich Minister (Exzellenz ist leider abgeschafft) nennen lassen zu dürfen. Der Staat ist tot und darum muss er fallen - und wenn die jetzige Regierung sie nicht zu Fall bringt, dann wird sie selbst stürzen - es muss fallen die Bürokratie. Die Bürokratie, d.h. das ganze System von Beamten, das durch unsere Gesellschaft hindurchgeht von oben bis unten, welches angeblich als über den Parteien stehendes, unabhängiges Organ lediglich den Willen der Regierung gleichsam als deren Instrument, als deren verlängerter Arm auszuführen berufen ist, ist nur möglich in unserer Gesellschaft von Herrschern und Beherrschten. Nicht also in einer freien sozialistischen Gemeinschaft. Sie muss daher fallen, damit an ihre Stelle treten können als Verwaltungs- und Kontroll-Organ der Gemeinschaft diejenigen, die von dem Willen zu einer solchen sozialistischen Gemeinschaft getragen sind, sie muss fallen zugunsten des Proletariats, welches organisiert ist im System der Räte. Denn nur so kann die sozialistische Gemeinschaft verwirklicht werden, dass sich ihre zentrale Leitung aufbaut auf den Vertretungen der arbeitenden Menschen, die ihrerseits zusammengefasst sind in Betriebsräten der einzelnen Fabriken oder sonstigen Betriebe. Auf ihnen bauen sich auf die Bezirks- und Landesräte, die aus sich den die gemeinsamen Geschäfte führenden Zentralrat des Reiches bilden.[214] Auf diese Weise ist eine Zentralleitung geschaffen, die nicht über dem Volke steht, nicht eine gesonderte soziale Schicht außerhalb des Volkes, sondern aus ihm selbst gewählt ist, und andererseits ist die Sicherheit gegeben, dass keiner der unteren Räte aus engem Eigeninteresse heraus in das wirtschaftliche und soziale Leben des Ganzen willkürlich und mit anderen Räten konkurrierend eingreift, weil er die großen Richtlinien seiner Tätigkeit empfängt von den ihm übergeordneten höheren Räten.

Dass in einer sozialistischen Wirtschaft nach dem Rätesystem und ohne Bürokratie arbeitende Volk ist die Form des Gemeinschaftslebens, wie sie geschaffen ist durch die Revolution. Man mag sich dagegen sträuben, das hilft nichts. Die Tatsachen, welche die alte Form, den Staat, zerbrochen und die neue Form geschaffen haben, sind da. Es wird der Gegenrevolution, ob sie nun im Lager der bürgerlichen Parteien oder auf Regierungssesseln sitzt, nicht gelingen, diese Tatsachen aus der Welt zu schaffen. Es wird ihr nicht gelingen, und wenn sie das ganze Heer hinter sich hat. Denn vollendete Tatsachen sind mit keinen Mitteln mehr aus der Welt zu schaffen. Es wird, und wenn sie, in unweiser Form auftretend, noch so oft widergeschlagen wird, die Bewegung nie unterdrückt werden können, welche sich auf den Boden dieser Tatsachen stellt, die sich aus ihr ergebenden Konsequenzen vertritt. Neue Zeiten sind da, sträubt euch nicht dagegen, zerbrecht die Ideologie, in der ihr gefangen seid, reißt euch die Scheuklappen ab, die euch den freien Blick verhindern, seht die Dinge wie sie sind und nicht wie ihr sie sehen wollt!

An die Herren Referenten und Mithilfsarbeiter im bisherigen Ministerium.
(12.04.1919)
In: *Josef Karl [d.i. Joseph Karl Fischer], Die Schreckensherrschaft in München und Spartakus im bayr.[ischen] Oberland. Tagebuchblätter und Ereignisse aus der Zeit der „bayr.[ischen] Räterepublik" und der Münchner Kommune in Frühjahr 1919. Nach amtlichen Quellen aufgezeichnet. München 1919, S. 282.*[215]

Meine Herren!

Ich habe Ihre Erklärung über Ihre provisorische Mitarbeit erhalten, brauche aber eine *prinzipielle* Erklärung.

Proben ihrer fleißigen und gewissenhaften Arbeiten waren ja heute in meinem Zimmer aufgestapelt; allein ich bitte Sie, zu verstehen, dass ich mich damit in der jetzigen Situation nicht abgeben will und kann. Es geht jetzt um eine *völlige Umgestaltung* aller dem Geiste dienenden Einrichtungen des Gemeinwesens. Diener des Vergangenen und Wesenlosen, der ermattenden Geschäftigkeit, die sich im Kreise dreht und nichts vorwärts bringt, kann ich nicht sein. Durch eine völlige *Dezentralisation* wird in Zukunft dafür gesorgt werden müssen, dass die Staatsgehilfen, die berufen sind, das Ganze im Auge zu haben, sich nicht in Einzelheiten des Bezirkes, der Stadt und des Dorfes verlieren. Kommt so vielleicht manchmal die *Einheitlichkeit der Geschäftsgebarung* zu kurz, so gewinnen wir andererseits dadurch, dass die Entscheidungen von jenen gefällt werden, die die tatsächlichen Verhältnisse kennen, und Buntheit ist kein Fehler für den, dem nicht juristisches und legislatives Denken das Höchste ist.

Kompetenzstreitigkeiten gehen mich nichts an, auch nicht zwischen Regierungen; mir geht es nur um die Sache und ihre unverzügliche Durchführung. Zu einer solchen *Durchführung und Umgestaltung an Haupt und Gliedern* ist der Weg der *parlamentarischen* Gesetzgebung undenkbar; darum sind wir in einer Revolution, ihr sind wir es schuldig, da die Menschheit von Zeit zu Zeit einen Ruck braucht, revolutionär zu handeln. Unter *Räterepublik* ist nichts anderes zu verstehen, als dass das, was im Geiste lebt und nach Verwirklichung drängt, nach irgendwelcher Möglichkeit durchgeführt wird. Wenn man uns in unserer Arbeit nicht stört, so bedeutet das keine Gewalttätigkeit; nur die Gewalt des Geistes wird aus Hirn und Herzen in die Hand und aus den Händen in die Einrichtungen der Außenwelt hineingehen.

Ich erbitte jetzt eine *prinzipielle Erklärung* von jedem Einzelnen unter Ihnen, ob Sie gewillt sind und sich berufen fühlen, nach diesen Grundsätzen freudig und entschlossen mit mir zu arbeiten. Eine Gesamterklärung werde ich nicht annehmen, dagegen stehe ich jedem von Ihnen zur weiteren Aussprache, zu Fragen, zu Behebung von Zweifeln zur Verfügung. Ihre Antwort erbitte ich bis Dienstag, den 15. April 1919.[216]

Gustav Landauer

Der provisor.[ische] Volksbeauftragte für Volksaufklärung der Räterepublik Bayern

Bereitschaft zur Mitarbeit an der zweiten Räterepublik
(13.04.1919).
In: Mitteilungen des Vollzugsrats der Betriebs- und
Soldatenräte (München), Nr. 3 vom 16.04.1919.

Durch das tatkräftige Eingreifen des Proletariats in München ist die Räterepublik vor dem frechen Putschversuch der Gegenrevolutionäre gerettet worden.[217] Die Umgestaltung, die sich anschloss[218], erkenne ich an und begrüße ich. Der alte Zentralrat existiert nicht mehr.[219] Dem Aktionsausschuss stelle ich meine Kraft, wo immer man mich braucht, zur Verfügung.[220]

Gustav Landauer

Schreiben Gustav Landauers
an den Aktionsausschuss vom 16.04.1919.
In: LBr II, S. 420f.[221]

An den Aktionsausschuss[222]

München, Wittelsbacher Palais

Ich habe mich um der Sache der Befreiung und des schönen Menschenlebens willen der Räterepublik weiter zu Verfügung gestellt, als der alte Zentralrat[223] von einer Organisation ersetzt worden war, die von dem Vertrauen der Münchener Arbeiterschaft getragen zu sein schien. Sie haben meine Dienste bisher nicht in Anspruch genommen. Inzwischen habe ich Sie am Werke gesehen, habe Ihre Aufklärung, Ihre Art den Kampf zu führen, kennen gelernt. Ich habe gesehen, wie im Gegensatz zu dem, was Sie ‚Schein-Räte-Republik'[224] nennen, Ihre Wirklichkeit aussieht. Ich verstehe unter dem Kampf, der Zustände schaffen will, die jedem Menschen gestatten, an den Gütern der Erde und der Kultur teilzunehmen, etwas anderes als Sie. Ich stelle also fest - was schon vorher kein Geheimnis war -, dass die Abneigung gegen eine gemeinsame Arbeit gegenseitig ist. Der Sozialismus, der sich verwirklicht, macht sofort alle schöpferischen Kräfte lebendig; in Ihrem Werk aber sehe ich, dass Sie auf wirtschaftlichem und geistigem Gebiet, ich beklage es, sehen zu müssen, sich nicht darauf verstehen.

Diese Mitteilung bleibt von mir streng privat; es liegt mir fern, das schwere Werk der Verteidigung, das Sie führen, im Geringsten zu stören. Aber ich beklage aufs schmerzlichste, dass es nur noch zum geringsten Teil mein Werk, ein Werk der Wärme und des Aufschwungs, der Kultur und der Wiedergeburt ist, das jetzt verteidigt wird.

München, 16. April 1919
Gustav Landauer

Entwurf zu einem Kulturprogramm.
(zweite Aprilhälfte 1919).
GLAA 162.[225]

1. Staat und Kirche
   a) Völlige Trennung.
   b) Vermögen bleibt; Unterstützung der armen Gemeinden durch die reichen, durch Stiftungen, Kirchenvermögen und dergl. Kontrolle des Staats darüber.
   c) Kirchen und entsprechende Gebäude sind im Prinzip Eigentum der politischen Gemeinschaft; sie werden den Konfessionen, die sie bisher inne gehabt haben, ohne Entgelt zur Verfügung gestellt. Der Staat hat das Recht der Kontrolle und der Zwangsauflage, für Erhaltung der Gebäude und Kunstschätze zu sorgen. Öffentliche Einrichtungen, wie Kirchtürme, Uhren, Glockengeläute stehen der politischen Gemeinde für ihre Zwecke zur Verfügung.

d) Die karitativen Einrichtungen (Krankenpflege, Fürsorge für Verwahrloste etc.) bleiben in Händen der Kirchen ihren Zwecken erhalten; doch sorgt der Staat durch Oberaufsicht für pädagogische, ärztliche Leitung und Einrichtungen.
e) Prozessionen etc. werden ebenso behandelt wie andere öffentliche Umzüge; für Klosterschulen etc. gelten die Bestimmungen für Privatschulen.
f) Übergangszeit?

2. Kunst

a) **Architektur**: Die neue Ära der Menschengeschichte hat in den öffentlichen Gebäuden und Monumenten, die von jetzt an errichtet werden, ihren Ausdruck zu finden. Bei Staatsaufträgen sind überall auch die jungen Künstler heranzuziehen; dies gilt für alle Künste. Malerei und Plastik sind von vornherein in die Architektur einzugliedern.

b) **Malerei und Plastik**: Förderung der lebenden Künstler und modernen Richtungen durch Staatsankäufe.
Errichtung eines Museums für moderne Kunst.
Der Staat stellt Staatsgebäude für Ausstellungen zur Verfügung und sorgt für Wanderausstellungen.

c) **Theater**[226]: Nationaltheater mit Zuschüssen aus öffentlichen Mitteln. Freier Eintritt in einer festzustellenden Reihenfolge; Kontrolle des Spielplans und der Spielart durch die höchste geistige Instanz. (Akademie)
Privattheater mit korporativem Charakter (Betriebsrat); der gewählte Leiter hat für seine künstlerischen Maßnahmen große Machtvollkommenheit; etc. etc.[227]

3. Friedhöfe[228]
4. Schulen

- Aufhebung des Zölibats der Lehrerinnen.
- Aufhebung der Prügelstrafe in den Schulen.
- Ethische Hilfserziehung für verwahrlostere Schüler.

„Schulrat": bestehend aus gewählten Lehrern, Schüler, Eltern, Delegierten des Arbeiter- oder Bauernrats; maßgebend auch für ernstere Disziplinarstrafen.

Bairische Landeslehrerkonferenzen (übl.[iche] amtl. Lehrerkonferenzen) zur Erweckung des neuen Geistes.

Ablösung der Kreisschulinspektoren und Schulräte durch geeignete Kräfte; sofortige Kontrolle der Lehrer und Schuleinrichtungen.
Hausaufgaben = Einschränkung.
Privatunterricht, über das Minimum hinausgehend.
Einheitsschule 7.-13. Lebensjahr. Fakultativ: Fremde Sprache.
Lebensgemeinschaft für Handwerksbetrieb: Schüler, Meister, Lehrer; 2 Jahre.
Mittelschule für geistige Ausbildung.[229]
Hochschule:[230]
Abschaffung der theologischen und juristischen Fakultät: Rechtsgeschichte, Religionsgeschichte, Rechtsphilosophie und Metaphysik.

Kulturprogramm.
(zweite Hälfte 1919)
[Gemeinsam von Gustav Landauer und Fidelis (= Felix Boenheim)].[231]

A. Staat und Kirche.
1. Sofortige völlige Trennung.
2. Die Kirche bleibt einstweilen im Besitz ihres Vermögens.
3. Die Kirchen sind im Prinzip Eigentum der politischen Gemeinde.
4. Die karitativen Einrichtungen bleiben ihrem Zweck erhalten.
5. Prozessionen werden wie sonstige Umzüge behandelt.

B. Kunst.
1. Architektur: „Die neue Ära der Menschheitsgeschichte hat in den Monumenten und öffentlichen Gebäuden, die von jetzt ab errichtet werden, ihren Ausdruck zu finden." (Gustav Landauer) Staatsaufträge.
Malerei und Plastik sind in die Architektur einzugliedern.
2. Malerei und Plastik. Neugründung von Museen. Staatsankäufe. Staatsgebäude für Ausstellungen. Wanderausstellungen.
3. Theater.
   a) National-Theater. Freier Eintritt. Kontrolle des Spielplans und der Spielart durch eine Akademie.
   b) Privat-Theater. Korporativer Charakter. Große Macht des gewählten Leiters.

C. Schule.

1. Einheitsschule. 7.-13. Lebensjahr. Betonung von Zeichnen und Turnen. Fakultative Auswahl der Fächer. Keine Schulbank. Neue Lehrbücher. Privatschulen gestattet, wenn sie dasselbe Minimum geben wie die Staatsschule.
2. Nach der Einheitsschule entweder praktische Betätigung mit Fortbildungsschule oder
3. Lebensgemeinschaft vom 13.-15. Jahre (Schüler - Lehre - Meister).

Oder

4. Mittelschule.
5. Hochschule. Streichung der theologischen und juristischen Fakultät mit Ausnahme der Geschichte und Philosophie. Abtrennung einer medizinischen Hochschule, einer philologischen und einer physikalisch-chemisch-naturwissenschaftlichen. Höchste Fakultät ist die philosophische.

Anmerkungen

[1] Mit dieser zweibändigen Zusammenstellung von Briefen aktiv Beteiligter und Beobachter der Französischen Revolution von 1789 (ausgeliefert im Dezember 1918) gelang Landauer ein authentisches Zeugnis eines weltgeschichtlichen Epochenumbruchs. Siehe auch Auszz. der „Briefe aus der Französischen Revolution". In: Das Forum (Berlin) 3 (1918/19), S. 50ff.

[2] Wissenschaftliche Methode und Denkweise der Beweisführung.

[3] Kirchliche Erneuerungsbewegung im 16. Jahrhundert. Sie wurde vor allem von Martin Luther (1483-1546) angestoßen.

[4] Zur Person siehe oben.

[5] Jeanne-Marie Roland, bekannt als Madame Roland (1754-08.11.1793 in Paris hingerichtet), betrieb während der Französischen Revolution einen Salon, beeinflusste die Politik der Girondisten: Gegner der konstitutionellen Monarchie und der revolutionären Sektionen in Paris, Befürworter der Einheit der Republik und des Wirtschaftsliberalismus.

[6] François-Nicolas-Léonard Buzot (1760-1794 Freitod), Rechtsanwalt, Girondist, Gast im Salon von Madame Roland.

[7] Georg Forster (1754-1794), Ethnologe, Reiseschriftsteller und Journalist, als deutscher Jakobiner Mitglied der kurzlebigen Mainzer Republik (1793).

[8] Louis-Lazare Hoche (1768-1797), frz. General der Revolutionszeit, beteiligt an der Niederschlagung des „Aufstand der Vendée" gegen die royalistisch gesinnte Landbevölkerung (1795/96).

[9] Georges Jacques Danton (1759-05.04.1794 hingerichtet in Paris), Rechtsanwalt, vertrat die unteren Bevölkerungskreise während der Französischen Revolution. Leiter des ersten Wohlfahrtsausschusses (1793), der sich unter Robespierre zum jakobinischen Herrschaftsinstrument wandelte.

[10] Jean Paul Marat (1743-1793), Arzt u. Journalist. Führender Jakobiner, von Charlotte Corday (1768-1793), einer Girondistin, am 13.07.1793 in Paris ermordet.

[11] Maximilien (de) Robespierre (1758-28.07.1794 hingerichtet in Paris), Rechtsanwalt, Jakobiner.

[12] Antoine de Saint-Just (1767-28.07.1794 hingerichtet in Paris), Jakobiner, Mitglied des Wohlfahrtsausschusses.

[13] Napoléon Bonaparte (1769-1821), 1804-1814 Kaiser Napoléon I. von Frankreich

[14] Die Zeit vor der Französischen Revolution von 1789.

[15] Bereits 1794 wurde eine klassizistische Marat-Tragödie von J. B. Salles veröffentlicht.

[16] „L'Ami du Peuple" (Der Volksfreund) (Paris, 1789ff.), hrsg. von Jean Paul Marat.

[17] Camille Desmoulins (1760-05.04.1794 hingerichtet in Paris), Rechtsanwalt, Journalist, frz. Revolutionär, Gegner von Maximilien de Robespierre und Antoine de Saint-Just.

[18] Generalstaaten oder auch Generalstände bestanden in Frankreich seit dem 14. Jahrhundert und setzten sich aus dem Adel, dem Klerus und den städtischen Korporationen zusammen. Nachdem sie 175 Jahre nicht mehr einberufen worden waren, fand im Mai 1789 wieder eine Versammlung statt, woraus schließlich die Nationalversammlung hervorging.

[19] Der Sturz der Dantonisten erfolgte im März/April 1794.

[20] Marie-Jeanne Bécu, comtesse du Barry (1743-08.12.1793 hingerichtet in Paris), Mätresse des Königs Ludwig XV.

[21] 4. August 1789: Abschaffung aller adligen und kirchlichen Privilegien sowie sonstigen feudalen Institutionen durch die Nationalversammlung. Mit den sog. Augustbeschlüssen wurden die Feudalherrschaft, die Leibeigenschaft, die Steuerprivilegien von Klerus und Adel abgeschafft und die Gleichheit vor Gericht eingeführt.

[22] Ludwig XVI. (1754-21.01.1793 hingerichtet in Paris), letzter König des Ancien Régime.

[23] François-René de Chateaubriand (1768-1848), frz. Schriftsteller, Politiker u. Diplomat, gilt als Begründer der literarischen Romantik in Frankreich.

[24] Joseph Marie de Maistre (1753-1821), Schriftsteller u. Politiker.

[25] Vendée: frz. Département, 1793 Ausgangspunkt eines Aufstandes gegen die französische Revolution. Die dortige, royalistisch gesinnte Landbevölkerung setzte sich gegen die in Paris angeordneten Zwangsrekrutierungen zur Wehr. Der Aufstand wurde brutal niedergeschlagen.

[26] Adelbert von Chamisso (1781-1838), Weltreisender, Naturforscher u. Dichter. Seine Eltern verließen 1792 Frankreich und ließen sich 1796 in Berlin nieder.

[27] Friedrich de la Motte Fouqué (1777-1843), Dichter der Romantik, entstammte einer adligen Hugenottenfamilie.

[28] Marie Antoinette (1755-16.10.1793 hingerichtet in Paris), verheiratet mit Ludwig XVI. (1754-1793), Königin von Frankreich und Navarra.

[29] Den Abschiedsbrief von Marie Antoinette an ihre Schwägerin Elisabeth von Frankreich (1764-1794 hingerichtet), in dem sie diese darum bat, sich um die Kinder zu kümmern, hat diese nie erhalten. Dieses Schreiben ist erst 1816 veröffentlicht worden.

[30] Hans Axel, Graf v. Fersen (1755-1810), schwedischer Staatsmann, befreundet mit Marie Antoinette und Ludwig XVI.

[31] Nikolaus von Luckner (1722-04.01.1794 hingerichtet in Paris), Marschall von Frankreich, 1792 Oberbefehlshaber der Rheinarmee.

[32] Karl Wilhelm Ferdinand von Braunschweig-Wolfenbüttel (1735-1806), Herzog von Braunschweig-Wolfenbüttel, Feldmarschall, Oberkommandierender der gegen Frankreich verbündeten Truppen.

[33] Marie-Joseph Motier, Marquis de La Fayette (1757-1834), frz. General u. Politiker, Gegner der Jakobiner.

[34] François-Claude-Amour de Bouillé (1739-1800), frz., royalistischer General.
[35] Louis Auguste Le Tonnelier de Breteuil (1730-1807), frz., royalistischer Diplomat.
[36] Jérôme-Joseph Geoffroy de Limon (1746-1799), Gegner der Französischen Revolution, floh nach Deutschland. Von ihm stammt das antirevolutionäre „Manifest des Herzogs von Braunschweig" (1792).
[37] Während der Septembermassaker 1792 wurden über 1.200 Menschen, viele Geistliche, weil sie den Eid auf die republikanische Verfassung verweigerten, ermordet.
[38] Die Kanonade von Valmy im September 1792 war ein Artillerieduell im Ersten Koalitionskrieg zwischen Österreich und Preußen auf der einen Seite und der französischen Revolutionsarmee auf der anderen Seite. Die Franzosen besiegten hier erstmals ein Heer der revolutionsfeindlichen Koalition.
[39] Madame Jullien: i.e. Rosalie D. Jullien geb. Ducrolay (ca. 1740/45-1820), Jakobinerin.
[40] Jean-François Gaultier de Biauzat (1739-1815), frz. Politiker.
[41] Dr. med. Edward Rigby (1747-1821), engl. Arzt, Augenzeuge der Französischen Revolution im Sommer 1789. Hierzu: Lady [Elizabeth] Eastlake (Rigby) (Hrsg.), Dr. Rigby's Letters from France in 1789. London 1880.
[42] Carl Heinrich Friedrich Graf von der Goltz (1775-1822), Generalleutnant und Gesandter.
[43] Der Sturm auf die Bastille, eine befestigte Stadttorburg, später ein Gefängnis, in Paris, am 14.07.1789, wurde zum Symbol der Französischen Revolution.
[44] Der Sturm auf die königliche Residenz, den Tuilerienpalast, fand am 10.08.1792 statt. König Ludwig XVI. wurde zur Flucht gezwungen - die zweite, radikalere Phase der Französischen Revolution wurde eingeläutet.
[45] Johann Georg Kerner (1770-1812), Arzt, Publizist, Chronist der Französischen Revolution von 1789.
[46] Justus Erich Bollmann (1769-1821), Arzt, Politiker, Unternehmer. Versuchte 1792 vergeblich, sich in Paris als Arzt niederzulassen.
[47] Karl Friedrich Graf von Reinhard (1761-1837), frz. Diplomat von deutscher Herkunft und Schriftsteller.
[48] Zur Person siehe oben.
[49] Aufgrund seiner Skepsis gegenüber allen revolutionären Veränderungen von unten, stand Johann Wolfgang von Goethe (1749-1832) der Französischen Revolution von 1789 ablehnend gegenüber. Im Sommer 1792 begleitete er als Beobachter Herzog Karl August von Weimar in den ersten Koalitionskrieg gegen das revolutionäre Frankreich.
[50] Johann Caspar Lavater (1741-1801), reformierter Pfarrer, Philosoph und Schriftsteller aus der Schweiz.
[51] Marquis de La Fayette (1757-1834), frz. General und Politiker.
[52] Jean-Denis Lanjuinais (1753-1827), Jurist, 1789 Abgeordneter der Generalstände, Girondist, 1799 Mitglied des Senats, Monarchist.

[53] Jules Michelet (1798-1874), gilt als der bedeutendste französische Historiker im 19. Jahrhundert. Werk: L'Histoire de la Révolution française. 7 Bände, 1847-1853.

[54] Peter Kropotkin (1842-1921), russischer Anarchist, Geograph, Schriftsteller, ‚Klassiker' des Anarchismus. Werk: La grande révolution 1789-1793. Paris 1909; dt. Ausgabe u.d. T.: Die Französische Revolution 1789-1793. Einzig berechtigte Ausgabe von Gustav Landauer. Leipzig: Theodor Thomas 1909. 2 Bände [weitere Aufll.]

[55] Hippolyte Taine (1828-1893), frz. Historiker und Philosoph. Werk: Les origines de la France contemporaine (Die Entstehung des modernen Frankreich). 6 Bde, 1875-1893.

[56] Louis Blanc (1811-1882), frz. Publizist u. Historiker. Werk: Histoire de la révolution française. 12 Bde. Paris 1847-1862.

[57] Jean Jaurès (1859-31.07.1914 ermordet), sozialistischer Politiker u. Historiker, engagierte sich für die Rehabilitierung des zu Unrecht der Spionage beschuldigten Hauptmanns Alfred Dreyfus, von 1902 bis 1914 Abgeordneter der Nationalversammlung, Pazifist. Werk: Histoire socialiste de la Révolution française. 6 Bde, 1901ff. [weitere Aufll.]

[58] Alphonse de Lamartine (1790-1869), Schriftsteller und Politiker. Werk: Histoire des Girondins. Bruxelles 1847; dt. u.d.T.: Geschichte der Girondisten. Leipzig 1847 [weitere Aufll.]

[59] Mit dem Aufruf meint Landauer den am 16.11.1918 im „Berliner Tageblatt" erschienenen, von Theodor Wolff verfassten und von 60 namhaften Personen (u.a. Albert Einstein, Alfred Weber, die Frauenrechtlerin Minna Cauer, Hugo Preuß, Hellmut von Gerlach) unterzeichneten Gründungsaufruf der Deutschen Demokratischen Partei (DDP). Mitte November 1918 hatte sich die linksliberale Deutsche Demokratische Partei konstituiert, neben dem Zentrum und der SPD eine der drei tragenden Säulen der Weimarer Republik.

[60] Die Republik („Freistaat") Bayern wurde vom USPD-Politiker Kurt Eisner (1867-1919) in der Nacht vom 07. zum 08.11.1918 ausgerufen. Die Proklamierung der Republik Österreich fand in Wien am 12.11.1918 statt.

[61] Gemeint ist die Frankfurter Nationalversammlung 1848/49 in der Paulskirche.

[62] Die Weimarer Nationalversammlung ging aus den Wahlen vom 19.01.1919 hervor.

[63] Gemeint ist die Novemberrevolution 1918: Ihren Ursprung nahm die deutsche Revolution 1918/19 vom Kieler Matrosenaufstand Ende Oktober 1918. Eine spontane Bewegung erfasste weitere Hafenstädte, schließlich auch Mittel- und Süddeutschland.

[64] Samuel Freiherr von Pufendorf (1632-1694), Jurist u. Philosoph, übte in der Schrift „De statu imperii Germanici" (1667) Kritik an der Reichsverfassung. Sein Hauptwerk „De iure naturae et gentium libri octo" (1672) prägte die deutsche Naturrechtslehre bis Kant.

[65] Zur Person siehe oben.

[66] Verfassungsurkunde für das Deutsche Reich vom 16.04.1871, unterzeichnet von Kaiser Wilhelm I.

[67] In der sog. Paulskirchenverfassung (1849) der Frankfurter Nationalversammlung war eine konstitutionelle Erbmonarchie vorgesehen.

[68] Prinz Max von Baden (1867-1929), im Oktober 1918 zum Reichskanzler ernannt, verkündete die Abdankung Kaiser Wilhelms II. und übertrug Friedrich Ebert das Reichskanzleramt. Wilhelm II. (1859-1941), letzter deutscher Kaiser von 1888-1918.

[69] Siehe oben.

[70] Siehe oben.

[71] Erich Ludendorff (1865-1937), General, zusammen mit Generalstabschef Hindenburg verantwortlich für die militärische Kriegsführung im 1. Weltkrieg, sympathisierte mit Hitler, Teilnahme am Putsch vom 09.11.1923 in München.

[72] Bei den Germanen Volks- und Gerichtsversammlung.

[73] Étienne de La Boétie (1530-1563), frz. Schriftsteller, Humanist. Sein Essay „Discours de la servitude volontaire" (Von der freiwilligen Knechtschaft) aus dem 16. Jahrhundert hat Gustav Landauer übersetzt und im „Sozialist" 1910/11 wieder veröffentlicht (zuletzt: Frankfurt am Main 2009). Auch in seiner geschichtsphilosophischen Monographie „Die Revolution" (1907; zuletzt: Münster 2003. Hrsg. von Siegbert Wolf) findet sich eine eingehende Rezeption von La Boéties Klassiker und der darin enthaltenen Aussage von der „freiwilligen Knechtschaft".

[74] Die Arbeiter- und Soldatenräte in ganz Deutschland entsandten Abgeordnete nach Berlin, die am 16. Dezember im Zirkus Busch zum „Ersten Allgemeinen Kongress der Arbeiter und Soldatenräte" zusammentreten sollten. Um dies zu verhindern, planten SPD-Chef Friedrich Ebert (1871-1925), Mitglied des Rates der Volksbeauftragten, und General Wilhelm Groener (1867-1939), damals faktisch Chef der Obersten Heeresleitung, mit Hilfe von nach Berlin beorderten Fronttruppen, am 15. Dezember die Kontrolle über die Hauptstadt zurückzugewinnen. Eines der dafür vorgesehenen Regimenter schlug am 6. Dezember zu früh los. Bei dem Versuch, den Vollzugsrat zu verhaften, feuerte die Truppe in einen Demonstrationszug von unbewaffneten, den Spartakisten nahe stehenden Soldatenräten, und tötete 16 Menschen. Der Durchsetzung der von der Sozialdemokratie angestrebten parlamentarischen Demokratie standen damit kaum noch Hindernisse im Weg, zumal die SPD auf dem Reichskongress der Arbeiter- und Soldatenräte Mitte Dezember 1918 über deutliche Mehrheitsverhältnisse verfügte. Die Delegierten traten mit überwältigender Mehrheit für die Wahl zur Nationalversammlung am 19. Januar 1919 ein. Der Wunsch zahlreicher Delegierten, am Rätesystem als Grundlage der neuen Verfassung festzuhalten, fand auf dem Kongress kein Gehör.

[75] Auszugsweise wieder abgedruckt u.d.T. „Vom Sinn der Revolution". In: Der junge Jude (Berlin) 2 (1929), H. 2, Juni, S. 37f.

[76] Landauer sprach als Delegierter des „Zentralarbeiterrates" sowie als Mitglied des „Revolutionären Arbeiterrates".

[77] Räte entstanden in Russland erstmals während der Revolution 1905. Auch während der Februar- und der Oktoberrevolution 1917 bildeten sich spontan Selbstverwaltungsorgane, die von den Bolschewiki allerdings deutlich in ihren Rechten beschnitten wurden.

[78] Kurt Eisner (1867-1919), Sozialist und Schriftsteller, führend beteiligt an den Ereignissen der Revolution im November 1918 in München, wirkte bis zu seiner Ermordung am 21.02.1919 durch einen Rechtsextremisten als erster Ministerpräsident des „Freistaates Bayern". Der USPD-Politiker Kurt Eisner proklamiert in der Nacht vom 07. zum 08.11.1918 in München den Freistaat (= Republik) Bayern und holte seinen Freund Gustav Landauer nach München.

[79] Erhard Auer (1874-1945), SPD-Parteivorsitzender in Bayern und erster Innenminister des Freistaates Bayern.

[80] Ernst Toller (1893-1939 Freitod), Schriftsteller, Vorsitzender der USPD-München, Mitglied des Revolutionären Arbeiterrates München, als Vorsitzender des „Revolutionären Zentralrates Bajerns" führende Kraft während der ersten bayerischen Räterepublik, 1919 wegen Hochverrats zu fünf Jahren Festungshaft verurteilt.

[81] Johannes Hoffmann (1867-1930), Grundschullehrer, mehrheitssozialdemokratischer Politiker, im März 1919 bayerischer Ministerpräsident, Gegner der Räterevolutionäre.

[82] Als erster Staat führte Preußen die Möglichkeit zum verkürzten Militärdienst als Einjährig-Freiwilliger - ein Klassenprivileg - ein, mit dem Ziel der Rekrutierung von Reserveoffizieren.

[83] Max von Baden (1867-1929), letzter Reichskanzler des wilhelminischen Kaiserreiches.

[84] Zur Person Wilhelms II. siehe oben.

[85] Zur Person siehe oben.

[86] Auszüge u.d.T: Deutschland und seine Revolution in: Erkenntnis und Befreiung. Halbmonatsschrift (Wien) 1 (1919), 15.-28.02.1919, Nr. 6, S. 8ff. (I) u. 01.-16.03.1919, Nr. 7, S. 13ff. (II) [Mit einer Anm. der Redaktion: „…den unser Kamerad so freundlich war, uns zur Verfügung zu stellen."]; auszugsweise wieder abgedruckt u.d.T. „Vom Sinn der Revolution". In: Der junge Jude (Berlin) 2 (1929), H. 2, Juni, S. 37f. sowie u.d. T. „Der Weg der Revolution". In: Ebd. S. 39.

[87] Landauer war nie Mitglied der USPD, ließ sich aber dazu überreden, als Parteiloser auf der USPD-Liste im Krumbacher Wahlkreis für die bayerischen Landtagswahlen am 12.01.1919 zu kandidieren - mit nur geringem Erfolg.

[88] Dr. med. Georg Hohmann (1880-1970), Orthopäde u. Chirurg, Linksliberaler, Vorstandsmitglied des im November 1918 konstituierten „Rates geistiger Arbeiter".

[89] Hauptmann Eugen Ritter von Schobert (1883-1941), während des 1. Weltkriegs

bayerischer Infanterieoffizier, im Provisorischen Nationalrat Bayerns Mitglied des Ausschusses der Offiziere in München, während des 2. Weltkriegs Armeebefehlshaber, Nationalsozialist.

[90] Zur Person siehe oben.

[91] Georg Michaelis (1857-1936), vom Juli bis Oktober 1917 Reichskanzler und preußischer Ministerpräsident.

[92] Eduard v. Capelle (1855-1931), Admiral u. Staatssekretär im Reichsmarineamt.

[93] Gemeint sind die Kieler Aufstände der Matrosen und ArbeiterInnen Anfang November 1918 - bereits Ende Oktober widersetzten sich Teile der Besatzungen von Kreuzern und Großkampfschiffen, vor Wilhelmshaven auszulaufen -, die das Signal zur Revolution und zum Sturz des deutschen Kaiserreiches gaben.

[94] Der „Bund Neues Vaterland" (Berlin), die größte pazifistische Vereinigung während des Ersten Weltkriegs, wurde im November 1914 gegründet (1922 umbenannt in „Deutsche Liga für Menschenrechte"). Über Landauers Mitwirkung darin, siehe die Einleitung im vorliegenden Band.

[95] Raymond Poincaré (1860-1934), frz. Politiker, wiederholt Ministerpräsident, von 1913 bis 1920 Präsident Frankreichs.

[96] Gemeint ist der deutsch-französische Krieg von 1870/71.

[97] Begann mit Otto von Bismarcks (1815-1898) Ernennung zum preußischen Ministerpräsidenten 1862 und dauerte bis seiner Entlassung als Reichskanzler im Jahre 1890 an.

[98] Siehe oben.

[99] Franz Ferdinand von Österreich-Este (1863-1914), Thronfolger von Österreich-Ungarn. Kam am 28.06.1914 in Sarajewo durch ein Attentat ums Leben.

[100] Siehe oben. Vgl. auch: Gustav Landauer, Marokko. In: Soz, 15.07.1911. Wieder abgedruckt in: Gustav Landauer, Ausgewählte Schriften, Bd 1: Internationalismus. Herausgegeben von Siegbert Wolf. Lich/Hessen 2008, S. 126ff.

[101] Friedrich der Große (Friedrich II.), (1712-1786), König von Preußen, gilt als Repräsentant eines „aufgeklärten Absolutismus".

[102] Siehe oben.

[103] Landauer nimmt hier bezug auf Phineas Taylor Barnum (1810-1891), US-amerikanischer Zirkuspionier, gilt als Erfinder des Showgeschäftes.

[104] Richard Grelling (1853-1929), Jurist, Journalist, Pazifist, Mitbegründer u. langjähriger Geschäftsführer der „Deutschen Friedensgesellschaft", veröffentlichte 1915 in der Schweiz die Schrift „J'accuse" (Lausanne), die in Deutschland verboten wurde.

[105] Émile Zola (1840-1902), frz. Schriftsteller u. Journalist. Sein Artikel „J'accuse…!" („Ich klage an!") (1898) brachte die Rehabilitierung des 1894 fälschlich wegen Landesverrates verurteilten Offizier Alfred Dreyfus (1859-1935) ins Rollen. Siehe auch: Gustav Landauer, Der Dichter als Ankläger. In: Soz, 05.02.1898 [üb. die Dreyfus-Affäre]. Abgedruckt in: Gustav Landauer, Ausgewählte Schriften", Bd. 1: Internationalismus. Hrsg. von Siegbert Wolf. Lich/Hessen 2008, S. 62ff.

[106] Zur Person siehe oben.

[107] Kurt Eisner gehörte zu den Organisatoren des Münchner MunitionsarbeiterInnenstreiks im Januar 1918. Daraufhin wurde er Ende Januar d. J. in München verhaftet und zu einer Gefängnisstrafe verurteilt. Erst Mitte Oktober kam er vorzeitig frei, weil die USPD ihn als Kandidaten für eine Nachwahl zum Reichstag aufstellen wollte.

[108] Aus diesem deutschen Adelsgeschlecht gingen jahrhundertelang die pfälzischen und bayerischen Herrscher hervor.

[109] Die bayerischen Landtagswahlen fanden am 12.01. (bzw. 02.02.) 1919 statt, die Wahl zur deutschen Nationalversammlung am 19.01.1919.

[110] Friedrich Wilhelm Foerster (1869-1966), Philosoph u. Pazifist, o. Prof. Univ München. 1918 von Ministerpräsident Kurt Eisner zum bayerischen Gesandten in Bern ernannt.

[111] Constantin Frantz (1817-1891), Historiker, Publizist, Föderalist. Als Gegner Otto von Bismarcks plädierte er für einen mitteleuropäischen, föderalistischen Staatenbund.

[112] Zur Person siehe oben.

[113] Auf Reichsebene waren seit 1871 alle Männer ab 25 Jahren wahlberechtigt - nicht jedoch die Frauen. In Preußen galt das ungleiche, indirekte Dreiklassenwahlrecht.

[114] Philipp Scheidemann (1865-1939), SPD-Politiker, rief am 09.11.1918 die deutsche Republik aus, Mitglied im „Rat der Volksbeauftragten". Nach der Wahl zur Weimarer Nationalversammlung Regierungschef einer Koalition aus SPD, Zentrum und Liberalen.

[115] Friedrich Ebert (1871-1925), seit 1913 Vorsitzender der SPD und ab 1919 erster Reichspräsident der Weimarer Republik. 1918/19 Vorsitzender des „Rates der Volksbeauftragten" aus SPD und USPD.

[116] Zur Person siehe oben.

[117] 1869 gründeten Kaufleute den Münchner Handelsverein e.V., der als selbstverwaltete Einrichtung Träger der Münchener Börse wurde.

[118] 1843 entstand die Handelskammer für den Regierungsbezirk Oberbayern mit Sitz in München.

[119] Zur Person siehe oben.

[120] Die rechtsliberale „Deutsche Volkspartei" trat 1918 die Nachfolge der „Nationalliberalen Partei" an. Nach anfänglichen Schwierigkeiten, eine der tragenden Säulen der Weimarer Republik - 1933 Selbstauflösung.

[121] Edgar Jaffé (1866-1921), Nationalökonom, USPD-Politiker, 1918/19 Finanzminister im Kabinett von Ministerpräsident Kurt Eisner. Sein Haus in München war ein Treffpunkt der Schwabinger Bohème.

[122] Hans Unterleitner (1890-1971), Schlosser, USPD, Mitglied des bayerischen Landtags, Minister für soziale Fürsorge im Kabinett Eisner, 1920 bis 1933 Reichstagsabgeordneter.

[123] Ludwig Quidde (1858-1941), Historiker, Publizist, linksliberaler Politiker, Pazifist, langjähriger Vorsitzender der „Deutschen Friedensgesellschaft", 1927 Friedensnobelpreis. Verfasste 1916 gemeinsam mit Gustav Landauer den Gründungsaufruf der „Zentralstelle Völkerrecht", die 1919 in der „Deutschen Friedensgesellschaft" aufging. Landauer wurde Vorsitzender der Ortsgruppe Groß-Berlin [Abdruck im vorliegenden Band]

[124] In Thüringen.

[125] Gemeint ist der „Aufruf zum Sozialismus. Ein Vortrag" Berlin 1911.

[126] Gemeint ist der von Landauer, anfänglich gemeinsam mit Margarethe Faas-Hardegger (1882-1963), herausgegebene, dritte „Sozialist" (1909-1915). [hierzu ausführlich Band 3.1: Antipolitik der „Ausgewählten Schriften" Gustav Landauers. Hrsg. von Siegbert Wolf. Lich/Hessen 2010]

[127] Friedrich Adler (1879-1960), Austromarxist.

[128] Zur Person siehe oben.

[129] Bezeichnung für den russischen (Klein-)Bauern.

[130] Zur Person siehe oben.

[131] Die Schweiz war während des Ersten Weltkriegs neutral. Innenpolitisch gärte es in dieser Zeit dort allerdings: Aufgrund der hohen Abhängigkeit der Alpenrepublik von Rohstoffimporten führte der Krieg zu immensen Teuerungen und damit zu sozialer Verelendung breiter Bevölkerungskreise. Seit 1916 kam es zu Protesten und Demonstrationen, wobei die Situation noch zusätzlich dadurch angeheizt wurde, dass Teile der Armee als Ordnungsdienst gegen die eigene Bevölkerung eingesetzt wurden. Im November 1918 wurde aufgrund der großen Not ein Generalstreik ausgerufen, der mit Forderungen nach politischen Veränderungen einherging, allerdings nach massivem Militäreinsatz bereits nach wenigen Tagen endete. Der einzige Erfolg dieses Streiks war eine Herabsetzung der wöchentlichen Arbeitszeit.

[132] [Anm. Landauers:] Diese Worte seien nachträglich dem Andenken des Bergwerkdirektors Jokisch gewidmet, der, von dem Geist der Revolution erfasst, frei in den Tod gegangen ist. Er mag ein Konservativer gewesen sein, er mag geglaubt haben, mit seinem Tod gegen den ‚Sozialismus' zu wirken; was er tat, war Revolutionswerk in dem Sinne, dass die Revolution das beste und verborgenste Urindividuelle weckt und dem ganz Allgemeinen frei und heroisch hingibt. Warum er sein Leben aufgab, hat dieser Mann klar denkend und innig entschlossen in dem folgenden Vermächtnis kundgetan:

„An die oberschlesischen Berg- und Hüttenleute! Nachdem wir uns vergeblich bemüht haben, Euch durch Worte zu belehren, habe ich mich entschlossen, es durch eine Tat zu versuchen. Ich will sterben, um Euch zu beweisen, dass die Sorgen, die Ihr über unser beneidetes Dasein verhängt, schlimmer sind als der Tod. Wohlgemerkt also: Ich opfere mein Leben, um Euch darüber zu belehren, dass Ihr Unmögliches fordert. Die Lehren, die ich Euch aus dem Grabe zurufe, lauten: Misshandelt und vertreibt Euere Beamten nicht. Ihr braucht sie und findet keine anderen, die bereit sein werden, mit Wahnsinnigen zu arbeiten. Ihr braucht sie, weil Ihr den Betrieb ohne Leiter nicht führen könnt. Fehlen die Leiter, dann erliegt der Betrieb, und Ihr müsst verhungern. Mit Euch Euere Frauen, Euere Kinder und Hunderttausende unschuldiger Bürger. Die eindringliche Mahnung, die ich an Euch richte, ruft Euch zu eifriger Arbeit. Nur, wenn Ihr mehr arbeitet als vor dem Krieg und Euere Ansprüche bescheidener werden, könnt Ihr auf Zufluss von Lebensmitteln und auf erträgliche Preise rechnen. Da ich für Euch in den Tod gegangen bin, schützt meine Frau und meine lieben Kinder und helft ihnen, wenn sie durch Euere Torheit in Not geraten.

Borsigwerk, 1. Januar 1919. Jokisch". - Fedor Jokisch (1857-01.01.1919), Bergrat, Anfang 1900 Eintritt in die Fa. Borsig Berg- und Hüttenverwaltung, zuletzt Direktor der oberschlesischen Borsigwerke. Der Abschiedsbrief von Jokisch vom 01.01.1919, gewissermaßen sein Testament, in: Landesarchiv Berlin, Rep. 226, Nr. 544.

[133] Peter Kropotkin (1842-1921), Geograph, Schriftsteller, ‚Klassiker' des Anarchismus.

[134] Peter Kropotkin, Landwirtschaft, Industrie und Handwerk oder: Die Vereinigung von Industrie und Landwirtschaft, geistiger und körperlicher Arbeit. Autorisierte Übersetzung von Gustav Landauer. Berlin: S. Calvary & Co.1904. Mit einem Vorwort (S. 1-4) und einem Anhang Landauers: Intensive Landwirtschaft in Deutschland, S. 272-275. [Zuerst erschienen u.d.T.: Fields, factories and workshops. Boston 1899; weitere Aufll. Vorwort u. Anhang Landauers abgedruckt in Band 3.1: Antipolitik der „Ausgewählten Schriften" Gustav Landauers. Hrsg. von Siegbert Wolf. Lich/Hessen 2010, S. 73ff.]

[135] Herausgeber der „Masken" war damals Gustav Landauer. Sie erschienen im Verlag von Gustav Lindemann und Louise Dumont, Leiter des Düsseldorfer Schauspielhauses. Landauer nimmt hier Bezug auf eine Rede des damaligen bayerischen Ministerpräsidenten Kurt Eisners (zur Person siehe oben) im bayerischen Provisorischen Nationalrat (9. Sitzung vom 3. Januar 1919). Eisner entgegnete einem Antrag des Delegierten Albert Florath (1888-1957), Schauspieler, Künstlergewerkschaft Bayern und Mitglied der USPD, der die Sozialisierung aller Theater beantragt hatte. [Anm. Gustav Landauers:] „Der Antrag Floraths, der zur Verhandlung stand, lautete: ‚Der Provisorische Nationalrat ersucht das Ministerium für Soziale Fürsorge, die Lage aller künstlerischen Berufe im Benehmen mit dem Kultusministerium und dem Vorstande der Künstlergewerkschaft Bayerns zu prüfen und Maßnahmen für deren Besserung zu treffen.' Darüber hinausgehend verlangte der Antragsteller in seiner Rede Verstaatlichung oder Verstadtlichung der Theater." Eisner erklärte sich in seiner Entgegnung auf den Antrag Floraths mit einer Sozialisierung der Theater „völlig einverstanden. Das Theater soll eine gemeinsame Angelegenheit des Staates und der Städte sein und soll zugänglich werden dem gesamten Volke." (ebd. S. 168)

Vor allem darauf bezog sich Landauer kritisch in seiner kurzen, hier abgedruckten „Anmerkung".

[136] Antiker griechischer Stadtstaat (z.B. Athen), häufig idealisiert als Bürgergemeinde, in der Frauen, Kinder und Sklaven keinerlei Rechte besaßen.

[137] griech.: Staat, Staatswesen, Verfassung.

[138] „Übergangsparlament" Bayerns (08.11.1918-04.01.1919, letzte Tagung) unter der Regierung von Ministerpräsident Kurt Eisner. Besaß lediglich beratende Funktion. Anfänglich bestand der Provisorische Nationalrat, dem auch Landauer angehörte, aus dem Revolutionären Arbeiterrat, dem Münchner Soldatenrat und den Landtagsabgeordneten von MSPD und Bauernbund sowie drei Liberalen. Als das auf 256 Mitglieder erweiterte Gremium am 13.12.1918 erneut zusammenkam, waren nun die obersten Rätegremien (Landesarbeiterrat, Landessoldatenrat, Parlamentarischer Bauernrat), die bereits am 08.11.1918 anwesenden Landtagsabgeordneten und Vertreter u.a. berufsständischer Organisationen vertreten.

[139] Zugehfrau, Putzfrau.

[140] Landauers Antrag wird einstimmig angenommen.

[141] Das Amt des bayerischen Außenministers bekleidete in Personalunion der bayerische Ministerpräsident Kurt Eisner, der sich mit Gustav Landauer in dem Ziel, die Hegemonie Preußens in Deutschland zu beseitigen, einig war.

[142] Damaliger bayerischer Wohnort Landauers.

[143] Gemeint ist der Januaraufstand ab 05.01.1919 zwischen der Sozialdemokratie und den Kommunisten, die den „Rat der Volksbeauftragten" für abgesetzt erklärten, die Wahlen zur Nationalversammlung verhindern wollten und auf eine Räterepublik hinarbeiteten. Die Niederschlagung des Januaraufstandes endet mit der Ermordung Rosa Luxemburgs und Karl Liebknechts.

[144] Hierzu grundlegend: Gustav Landauer, Die vereinigten Republiken Deutschlands und ihre Verfassung. (25.11.1918) [Abdruck im vorliegenden Band]

[145] Abgedruckt u.d.T.: Überschätzung der Wahlen. In: Die Republik (Berlin) 2 (1919), Nr. 21, 21.01.1919.

[146] Am 19.01.1919. An den bayerischen Landtagswahlen vom 12.01.1919, die dem bayerischen Ministerpräsidenten Kurt Eisner (USPD) eine verheerende politische Niederlage bescherten, nahm als Unabhängiger auf der USPD-Liste auch Landauer, ohne seine parlamentsablehnende Haltung aufzugeben, im Krumbacher Wahlkreis teil und erhielt 92 Stimmen (0,5%).

[147] Zur Person siehe oben.

[148] Rosa Luxemburg (1871-15.01.1919 Berlin, ermordet), marxistische Theoretikerin, Antimilitaristin, Gründungsmitglied der KPD.

[149] Rosa Luxemburg und Karl Liebknecht wurden am 15.01.1919 nach der Niederschlagung des Spartakusaufstandes (05.-12.01.1919 in Berlin) von Freikorpssoldaten in Berlin ermordet.

[150] Das aktive und passive Frauenwahlrecht wurde in Deutschland am 30. November 1918 im Rahmen der „Verordnung über die Wahlen zur Verfassungsgebenden deutschen Nationalversammlung (Reichswahlgesetz)" eingeführt.

[151] Constantin Fehrenbach (1852-1926), Zentrumspolitiker, von Juni 1920 bis Mai 1921 Reichskanzler der Weimarer Republik.

[152] Zur Person siehe oben.

[153] Abdruck im vorliegenden Band.

[154] Während des Ersten Weltkriegs das Bündnis von Frankreich, England und Russland.

[155] Auch in: Münchner Neueste Nachrichten, Nr. 94, 27.02.1919, Abendausgabe; Masken (Düsseldorf) 14 (1919), Heft 13, März, S. 202ff. u. in: Arbeit und Zukunft. Nachrichtenblatt für die Arbeiter- und Bauern-Räte des Volksstaates Bayern. Hrsg. vom Vollzugsrat der Arbeiter- und Bauern-Räte Bayerns (München) 1 (1919), 28.02.1919, S. 50ff.

[156] Zur Person siehe oben.

[157] Johann Wolfgang von Goethe, Faust I, Vers 589ff. (Faust).

[158] Jugendgedichte Kurt Eisners (NL Kurt Eisner, SAPMO im Bundesarchiv, Berlin).

[159] Jan Hus, auch Johannes Huss (um 1369-1415 auf dem Scheiterhaufen), christlicher Reformer u. Märtyrer.

[160] Kurt Eisner wurde am 21.02.1919 auf dem Weg zum Landtag, um seinen Rücktritt als bayerischer Ministerpräsident bekanntzugeben, vom rechtsextremen Adligen Anton Graf von Arco auf Valley (1897-1945) ermordet.

[161] Der Gesegneten.

[162] In: Kurt Eisner, Gesang der Völker. In: Ders., Die neue Zeit. München 1919, S. 36f.; GLAA 58.

[163] NL Kurt Eisner, SAPMO im Bundesarchiv, Berlin.

[164] Der am 21.02.1919 gebildete Aktionsausschuss bestand aus jeweils sieben Mitgliedern der drei Exekutivorgane, aus fünf Mitgliedern des „Revolutionären Arbeiterrates", jeweils zwei Vertretern der sozialistischen Parteien (plus KPD), aus Vertretern der Gewerkschaften sowie dem Direktor der Konsumgenossenschaft Sendling-München, Hans Bauer (geb. 1874).

[165] Martin Luther (1483-1546), Reformator, Judenfeind.

[166] Grabspruch des Theologen Magister Martinus von Biberach (gest. 1498) - wobei die genaue Zuschreibung nicht unumstritten ist.

[167] Rede Kurt Eisner auf dem Kongress der bayerischen Soldatenräte am 30.11.1918. In: Verhandlungen des provisorischen Nationalrates/Beilagen, Beil. 2.

[168] Kurt Eisner, Das Ende des Reiches. Deutschland und Preußen im Zeitalter der großen Revolution. Berlin: Buchh. Vorwärts, 1907 [Nachdruck 2006], Vorrede zur ersten Aufl. [o. S.]

[169] Kurt Eisner, An das (Stellvertretende) Generalkommando des I. Bayerischen Armeekorps, München, 14.02.1917 [handschriftlicher Entwurf, datiert vom 14.01.1917; Beschwerdebrief]. In: Kurt Eisner, Unterdrücktes aus dem Weltkrieg. München, Wien, Zürich 1919, S. 53-59 [hier: S. 55 u. 57].

[170] Der Streik der Münchner MunitionsarbeiterInnen im Januar 1918, von Kurt Eisner mitorganisiert, war Teil einer reichsweiten Streikwelle gegen den Krieg und für Demokratie. Eisner wurde Ende Januar d. J. in München verhaftet und saß bis Mitte Oktober d. J. in Haft.

[171] Elise „Else" Eisner-Belli (1887-1940 Freitod), Redakteurin, Witwe des am 21.02.1919 ermordeten Ministerpräsidenten Kurt Eisner. Als Jüdin von den Nationalsozialisten vertrieben, emigrierte sie nach Frankreich und lebte dort versteckt in einem Kloster. Als die Deutschen Frankreich besetzten, nahm sie sich in ihrer Verzweiflung das Leben.

[172] Die Mehrheitssozialdemokratie forderte, dem Revolutionären Arbeiterrat die Teilnahme am Aktionsausschuss zu verweigern. Im Anschluss an die Rede Landauers einigte sich der Kongress, den 21er-Auschuss, bestehend aus je 7 Arbeiter-, Bauern- und Soldatenräten, als provisorischen Aktionsausschuss anzuerkennen. Der Revolutionärer Arbeiterrat war mit 50 Mitgliedern im Münchner Arbeiter- und Soldatenrat und mit 10 Mitgliedern im Landesarbeiterrat vertreten - ebenso im Provisorischen Nationalrat Bayerns (z.B. Gustav Landauer).

[173] Ernst Niekisch (1889-1967), Grundschullehrer, Mitglied der MSPD, Mitglied im Provisorischen Nationalrat Bayerns, Vorsitzender des Zentralrats der Bayerischen Republik in München (Februar bis April 1919), während der ersten Bayerischen Räterepublik lehnt er es ab, ein Amt als Volksbeauftragter, etwas das für Erziehung und Unterricht, zu übernehmen und erklärt kurze Zeit später seinen Rücktritt vom Vorsitz des Zentralrats - sein Nachfolger wurde Ernst Toller (1893-1939). Wegen Beihilfe zum Hochverrat zu zwei Jahren Festungshaft verurteilt. Als Nationalrevolutionär Bekenntnis zum ‚nationalen' Sozialismus.

[174] Zur Person siehe oben.

[175] Max Levien (1885-1937), deutsch-russischer Kommunist, Vorsitzender des Münchner Soldatenrates und der Münchner Spartakusgruppe, Gründungsmitglied der KPD. Gemeinsam mit Eugen Leviné Führer der Münchner KPD während der zweiten bayerischen Räterepublik. Floh nach der Niederschlagung der Räterepublik nach Österreich und ging 1921 nach Moskau. Fiel den Massenmorden Stalins zum Opfer.

[176] August Hagemeister (1877-1923), Drucker, USPD, Mitglied des Revolutionären Arbeiterrates, seit 21.02.1919 Mitglied des Zentralrats, Volksbeauftragter für Soziales während der ersten bayerischen Räterepublik. Erhielt zehn Jahre Festungshaft. Tod in der Festungshaftanstalt Niederschönenfeld.

[177] Am 28.02.1919, als darüber abgestimmt werden sollte, ob Bayern sich zur Rätere-

publik erklären sollte, wurden der Kommunist Eugen Leviné (1883-05.06.1919 hingerichtet in München), Landauer und Erich Mühsam (1878-1934) von Mitgliedern der Republikanischen Schutztruppe aus dem Kongress heraus verhaftet, kamen aber bald wieder frei. Am nächsten Tag begaben sich Karl Gandorfer (1875-1932) (Bayerischer Bauernbund) und Gustav Landauer zum Stadtkommandanten Oskar Dürr (MSPD) (1877-1959) und zum Polizeipräsidenten Joseph Staimer (1871-1941) und ließen sich mittels eines Dokuments die Souveränität der Arbeiter-, Bauern- und Soldatenräte (provisorischer Nationalrat) bestätigen, der allein die Befugnis hatte, die neue provisorische Regierung des Volksstaates Bayern einzusetzen.

[178] Alfred von Seyffertitz (geb. 1884 in München), Kommandant der „Republikanischen Schutztruppe", maßgeblich beteiligt an der Niederschlagung der ersten bayerischen Räterepublik im April 1919.

[179] Gustav Noske (1868-1946), SPD-Politiker, erster sozialdemokratischer Minister mit der Zuständigkeit für das Militär, u.a. verantwortlich für die blutige Niederschlagung des Spartakusaufstandes in Berlin im Januar 1919.

[180] Zur Person siehe oben.

[181] Teilabdruck in: LBr II, S. 402ff. Dieser Brief, datiert vom 20.03.1919, ist an den Philosophen Professor Hans Cornelius (1863-1947) gerichtet. Landauer hat ihn nicht abgeschickt, sondern zu dem vorliegenden Aufsatz umgearbeitet.

[182] Am 17.03.1919 wurde der Sozialdemokrat Johannes Hoffmann (1867-1930) vom bayerischen Landtag, gegen das Votum der radikalen Linken des Rätekongresses, zum Ministerpräsidenten bestimmt. Danach erhöhten sich die Spannungen zwischen den Anhängern des Rätesystems und des bürgerlichen Parlamentarismus spürbar.

[183] Georges Jacques Danton (1759-05.04.1794 hingerichtet in Paris), Rechtsanwalt, vertrat die unteren Bevölkerungskreise während der Französischen Revolution. Leiter des ersten Wohlfahrtsausschusses (1793), der sich unter Robespierre zum jakobinischen Herrschaftsinstrument wandelte.

[184] Maximilien (de) Robespierre (1758-28.07.1794 hingerichtet in Paris), Rechtsanwalt, Jakobiner.

[185] Zur Person siehe oben.

[186] Zur Person siehe oben.

[187] Gemeinsam verfasst von Gustav Landauer und seinem anarchistischen Freund Erich Mühsam (1878-1934). Zum Inhalt der 2. Proklamation betr. der bayerischen Räterepublik (in der Nacht vom 06./07.04.1919 beschlossen) in: Erich Mühsam, Von Eisner bis Leviné. Die Entstehung der bayerischen Räterepublik. Ein persönlicher Rechenschaftsbericht. Berlin-Britz 1929, S. 54ff. [weitere Aufll.]

[188] Martin Segnitz (1853-1927), Redakteur, Arbeitersekretär, MSPD, Mitglied des bayerischen Landtags, im März 1919 in der Regierung Hoffmann Innenminister.

[189] Josef Simon (1865-1949), Schuhmacher, Arbeitersekretär, USPD, im März 1919 in der Regierung Hoffmann Handelsminister.

[190] Ernst Schneppenhorst (1881-23./24.04.1945 von der SS ermordet), Schreiner, MSPD, Mitglied des bayerischen Landtags, im März 1919 in der Regierung Hoffmann Militärminister.

[191] Martin Steiner (1864-1950), Ökonomierat, Mühlenbesitzer, Mitglied im Bayerischen Bauernbund, im März 1919 in der Regierung Hoffmann Landwirtschaftsminister und in der ersten bayerischen Räterepublik ebenfalls zuständig für die Landwirtschaft.

[192] Hans Unterleitner (1890-1971), Schlosser, USPD, Mitglied des bayerischen Landtags, im März 1919 in der Regierung Hoffmann Sozialminister.

[193] Dr. Wilhelm Muehlon (1878-1944), gab im März 1915 seine Stellung als Mitglied des Krupp'schen Direktoriums auf. Als Gegner der annexionistischen Kriegszielpolitik des deutschen Kaiserreiches knüpfte er lockere Verbindungen zur „Zentralstelle Völkerrecht". Zog im Herbst 1916 in die Schweiz und bemühte sich von dort aus um ein Ende des Krieges. In einem Brief vom Mai 1917 an Reichskanzler Bethmann-Hollweg distanzierte er sich endgültig von der deutschen Kriegspolitik. Auf Grund der gegen ihn gerichteten Kampagne anlässlich der Sitzung des Reichstagshauptausschusses im März 1918 veröffentlichte er seine Tagebuchaufzeichnungen aus den ersten Kriegsmonaten unter dem Titel: „Die Verheerungen Europas" - ein Dokument der deutschen Kriegsschuld. Muehlons „Memorandum" zur Kriegsschuldfrage sowie sein Brief an Bethmann-Hollweg sind abgedruckt in: „Die Schuldfrage". Politische Broschüren. Hrsg. von Salomon Grumbach. Lausanne 1918; siehe auch: ders., Ein Fremder im eigenen Land. Erinnerungen und Tagebuchaufzeichnungen eines Krupp-Direktors 1908-1914. Hrsg. u. eingeleitet von Wolfgang Benz. Bremen 1989. Muehlon war für die erste bayerische Räterepublik zunächst als Außenminister vorgesehen.

[194] Zur Person siehe oben. Treibende Kraft der ersten bayerischen Räterepublik bis zu seiner Verhaftung am 13.04.1919 - Zentralratsmitglied ohne Ressort.

[195] Auch in Ungarn wurde im März 1919 eine Räterepublik proklamiert, die bis August d. J. Bestand hatte.

[196] Rest fehlt.

[197] Formuliert von Gustav Landauer. Eine gleich lautende Proklamation erschien am 07.04.1919 als Flugblatt, unterzeichnet vom „Revolutionären Zentralrat Baierns" (siehe oben), und vom „Revolutionären Soldatenrat" (Engelbert Kohlschmidt (geb. 1878), Maurerpolier, USPD, Mitglied des Soldatenrates München, des Landessoldatenrates sowie im Provisorischen Nationalrat Bayerns; Johann Wimmer, Mitglied des Landessoldatenrats und des Provisorischen Nationalrats Bayern; Max Mehrer (geb. 1892 München), Kaufmann, USPD, Mitglied des Landessoldatenrates, Münchner Stadtkommandant, wegen seiner Beteiligung an den revolutionären Ereignissen in Bayern zu einer Festungshaft von 18 Monaten verurteilt). Siehe auch die Postkarte Gustav Landauers an Fritz Mauthner vom 07.04.1919 (GLAA

96) sowie das Telegramm an seine Töchter des Inhalts: „An meinem Geburtstag wird Räterepublik ausgerufen/heute ist Nationalfeiertag/ich bin Volksbeauftragter für Volksaufklärung, früher Kultusminister. Innige Wünsche Euer Vater". (vom 07.04.1919. In: LBr II, S. 412)

[198] Während der Räterepublik wurde Bayern nicht länger mit „y", sondern mit „i" geschrieben.

[199] Friedrich Ebert (1871-1925), seit 1913 SPD-Vorsitzender, Vorsitzender des im November 1918 gebildeten, bis Februar 1919 bestehenden „Rates der Volksbeauftragten", von 1919 bis 1925 erster Reichspräsident der Weimarer Republik.

[200] Philipp Scheidemann (1865-1939), SPD-Politiker, proklamierte am 09.11.1918 in Berlin die „Deutsche Republik", Mitglied im „Rat der Volksbeauftragten", 1919 von der in Weimar tagenden Nationalversammlung zum Reichskanzler der ersten Weimarer Regierung, bestehend aus SPD, Zentrum und linksliberaler Deutscher Demokratischer Partei (DDP), gewählt.

[201] Gustav Noske (1868-1946), SPD-Politiker und 1919 erster sozialdemokratischer Reichswehrminister im Kabinett Scheidemann. In dieser Funktion war er verantwortlich für die Niederschlagung der revolutionären Erhebungen z.B. in Berlin (Spartakusaufstand im Januar 1919). Dafür erhielt er von der radikalen Linken die Bezeichnung „Bluthund Noske".

[202] Matthias Erzberger (1875-1921 ermordet), Politiker der Zentrumspartei, 1919 im Kabinett Scheidemann als Reichsminister ohne Geschäftsbereich Chef der Waffenstillstandkommission, danach Reichsfinanzminister (1919/20).

[203] Für den „Revolutionären Zentralrat Baierns" unterschrieben: Ernst Niekisch (zur Person siehe oben), Gustav Landauer, Erich Mühsam (zur Person siehe oben), Karl Gandorfer (1875-1932), Guts- und Ziegeleibesitzer, Freund Kurt Eisners, Schriftführer des Arbeiter- und Soldatenrates München (ab 07.11.1918), Mitglied des Bayerischen Bauernbundes sowie des Präsidiums des Provisorischen Nationalrats Bayern, übernahm nach dem tödlichen Verkehrsunfall seines Bruder Ludwig Gandorfer (1880-1918) im November 1918 den Vorsitz des Landesbauernrates. Im Januar 1919 in den bayerischen Landtag gewählt, wirkte er auch im neu gegründeten, aus den Vollzugsräten der Arbeiter-, Bauern- und Soldatenräte zusammengesetzten Zentralrat, im April 1919, gemeinsam mit dem linken Flügel des Bauernbundes, in der ersten bayerischen Räterepublik. Von Ende April bis November 1919 wegen seiner Beteiligung an der Räterepublik in Haft. Des Weiteren: Dr. Franz Lipp (1855-[nach 1920]), Privatgelehrter, USPD, Volksbeauftragter für Äußeres, sowie Albert Schmid (geb. 1874), Geschäftsführer des Verbandes der graphischen Hilfsarbeiter, MSPD, Mitglied im Provisorischen Nationalrat Bayerns und des „Revolutionären Zentralrats Baierns".

[204] Vollzugsrat der Arbeiterräte Bayerns. München - Landtag, Wittelsbacher Palais, München, den 7. April 1919.

[205] Der „Revolutionäre Hochschulrat" entstand im Rahmen der im Dezember 1918 abgehaltenen, ersten Münchner AStA-Wahlen, die die „Klassenuniversität" zu einer Ausbildungsstätte für die gesamte Bevölkerung umgestalten wollte.

[206] Alex Strasser (1895-1948), Student der Nationalökonomie, Mitglied der „Gruppe sozialistischer Akademiker" Münchens und des „Revolutionären Hochschulrats". Wurde nach der Niederschlagung der Münchner Revolution zu einer 18monatigen Festungshaft auf Bewährung verurteilt.

[207] Egon (Ranshofen-)Wertheimer (1894-1957), Student der Staatswissenschaften an der Universität München, Mitglied der USPD, der „Gruppe sozialistischer Akademiker" Münchens und des „Revolutionären Hochschulrates". Verließ Ende April 1919 München, 1922 Promotion zum Dr. phil. an der Universität Heidelberg, danach Publizist sowie Korrespondent u.a. für den sozialdemokratischen „Vorwärts" in London, 1940 Emigration in die USA, Universitätsprofessor in Washington, Diplomat, Hochkommissar der Vereinten Nationen sowie Beratertätigkeit für die österreichische UN-Vertretung.

[208] Max Zillibiller (1896-1970), Student der Nationalökonomie, Mitglied der USPD und der „Gruppe sozialistischer Akademiker" Münchens. Nach der Niederschlagung der Revolution zu einer 18monatigen Festungshaft auf Bewährung verurteilt.

[209] Oswald Beck, Student und Volksbeauftragter an der Technischen Hochschule München, Mitglied bzw. Vorsitzender des „Revolutionären Hochschulrats", Mitglied der „Gruppe sozialistischer Akademiker" Münchens.

[210] Zur Person von Oswald Beck siehe oben.

[211] Zusammengesetzt aus dem alten, kooperationswilligen Senat der TH München, dem Allgemeinen Studentenausschuss und dem revolutionären Hochschulrat der TH München. Hierin fungierte Oswald Beck als Mitglied. Gemäß Landauer sollte dieser „revolutionäre Senat" die alte Hochschulverwaltung überwachen und die Hochschulreform durchführen.

[212] Wilhelm Hagen (1893-1982), Medizinstudent, Mitglied der „Gruppe sozialistischer Akademiker" Münchens. Nach der Niederschlagung der Revolution zu 16monatiger Festungshaft auf Bewährung verurteilt. Während des Nationalsozialismus: 1934 Praxis in Augsburg, seit 1938 NSDAP-Mitglied, 1941-1943 Amtsarzt in Warschau, 1944/45 Hygieniker beim Heer; in der BRD: 1952 Honorarprofessor in Bonn, 1956-1958 Präsident des Bundesgesundheitsamtes (Bonn).

[213] Der Leitartikel erschien anonym. Zur Autorschaft Landauers siehe GLAA 162. Am 09.04.1919 wurden die „Münchner Neuesten Nachrichten" vollständig von der Presseabteilung des revolutionären Zentralrats Bayerns übernommen und damit zum Hauptorgan der Räterevolutionäre.

[214] Führende Kraft während der ersten bayerischen Räterepublik war der „Revolutionäre Zentralrat Baierns" unter dem Vorsitz Ernst Tollers (1893-1939 Freitod), Schriftsteller, Vorsitzender der USPD-München, Mitglied des Revolutionären Ar-

beiterrates München, nach der Niederschlagung der Revolution wegen Hochverrats zu fünf Jahren Festungshaft verurteilt.

[215] Enthält die Grundsätze der Arbeit des Ministeriums für Volksaufklärung, dem Gustav Landauer vorstand. (Wieder abgedruckt in: LBr II, S. 415f.)

[216] Dazu kam es nicht mehr: Die erste bayerische Räterepublik endete am 13.04.1919, gestürzt von der Gegenrevolution.

[217] Gustav Landauer konnte sich der Verhaftung durch die Münchner Republikanische Schutztruppe entziehen, da er rechtzeitig untergetaucht war. (siehe Einleitung des vorliegenden Bandes).

[218] Die zweite, kommunistische Räterepublik wird unter der Führung von Eugen Leviné (1883-1919), Vorsitzender des neuen Vollzugsrats der „Betriebs- und Soldatenräte", gebildet.

[219] Der „Revolutionäre Zentralrat" wurde nach dem gescheiterten Putschversuch der „Republikanischen Schutztruppe" am 13.04.1919 durch die „Betriebs- und Soldatenräte", die einen 15köpfigen Aktionsausschuss als gesetzgebende und vollziehende Gewalt wählten, im Rahmen der Proklamation der zweiten Räterepublik abgelöst.

[220] Landauers Kooperationsangebot wurde von den neuen Machthabern nicht angenommen.

[221] Teilweise abgedruckt in: Escherich-Heft (München), Nr. 7: Der Kommunismus in München. Fünfter Teil: Die kommunistische Räterepublik. Hrsg. von Georg Escherich. München 1921, S. 8f. Nachdem Landauer noch am 13.04.1919 seine Bereitschaft zur Mitarbeit an der zweiten bayerischen Räterepublik bekundet hatte [Abdruck im vorliegenden Band], distanzierte er sich hier intern von der zweiten, kommunistischen Räterepublik.

[222] Siehe oben.

[223] Siehe oben.

[224] Die am 07.04.1919 von Unabhängigen Sozialisten, Anarchisten und Mitgliedern der SPD getragene erste bayerische Räterepublik lehnte die KPD als „Scheinräterepublik" ab.

[225] Siehe auch: ders., Kulturprogramm. (zweite Hälfte 1919) [Gemeinsam mit Fidelis (= Felix Boenheim)] [Abdruck im vorliegenden Band]

[226] Gustav Landauer nimmt hier Bezug auf die damalige Neuorganisation des Düsseldorfer Schauspielhauses. Dieses Theater wurde von Louise Dumont (1862-1932) und Gustav Lindemann (1872-1960) gemeinsam geleitet. Geplant war damals, das Düsseldorfer Schauspielhaus in eine Arbeitsgemeinschaft mit weitgehender Selbstverwaltung umzuwandeln - die Zeitumstände verhinderten dies. (Über Landauers Verbindung mit dem Düsseldorfer Schauspielhaus siehe die Einleitung im vorliegenden Band)

[227] [Anm.:] Vgl. hierzu den Neuorganisationsversuch des Düsseldorfer Schauspielhauses, der vorherging (siehe oben).

[228] [Anm.:] Dieser Punkt ist nicht ausgeführt; vgl. hierzu den von Gustav Landauer unterzeichneten Antrag [Michael] Spann (vom 30.12.1918) an den Provisorischen Nationalrat, der Unentgeltlichkeit der Totenbestattungen verlangt und die Klassifizierungen bei Leichenbegängnissen beseitigen will. Der Antrag kam in der 10. öffentlichen Sitzung vom 4. Januar 1919 zur Annahme (Stenographische Berichte des provisorischen Nationalrats, S. 306/307 u. Beilage 54 hierzu).

[229] [Anm:] Hierzu vgl. die von Landauer im Namen der Schulkommission in seiner Rede vom 09.12.1918 bei den Verhandlungen der bayerischen Arbeiterräte vorgetragenen Mindestforderungen für die Mittel- und Hochschulen (hierüber Stenogramm als Beilage 3 zu den stenographischen Berichten des provisorischen Nationalrats, S. 134-138). - [Anm. des Herausgebers:] Vgl. hierzu: Gustav Landauer, Rechenschaftsbericht des „Zentralarbeiterrates" an die bayerischen Arbeiterräte. Rede vor den bayerischen Arbeiterräten am 09.12.1918: In: Verhandlungen des provisorischen Nationalrates des Volksstaates Bayern im Jahre 1918/19. Beilagen-Band. München 1919, S. 134ff. [Abdruck im vorliegenden Band]

[230] [Anm:] Ebd.

[231] Verfasst von Fidelis u.d.T.: Gustav Landauers Kulturprogramm. In: Das Forum. Hrsg. von Wilhelm Herzog, 4 (1919/20), H. 8, Mai 1920, S. 577ff. [hier: S. 582f.]. Fidelis (d.i. Felix Boenheim (1890-1960), Arzt, Politiker, Historiker, während der zweiten, kommunistischen Räterepublik im April 1919 Nachfolger Gustav Landauer im Amt des Kultusministers. Seit Februar 1919 kannten sich Landauer und Fidelis genauer. Dieses Kulturprogramm war zugleich auch Gustav Landauers „letzte Arbeit" (Fidelis). Beide verstanden es als ein unmittelbar zu realisierendes „Arbeitsprogramm" (ebd.).

Hedwig Lachmann

Wie Hedwig Lachmann starb.
Als Manuskript für Freunde gedruckt. Krumbach 1918.[1]
(GLA J 164)

Noch lebe ich in dem Sterben meiner Frau und will davon nicht weg. Wundre sich keiner, dass ich die Feder halten und Sätze bauen kann; es fällt nicht leicht, aber es soll gehen; ihr, die ihr sie im Leben gekannt habt, sollt erfahren, welches Leben ihr Sterben war. Vielleicht, dass ich später einmal von ihrem Leben Bericht erstatten kann; hier deute ich an, welches die einzige Art war, in der sie dichten konnte, ohne dass zwischen ihr und der Gestalt, die sie gebären wollte, Papier oder Feder war; wartend, stunden- und tagelang im Stillesitzen oder Stehen den Vorgängen tief drunten im Unbewussten lauschend und standhaltend. Man wird verstehen, wieso ich hier sage, dass Hedwig Lachmann ihren Tod auf ihre Art zu dichten empfangen hat.[2]

Ich werde, wenn ich von ihrem Sterben rede, von mir nicht immer schweigen können; ich war dabei und oft ich allein. Ich glaube, ohne Scheu sei es gesagt, dass ich bei manchem, was ich zu schildern habe, in einem schönen Lichte dastehen werde; trägt leider keiner je in alle Kleinigkeiten des Lebens seine Liebe hinein, so habe ich doch von Anfang an diese Krankheit nicht als widriges Leben, sondern als Tod erkannt und bin in jedem Augenblick zuinnerst bei der Leidenden gewesen. Das sage ich, weil diese Erklärung zur Sache gehört, nicht um mich zu rühmen; und das Schicksal darum zu preisen, bin ich nicht stark und entrückt genug; ich soll leben und sie lebt nicht mehr.[3]

Sechsmal vierundzwanzig Stunden, von denen der Schlaf nur recht wenige abgezogen hat, sind keine so kurze Zeit; sie hat ausgereicht, dass Hedwig Lachmanns Leben in ruckweisem Übergang ungeheuer intensiv und gesteigert und in eine andere Sphäre gebracht wurde, - ich weiß nicht, soll man sagen: gesenkt oder gehoben? Seit ich diesen Tod erlebt habe, ist mir anschaulicher und unverlierbarer Besitz geworden, was ich vorher in einer nicht annähernd so gewissen Art gedacht habe: dass, was in geheimsten, tiefsten Schächten einer reinen Menschenseele lebt, eben das ist, was wir oben in der Höhe suchen: der Himmel.

Sie war immer gesund gewesen; kleine Unpässlichkeiten und Funktionsstörungen hat sie gekannt; Krankheit nicht. Wir waren in ihre Heimat gezogen[4], um in dieser abnormen Zeit natürlich und gedeihlich leben und arbeiten zu können, und hatten gefunden, was wir suchten. In der letzten Zeit, von Weihnachten bis in den Februar hinein, als unsere fünfzehnjährige Tochter Gudula[5] in Ferien zu Hause war, war sie besonders heiter und sogar fröhlich gewesen. Dann kam ein für sie ungewöhnlicher, ziemlich heftiger Katarrh; sie fühlte sich ein paar Tage gar nicht wohl, war aber nicht bettlägerig. Ähnlichen Katarrh hatten in der Zeit wir alle. Ihr Befinden besserte sich dann; sie hustete noch ein wenig, aber so, dass sie der Sache keine Beachtung mehr zu schenken brauchte; sie ging zu Besorgungen aus und machte auch ein paar Spaziergänge von ein, anderthalb Stunden mit mir. Ich brachte dann eine Begegnung mit zwei durchreisenden jungen Neffen[6] in Ulm zustande; nach einigem Zögern, das aber mit Gesundheitsgründen nichts zu tun hatte, entschloss sie sich, die kleine Fahrt mitzumachen. Es war nach strahlend schönen Tagen der erste mit schlechtem Wetter; ein rauer Regenwind blies. Schon auf der Hinfahrt meinte sie, ihr Schnupfen komme wohl wieder; in Ulm war sie ziemlich, aber nicht ungewöhnlich still und auch darauf bedacht, nicht gar zu viel im Freien zu sein. Auf der nächtlichen Heimfahrt war sie zuerst matt, und es fiel mir auf, dass sie, als ich sagte, es sei schön gewesen, erst eine gewisse Starrheit überwinden musste und mich wie mit ernstem Fragen ansah; dann aber tauschten wir frohe Eindrücke, die der Tag gebracht hatte, aus, und sie wurde sehr aufgeräumt, wir unterhielten uns lebhaft. Später brachten es ungünstige Verkehrsverhältnisse mit sich, dass wir eine Stunde lang in der Kälte und in Zugluft warteten, dann noch anderthalb Stunden lang frierend in der ungeheizten Bahn sitzen mussten; da schlief sie die meiste Zeit. Als wir nach halb ein Uhr nachts vom Bahnhof schnell nach Hause gingen, fror sie heftig. Frierend - es war wohl ein Schüttelfrost - ging sie zu Bett und schien sofort einzuschlafen. Am nächsten Morgen, 15. Februar, einem Freitag, konnte sie nicht aufstehen, fühlte sich recht übel und als ich dann die Temperatur maß, hatte sie ziemlich hohes Fieber. Der Arzt stellte eine Lungenentzündung fest.

Das Fieber stieg noch an diesem Vormittag bis 40°; von da an sank es wieder, und sie hatte von nun an nur wenig erhöhte oder scheinbar normale Temperatur; das eine oder andere Mal auch etwas wie Untertemperatur. Die Entzündung begann unten auf der linken Seite, stieg dann nach oben und griff auf die rechte Seite über. Schmerzen empfand sie anfangs fast keine, dann erst erträgliche, später ganz gelinde, und in den letzten zwei Tagen keine mehr. Dagegen war ihr am ersten Tage sehr übel; in der Mitte der ersten Nacht brach dann unter Erbrechen kalter Schweiß aus, und von da an wurde es mit der Übelkeit besser, bis sie sich ganz verlor. Sie hatte bis wenige Stunden vor dem Tod starke Hustenanfälle, bei denen sie viel Kraft ausgab. Sie litt, auch als das Fieber so gut wie fort zu sein schien, unsäglich unter Durst. Aber man ließ sie nicht leiden; sie hatte immer etwas, was sie erquickte.

Vom allerersten Anfang an kam aus ihr ein in Stunden und Stunden unaufhörliches Stöhnen hervor, aus völliger Unwillkürlichkeit heraus; sie musste; auf Befragen des Arztes führte sie es erst, zögernd und suchend, auf die Übelkeit, dann auf das Fieber zurück. Die Frau, die da gleichmäßig, monoton, beinahe rhythmisch stöhnte, ohne dass sie mit ihrem oberen Willen es beherrschen, in ihrem Oberbewusstsein es recht begründen konnte, war aber am ersten Tag schon dieselbe, die später in Phantasien und Symbolen lebte und aus tiefem Grunde heraufrief; es war, als wäre in der Frau drinnen, die sich mit ihrer Umgebung manchmal noch über Kleines und Großes besprach und bald kaum mehr Schmerzen zu empfinden glaubte, eine andere, in ihr, wie hinter ihr, die Unsägliches litt und sich unsäglich wandelte.

Wirklichen, erquickenden Schlaf hat sie von Ausbruch der Krankheit an keinen mehr gefunden; ließ man sie allein oder sprach nicht mit ihr, so war es, als versänke sie; aus diesem bösen Scheinschlaf erwachte sie dann geschwächt und war ängstlich bemüht, wach zu bleiben. Ich half ihr dabei, später, bei Tag, auch ihr Bruder und zumal ihre Schwester[7]; in den Nächten war ich mit ihr allein, und zwei Nächte, die beiden letzten vor ihrer Sterbenacht, verbrachten wir zwei selbander[8] in einer Stimmung, für die ich kein anderes Wort weiß als gedämpfte und etwas kauzige Heiterkeit. Ich muss dazu sagen, dass ich vom zweiten Tag an, obwohl da die äußeren Symptome die günstigsten schienen, verzweifelt war und kaum mehr Hoffnung hatte; sie aber glaubte, dass sie Schweres durchmachte und ertragen musste, weil sie der Krise entgegenginge, die ihr die Rettung brächte. Gerade vor einem Jahr hatte eine geliebte kleine Nichte[9] in einer sehr schweren Lungenentzündung einen Kampf auf Leben und Tod geführt, und Hedwig war in der Krisennacht dabei gewesen und hatte die Rettung und die rasche Wendung aus Ärgstem zur Besserung miterlebt; so machte sie sich auf furchtbare Tage gefasst, war aber getrost. Ich hätte damals nicht begrifflich zu sagen gewusst, dass ihre Krankheitsform ganz anderer Art war; aber von dem Tag an, wo das Fieber weg zu sein schien, ihre Kräfte aber sanken, schwand mir die Hoffnung. In den zwei letzten Nächten nun war sie zugleich bei ganz klarem Bewusstsein und in der unentrinnbaren Notwendigkeit, kuriose Dinge zu sehen und vor allem zu denken und zu sprechen; ich hatte die Kraft, mich wie spielend in diesem Doppelreich des Traums und der

Klarheit mit ihr zu bewegen, und so tummelten wir uns durch Stöhnen, Krankheitserscheinungen, Phantasien und Gespräche als durch eine mal magische, mal tolle Trübung hindurch, hinter der ihr die Genesung leuchtete. In allem war sie wunderbar geduldig, milde und in ihrer zugleich sanften und bestimmten, überlegenen Art ironisch gegen die vor ihrem Willen immer leicht verwehenden und doch immer wieder wie aus der Luft zusammengeballten und zudringenden Phantastereien.

Am Nachmittag des 19. Februar war auf einen Schlafzustand, der in schwerem, scharfem, schnellem Atmen in Bewusstlosigkeit ausgeartet war, ein Erwachen zu einem Zustand erfolgt, der zugleich äußerste Schwäche und Entfliehen der Herrschaft über die Geistesklarheit brachte. Davon erholte sie sich aber wieder, und ich konnte ihr, ohne dass sie irgend erschrak, sagen, dass ihrer die größte Freude wartete, die ich ihr in Krumbach verschaffen konnte: Ich hatte am Tag zuvor ihre Schwester telegraphisch dringend gebeten, unsere Tochter Gudula zu bringen[10], und die Ankunft der beiden stand nun bevor. Hedwig erwartete und empfing sie mit sanfter, inniger Freude. Wir bewahrten sie dann, soweit es nur ging, vor dem Unheilsschlaf, den sie selbst auch fürchtete, und die nächste Nacht war die zweite von denen, die ich geschildert habe.

Darauf folgte der letzte Tag, den sie lebte, und ihr Sterben hub an. Die Lungen keuchten, das Herz wurde schwach, sie war nur noch zu Zeiten bei uns; das Gestalten der Worte wurde ihr allmählich schwer, und was sie dann sagte, wurde ein Rufen aus der Tiefe herauf und war oft vermischt mit Phantasien, deren sie sich nicht erwehren konnte. Sie wollte es aber und äußerte oft ihren Unwillen über das wirre Zeug, das sie nicht loswurde. Doch kam dieser Unwille mit Ironie heraus, in der Art, wie sie, als sie ihr Gesicht, dessen Züge gespannt und scharf geworden waren, im Spiegel betrachtete, zwischen Seufzen und Lächeln von einem schönem Ponim[11] sprach. Solche jüdischen Worte, auch hebräische Wendungen, von denen sie vielleicht seit der Kinderzeit nichts mehr gewusst hatte[12], äußerten sich jetzt manchmal. Im großen Ganzen drehten sich die Phantasien, die ihr in die Quere kamen, um höchstgebildete, gelehrte Dinge, und immer wieder wurde sie leise unwirsch gegen das ‚Schulmeisterzeug', das sie nicht los wurde. Ich kann von alledem fast keine Beispiele anführen, weil mir fast alles schon wieder entschwebt ist; ich lebte es so traumhaft leicht mit, wie es ihr selbst kam und ging, und gewiss wurde dieses mein Mitleben in ihrem Reiche gefördert von meiner Übermüdung infolge des fehlenden Schlafes. Was ich aber nun im weiteren mitteile, gehört einer anderen Stufe an, von der ich nach Inhalt und Ton so überwältigt wurde, dass ich die meisten dieser Äußerungen gewiss nie vergessen hätte; ich ging aber an diesem Abend und in der Nacht manchmal von ihr weg ins Nebenzimmer, um wieder Kraft im Schmerz zu holen, den ich, wenn ich bei ihr war, nicht aufkommen ließ, und da schrieb ich mir manche ihrer Worte sofort auf. Einiges andere hat auf meinen Wunsch ihre Schwester[13] in den Tagen nach dem Tode aufgezeichnet.

Sie merkte im Verlauf dieses Tages, wie sehr schwach sie war, und wurde ängstlich. Lange dürfe die Wendung zum Besseren nicht auf sich warten lassen, äußerte sie; viel könne sie nicht mehr aushalten. Als der Arzt gegen 6 Uhr abends - zum letzten Mal - da war, bat sie ihn leise und flehentlich, heute noch einmal zu kommen. Dann versank sie immer mehr, und wenn sie aus ohnmachtähnlichem Schlaf erwachte, merkte man, dass eine kurze Spanne ihr wie eine lange, lange Zeit vorkam. Als sie so gegen 7 Uhr wieder einmal aus dem Traumreich auftauchte, und ich ihr auf Befragen sagte, wie viel Uhr es sei, und die Ungläubige dann auf den Besuch des Arztes, auf die Kinder, die sich zum Schlafengehen rüsteten, verwies, rief sie mir mit einer entzückenden Schelmerei in der glockenhellen Stimme und einer unbeirrbaren Sicherheit zu: „Jetzt mogelst Du ja!" Das war kein Wort, wie sie es sonst aus ihrem Sprachschatz anwandte. Sie hatte, wie es im Traum ist, sehr bereite Ideenassoziationen im Zusammenhang mit Klangähnlichkeiten; so erinnere ich mich, als unser jüngstes Töchterchen[14] hereinkam und freudig berichtete, Trotzki[15] hätte sich durch Funkspruch zum Frieden bereit erklärt[16], dass sie von alledem zunächst nur das Wort Graziano erfasste, das ihr wohl aus Trotzki entstanden war. Geraume Zeit später schien es mir, dass der Inhalt der Meldung doch zu ihr gedrungen war. Wenn die Kinder hereinkamen, redete sie immer, auch jetzt noch, ohne jedes Abirren in die traumhafte oder gesteigerte Sphäre, Worte aus dem Bereich der Kinder mit ihnen und lächelte ihnen aufmunternd zu; ich sah, wie schwer es ihr wurde. Zu dem Zwang, Worte und Vorstellungen zu wechseln, kam auch jetzt noch immer die Bewusstseinskontrolle, und dann gelangte sie noch hie und da zu Scherzen und ironischen Wendungen. Alles, was sie von nun an sagte, schwebte seltsam zwischen ätherischer Leichtigkeit und tiefst heraufgeholtem Pathos und ekstatischer Glut; manches kam in geprägter Form, mit einer Neigung zum Reim und zur Assonanz[17] heraus.

Mit ihrer Schwester hatte sie ein rechtes Fest und beobachtete, während Atem und Herzschlag ihr furchtbar zu schaffen machten und ihr die Worte, wenn nicht eine Ekstase hervorbrach, nur noch leise und schwer von den Lippen kamen, mit einer Mischung aus Rührung und Ironie, wie diese Pflegerin sie betreute und sich unermüdlich um sie zu schaffen machte. Sie lobte sie um ihrer guten Hilfe willen und streichelte sie liebevoll; als ich dann in die Tür trat, sagte sie leichthin, ohne einen Moment des Besinnens:

"Jede Bewegung
Eine Verpflegung."

Es ärgerte sie abwechselnd, dass ihr so viel ungeordnetes Geistige durch den Kopf ging, während sie bei uns sein wollte, und dann wieder, dass sie sich mit Husten, Keuchen, Herzqual beschäftigen sollte, wo sie doch so viel Tieferes zu bedenken getrieben wurde. So murmelte sie einmal mit beschwörender Betonung: "Ach, man muss, man muss mit diesen Dingen kämpfen. Wozu?" Dann wies sie wieder wie eine Belästigung ‚die ganze Weltgeschichte' fort, die ihr durch den Kopf ging, und sagte: "Gelt, was ich für ein Zeug zusammenrede! Das Merkwürdige ist, ich höre alles, was ich sage." Man musste jetzt schon laut und deutlich reden, um zu ihr vorzudringen; sie war sehr geneigt zu Wortspielen und Verdrehungen. "Ich muss doch noch so vieles sagen", äußerte sie zu ihrer Schwester, und als diese fragte: "Was willst du mir denn sagen, liebe Hedwig?", erwiderte sie mit starker Betonung: "Nicht entsagen: sagen!" Ein andermal verstand die Schwester, Hedwig hätte auf ihre Mitteilung, sie wollte im Sommer mit ihren Kindern nach Krumbach kommen, geäußert: "Ich kann mich über nichts mehr freuen", was sie dann berichtigte: "Ich kann mich doch über nichts mehr freuen."

Manchmal zählte sie ängstlich rasch die Wochentage auf, die sie höchstens noch bis zur Krise leiden zu müssen glaubte: "Mittwoch" - an dem hielten wir – "Donnerstag, Freitag, Sonnabend." "Noch zwei Tage!" rief sie, als man ihr ein Trostwort gesagt hatte, "das kann kein Mensch durchmachen!" Dann gingen ihre Gedanken zu ihrer Freundin Paula Dehmel[18], die so viel schwere Lungenaffektionen und Fieberzustände überstanden hatte; da schöpfte sie eine Hoffnung, sie werde auch durchkommen. Dann aber erwog sie auch den Unterschied: "So ein kranker Organismus", sagte sie, "stellt sich ganz anders ein; der macht sich das alles schon so zurecht, wie er's für sich braucht."

All solche Äußerungen kamen nur noch nach Pausen, die immer

länger wurden; in ihnen lag sie, stark, rhythmisch atmend, oft die Luft durch die zusammengepressten Lippen blasend, manchmal die Lippen bewegend, ohne reden zu können, mit geschlossenen Augen da. Wenn dann aus tiefer Benommenheit oder mit Phantasien vermischt, Worte der Klarheit und Einsicht und innigster, glühender Empfindung kamen, muss man den Ton der fernen Entrücktheit dazu hören, um zu ahnen, wie himmlisch das alles war. Als sie eine Zeitlang vor den unerwünschten Phantasie-Einfällen, die sie sonst wie lästige Fliegen von sich scheuchte, Ruhe hatte, sagte ich zu ihr, diese Geschichten schienen jetzt fort zu sein. Worauf sie sogleich still, sinnend, wie zufrieden und lächelnd mit hoher Stimme melodisch vor sich hin sprach:

„Entweder verflogen,
Oder nach oben."

Sie ertrug nun nicht die leiseste Last mehr auf ihrem Herzen, warf die Decke zurück und riss sich das Hemd auf. So lag sie die Stunden, die sie noch lebte, mit nackter Brust da; manchmal freilich, wenn sie die Augen groß aufschlug, sah sie mich an, wie prüfend, ob ich das wohl auch erlaubte, und versuchte mit ihren schwachen Fingern, die schon kühl waren, die Knöpfchen wieder gewissenhaft zu schließen.

Es fingen dann, von der Brust nach dem Halse hinauf, die Rasselgeräusche des Lungenödems an. Da sie in starker Not die Luft tief einziehen musste, geschah ihr dieses Rasseln im Halse in einem gewissen Rhythmus; es kamen zwischen je zwei Atemzügen wie zwischen Taktstrichen ein paar kurze Rasseltöne. Kaum war dieses Geräusch zu hören, als sie anfing, dazu, immer klarer phrasiert und immer weiter ausgebildet, eine Melodie zu singen. Sie hatte noch über drei Stunden zu leben, und diese Melodie sang sie von jetzt an unermüdlich fast bis zuletzt. Noch eine Viertelstunde vor ihrem Tod erkannte ich Fragmente dieser Melodie; sie brachte da nichts Ganzes mehr zusammen, aber sie bemühte sich um sie. Die Weise war sanft, wie wenn ein Leid ins Liebliche verduftete; ich will nicht versuchen, sie in Noten wiederzugeben; der Seelenstimmung nach erinnerte sie an ein gewisses Allegretto von Beethoven[19], das ich seiner lieblichen Trauer wegen den Kindertotenmarsch zu nennen pflegte. Zu solcher Melodie wurde ihr ihr Sterberasseln; und nach dem Takt ihres Gesangs schlug sie immerzu mit stark ausgreifenden Bewegungen auf ihre nackte Brust, es war, als griffe sie da drinnen etwas, mir schien, es wären ‚diese Dinge', mit denen sie zu kämpfen hatte und wusste nicht, wozu, und in der ferneren Bewegung, die dann weit nach außen ging, schleuderte sie das Feindliche von sich. Ich bin mir aber dieser Bedeutung nicht ganz sicher; manchmal wieder waren es Bewegungen wie vom Dirigenten eines Orchesters oder wie von einem leidenschaftlichen Paukenschläger. Meine Schwägerin hat, in Minuten, in denen ich hinausgegangen war, noch andere rhythmische Bewegungen ihrer Glieder gesehen, fast wie zum Tanz; ich will, was sie mir über diese Melodie und was dazu zu gewahren war, aufschrieb, im Zusammenhang mit ihren Worten hierher setzen:

„Nach und nach bildete sich eine Melodie zum Sterbegesang; zwischendurch schien sie diesem Gesang zu lauschen mit einer Hingabe, als ob sie ganz etwas Überirdisches hörte; sie sah ganz verklärt aus von einer himmlischen Schönheit. Es schien, als ob je nach ihrem Leiden ihr Gesang glutvoller würde und je nach der Linderung entrückter. Ihr Antlitz wurde immer heiliger und engelhafter, ihre Töne immer hingegebener. Dazwischen schlief sie wohl minutenlang; sobald sie aber erwachte, begann sie ihre Melodie mit leiser Stimme, als ob sie für sich hinsummte. Dann schien sie aber in Tönen zu schwimmen, begann mit beiden Händen, im Takt ihrer Töne, mit himmlischer Bewegung abwechselnd mit den Händen ihre Brust zu schlagen und dann das Bett, oft mit Heftigkeit, als ob sie diese tobende Brust zersprengen wollte, und dann mit einer Inbrunst, als ob sie ihre Seele ausströmen wollte und sich selbst zum Opfer bringen; dann wieder ruhiger, wie wenn sie wundervoll, ganz hingegeben ein Instrument spielte. Schließlich begann sie ihre Knie nach der Melodie zu schaukeln und zu wiegen, ihr ganzer Körper schien in Tönen gebadet, und es klang, als sänge sie sich selbst ihr Wiegenlied."

Und dazu, immer furchtbarer, aber von ihr nie als furchtbar gedeutet, sondern in Musik verwandelt, das Rasseln aus dem Halse empor.

Was meine Schwägerin sagt, dass Hedwig, indem sie aus den widrigen Tönen ihres Körpers das Lied ihrer Seele selbst gestaltete, dabei doch einer Melodie draußen oder droben zu lauschen schien, war ganz auch mein Eindruck. Mir ging erschüttert und beseligt, wenn ich meine singende Sterbende ansah, eine Stelle unseres geliebten herrlichen Welt- und Seelendichters Alfred Mombert[20] durch den Sinn:

„Ich lausche meiner obern Melodie."[21]

Ganz so war es, ganz so lag sie da, ganz so schimmerte es von ihrem Antlitz: Die Melodie ihres Innern war zugleich ein Höchstinniges, Allgemeines, das nicht mehr ihr allein angehörte, dem sie wie unterworfen war und hingegeben lauschte.

Mit Worten oder irgend Sagbarem hatte die Musik, die sie mit geschlossenen oder halboffenen Lippen sang, nichts zu tun. Es waren Töne, wie man sie wohl hervorbringt, um den Klang eines Blasinstruments, etwa einer Oboe, mit der Stimme nachzubilden.

Nun muss ich sagen, damit man alles wisse und auch verstehe, wie innig, wie Hände faltend ich von diesem Lied ihrer letzten Stunden ergriffen wurde, dass ich, der ich bis ins Letzte vertraut mit ihr gelebt habe, meine Frau niemals, auf keine Art, zuvor habe singen hören. Es hat nie einen musikalischeren, einen musikerfüllteren Menschen gegeben; aber zum Singen war sie - manche würden sagen, zu herb, aber es ist nicht wahr, Hedwig Lachmann war nicht herb - zu keusch war sie zum Singen, zu sehr mit dem Tiefsten ihres Wesens in der Tragik wurzelnd und im Schweigen ruhend. Sie hatte unsäglich viel Kindlichkeit; aber nichts Lautes. An mir freute sie sich, wenn ich, der ich auch ein recht ernster Mann bin, manchmal ausgelassen sein konnte; in der ersten Zeit unserer Ehe hatte ich manchmal einen kurzen Signalgesang, den ich plötzlich in die Luft rief, und noch kurz vor der Krankheit hatte sie mich daran erinnert, dass diese und manche verwandte fröhliche Gewohnheit mir in den Kriegsjahren ganz abhanden gekommen war; sie hörte es gern, wenn ihre Kinder sangen; aber sie selbst hat nie gesungen oder gesummt. Jetzt sang sie, zum Sterben, und das Lied war gerufen von den Todestönen, die ihr aus der Brust kamen.

Ich weiß nicht, war ich schon früher von selbst darauf gekommen oder gab es mir ihre Melodie erst ein: manchmal, wenn sie wie von einem Brand zerfressen oder wie versinkend und erlöschend zu stöhnen anfing, strich ich ihr sanft, rhythmisch bezwingend über den Arm und redete ihr ohne Worte mit leisen Tönen, die wie gesungen und einlullend waren, zu. Das hatte jedes Mal sofort die Wirkung, dass ihr Klagen wieder in eigenen leisen Gesang umschlug; manchmal öffnete sie dabei die Augen und sah mich fragend, sehr fragend an.

In dem, was sie nun noch, mühsam, abgerissen, schwer verständlich sagte, lag unendlich viel Verachtung gegen alle Kleinheit und Niedrigkeit in der Welt, und das Wissen, einem hohen Reich anzugehören. Einmal rief sie stark aus, denn jetzt, wenn sie so aus völligem Versinken heraufrief, lag etwas Strahlendes, Helles, fast wie Siegesgewisses in ihrer Stimme: „Keine Ahnung, wie die Rhythmen gelten, - so dumm!" Und dann, zu mir gewandt: „Du würdest sie mir einteilen, aber es muss ja nicht gerade die eine Melodie sein - -"

Ein andermal sagte sie allerlei aus gelehrten Gebieten, und noch mehr wollte wohl hervor, wofür sich ihr die Worte nicht mehr boten; dann kämpfte sie wieder, diese ungebetenen Gäste, die sie nicht als sich selbst anerkannte, loszuwerden, und rief mit einem hohen, stark betonten Klang, und mit Pausen dazwischen: „Wenn das alles Plunder ist, was ich da gesagt habe - und lauter Unsinn - dann werd' ich gesund!"

Meine liebe Schwägerin hatte immer noch, auch jetzt, Hoffnung und wusste nicht, dass der Tod schon über die Schwelle getreten war. Als das Rasseln sich eingestellt hatte, sagte sie der Kranken in einer warmen, frohen Zuversicht, jetzt nahe die Krise, der Schleim beginne sich zu lösen, nun gehe sie der Genesung entgegen. Da summte Hedwig leise, still, wie ungläubig und doch nicht hoffnungslos, vor sich hin: „Kann sein, kann schon sein." Später schon war es, als die besorgte, hoffende Pflegerin der Leidenden verwehren wollte, so nackt da zu liegen und alles von sich zu werfen; da rief sie stark, empört und wie aufs primitivste Menschenrecht pochend: „Was schad't denn das bloß? Das steht doch jedem Bettler frei!"

Ein andermal schlug sie die Augen auf und rief laut, und es lag etwas Klagendes und froh Beherztes zugleich in dem Klang: „Ach, ich möchte' mal ein bisschen aufstehn - ob ich die alten Eigenschaften noch habe - die guten bäurischen Eigenschaften - ja die bäurischen." Sie hätte sich wohl besinnen müssen, wenn ihr im Leben jemand gesagt hätte, sie hätte etwas Bäurisches an sich; aber ich verstand schmerzlich gut, wieso die Sterbende, die da lag, von der Gesunden so sprach.

Dass sie aus wahrer Herzensnot Decke und Hemd von sich tat und so frei atmete, wie es ihr möglich war, deutete sich ihr ins Seelische um. Mit einer großen Bewegung ihrer Arme warf sie die Hände einwärts gegen die Brust hin und rief mir mit einer unvergleichlichen Freiheit und kühnen Innigkeit zu: „Hier - küsse mich!" Bald nachher kam die Schwägerin wieder zu uns herein, und ich merkte, wie Hedwig in Allgemeineres ablenken wollte und doch vor Bewegtheit nicht konnte. Sie sagte, erst murmelnd, dann aber in wahrhaft gewaltigen, markdurchdringenden, himmlisch hellen Klängen rufend:

„Das mit den Russen - was ist das uns? - Muss ich mich denn - so hinaufsteigern? - Was soll - all der Unsinn? - *Sinn* hat nur die *Liebe*! - Mein geliebter Mann - mein Gatte! Und meine - Kin - der - meine holden Kinder! - Wie schön sind sie! Und sie lieben mich so - und Dich!"

Kurz vor ½ 12 Uhr nachts musste ich fort; ich hatte nachmittags meinen Vetter[22], der Arzt ist, telephonisch gebeten zu kommen; er sollte nun mit dem letzten Zug eintreffen, und ich konnte ihn bei Nacht den unbekannten Weg nicht allein gehen lassen. Ich will nicht schildern, wie schwer ich mich losriss; wusste ich denn, ob ich sie noch lebend antraf? Aber als ich nach etwas über einer halben Stunde mit dem Vetter wiederkam, hörte ich schon, als ich in die Wohnung trat, das Rasseln und immer noch die Melodie; es war im ersten Augenblick kaum eine Verschlimmerung zu merken. Kurz, ehe ich wegging, war kalter Schweiß ausgebrochen; jetzt fassten sich die Hände schon ganz kalt an. Mein Vetter versuchte, ohne zu hoffen, das Mögliche: Er spritzte ihr Kampfer[23] und Coffein ein. Sie hatte ihn erkannt; jetzt, bei der zweiten Einspritzung, wo der äußere Schmerz durch den Stich unter die Haut ihr Traumbewusstsein noch einmal ins Bereich des Wachen brachte, öffnete sie die Augen weit und rief in schneidenden Tönen: „Muss ich denn sterben?" Wir wollten ihr Hoffnung machen: Ihr Herz sollte in dem schweren Kampf Unterstützung finden, sagten wir; aber sie erwiderte, zwischen Besinnen und Klagen: „Ihr sagt das ja so verzweifelt - da kann man nicht - viel - Hoffnung haben -." Und mit einem vollen Blick auf mich rief sie bald darauf: „Du Armer!"

Dann sank sie in Schweigen. Das Herz hatte nur noch ganz geringe Kraft. Aber sie machte manchmal immer noch kräftige Bewegungen, und auf einmal rief sie Worte; die anderen beiden konnten nur einzelnes verstehen und fassten keinen Sinn, aber ich hörte alles, wie sie da, die Sprache gehorchte ihr nicht mehr, zwischen Schreien und Flüstern, und einmal mit einem unheimlich hellen Lachen dazwischen ausrief: „Ich bin ja tot - und da soll ich sterben - und zusehen - (hier kam nun das Lachen) - das ist ja - sehr - inter - essant -."

Das waren die letzten Worte, die ich von ihr hörte. Sie bewegte wohl noch die Lippen, und es redete innerlich in ihr; aber es wurde nichts mehr zu Laut. Eine Viertelstunde nachher hörte der rasche, tiefe, stoßende Atem auf; sie legte sich ganz zurück, es atmete leise und langsam, drei, vier Pausen dazwischen, dann hörte jede Bewegung auf, das Herz stand still, Hedwig Lachmann war tot. Das war um ½ 2 Uhr in der Nacht vom 20. zum 21. Februar.[24]

Krumbach (Schwaben),
27. Februar bis 1. März 1918.

gelesen am 1.1.2018

Anmerkungen

[1] Auf die Titelseite stellte Landauer ein Porträt seiner Lebensgefährtin, der Dichterin und Übersetzerin Hedwig Lachmanns (29.08.1865 Stolp/Pommern - 21.02.1918 Krumbach/Bayern), die er 1899 kennengelernt hatte, samt der Bemerkung: „Der Empfänger wird gebeten, das Exemplar nicht weiterzugeben; an Personen, die mir, nach ernster Prüfung der Reife und Würdigkeit, genannt werden, bin ich bereit, diese Mitteilung zu versenden." Die Niederschrift dieses Privatdruckes erfolgte in der Zeit vom 27.02. bis 01.03.1918. Siehe auch den Brief Gustav Landauers an Fritz Mauthner vom 10.05.1918 (GLAA 96).

[2] Dieser Bericht rief innerhalb seines Freundes- und Bekanntenkreises ein geteiltes Echo hervor. Landauers Freundin und Mäzenin Auguste Hauschner (1850-1924) soll nach der Lektüre dieses Manuskriptes „außer sich" gewesen sein. (Hierzu: Brief Fritz Mauthners an Auguste Hauschner vom 20.06.1919. Staatsbibliothek preußischer Kulturbesitz Berlin, NL Auguste Hauschner)

[3] Hedwig Lachmann starb an einer Lungenentzündung.

[4] Aufgrund der schlechten Versorgungslage zog die Familie Landauer im Mai 1917 von Berlin(-Hermsdorf) ins bayerische Krumbach um. Im Frühjahr 1873 war die Familie Lachmann in das schwäbisch-bayerische Hürben (später Krumbach) gezogen, wo ihr Vater Isaak Lachmann (1838-1900) als Kantor und Musikforscher wirkte. Hedwig Lachmanns Mutter hieß Wilhelmine „Mina" Wohlgemuth (1840-1917).

[5] Gudula Landauer war die erstgeborene Tochter Hedwig Lachmanns und Gustav Landauers, geboren 1902 in Hermsdorf b. Berlin, Musikstudium in Berlin, Pianistin, überlebte die Shoa in Berlin, emigrierte 1946 zu ihrer Schwester Brigitte (1906-1985) in die USA und starb wenige Wochen nach ihrer Ankunft in New York infolge eines Verkehrsunfalls.

[6] 1884 hatten Louis (1858-1940), Emil (1862-1919), Karl (1866-1915) und Hugo (1868-1933) Landauer (der im Alter von 18 Jahren in das Geschäft einstieg), allesamt Cousins von Gustav Landauer, das Großhandelsunternehmen „Brüder Landauer" in Ulm gegründet. Mit den Neffen sind hier offensichtlich die Söhne von Karl Landauer gemeint, der schließlich, gemeinsam mit Hugo Landauer, das Ulmer Geschäft komplett übernahm.

[7] Hedwig Lachmann war die Erstgeborene. Es folgten: Georg Josua (1867-[starb vor der NS-Zeit in Berlin]), Julius (1872-1942 deportiert nach Polen), Franziska (1874-1947), Noa Norbert (1876-1936) [konnte rechtzeitig vor den Nationalsozialisten in die USA nach Boston auswandern], Bernhard (1877-1915).

[8] veraltet: zu zweit.

[9] Gemeint ist Agathe Sieben (geb. 1910), Tänzerin, eine Tochter von Hedwig Lachmanns jüngerer Schwester Franziska Lachmann (1874-1947) und von Adolf Otto (1872-1943).

[10] Gudula Landauer lebte wegen ihres Musikstudiums in Berlin bei ihrer Tante, der Sprachlehrerin Franziska Otto (1874-1947), die Schwester Hedwig Lachmanns, und Adolf Otto (1872-1943) in der Gartenstadt Falkenberg bei Grünau.

[11] jiddisch: Gesicht. Ponim

[12] Vgl. hierzu: Birgit Seemann, Hedwig Landauer-Lachmann. Dichterin, Antimilitaristin, deutsche Jüdin. Frankfurt/M.,New York 1998, S. 13ff.

[13] Siehe oben.

[14] Brigitte (1906-1985), seit 1929 verheiratet mit dem aus Russland stammenden Arzt Dr. med. Paul Peschkowsky, der nach der Oktoberrevolution aus Russland emigriert war, mit dem sie zwei Söhne - den Psychiater Robert „Bob" Nichols und den bekannten Filmregisseur Mike [Michael Igor Peschkowsky] Nichols (geb. 1931 Berlin) - hatte. Der vierköpfigen Familie gelang es, der Shoah durch Flucht in die USA zu entkommen.

[15] Leo Trotzki (1879-1940), marxistischer Revolutionär, Volkskommissar des Auswärtigen, für Kriegswesen, Ernährung etc. und Gründer der „Roten Armee", gilt als der „gescheiterte Stalin" (Willy Huhn). Von Josef Stalin entmachtet und im mexikanischen Exil ermordet worden.

[16] Anfang März 1918 wurde der Friedensvertrag zwischen Deutschland und Russland in Brest-Litowsk unterzeichnet.

[17] In der Lyrik als Mittel der Versverbindung.

[18] Paula Dehmel geb. Oppenheimer (1862-1918), Schriftstellerin, in den 1890er Jahren mit dem Dichter Richard Dehmel (1863-1920) verheiratet.

[19] Gemeint ist der 2. Satz (Allegretto) aus der 7. Sinfonie Ludwig van Beethovens, op. 92 (1812), häufig Trauermarsch genannt.

[20] Alfred Mombert (1872-1942), Schriftsteller. Beide waren von dessen Dichtung beeindruckt, vor allem von dessen 1897 erschienenen Gedichtband „Die Schöpfung" (siehe den Brief Gustav Landauers an Hedwig Lachmann vom 04.07.1900. In: LBr I, S. 61).

[21] Gedichtzeile Momberts: Datiert „Karlsruhe 19 V 99". In: Alfred Mombert, Der Denker. Gedichte. Minden 1901 u. in: ders., Dichtungen. Gesamtausgabe. 3 Bde. Hrsg. von Elisabeth Herberg. München 1963, Bd. 1, S. 304.

[22] Dr. med. Siegfried Landauer (1870-1945), Internist in Stuttgart. 1935 Emigration in die USA, lebte zuletzt in San Francisco/Kalifornien; Bruder von Hugo Landauer (1868-1933), Warenhaus- und Gutsbesitzer, Verleger, Cousin und großzügiger Mäzen Gustav Landauers.

[23] lat. Camphora, ein Kreislaufmittel.

[24] Beerdigt wurde Hedwig Lachmann auf dem jüdischen Friedhof von Krumbach.

ZEITTAFEL

1870 Am 7. April als dritter Sohn jüdischer, allerdings nicht religiöser Eltern in der großherzoglich-badischen Residenzstadt Karlsruhe geboren: Hermann Landauer (1837-1900), Kaufmann, seit 1865 Inhaber eines Schuhgeschäftes in Karlsruhe, Rosa (genannt Röse) Landauer, geb. Neuburger (1845-1932). Zwei Brüder: Friedrich Salomon (1866-1901), Dr. jur., 1894 Amtsrichter in Philippsburg, 1895 Amtsrichter und seit 1899 Landgerichtsrat in Mannheim; Felix (1867-1939), Kaufmann, übernimmt das väterliche Geschäft.

1888-1892 Nach einer klassisch-humanistischen Schulausbildung am Realgymnasium (bis 1886) und dem Großherzoglichen Gymnasium (1886-1888) in Karlsruhe Studium der Fächer Germanistik, Anglistik, Philosophie und Kunstgeschichte in Heidelberg, Straßburg und Berlin: u.a. bei Kuno Fischer (1824-1907), Wilhelm Braune (1850-1926), Wilhelm Ihne (1821-1902), Karl Knies (1821-1898), Erich Schmidt (1853-1913) und Heymann Steinthal (1823-1899). Lernt Ende 1889 in Berlin den Sprachphilosophen, Schriftsteller, Theaterkritiker und späteren Freund Fritz Mauthner (1849-1923) kennen.

1890 Im Januar erscheint in der von Fritz Mauthner herausgegebenen Zeitschrift „Deutschland. Wochenschrift für Kunst, Literatur, Wissenschaft und soziales Leben" Landauers erster, zweiteiliger Artikel „Über epische und dramatische Kunst".

1891 Landauer bewegt sich im literarisch-politischen Umfeld des Friedrichshagener Dichterkreises, dem damaligen Künstler- und Intellektuellenzentrum, von dem wesentliche kulturelle und politische Impulse ausgehen. Engagement in studentischen Literatur- und Philosophiezirkeln. Mitglied der im Jahr zuvor gegründeten „Freien Volksbühne", Berlin. Im Herbst erste politische Aktivitäten in einer sozialistischen Berliner Studentengruppe, für die er ein Manifest anlässlich des Internationalen Sozialistischen Studentenkongresses in Brüssel (Dezember) verfasst. Finanziell greift ihm sein Cousin Hugo Landauer (1868-1933), Unternehmer und zugleich libertär gesinnt, viele Jahre lang unter die Arme. Ende 1891 erscheint Landauers Novelle „Ein Knabenleben".

1892 Im Februar Mitgliedschaft im Jahr zuvor gegründeten „Verein

Unabhängiger Sozialisten", ein Zusammenschluss der Berliner „Jungen", eine innerparteiliche Oppositionsgruppe der Sozialdemokratie. Bekanntschaft mit dem Nationalökonomen Benedict Friedlaender (1866-1908), ein Anhänger Eugen Dührings (1833-1921) und Mitarbeiter des „Sozialist". Mitbegründer der „Neuen Freien Volksbühne" und bis 1917 in deren künstlerischen Ausschuss tätig. Offizieller Abbruch des Studiums aus finanziellen Gründen und, „mangels sittlicher Befähigung", Ausschluss von allen preußischen Universitäten (1893). Im Dezember Eheschließung mit der Schneiderin Margarethe (Grete) Leuschner (1872-1908), die er bei der konstituierenden Sitzung der „Neuen Freien Volksbühne" im Oktober 1892 kennengelernt hat, in Zürich gegen den Willen der Eltern. Zwei Töchter: Charlotte Clara (1894-1927) und Marianne, genannt Annie (1896-1898). Austritt aus der israelitischen Religionsgemeinschaft.

1893 Im Februar Eintritt in das Herausgeberkollektiv des „Sozialist", publizistisches Organ der „Jungen", das sich im Sommer nach Flügelkämpfen zwischen Marxisten und Anarchisten unter maßgeblicher Einflussnahme Gustav Landauers den Libertären zurechnet und sich im Untertitel „Organ aller Revolutionäre" nennt. Teilnahme an den 1. Mai-Feiern in London, wo er die Einführung des 1. Mai als Feiertag fordert. Im August Delegierter der Berliner AnarchistInnen sowie der Metallarbeiter Berlins auf dem Internationalen Sozialistenkongress in Zürich (06.-12.08.). Nach dem Ausschluss sämtlicher libertärer Mandatare dort, spricht sich Landauer auf deren „Internationalen Kongress der revolutionären Sozialisten und Anarchisten" (10.-13.08.) im „Restaurant zum Plattengarten" (Plattenstraße) für den allgemeinen Generalstreik aus. Veröffentlichung seines von Friedrich Nietzsche (1844-1900) beeinflussten belletristischen Werkes „Der Todesprediger". Ab Herbst wegen Aufforderung zum Ungehorsam gegen die Staatsgewalt und Aufreizung durch die Presse mehrmonatiger Freiheitsentzug (Herbst 1894 Haftentlassung). Verfasst während dieser Zeit die Novellen „Arnold Himmelheber" und „Lebendig tot". Nach der Haftentlassung Aufenthalt in Bregenz/Österreich (13.10.1894-05.01.1895).

1895 Im Januar Erscheinen des Aufsatzes „Der Anarchismus in Deutschland", im gleichen Monat Einstellen des „Sozialist" infolge staatlicher Repression sowie mangelnder Finanzmittel. Im März scheitert der Versuch, in Freiburg i. Br. ein Medizinstudium aufzunehmen, an seinem politischen Vorleben. Im Frühjahr Mitbegründer der Berliner Arbeiterkonsumgenossenschaft „Befreiung", die allerdings bereits nach wenigen Jahren aufgrund unzureichender Resonanz auseinanderfällt. Im Mai Erscheinen der Broschüre „Ein Weg zur Befreiung der Arbeiterklasse", in dem er die Notwendigkeit der Gründung von Konsumgenossenschaften für die ArbeiterInnen betont. Ab Mai erneuter mehrmonatiger Aufenthalt in Bregenz. August: Wiedererscheinen des bis Dezember 1899 bestehenden „Sozialist" als „Neue Folge" mit dem Untertitel „Organ für Anarchismus – Sozialismus", herausgegeben von Gustav Landauer, Wilhelm Spohr (1868-1959) und Albert Weidner (1871-1946).

1896 Zu Beginn des Jahres maßgebliche Beteiligung am Berliner KonfektionsarbeiterInnenstreik. Anfang März Mitbegründer der „Freien anarchistisch-sozialistischen Vereinigung" in Berlin. Im Sommer Delegierter des Internationalen Sozialistenkongresses in London (27.07.-01.08.), auf dem die AnarchistInnen endgültig aus der Zweiten Internationale verbannt werden. Auf dem nachfolgenden Sonderkongress der Ausgeschlossenen hält Gustav Landauer am 30. Juli eine denkwürdige Rede, in der er Kleinbauern und LandarbeiterInnen zur Gründung von Genossenschaften auffordert. Flugschrift: „Von Zürich bis London".

1897 Als Reaktion auf den sich abzeichnenden Niedergang des „Sozialist", Niederlegung der dortigen Redaktionstätigkeit, schreibt aber auch weiterhin regelmäßig für das Blatt. Verstärkte Hinwendung zu literarischen und philosophischen Themen. Gemeinsam mit Moritz von Egidy (1847-1898) und Wilhelm Spohr (1868-1959) nimmt Gustav Landauer Anfang März an einer öffentlichen Kundgebung gegen die „Justizgreuel von Barcelona" teil und protestiert gegen Schauprozesse und Folterungen von spanischen Anarchisten. Im September Umzug vom Arbeitervorort Pankow nach Friedrichshagen. Anfang November 1897 Vortragsreise zu Protestversammlungen gegen die ‚Inquisition' in Spanien (Frankfurt am Main, Mainz, Stuttgart, Freiburg i. Br. u. Basel).

1898 Von März bis Juni zahlreiche Vorträge über deutsche Literaturgeschichte in Berlin. 14. August: Tod seiner zweiten Tochter Marianne infolge einer Gehirnhautenzündung und Beisetzung am 17. August auf dem Friedrichshagener Friedhof.

1898/99 Vergebliches Engagement für den 1884 wegen – nicht eindeutig erwiesenen – Mordes an seiner Frau zu lebenslanger Zuchthausstrafe verurteilten Friseur und Gastwirt Albert Ziethen (1844-1903). Broschüre: „Der Fall Ziethen. Ein Appell an die öffentliche Meinung". Dies führt im Frühjahr 1899 zu einem gegen Landauer eröffneten Gerichtsverfahren und zu sechsmonatiger Haftstrafe wegen verleumderischer Beleidigung. Haftverbüßung vom 18.08.1899 bis zum 26.02.1900 in der Strafanstalt Tegel. Während dieser Zeit Erarbeitung der Novelle „Lebendig tot", Mitwirkung an den sprachkritischen Studien „Beiträge zu einer Kritik der Sprache" seines Freundes Fritz Mauthner, Übersetzung einiger Predigten des spätmittelalterlichen Mystikers Meister Eckhart (1260-1328) sowie Octave Mirabeaus Sozialdrama „Les mauvais bergers" („Die schlechten Hirten") (1897), das am 10. Februar 1900 von der „Neuen Freien Volksbühne" in der Übersetzung Landauers aufgeführt wird. Lernt am 28. Februar 1899 die Lyrikerin und Übersetzerin Hedwig Lachmann (1865-1918) während einer Lesung mit Richard Dehmel (1863-1920) in der Berliner Kunstgalerie Keller und Reiner kennen.

1900 Im Februar Haftentlassung. Engagement in der „Neuen Gemeinschaft", der um die Realisierung von ländlichen Siedlungsprojekten bemühten Brüder Heinrich (1855-1906) und Julius (1859-1930) Hart; trifft dort auf Erich Mühsam (1878-1934), Else Lasker-Schüler (1869-1945), Julius Bab (1880-1955) und Martin Buber (1878-1965), sein späterer literarischer Nachlassverwalter. Im Juni hält er vor der „Neuen Gemeinschaft" in Friedrichshagen seinen programmatischen Vortrag „Durch Absonderung zur Gemeinschaft".

1901 Rückzug aus der „Neuen Gemeinschaft", die ihm letztlich doch nicht auf eine wirkliche Gemeinschaft angelegt erscheint. Im September, zusammen mit Hedwig Lachmann, Reise über Belgien nach England. Sie wohnen in London und Bromley (Kent) und übersetzen Schriften von Oscar Wilde und Rabindranath Tagore. Kontakte zu dem in Bromley lebenden katalanischen Anarchisten Fernando Tárrida del Mármol (1861-1915), zu Peter Kropotkin (1842-1921), zum „Herodot der Anarchie" und Bakunin-Biographen Max Nettlau (1865-1944) sowie zu Rudolf Rocker (1873-1958). Teile von Kropotkins Werk übersetzt Gustav Landauer in den folgenden Jahren. Mit seinem Artikel „Anarchische Gedanken über den Anarchismus" grenzt er sich unzweideutig von der terroristischen Taktik der „Propaganda der Tat" ab.

1902 Im Sommer Rückkehr nach Berlin-Hermsdorf. Übersetzertätigkeit (Oscar Wilde, Walt Whitman, Rabindranath Tagore, Peter Kropotkin) und Veröffentlichung von Zeitschriftenartikeln über Literatur und Theater.

1903 Kontakt zur im Vorjahr gegründeten „Deutschen Gartenstadt-Gesellschaft" unter dem Vorsitzenden Bernhard Kampffmeyer (1867-1942). Scheidung von seiner ersten Frau Margarethe Leuschner. Im Mai Eheschließung mit Hedwig Lachmann. Zwei Töchter: Gudula Susanne (1902-1946) und Brigitte (1906-1985), Mutter des bekannten US-amerikanischen Filmregisseurs Mike Nichols. Publikationen: „Skepsis und Mystik. Versuche im Anschluss an Mauthners Sprachkritik" und „Macht und Mächte".

1904-1906 Mitarbeiter und Teilhaber in Karl Schnabels „Axel Juncker's Buchhandlung" in Berlin, Potsdamerstraße. Betreibt intensive literarische und historische Studien. Nimmt regen Anteil an den Chassidismus-Forschungen seines Freundes Martin Buber.

1905/06 Kontakt mit dem Philosophen Constantin Brunner (d.i. Leo Wertheimer, 1862-1937) und Beschäftigung mit dessen Werk „Die Lehre von den Geistigen und vom Volke", das 1908, bearbeitet von Gustav Landauer, im Verlag Karl Schnabel erscheint.

1907 Veröffentlichungen: „Volk und Land. Dreißig sozialistische Thesen" sowie in Bubers Reihe „Die Gesellschaft" bei Rütten & Loening die geschichtsphilosophische Monographie „Die Revolution".

1908 Gründung des „Sozialistischen Bundes" (SB) und Proklamation der „Zwölf Artikel des Sozialistischen Bundes" (im Juni). Im Sommer Vortragsreise nach Süddeutschland und in die Schweiz. Dort lernt er die Anarchistin und Gewerkschafterin Margarethe Faas-Hardegger (Pseudonym: Mark Harda, 1882-1963) kennen und lieben. Mit ihr zusammen entwickelt er den Plan, den „Sozialist" als Organ des „Sozialistischen Bundes" wieder herauszugeben.

1909 Im Januar Erscheinen des „Sozialist" als Organ des „Sozialistischen Bundes" (der so genannte „dritte Sozialist"). Im August Informationsveranstaltungen für den SB in Westdeutschland.

1910 Frühjahr: Vortragsreise nach Süddeutschland. Beginn seiner Mitarbeit als Theaterkritiker am „Berliner-Börsen-Courier".

1910/11 Veröffentlicht im „Sozialist" die von ihm übersetzte, klassische Schrift „Von der freiwilligen Knechtschaft" des französischen Renaissance-Humanisten Étienne de La Boétie (1530-1563).

1911 Hält am 22. Januar auf der Tolstoi-Feier der „Neuen Freien Volksbühne" im „Neuen Volkstheater", Berlin, die Gedächtnisrede. Erscheinen seines Hauptwerkes „Aufruf zum Sozialismus". Ab Mai: Vorträge zum Thema Französische Revolution. Am 19. September Vortrag in Berlin vor 700 BesucherInnen über Krieg, Antimilitarismus und einen freien Arbeitertag. Gründung eines Ausschusses für die Einberufung des freien Arbeitertages. Eine von ihm verfasste Flugschrift, „Die Abschaffung des Krieges durch die Selbstbestimmung des Volkes. Fragen an die deutschen Arbeiter", die, in einer Auflage von 100.000 Exemplaren gedruckt, noch vor ihrer Verbreitung Anfang Dezember fast vollständig von der Polizei beschlagnahmt wird, führt zu einem über ein Jahr andauernden Gerichtsverfahren. Landauer selbst bleibt unbehelligt, weil die Flugschrift nicht unter seinem Namen erscheint, und veröffentlicht die Flugschrift als Artikel im „Sozialist" vom 1. Oktober 1912.

1912 Hält am 7. Februar in der „Zionistischen Ortsgruppe West-Berlin" einen Vortrag über „Judentum und Sozialismus".

1913 In dem vom Jüdischen Studentenverein „Bar Kochba" in Prag herausgegebenen Sammelband „Vom Judentum" veröffentlicht Gustav Landauer den programmatischen Beitrag „Sind das Ketzergedanken?". Im Dezember Mitbegründer einer „Vereinigung zur Vorbereitung von Siedlungen" des „Sozialistischen Bundes" in Wittenberg.

1913/14 Niedergang des „Sozialistischen Bundes".

1914 Im Juni Konstituierung des übernationalen „Forte-Kreises", der sich allerdings bei Kriegsbeginn (1. August) aufgrund nationalistischer Äußerungen einiger deutscher Mitglieder auflöst. Im Gegensatz zu vielen FreundInnen und Bekannten – Martin Buber, Fritz und Hedwig Mauthner, anfänglich auch Erich Mühsam – lehnen die konsequenten Antimilitaristen Hedwig Lachmann und Gustav Landauer jegliches ‚Völkermorden' grundsätzlich ab.

1915 Als der Verleger, Redakteur und Setzer des „Sozialist", Max Müller (geb. 1887), im März zum Kriegsdienst einberufen wird, führt dies zum Einstellen des „Sozialist". Die letzte veröffentlichte Ausgabe datiert vom 15. März. Am 24. April Vortrag in Zürich: „Vom Sinn deutschen Geistes, dargetan an den Dichtungen Carl Spittelers" und am 28. April in Bern über „Das Amt der Schweiz an der Menschheit". Lernt in Zürich die religiösen Sozialisten Leonhard Ragaz (1869-1945) und Jean Daniel Matthieu (1874-1921) kennen. Im Mai Musterung und dauerhaft für „untauglich befunden." (LBr II, S. 44). Mitwirkung am pazifistischen, anti-annexionistischen „Bund Neues Vaterland" (BNV) sowie in dem jugendbewegten „Aufbruch"-Kreis um den Medizinstudenten Ernst Joël (1893-1929), der von Juli bis Oktober d. J. die Zeitschrift „Der Aufbruch" herausgibt und in der Gustav Landauer wiederholt publiziert. Erste Kontakte zum Düsseldorfer Schauspielhaus.

1916 Hält vor dem „Berliner Frauenclub von 1900" mehrere Vortragszyklen über Literatur. Hält am 18. Mai anlässlich der Eröffnung des von Siegfried Lehmann (1892-1958) geleiteten Jüdischen Volksheimes Berlin den Festvortrag über „Judentum und Sozialismus". Leitet dort einen Kursus über Sozialismus. Im Sommer gemeinsam mit Hedwig Lachmann Unterzeichnung eines Aufrufs zur Bildung einer für einen Verständigungsfrieden eintretenden „Zentralstelle Völkerrecht". Gustav Landauer ist Mitverfasser des Gründungsaufrufes der in Frankfurt am Main von Vertretern der „Deutschen Friedensgesellschaft" und des „Bundes Neues Vaterland" konstituierten „Zentralstelle Völkerrecht" und Vorsitzender von deren Ortsgruppe Groß-Berlin. Literarische Vorträge über William Shakespeare, Friedrich Hölderlin, Johann Wolfgang von Goethe und Georg Kaiser. Dezember: Brief an den amerikanischen Präsidenten Thomas Woodrow Wilson (1856-1924) mit Vorschlägen einer neuen Friedensordnung.

1917 Mai: Umzug der Familie Landauer von Hermsdorf bei Berlin nach Krumbach/Schwaben. Hält am 23. September in der Gartenstadt Hellerau bei Dresden einen Vortrag über den „Dichter und sein Amt" sowie am 15. Oktober anlässlich der Uraufführung des Dramas „Gas" am Frankfurter Neuen Theater eine Ansprache über den Expressionisten Georg Kaiser (1878-1945).

1918 21. Februar: plötzlicher Tod Hedwig Lachmanns (Lungenentzündung) und Beerdigung auf dem jüdischen Friedhof in Krumbach.

In Krumbach erinnert heute der „Hedwig-Lachmann-Weg" an die Künstlerin. Im Herbst Angebot einer hauptamtlichen Dramaturgenstelle am Düsseldorfer Schauspielhaus von Louise Dumont (1862-1932) und Gustav Lindemann (1872-1960). Herausgeber der dortigen Theaterzeitschrift „Masken". Die Revolutionsereignisse vereiteln eine Übersiedlung nach Düsseldorf.
7. November: Beginn der Revolution in München. Seit Mitte November beteiligt sich Gustav Landauer auf die Bitte des neuen bayerischen Ministerpräsidenten Kurt Eisner (1867-1919) hin an der „Bewusstseinsrevolution". Mitglied im „Revolutionären Arbeiterrat", der treibenden linksradikalen Kraft der bayerischen Revolution bis zum April 1919, des Münchner „Arbeiter-, Bauern- und Soldatenrates" sowie im „Provisorischen Nationalrat Bayerns", das seit dem 8. November bis zur Eröffnung des aus allgemeinen, gleichen, direkten und geheimen Wahlen hervorgegangenen, verfassunggebenden Landtags im Februar 1919 formal als Vorparlament fungiert. Wirbt unablässig für das Rätesystem.

1919 Januar: Erscheinen der zweibändigen Ausgabe „Briefe aus der Französischen Revolution". 12. Januar: Bayerische Landtagswahlen: Landauer erhält als parteiloser Kandidat auf der USPD-Liste in seinem Wahlkreis Krumbach lediglich 92 Stimmen. Die USPD unter Eisner ist der deutliche Wahlverlierer. Am 21. Februar, dem Tag der geplanten Konstituierung des bayerischen Landtags, Ermordung Eisners. Landauer hält auf dem Münchner Ostfriedhof die Gedächtnisansprache während der Trauerfeier. Als Reaktion auf die Ermordung Eisners stellt Landauer am 23. Februar einen Antrag an den Zentralrat der bayerischen Räte, der akademischen Gegenrevolution durch Festnahmen entgegenzuwirken.
Am 7. April Proklamation der ersten, anarchistischen Räterepublik in Bayern. Landauer wird Volksbeauftragter für Volksaufklärung, Unterricht, Wissenschaft und Künste (kurz: Kultusminister) (zusammen mit Ernst Toller, Erich Mühsam, Otto Neurath, Silvio Gesell, Oskar Maria Graf, Ret Marut/B. Traven u.a.); am 13. April durch einen gegenrevolutionären Putsch niedergeschlagen. Am nächsten Tag Ausrufung der zweiten, kommunistischen Räterepublik, von der sich Landauer schließlich deutlich distanziert. Gemeinsam mit Fidelis (d.i. Felix Boenheim, 1890-1960), Kulturbeauftragter der zweiten Münchener Räterepublik und damit Nachfolger Landauers, arbeitet er ein Kulturprogramm aus, das allerdings von den Kommunisten abgelehnt wird.

Beim Einmarsch gegenrevolutionärer Regierungstruppen nach einer Denunziation am 1. Mai im Münchner Vorort Großhadern verhaftet und tags darauf im Münchner Zentralgefängnis Stadelheim brutal ermordet – seine Mörder werden nie bestraft.
Seiner ältesten Tochter Charlotte gelingt es, die Leiche des Vaters und seinen beschlagnahmten schriftlichen Nachlass freizubekommen; er wird exhumiert und nach der letztwilligen Verfügung Landauers kremiert. Seine sterblichen Überreste werden zunächst in der Schwabinger Urnenhalle aufbewahrt. Seit 1922 bemühen sich anarchistische/anarchosyndikalistische Kreise intensiv darum, ein Denkmal für Gustav Landauer auf dem Münchner Waldfriedhof aufzustellen. Am 02.05.1923 wird dort seine Asche in einen viereckigen, 1,5 Meter hohen Betonsockel eingelassen. Die Inschrift lautet: „Hier ruht Gustav Landauer." Die Finanzierung erfolgt durch Spendensammlungen der anarchosyndikalistischen „Freien Arbeiter Union Deutschlands" (FAUD). 1925 wird das Denkmal fertig gestellt: Aus dem Sockel ragt eine hohe Säule mit gotischen Kapitolen in Naturstein. Die Inschrift des Denkmals, ein Zitat aus Landauers Hauptwerk „Aufruf zum Sozialismus" (1911), lautet: „Jetzt gilt es noch Opfer anderer Art zu bringen, nicht heroische, sondern stille unscheinbare Opfer, um für das rechte Leben ein Beispiel zu geben." Und darunter: „1870 * Gustav Landauer + 1919".
1933 zerstören die Nationalsozialisten das Denkmal. Die Urne wird der Jüdischen Gemeinde München übergeben und ist während der NS-Zeit anonym in der Selbstmörderecke des Neuen Israelitischen Friedhofs an einer Mauer untergebracht. 1946 veranlasst die Tochter Gudula Landauer die Wiederherstellung der Grabstätte ihres Vaters. Heute besteht für Gustav Landauer und Kurt Eisner ein gemeinsames Grab auf dem Neuen Israelitischen Friedhof – der Grabstein ist ein Teil des früheren Obelisken.

PRIMÄRBIBLIOGRAPHIE

Umfangreiches Archivmaterial findet sich vor allem im Internationaal Instituut voor Sociale Geschiedenis (Amsterdam), in der Jewish National & University Library (Jerusalem), im Leo Baeck Institute (New York), in der Akademie der Künste, Berlin (Literaturarchiv), in den Central Zionist Archives (Jerusalem), in der Stiftung Studienbibliothek zur Geschichte der Arbeiterbewegung (Zürich), im Internationalen Constantin Brunner Institut (Den Haag), in der Staatsbibliothek Preußischer Kulturbesitz (Berlin), im Deutschen Literaturarchiv (Marbach a. N.), im Schweizerischen Bundesarchiv (Bern), im Landeshauptarchiv Baden-Württemberg (Karlsruhe), im Schweizerischen Sozialarchiv, Zürich, im Brandenburgischen Landeshauptarchiv, Potsdam [ehemals Staatsarchiv Potsdam], im Landesarchiv Berlin, im Stadtarchiv Ludwigshafen am Rhein, im Bundesarchiv, Berlin (SAPMO) und im Bundesarchiv, Koblenz.

Bibliographie:
Siegbert Wolf (Hrsg.), Gustav Landauer-Bibliographie. Grafenau-Döffingen 1992 (Edition Anares im Trotzdem Verlag) (= Bibliographienreihe Bd. 1).

Publikationen Landauers (Erstauflagen):
- An den Züricher Kongress. Bericht über die deutsche Arbeiterbewegung. Berlin 1893.
- Der Todesprediger. Roman. Dresden, Leipzig 1893.
- Ein Weg zur Befreiung der Arbeiterklasse. Berlin 1895.
- Von Zürich bis London. Bericht über die deutsche Arbeiterbewegung an den Londoner Congress. Pankow bei Berlin o. J. [1896].
- Der Fall Ziethen. Ein Appell an die öffentliche Meinung. Berlin 1898.
- Macht und Mächte. Novellen. Berlin 1903.
- Skepsis und Mystik. Versuche im Anschluss an Mauthners Sprachkritik. Berlin 1903.
- Die Revolution. Frankfurt am Main 1907. (Die Gesellschaft. Sammlung sozialpsychologischer Monographien, hrsg. von Martin Buber, Bd. 13) [Zuletzt: Hrsg., mit einer Einleitung, Kommentierungen und einem Register von Siegbert Wolf. Münster 2003 (= Klassiker der Sozialrevolte, Bd. 9)]
- Die Abschaffung des Krieges durch die Selbstbestimmung des Volkes. Fragen an die deutschen Arbeiter. Berlin 1911.
- Aufruf zum Sozialismus. Ein Vortrag. Berlin 1911; Revolutionsausgabe. Berlin 1919. [Hauptwerk; erschien in zahlreichen Auflagen. Zuletzt: Berlin 1998 (Oppo Verlag) mit einem Nachwort versehen von Siegbert Wolf]
- Ein Weg deutschen Geistes. München 1916.

- Die vereinigten Republiken Deutschlands und ihre Verfassung. Frankfurt am Main 1918.
- Wie Hedwig Lachmann starb. Krumbach: Privatdruck, 1918.
- Rechenschaft. Berlin 1919.
- Shakespeare. Dargestellt in Vorträgen. Hrsg. und mit einem Vorwort versehen von Martin Buber. 2 Bände. Frankfurt am Main 1920.
- Der werdende Mensch. Aufsätze über Leben und Schrifttum. Hrsg. und mit einem Vorwort versehen von Martin Buber. Potsdam 1921.
- Friedrich Hölderlin in seinen Gedichten. Ein Vortrag. Potsdam 1922. [Vortrag, gehalten am 13. März 1916 in Berlin]
- Beginnen. Aufsätze über Sozialismus. Hrsg. und mit einem Vorwort versehen von Martin Buber. Köln 1924.
- Gustav Landauer. Sein Lebensgang in Briefen. Hrsg. von Martin Buber und Ina Britschgi-Schimmer. Mit einen Vorwort versehen von Martin Buber. 2 Bände. Frankfurt am Main 1929.
- Zwang und Befreiung. Eine Auswahl aus seinem Werk. Hrsg. und mit einer Einleitung versehen von Heinz-Joachim Heydorn. Köln 1968.
- Entstaatlichung. Für eine herrschaftslose Gesellschaft. Hrsg. von Heinz-Jürgen Valeske, mit einem Nachwort versehen von Stefan Blankertz. Telgte/Westbevern 1976.
- Erkenntnis und Befreiung. Ausgewählte Reden und Aufsätze. Hrsg. und mit einem Nachwort versehen von Ruth Link-Salinger (Hyman). Frankfurt am Main 1976.
- Signatur: g.l. Gustav Landauer im „Sozialist" (1892-1899). Hrsg. und mit einer Einleitung versehen von Ruth Link-Salinger (Hyman). Frankfurt am Main 1986.
- Gustav Landauer. Auch die Vergangenheit ist Zukunft. Essays zum Anarchismus. Hrsg. und mit einer Einleitung versehen von Siegbert Wolf. Frankfurt am Main 1989.
- Gustav Landauer. Die Botschaft der Titanic. Ausgewählte Essays. Hrsg. und mit einem Nachwort versehen von Walter Fähnders und Hansgeorg Schmidt-Bergmann. Berlin 1994.
- Gustav Landauer – Fritz Mauthner. Briefwechsel 1890-1919. Bearbeitet von Hanna Delf. München 1994.
- Gustav Landauer. Zeit und Geist. Kulturkritische Schriften 1890-1919. Hrsg. von Rolf Kauffeldt und Michael Matzigkeit. München 1997.
- Gustav Landauer. Dichter, Ketzer, Außenseiter. Essays und Reden zu Literatur, Philosophie, Judentum. Hrsg. von Hanna Delf. Berlin 1997.
- Gustav Landauer, Arnold Himmelheber. Eine Novelle. Hrsg. und mit einem Kommentar versehen von Philippe Despoix. Berlin 2000.
- „Sei tapfer und wachse dich aus." Gustav Landauer im Dialog mit Erich Mühsam.

Briefe und Aufsätze. Hrsg. von Christoph Knüppel. Lübeck 2004. (= Schriften der Erich-Mühsam-Gesellschaft, H. 24)
Gustav Landauer, Revolution and other Writings. A Political Reader. Hrsg. von Gabriel Kuhn. Oakland/Ca. 2010.

Übersetzungen [Buchausgaben]:
- Meister Eckharts Mystische Schriften. Berlin 1903.
- Oscar Wilde, Der Sozialismus und die Seele des Menschen. Aus dem Zuchthaus von Reading. Ästhetisches Manifest. Übersetzung zusammen mit Hedwig Lachmann. Berlin 1904.
- Peter Kropotkin, Gegenseitige Hilfe in der Entwicklung. Leipzig 1904. [Mit einem Vorwort Gustav Landauers]
- Peter Kropotkin, Landwirtschaft, Industrie und Handwerk oder Die Vereinigung von Industrie und Landwirtschaft, geistiger und körperlicher Arbeit. Berlin 1904. [Mit einer Vorrede u. einem Anhang Gustav Landauers]
- Oscar Wilde, Das Bildnis des Dorian Gray. Übersetzung zusammen mit Hedwig Lachmann. Leipzig 1907.
- Oscar Wilde, Zwei Gespäche von der Kunst und vom Leben. Übersetzung zusammen mit Hedwig Lachmann. Leipzig 1907.
George Bernard Shaw, Sozialismus für Millionäre. Berlin 1907.
- Peter Kropotkin, Gegenseitige Hilfe in der Tier- und Menschenwelt. Hrsg. von Gustav Landauer. Ungekürzte Volksausgabe. Leipzig 1908.
- Peter Kropotkin, Die Französische Revolution 1789-1793. 2 Bände. Leipzig 1909.
- Paul Berthelot, Das Evangelium der Stunde. Berlin 1911.
- Ritter Sir Thomas Malory, Der Tod Arthurs. 3 Bde, Leipzig o. J. (1913) [gemeinsam mit Hedwig Lachmann; Landauer ist nicht als Mitübersetzer genannt.]
- Rabindranath Tagore, Das Postamt. Übersetzung zusammen mit Hedwig Lachmann. Leipzig 1918.
- Rabindranath Tagore, Der König der dunklen Kammer. Übersetzung zusammen mit Hedwig Lachmann. Leipzig 1919.
- Briefe aus der Französischen Revolution. Ausgewählt, übersetzt und erläutert von Gustav Landauer. 2 Bände. Frankfurt am Main 1919.
- Walt Whitman, Der Wundarzt. Briefe, Aufzeichnungen und Gedichte aus dem amerikanischen Sezessionskrieg. Übersetzung zusammen mit Iwan Goll. Zürich 1919. [Übersetzung der Prosa von Iwan Goll, der Gedichte von Gustav Landauer]
- Walt Whitman, Gesänge und Inschriften. München 1921.
- Étienne de La Boétie, Knechtschaft. Neuausgabe der Übersetzung von Gustav Landauer „Von der freiwilligen Knechtschaft» (1910/11). Kommentiert und mit einer biographischen u. einer editorischen Notiz [von Ulrich Klemm]. Münster, Ulm 1991. [Neu herausgegeben u.d.T.: Étienne de La Boétie, Von der freiwilligen

Knechtschaft. Hrsg. u. mit einem Vorwort versehen von Ulrich Klemm, begleitet durch einen Essay von Siegbert Wolf zu Gustav Landauers La Boétie-Rezeption. Übersetzt von Gustav Landauer. Frankfurt am Main 2009. (Trotzdem bei Alibri)]

Herausgebertätigkeit:
- „Der Sozialist". Organ aller Revolutionäre. Berlin Jg. 3 (1893) – Jg. 5 (1895)
- „Der Sozialist". Organ für Anarchismus-Sozialismus. Neue Folge. Berlin Jg. 5 (1895) – Jg. 9 (1899)
- „Der Sozialist". Organ des Sozialistischen Bundes. Berlin, Bern Jg. 1 (1909) – Jg. 7 (1915) [Nachdruck, ergänzt um eine Einleitung von Andreas Seiverth. 3 Bde. Vaduz/Liechtenstein 1980]
- „Masken". Halbmonatsschrift des Düsseldorfer Schauspielhauses. Düsseldorf. Jg. 14 (1918-1919), H. 5-15.
- „Schriften zur Volksaufklärung". Hrsg. von Gustav Landauer und Lisa Frank. München. Nr. 1, 1919: Leo Tolstoi, Patriotismus und Regierung.
- Hedwig Lachmann, Gesammelte Gedichte. Eigenes und Nachdichtungen. Hrsg. von Gustav Landauer. Potsdam 1919.

Sekundärliteratur (Auswahl):
- Dörte Anders u.a. [Bearb.], Gustav Landauer (1870-1919). Von der Kaiserstraße nach Stadelheim. Begleitbuch zur Ausstellung im Oberrheinischen Dichtermuseum Karlsruhe 1994. Eggingen 1994.
- Bernhard Braun, Die Utopie des Geistes. Zur Funktion der Utopie in der politischen Theorie Gustav Landauers. Idstein 1991.
- Rolf Cantzen, Weniger Staat - mehr Gesellschaft. Freiheit-Ökologie-Anarchismus. Frankfurt am Main 1987. [weitere Aufll.]
- Gertrude Cepl-Kaufmann/Rolf Kauffeldt, Berlin – Friedrichshagen. Literaturhauptstadt um die Jahrhundertwende. Der Friedrichshagener Dichterkreis. München 1994.
- Hanna Delf/Gert Mattenklott (Hrsg.), Gustav Landauer im Gespräch. Symposium zum 125. Geburtstag. Tübingen 1997.
- Walter Fähnders, Anarchismus und Literatur. Ein vergessenes Kapitel deutscher Literaturgeschichte zwischen 1890 und 1910. Stuttgart 1987.
- Leonhard M. Fiedler, Renate Heuer, Annemarie Taeger-Altenhofer (Hrsg.), Gustav Landauer (1870-1919). Eine Bestandsaufnahme zur Rezeption seines Werkes. Frankfurt am Main, New York 1995.
- Thorsten Hinz, Mystik und Anarchie. Meister Eckhart und seine Bedeutung im Denken Gustav Landauers. Berlin 2000.
- Christine Holste, Der Forte-Kreis (1910-1915). Rekonstruktion eines utopischen Versuchs. Stuttgart 1992.

- Wolf Kalz, Gustav Landauer. Kultursozialist und Anarchist. Meisenheim/Glan 1967. 2. verb. Aufl. mit verändertem Untertitel: „Ein deutscher Anarchist". Bad Buchau 2009.
- Hans Kohn, Martin Buber. Sein Werk und seine Zeit. Ein Beitrag zur Geistesgeschichte Mitteleuropas 1880-1930. Wiesbaden 1979 (4. erweiterte Auflage).
- Ruth Link-Salinger (Hyman), Gustav Landauer. Philosopher of Utopia. Indianapolis 1977.
- Ulrich Linse, Organisierter Anarchismus im deutschen Kaiserreich von 1871. Berlin 1969.
- Ulrich Linse (Hrsg.), Gustav Landauer und die Revolutionszeit 1918/19. Die politischen Reden, Schriften, Erlasse und Briefe Landauers aus der Novemberrevolution 1918/19. Berlin 1974.
- Michael Löwy, Erlösung und Utopie. Jüdischer Messianismus und libertäres Denken. Eine Wahlverwandtschaft. Berlin 1997. [weitere Aufl.]
- Eugene Lunn, Prophet of Community. The Romantic Socialism of Gustav Landauer. Berkeley 1973.
- Michael Matzigkeit (Hrsg.), „...die beste Sensation ist das Ewige..." Gustav Landauer. Leben, Werk und Wirkung. Düsseldorf 1995.
- Charles B. Maurer, Call to Revolution. The Mystical Anarchism of Gustav Landauer. Detroit 1971.
- Paul R. Mendes-Flohr, Von der Mystik zum Dialog. Martin Bubers geistige Entwicklung bis hin zum „Ich und Du". Königstein/Ts. 1978.
- Frank Pfeiffer, „Mir leben die Toten..." Gustav Landauers Programm des libertären Sozialismus. Hamburg 2005.
- Birgit Seemann, Hedwig Landauer-Lachmann. Dichterin, Antimilitaristin, deutsche Jüdin. Frankfurt am Main, New York 1998.
- Michael Seligmann, Aufstand der Räte. Die erste bayerische Räterepublik vom 7. April 1919. 2 Bände. Grafenau-Döffingen 1989.
- Hansjörg Viesel (Hrsg.), Literaten an der Wand. Die Münchner Räterepublik und die Schriftsteller. Frankfurt am Main 1980.
- Annegret Walz, „Ich will ja gar nicht auf der logischen Höhe meiner Zeit stehen". Hedwig Lachmann. Eine Biographie. Flacht 1993.
- Joachim Willems, Religiöser Gehalt des Anarchismus und anarchistischer Gehalt der Religion? Die jüdisch-christlich-atheistische Mystik Gustav Landauers zwischen Meister Eckhart und Martin Buber. Albeck bei Ulm 2001.
- Birgit Seemann, „Eine Menschheit über allen Vökern" – Auguste Hauschner, Schriftstellerin zwischen Prag und Berlin. In: Renate Heuer (Hrsg.), Verborgene Lesarten. Neue Interpretationen jüdisch-deutscher Texte von Heine bis Rosenzweig. Frankfurt am Main, New York 2003, S. 187ff.
- Siegbert Wolf, Gustav Landauer zur Einführung. Hamburg 1988.

- Siegbert Wolf, Martin Buber zur Einführung. Hamburg 1992.
- Siegbert Wolf, „Die Anarchie ist das *Leben* der Menschen". Gustav Landauers kommunitärer Anarchismus aus heutiger Sicht. In: Wolfram Beyer (Hrsg.), Anarchisten. Zur Aktualität anarchistischer Klassiker. Berlin 1993, S. 73ff.
- Siegbert Wolf, IL Vero Luogo È La Comunità: Landauer e Buber. In: Amedeo Bertolo (Hrsg.), L'Anarchico e L'Ebreo. Storia di un Incontro. Milano 2001, S. 77ff. Französische Ausgabe u.d.T.: Siegbert Wolf, L'amitié intellectuelle entre Buber et Landauer. In: Amedeo Bertolo (Hrsg.), Juifs et Anarchistes. Histoire d'une rencontre. Traduit par Patricia Farazzi, Marianne Enckell u. Jean-Manuel Traimond. Paris/Tel-Aviv 2008, S. 75ff.
- Siegbert Wolf, „„...der Geist ist die Gemeinschaft, die Idee ist der Bund» Gustav Landauers Judentum. In: Erich Mühsam und das Judentum. Hrsg. von der Erich-Mühsam-Gesellschaft. Zwölfte Erich-Mühsam-Tagung in der Gustav-Heinemann-Bildungsstätte in Malente, 25.-27. Mai 2001. Lübeck 2002, S. 85ff. (= Schriften der Erich-Mühsam-Gesellschaft, Heft 21).
- Siegbert Wolf, „[...] ich werde noch einmal unter euch fahren, dass euch Hören und Sehen vergeht." – Gustav Landauer, Otto Gross und die Psychoanalyse. In: Die Gesetze des Vaters. 4. Internationaler Otto Gross Kongress in Graz, 24.-26.10.2003. Hrsg. von Albrecht Götz von Olenhusen und Gottfried Heuer. Marburg an der Lahn 2005, S. 240ff.
- Siegbert Wolf, Gustav Landauer. In: Lexikon-der-Anarchie.de [1993, überarbeitet 2006] (www.dadaweb.de)
- Siegbert Wolf, Martin Buber. In: Lexikon-der-Anarchie.de [1993, überarbeitet 2006](www.dadaweb.de)

[Drucknachweise: Nur Erstdrucke! Synthax und Namensfehler wurden korrigiert!]

Siglen und Abkürzungen

BuBr I, II. u. III - Martin Buber, Briefwechsel aus sieben Jahrzehnten. Hrsg. von Grete Schaeder, 3 Bde, Heidelberg 1972ff.

FZ - Frankfurter Zeitung.

GLAA - Gustav Landauer-Archiv [Teil-Nachlass], Internationales Institut für Sozialgeschichte (IISG) in Amsterdam.

GLAJ - Gustav Landauer-Archiv, Jüdische National- und Universitätsbibliothek (JNUL) Jerusalem.

LBr I u. II - Gustav Landauer, Sein Lebensgang in Briefen. Hrsg. von Martin Buber und Ina Britschgi-Schimmer. 2 Bde. Frankfurt am Main 1929.

MBAJ - Martin Buber-Archiv, JNUL Jerusalem.

MNAA - NL Max Nettlau, IISG Amsterdam.

NL Mühsam - Akademie der Künste, Berlin (Literaturarchiv: Erich Mühsam Archiv).

Soz - Der Sozialist (Berlin, Bern).

SozMh - Sozialistische Monatshefte. Internationale Revue des Sozialismus (Berlin) (1897-1933).

Anarchistische Zeitungen und Zeitschriften

Der Anarchist (Berlin), 1903-1907.

Der Anarchist. Organ zur Propaganda des Anarchismus und Sozialismus (Leipzig), 1909-1913.

Die Einigkeit. (Halle/Berlin), 1897-1914.

Der freie Arbeiter (Berlin), 1904-1914 [u. 1919-1933]

Die Freie Generation. Dokumente zur Weltanschauung des Anarchismus (London, Berlin [ab November 1906]) 1906-1908.

Kain. Zeitschrift für Menschlichkeit (München), 1911-1914. [u. 1918/19]

Der Pionier. Unabhängiges sozialrevolutionäres Organ (Berlin), 1911-1914 [u. 1919].

Revolutionär. Anarchistisches Wochenblatt (Berlin), 1905-1910.

Der Sozialist (Berlin), 1891-1899:

Der Sozialist. Organ der unabhängigen Sozialisten, 1891-1893.

Der Sozialist. Organ aller Revolutionäre, 1893-1895.

Der Sozialist. Organ für Anarchismus-Sozialismus. Neue Folge, 1895-1899.

Der Sozialist. Organ des Sozialistischen Bundes (Berlin, Bern), 1909-1915.

Wohlstand für Alle (Klosterneuburg b. Wien), 1907-1914.

[Ralf G. Hoerig u. Hajo Schmück, Datenbank des deutschsprachigen Anarchismus – DadA, Berlin, Köln, Potsdam, Abteilung: Periodika 1798-2001ff.]

Namenregister

Adler, Friedrich 289, 337
Aischylos 30
Aldred, Guy Alfred 195, 230
Andler, Charles 159f, 219
Archer, William 190, 228
Arco, Anton Graf von 34, 64, 340
Arnim, Bettine von 25, 28
Arndt, Ernst Moritz 52, 99, 112, 187, 227
Auer, Erhard 64, 263, 334
Augspurg, Anita 63
Augustus 164, 219

Baden, Max von 270, 300, 333f
Badeni, Kasimir Felix Graf 76, 105
Bakunin, Michael [Michail Alexandrowitsch] 74, 103f, 187, 226
Bauer, Felice 59f
Bauermeister, Friedrich 63, 90, 110
Bebel, August 46, 53, 151, 159, 216, 219
Beck, Oswald 318f, 345
Beer-Hofmann, Richard 60f
Beethoven, Ludwig van 41, 68, 148, 216, 357, 363
Benjamin, Walter 24, 26, 54ff, 81, 90, 106
Béranger, Pierre-Jean de 84, 108
Bergson, Henri 20, 52, 185, 226
Berndl, Ludwig 46, 54, 61, 65, 107
Bethmann-Hollweg, Theobald von 146, 171f, 211, 215, 221, 343
Bismarck, Otto von 19, 117, 211f, 254, 275, 281, 283, 335f
Bjerre, Poul 15, 47f, 221
Blanc, Louis 250, 332
Blücher, Gebhard Leberecht von 148, 216
Blüher, Hans 25f, 57, 59, 90f, 97f, 110f
Bodman, Emanuel von 43, 73, 103
Boenheim, Felix 40, 67, 327, 346f, 371

Boétie, Étienne de La 13, 45, 259, 333, 369, 375f
Bollmann, Justus Erich 246, 331
Borel, Henri 15, 48, 221
Brendel, Ulrik 188, 227
Breuer, Robert 90, 109
Brod, Max 46f
Buber, Martin 15, 18f, 24ff, 30, 39f, 43, 46ff, 51f, 55f, 58ff, 65, 67f, 90, 106, 111, 193, 203ff, 221, 231f, 367ff
Buddha 55, 180
Bülow, Bernhard von 117f, 211
Buzot, François-Nicolas-Léonard 240, 329

Capelle, Eduard von 273, 335
Carducci, Giosuè 81, 107
Carnot, Lazare 130, 214
Cassirer, Paul 22, 32, 53, 62
Chamisso, Adelbert von 243, 330
Chateaubriand, François-René de 243, 330
Christen, Theophil 67
Churchill, Winston 171, 221
Cicero, Marcus Tullius 81, 107
Cleyre, Voltairine de 189f, 228f
Courbet, Gustave 82, 108

Däubler, Theodor 15, 221
Dante Alighieri 164, 219
Danton, Georges Jacques 130, 213, 240, 242, 246f, 314, 329f, 342
Dehmel, Heinrich 56, 77, 106
Dehmel, Paula 106, 356, 363
Dehmel, Richard 14, 47f, 61, 86, 106, 108, 192, 225, 229, 234, 363, 367
Desmoulins, Camille 242, 329

Díaz, Porfirio 130, 214
Diederichs, Eugen 47, 61, 90f, 95, 111
Dostojewski, Fjodor Michailowitsch 55, 78f, 88, 106, 109
Dumont, Louise 30f, 60f, 338, 346, 371

Eeden, Frederik van 15, 43, 47f, 52, 221
Einem, Karl von 122, 212
Einstein, Albert 332
Einstein, Norbert 62, 254
Eisner, Kurt 32ff, 40, 62ff, 67f, 90, 261, 263, 271, 273, 278, 281, 283ff, 289, 296, 302ff, 309, 314, 332, 334, 336, 338ff, 344, 371f
Eisner-Belli, Elise 40, 67f, 341
Engels, Friedrich 151f, 216
Erzberger, Matthias 317, 344
Eucken, Rudolf 185, 226

Fehrenbach, Constantin 300, 340
Feiwel, Berthold 56
Ferrer, Francisco 189ff, 227ff
Fersen, Hans Axel von 244f, 330
Fichte, Johann Gottlieb 43f, 51, 78f, 99f, 107, 111f, 168, 187, 220, 227, 284
Fischart, Johann Baptist 9
Fischer, Samuel 90
Fischer, Walter 55
Foerster, Friedrich Wilhelm 233, 281, 336
Forster, Georg 240, 246, 329
Fouqué, Friedrich de la Motte 243, 330
Franck, Hans 30
Franklin, Benjamin 81, 107
Frantz, Constantin 281, 336
Freiligrath, Ferdinand 191, 229
Friedlaender, Salomo 90
Frisch, Efraim 62

Gandorfer, Karl 342, 344

George, David Lloyd 171f, 221
Gerlach, Hellmut von 54, 90, 233, 332
Germain, Sophie 28
Gesell, Silvio 67, 371
Görres, Joseph 227
Goethe, Johann Wolfgang von 21, 30, 60, 87, 108, 125, 156, 178, 213, 217, 222, 247, 302, 331, 340, 370
Gogh, Vincent van 201, 231
Goltz, Carl Heinrich Friedrich von 246, 331
Gómez, José F. 130, 214
Graf, Oskar Maria 65, 371
Grelling, Richard 276, 335
Gutkind, Erich 15, 47f, 221

Hagemeister, August 309f, 341
Hagen, Wilhelm 320, 345, 361
Halbe, Max 90
Harden, Maximilian 146, 190, 216, 226, 228
Hardie, Keir 150, 216
Harmodios 177, 223
Hauptmann, Gerhart 14, 182f, 225, 272
Hauschner, Auguste 47, 51, 54, 60ff, 233, 362, 377
Heine, Heinrich 204, 377
Heine, Wolfgang 90
Herakleitos [Heraklit] 188, 227
Herder, Johann Gottfried 156, 217, 223
Hervé, Gustave 43, 156ff, 217f
Herwegh, Georg 81, 107
Hildebrand, Gerhard 159f, 218f
Hiller, Kurt 26, 56, 90, 110
Hoche, Louis-Lazare 240, 248, 329
Hofmannsthal, Hugo von 14, 62
Hohenlohe-Schillingsfürst, Chlodwig zu 118, 211
Hohmann, Georg 272, 334
Horaz 185, 226

Huch, Ricarda 25
Hugo, Victor 81, 108
Hus, Jan 303, 340

Jacobsohn, Siegfried 90
Jacques, Norbert 182, 225
Jaffé, Edgar 286, 336
Jaurès, Jean 159, 218, 250, 332
Jesus von Nazareth 55, 176, 180, 188, 190, 224, 226, 258, 303
Joël, Ernst 23ff, 55ff, 89, 91ff, 100ff, 106, 109ff, 370
Jokisch, Fedor 337f
Jung, Franz 46
Junius, Franciscus 81, 107

Kafka, Franz 59
Kaiser, Georg 30, 38, 49, 60, 234, 370
Kautsky, Karl 159, 219
Keller, Gottfried 156, 217
Kerner, Johann Georg 246, 331
Kerr, Alfred 14, 90, 226
Kestenberg, Leo 22, 53f, 62
Kipp, Theodor 91, 110
Kleist, Heinrich von 99, 112, 187, 226f
Kocmata, Karl Franz 50
Kohlschmidt, Engelbert 343
Kohn, Hans 40, 68, 377
Kolb, Annette 90
Kropotkin, Peter 9, 22, 49, 74, 104f, 193, 229, 250, 295, 332, 338, 367f
Kurtz, Adolf 112

Lachmann, Hedwig 17f, 30f, 34, 42, 48, 50ff, 54, 61, 229, 349ff
Lagerlöf, Selma 25, 28
Lamartine, Alphonse de 250, 332
Landauer, Brigitte 62, 362, 368
Landauer, Charlotte 29, 54, 59, 62
Landauer, Gudula 53, 352, 354, 362f, 368

Landauer, Hugo 53, 57, 63, 66, 362ff
Landauer, Siegfried 363
Lassalle, Ferdinand 204, 232
Lavater, Johann Caspar 247, 331
Lehmann, Siegfried 28, 59f, 370
Leonhard, Rudolf 24ff, 56f, 66
Leuthner, Karl 159f, 218
Levien, Max 309f, 341
Levin, Rahel 142, 215
Leviné, Eugen 39f, 64, 341f, 346
Liebermann, Max 82, 108
Liebknecht, Wilhelm 151, 216
Liebknecht, Karl 166, 220, 299f, 339
Lindemann, Gustav 30f, 60, 338, 346, 371
Lindner, Alois 64
Lipp, Franz 35, 344
Loti, Pierre 75, 104
Loyson, Paul Hyacinthe 158, 218
Luckner, Nikolaus von 245, 330
Ludendorff, Erich 255, 315, 333
Luther, Martin 305, 329, 340
Luxemburg, Rosa 219, 299f, 339

Madero, Francisco 130, 214
Maistre, Joseph Marie de 243, 330
Malatesta, Errico 229
Mallarmé, Stéphane 81, 108
Malthus, Robert 161, 219
Manet, Édouard 82, 108
Mann, Heinrich 90
Mann, Thomas 90
Marat, Jean Paul 240ff, 246, 329
Marut, Ret [alias B. Traven] 36, 65, 371
Marx, Karl 13, 151ff, 204, 216
Matthieu, Jean 11, 21, 58, 80ff, 103, 107, 110
Mauthner, Fritz 19f, 39, 46, 49, 52f, 61f, 64, 90, 109, 226, 234, 343, 362, 364, 367ff

Mauthner, Hedwig 19, 61, 369
Mechthild von Magdeburg 25
Mehrer, Max 343
Mendelssohn Bartholdy, Felix 136, 215
Mérimée, Prosper 81, 108
Michaelis, Georg 273, 335
Michelet, Jules 250, 332
Millerand, Alexandre 159, 219
Milton, John 81, 107
Mirabeau 88, 108, 240, 242
Mohr, Erich 56, 93, 109, 111
Mombert, Alfred 90, 358, 363
Muehlon, Wilhelm 316, 343
Mühsam, Erich 13, 17, 35, 39f, 50, 53, 64, 228, 316, 342, 344, 367, 369, 371, 374f
Müller, Max 27, 192, 229, 370

Napoléon I. 130, 212f, 218, 227, 241, 247f, 306, 329
Napoléon III. 218
Nettlau, Max 42, 45, 52, 63, 74ff
Neumann, Adolf 63, 67
Neurath, Otto 34f, 63, 371
Niekisch, Ernst 35, 308, 341, 344
Nietzsche, Friedrich 188, 227, 365

Oestreich, Rudolf 46
Oppenheimer (Dehmel), Paula 106, 356, 363

Pascal, Blaise 88f, 109
Pasteur, Louis 159, 164, 218
Paul, Jean 78, 107
Pfeiffer, Ludwig 166f
Pfemfert, Franz 17, 43
Platon 181, 224f
Poincaré, Raymond 274, 335
Popert, Hermann 24, 106
Popper-Lynkeus, Josef 16, 48f
Princip, Gavrilo 176f, 223

Proudhon, Pierre-Joseph 9, 14, 43f, 81, 83, 108, 219
Pufendorf, Samuel Freiherr von 254, 258, 332

Quidde, Ludwig 22, 54, 90, 207, 233f, 287, 337

Ragaz, Leonhard 21, 53, 107, 370
Ramus, Pierre 49, 228
Rang, Florens Christian 15, 48, 194, 221, 230
Rathenau, Walther 48, 54, 222
Reinhard, Karl Friedrich von 247, 331
Reyes, Bernardo 130, 214
Rigby, Edward 246, 331
Robespierre, Maximilien de 240, 242, 314, 329, 342
Rocker, Milly 49, 229f
Rocker, Rudolf 43, 63, 230, 367
Rodin, François-Auguste-René 82, 86, 108
Roland, Jeanne-Marie 240f, 329
Rolland, Romain 14, 48, 53, 182ff, 195, 221, 225, 230f

Sachs, Lessi 38
Saint-Just, Antoine de 240, 329
Salgado, Emilio 130, 214
Sappho 25
Schäfer, Dietrich 99f, 111f
Scharnhorst, Gerhard von 187, 226
Scheidemann, Philipp 159, 219, 283, 285, 317, 336, 344
Scheler, Max 46f
Schill, Ferdinand von 187, 227
Schiller, Friedrich 99f, 107, 112
Schleiermacher, Friedrich 99, 112
Schmid, Albert 344
Schmidtbonn, Wilhelm 42

Schneppenhorst, Ernst 316, 343
Scholem, Gershom 52, 58f
Schrimpf, Georg 38
Segnitz, Martin 316, 342
Shakespeare, William 21, 32, 60f, 84, 108, 220, 370
Shaw, George Bernard 195, 230, 277
Simon, Josef 316, 342
Soldmann, Fritz 35
Souchy, Augustin 44, 46
Spinoza, Baruch de 176, 223
Spitteler, Carl 20f, 53, 370
Springer, Georg 63
Stapel, Wilhelm 55
Stein, Heinrich Friedrich Karl Reichsfreiherr vom und zum 187, 226
Steiner, Martin 316, 343
Stendhal 81, 108
Stöcker, Helene 54, 90, 233
Strasser, Alex 318, 345
Streiter, Artur 49f
Strindberg, August 60
Susman, Margarete 28, 63

Tagore, Rabindranath 60, 367f
Taine, Hippolyte 193, 229, 250, 332
Talvj 178, 224
Tautz, Titus 65
Teschendorff, Curt 77, 106
Tillier, Claude 81, 108
Timur-Leng 131, 215
Toller, Ernst 35, 38ff, 267, 334, 341, 345, 371
Tolstoi, Leo N. 13, 43, 45, 48, 50, 54, 60, 128, 176, 213, 223, 289, 369
Tormin, Helmut 23, 55
Tormin, Walter 55
Trotzki, Leo 355, 363

Unterleitner, Hans 286, 316, 336, 343

Verlaine, Paul 81, 83f, 108
Vogl, Carl 61
Voltaire 15, 49, 81, 107

Warnstedt, Hugo 47, 49, 58, 192, 229
Wedekind, Frank 90
Weizmann, Chaim 56
Wertheimer, Egon 318, 345
Whitman, Walt 26, 55, 58, 368
Wilamowitz-Moellendorff, Ulrich von 89, 92, 110
Wilhelm I. 333
Wilhelm II. 168, 211, 220f, 270, 333f
Wilson, Thomas Woodrow 22, 54, 171f, 221, 370
Wimmer, Johann 343
Wolfenstein, Alfred 38, 90
Wolfskehl, Karl 182, 225
Wollenberg, Ernst 58, 110
Wundt, Wilhelm 185, 226
Wyneken, Gustav 24, 54f, 90

Zapata, Emiliano 130, 214
Zillibiller, Max 318, 345
Zola, Émile 75, 105, 276, 335

Angaben zur Person des Herausgebers und des Illustrators

Zur Person des Herausgebers:
Siegbert Wolf, geb. 1954, Dr. phil., Historiker und Publizist in Frankfurt am Main. Zahlreiche Bücher u.a. über Gustav Landauer, Martin Buber, Hannah Arendt, Jean Améry sowie zur Frankfurter Stadtgeschichte: Hrsg.: Jüdisches Städtebild Frankfurt am Main (1996); zuletzt: Gustav Landauer, Die Revolution (1907). Hrsg. und mit einem Vorwort von Siegbert Wolf . Münster 2003 (= Klassiker der Sozialrevolte, Bd. 9); Werner Portmann/Siegbert Wolf , „Ja, ich kämpfte". Von Revolutionsträumen, ‚Luftmenschen' und Kindern des Schtetls. Biographien radikaler Jüdinnen und Juden. Münster 2006; Milly Witkop, Hertha Barwich, Aimée Köster u.a., Der ‚Syndikalistische Frauenbund'. Hrsg. und mit einer Einleitung von Siegbert Wolf. Münster 2007 (= Klassiker der Sozialrevolte, Bd. 17); Maria Regina Jünemann, Die Anarchistin. Roman. Neu herausgegeben, kommentiert und mit einem Nachwort versehen von Siegbert Wolf. Lich/Hessen 2008 [= Libertäre Bibliothek, Band 2]; Gustav Landauer, Ausgewählte Schriften. Hrsg. von Siegbert Wolf. Lich/Hessen 2008ff. Bisher erschienen: Band 1: Internationalismus. (2008); Band 2: Anarchismus (2009); Band 3.1: Antipolitik (2010); Band 3.2: Antipolitik (2010).
E-Mail:kuwu03@web.de

Zur Person des Illustrators:
Uwe Rausch, geb. 1957, Buchhändler, Fotograf, Collagenkünstler, lebt in Langen bei Frankfurt am Main, diverse Ausstellungen.
E-Mail: uwe-rausch@t-online.de

Gesamtverzeichnis Verlag Edition AV

Anarchie • Theorie • Pädagogik • Literatur • Lyrik • Theater • Geschichte

Gwendolyn von Ambesser • Die Ratten betreten das sinkende Schiff • Das absurde Leben des jüdischen Schauspielers Leo Reuss • 978-3-936049-47-3 • 18,00 €

Gwendolyn von Ambesser •Schaubudenzauber • Geschichten und Geschichte eines legendären Kabaretts • 978-3-936949-68-8 • Preis 18,00 €

Yair Auron • Der Schmerz des Wissens • Die Holocaust- und Genozid-Problematik im Unterricht • ISBN 978-3-936049-55-8 • 18,00 €

Autorinnenkollektiv • Das Frauenkommunebuch •Alltag zwischen Partriarchat und Utopie • ISBN 978-3-86841-227-3 • 24,50€

Alexander Berkman • Der bolschewistische Mythos. Tagebuch aus der russischen Revolution 1920 – 1922. • ISBN 978-3-936049-31-2 • 17,00 €

Franz Barwich • Das ist Syndikalismus • Die Arbeiterbörsen des Syndikalismus • ISBN 978-3-936049-38-1 • 11,00 €

Ermenegildo Bidese • Die Struktur der Freiheit • Chomskys libertäre Theorie und ihre anthropologische Fundierung • ISBN 978-3-9806407-3-2 • 4,00 €

Bilkis Brahe • Tragödien sind albern • Frida Kahlo (1907-1954) eine mexikanische Malerin • ISBN 978-3-936049-80-0 • 16,00 €

Ralf Burnicki • Anarchismus & Konsens. Gegen Repräsentation und Mehrheitsprinzip: Strukturen einer nichthierarchischen Demokratie • ISBN 978-3-936049-08-4 • 16,00 €

Ralf Burnicki • Die Straßenreiniger von Teheran • Lyrik • ISBN 978-3-936049-41-1 • 9,80 €

Ralf Burnicki • Zahnweiß • Kaufhaus-Poetry • ISBN 978-3-936049-78-7 • 9,80 €

Michael Bootz • Besser wird nischt • Neue Wertschöpfungsgeschichten • Satiren • ISBN 978-3-936049-63-3 • 12,50 €

CNT • Ein Volk in Waffen (un pueblo en armas) • Soziale Revolution in Spanien • 1936 - 1939 DVD •12,00 €

Cornelius Castoriadis • Autonomie oder Barbarei • Ausgewählte Schriften, Band 1 • ISBN 978-3-936049-67-1 • 17,00 €

Cornelius Castoriadis • Vom Sozialismus zur autonomen Gesellschaft •Über den Inhalt des Sozialismus • Ausgewählte Schriften • Band 2.1. • ISBN 978-3-936049-88-6 • 17,00 €

Cornelius Castoriadis • Vom Sozialismus zur autonomen Gesellschaft • Gesellschaftskritik und Politik nach Marx • Ausgewählte Schriften • Band 2.2. • ISBN 978-3-86841-002-0 • 17,00 €

Cornelius Castoriadis • Das imaginäre Element und die menschliche Schöpung • Ausgewählte Schriften • Band 3. • ISBN 978-3-86841-035-8 • 17,00 €

Katja Cronauer • Kommunizieren, organisieren und mobilisieren über E-Mail Listen • Handbuch für AktivistInnen • ISBN 978-3-86841-010-5 • 11,80 €

Hans Jürgen Degen • Die Wiederkehr der Anarchisten • Anarchistische Versuche 1945-1970 • ISBN 978-3-86841-015-0 • 24,50 €

Pierre Dietz • Briefe aus der Deportation • Französischer Widerstand und der Weg nach Auschwitz • ISBN 978-3-86841-042-6 • 16,00 €

Jane Doe • Die andere Farm der Tiere • Roman • ISBN 978-3-936049-94-7 • 16,00 €

Helge Döhring • Syndikalismus im „Ländle" • Die Freie Arbeiter-Union Deutschlands (FAUD) in Würtemberg 1918 – 1933) • ISBN 978-3-936049-59-6 • 16,00 €

Helge Döhring • Damit in Bayern Frühling werde! • Die syndikalistischer Arbeiterbewegung in Südbayern von 1914 bis 1933 • ISBN 978 3 936049-84-8 • 17,00 €

Helge Döhring & Martin Veith • Eine Revolution für die Anarchie • Zur Geschichte des Anarcho-Syndikalistischen Jugend & Aus den Trümmern empor • Anarcho-Syndikalismus in Württemberg • ISBN 978-3-86841-005-1 • 22,00 €

Helge Döring (Hg.) • Generalstreik • Streiktheorien und -diskussionen innerhalb der deutschen Sozialdemokratie vor 1914 • ISBN 978-3-86841-019-8 • 14,00 €

Wolfgang Eckhardt • Von der Dresdner Mairevolte zur Ersten Internationalen • Untersuchungen zu Leben und Werk Michail Bakunin • ISBN 978-3-936049-53-4 • 14,00 €

Magnus Engenhorst • Kriege nach Rezept • Geheimdienste und die NATO •ISBN 978-3-936049-06-0 • 8,90 €

FAU • Die ersten 30 Jahre • 1977 - 2007 • ISBN 978-3-86841-004-4 • 14,50 €

Sébastien Faure • Die Anarchistische Synthese und andere Texte •Herausgegeben, bearbeitet und mit Annotationen versehen von Jochen Knoblauch • ISBN 978-3-936049-85-5 • 10,00 €

FAU-Mat • Gender und Arbeit •Geschlechterverhältnis im Kapitalismus • ISBN 978-3-936049-73-2 • 7,00 €

FAU-Bremen • Die CNT als Vortrupp des internationalen Anarcho-Syndikalismus • Die Spanische Revolution 1936 – Nachbetrachtung und Biographien • 978-3-936049-69-5 • 14,00 €

Francisco Ferrer • Die Moderne Schule • Herausgegeben und kommentiert von Ulrich Klemm • ISBN 978-3-936049-21-3 • 17,50 €

William Godwin • Caleb Williams oder Die Dinge wie sie sind • Historischer Roman (Libertäre Bibliothek 1) • ISBN 978-3-936049-86-2 • 19,00 €

Moritz Grasenack (Hrsg.) • Die libertäre Psychotherapie von Friedrich Liebling • Eine Einführung in seine Großgruppentherapie anhand wortgetreuer Abschriften von Therapiesitzungen • Mit Original-Tondokument und Video auf CD-ROM •ISBN 978-3-936049-51-0 • 24,90 €

Marijana Gršak, Ulrike Reimann &Kathrin Franke • Frauen und Frauenorganisationen im Widerstand • In Kroatien, Bosnien und Serbien• ISBN 978-3-936049-57-2 • 17,00 €

Beate Gonitzki • 20 Jahre Janun • Querdenken zwischen direkter Demokratie und Staatsaufgaben • ISBN 978-3-86841-040-2 • 16,00 €

Stefan Gurtner• Die Straßenkinder von Tres Soles • Von zerstörten Kindheiten, Selbstorganisation und einem Theater der Unterdrückten in Bolivien • inkl. einer DVD • 978-3-936049-79-4 • 18,00 €

Stefan Gurtner • Das grüne Weizenkorn • Eine Parabel aus Bolivien • Jugendbuch • ISBN 978-3-936049-40-4 • 11,80 €

Stefan Gurtner • Die Abenteuer des Soldaten Milchgesicht • Historischer Roman • ISBN 978-3-936049-62-6 • 14,00 €

Stefan Gurtner • Der verkaufte Fluss • Freilichtspiel • ISBN 978-3-86841-018-1 • 11,80 €

Michael Halfbrodt • entscheiden & tun. drinnen & draußen. • Lyrik • ISBN 978-3-936049-10-7 • 9,80 €

Maria Regina Jünemann • Die Anarchistin • Historischer Roman • ISBN 978-3-936049-92-3 • 14,00 €

Fred Kautz • Weh der Lüge! Sie befreiet nicht...! • Der Umgang mit der NS-Vergangenheit im ‚Stadtlexikon Darmstadt' • Ein deutsches Beispiel • ISBN 978-3-936049-95-4 • 16,00 €

Fred Kautz • Die Holocaust-Forschung im Sperrfeuer der Flakhelfer • Vom befangenen Blick deutscher Historiker aus der Kriegsgeneration • ISBN 978-3-936049-09-1 • 14,00 €

Fred Kautz • Im Glashaus der Zeitgeschichte • Von der Suche der Deutschen nach einer passenden Vergangenheit • ISBN 978-3-936049-34-3 • 12,50 €

David Kessel • Außenseitergedichte • Lyrik • ISBN 978-3-936049-77-0 • 9,80 €

Michaela Kilian • Keine Freiheit ohne Gleichheit • Louise Michel (1830 - 1905), Anarchistin, Schriftstellerin, Ethnologien, libertäre Pädagogin • 978-3-936049-93-0 • 17,00 €

Ulrich Klemm • Bildung ohne Zwang • Texte zur Geschichte der anarchistischen Pädagogik • 978-3-86841-037-2 • 16,00 €

Ulrich Klemm • Mythos Schule • Warum Bildung entschult und entstaatlicht werden muss • Eine Streitschrift • 978-3-86841-003-7 • 11,80 €

Ulrich Klemm • Anarchisten als Pädagogen • Profile libertärer Pädagogik • ISBN 978-3-936049-05-3 • 9,00 €

Ulrich Klemm • Freiheit & Anarchie • Eine Einführung in den Anarchismus • ISBN 978-3-936049-49-7 • 9,80 €

Rachel Kochawi • Die Blut-Braut • Eine politische Liebesgeschichte • Roman • ISBN 978-3-936049-89-3 • 16,00 €

Rachel Kochawi • Nakajima • Eine Erzählung • inkl. DVD „Das 23. Jahr" • ISBN 978-3-86841-007-5 • 16,00 €

Rachel Kochawi • Das Brot der Armut • Die Geschichte eines versteckten jüdischen Kindes • ISBN 978-3-86841-034+1 • 18,00 €

Gustav Landauer • Internationalismus • Ausgewählte Schriften • Band 1 Herausgegeben von Siegbert Wolf • ISBN 978-3-936049-89-3 • 18,00 €

Gustav Landauer • Anarchismus • Ausgewählte Schriften • Band 2 • ISBN 978-3-86841-012-9 • 18,00 €

Gustav Landauer • Antipolitik • Ausgewählte Schriften • Band 3.1 • ISBN 978-3-86841-31-0 • 18,00 €

Gustav Landauer • Antipolitik • Ausgewählte Schriften • Band 3.2 • ISBN 978-3-86841-36-5 • 18,00 €

Markus Liske • Deutschland. Ein Hundetraum • Satire • ISBN 978-3-936049-25-1 • 16,00 €

Markus Liske • Freier Fall für freie Bürger • Eine Sozialgroteske • ISBN 978-3-936049-56-5 • 11,80 €

Markus Liske • Weltmeister wie wir • oder: Wie der Aufschwung nach Deutschland kam • Satire • ISBN 978-3-86841-008-2 • 14,00 €

Albert Londres • Die Flucht aus der Hölle • ISBN 978-3-86841-038-9 • 12,00

Subcomandante Marcos • Der Kalender des Widerstandes. Zur Geschichte und Gegenwart Mexikos von unten • ISBN 978-3-936049-24-4 • 13,00 €

Stefan Mozza • Abschiet • Roman • ISBN 978-3-936049-50-3 • 16,00 €

Jürgen Mümken; Freiheit, Individualität & Subjektivität. • Staat und Subjekt in der Postmoderne aus anarchistischer Perspektive. • ISBN 978-3-936049-12-1 • 17,00 €

Jürgen Mümken • Anarchosyndikalismus an der Fulda. • ISBN 978-3-936049-36-7. • 11,80 €

Jürgen Mümken (Hrsg.) • Anarchismus in der Postmoderne • Beiträge zur anarchistischen Theorie und Praxis • ISBN 978-3-936049-37-4 • 11,80 € •

Jürgen Mümken • Kapitalismus und Wohnen • Ein Beitrag zu Geschichte der Wohnungspolitik im Spiegel kapitalistischer Entwicklungspolitik und sozialer Kämpfe • ISBN 978-3-936049-64-0 • 22,00 €

Wolfgang Nacken • auf'm Flur • Roman • ISBN 978-3-936049-28-2 • 11,80 €

Rudolf Naef • Russische Revolution und Bolschewismus 1917/18 in anarchistischer Sicht • Aus vielen Originalquellen • ISBN 978-3-936049-54-1 • 14,00 €

Stefan Paulus • Zur Kritik von Kapital und Staat in der kapitalistischen Globalisierung • ISBN 978-3-936049-16-9 • 11,00 €

Abel Paz & die Spanische Revolution • Bernd Drücke, Luz Kerkeling, Martin Baxmeyer (Hg.) • Interviews und Vorschläge • 978-3-936049-33-6 • 11,00 €

Abel Paz • Feigenkakteen und Skorpione • Eine Biographie (1921 - 1936) • 978-3-936049-87-9 • 14,00 €

Abel Paz • Anarchist mit Don Quichottes Idealen • Innenansichten aus der Spanischen Revolution • Eine Biographie (1926 - 1939) • 978-3-936049-97-8 • 16,00 €

Abel Paz • Im Nebel der Niederlage • Vertreibung und Flucht • Eine Biographie (1939 - 1942) • 978-3-86841-016-7 • 16,00 €

Abel Paz • Am Fuß der Mauer • Widerstand und Gefängnis • Eine Biographie (1942 - 1954) • 978-3-86841-033-4 • 19,50 €

Alfons Paquet • Kamerad Fleming • Ein Roman über die Ferrer-Unruhen • ISBN 978-3-936049-32-9 • 17,00 €

Dietrich Peters • Der spanische Anarcho-Syndikalismus • Abriss einer revolutionären Bewegung • ISBN 978-3-936049-04-6 • 8,80 €

Benjamin Péret • Von diesem Brot esse ich nicht • Sehr böse Gedichte • ISBN 978-3-936049-20-6 • 9,00 €

Oliver Piecha • Roaring Frankfurt • Ein kleines Panorama der Frankfurter Vergnügungsindustrie in der Weimarer Republik • ISBN 978-3-936049-48-0 • 17,00 €

Pierre J. Proudhon • **Die Bekenntnisse eines Revolutionärs.** • ISBN 978-3-9806407-4-9 • 12,45 €

Jean-Bernard Pouy • **Mord im Paradis der Nackten** • Krimi • ISBN 978-3-86841-017-4 • 16,00 €

Michel Ragon • **Das Gedächtnis der Besiegten** • Roman • ISBN 978-3-936049-66-4 • 24,80 €

Michel Ragon • **Georges & Louise** • Der Vendeer und die Anarchistin • Roman • ISBN 978-3-86841-001-3 • 16,00 €

Manja Präkels • **Tresenlieder** • Gedichte • ISBN 978-3-936049-23-7 • 10,80 €

Heinz Ratz • **Der Mann der stehen blieb** • 30 monströse Geschichten • ISBN 978- 3-936049-45-9 • 18,00 €

Heinz Ratz • **…um da zu sein für Deine Widerstände** • Ein lyrisches Trotz-, Trost-, Liebes- und Beziehungskarusell • 978-3-86841-028-0 • 12,00 €

Heinz Ratz • **Die Rabenstadt** • Ein Poem • ISBN 978-3-936049-27-5 • 11,80 €

Heinz Ratz • **Apokalyptische Lieder** • Gedichte • ISBN 978-3-936049-22-0 • 11,00 €

Heinz Ratz • **Hitlers letzte Rede** • Satire • ISBN 978-3-936049-17-6 • 9,00 €

Ela Rojas • **Einer dieser chilenischen Tage** • Roman • ISBN 978-3-86841-032-7 • 14,00 €

Han Ryner • **Nelti** • Roman • ISBN 978-3-86841-006-8 • 14,00 €

Birgit Schmidt • **Das höchste Ehrgeizideal war, für die Freiheit gehängt zu werden** • Russische Revolutionärinnen • ISBN 978-3-86841-013-6 • 11,80 €

Birgit Schmidt • **Andere Wege: Zwischen Surrealismus, Avantgarde und Rebellion** • Künstlerinnen und Wissenschaftlerinnen in Mexiko • ISBN 978-3-86841-041-9 • 11,80 €

Massoud Shirbarghan • **Die Nacht der Heuschrecken** • Roman aus Afghanistan • ISBN 978-3-936049-30-5 • 11,80 €

Nivi Shinar-Zamir • **ABC der Demokratie** • Demokratie-Erziehung für Kinder vom Kindergarten bis zur 6. Klasse • 978-3-936049-61-9 • 29,80 €

Sulamith Sparre • **Eine Frau jenseits des Schweigens** • Die Komponistin Fanny Mendelssohn-Hensel • ISBN 978-3-936049-60-2 • 12,00 €

Sulamith Sparre • **Denken hat kein Geschlecht** • Mary Wollstonecraft (1759 – 1797), Menschenrechtlerin • ISBN 978-3-93604-70-1 • 17,00 €

Sulamith Sparre • **Rahel Levin Varnhagen** • Saloniére, Aufklärerin, Selbstdenkerin, romantische Individualistin, Jüdin • ISBN 978-3-93604-76-3 • 16,00 €

Sulamith Sparre • **Das Herz eines Caesar im Busen einer Frau** • Artemisia Gentileschi (1593-1654), Malerin • ISBN 978-3-86841-000-6 • 16,00 €

Sulamith Sparre • **Aber Göttlich und Außerordentlich reimt sich** • Bettine von Arnim (1785 - 1859), Muse, Schriftstellerin, politische Publizistin • ISBN 978-3-86841-009-9 • 17,00 €

Sulamith Sparre • **Man sagt ich sei ein Egoist. Ich bin eine Kämpeferin**• Dame Ethel Mary Smyth (1858-1944), Komponistin, Dirigentin, Schriftstellerin, Suffragette • ISBN 978-3-86841-038-9 • 17,00 €

Oliver Steinke • **Das Auge des Meerkönigs** • Historischer Roman • ISBN 978-3-936049-29-9 • 14,00 €

Oliver Steinke • **Der Verrat von Mile End** • Historischer Roman • ISBN 978-3-936049-18-3 • 14,00 €

Oliver Steinke • **Füchse der Ramblas** • Historischer Roman • ISBN 978-3-936049-46-6 • 14,00 €

Katalin Stang • **Freiheit und Selbstbestimmung als behindertenpädagogische Maxime** • ISBN 978-3-9806407-5-6 • 8,40 €

Leo Tolstoi • **Libertäre Volksbildung** • Herausgegeben und kommentiert von Ulrich Klemm • ISBN 978-3-936049-35-0 • 14,00 €

Rubén Trejo • **Magonismus** • Utopie und Praxis in der Mexikanischen Revolution 1910 – 1913 • ISBN 978-3-936049-65-7 • 17,00 €

Kurt Wafner • **Ausgeschert aus Reih' und Glied** • Mein Leben als Bücherfreund und Anarchist • Autobiographie • ISBN 978-3-9806407-8-7 • 14,90 €

Kurt Wafner • **Ich bin Klabund. Macht Gebrauch davon!** • Biographie • ISBN 978-3-936049-19-0 • 10,80 €

Boff Whally • **Anmerkungen*** • zu Chumbawamba und mehr • ISBN 9787-3-86841-021-1 • 18,00 €

Lily Zográfou • **Beruf: Porni [Hure]** • Kurzgeschichten • ISBN 9787-3-936049-71-0 • 16,00 €

Lily Zográfou • **Deine Frau, die Schlampe** • Roman • ISBN 9787-3-936049-83-1 • 16,00 €

Lily Zográfou • **Ein Aschenputtel mit fünfzig** • Roman • ISBN 9787-3-86841-014-3 • 14,00 €

Immer aktuell unter:

www.edition-av.de